Die rechtliche Ordnung der Benutzung öffentlicher Einrichtungen

Europäische Hochschulschriften
Publications Universitaires Européennes
European University Studies

Reihe II
Rechtswissenschaft

Série II Series II
Droit
Law

Bd./Vol. 2984

PETER LANG
Frankfurt am Main · Berlin · Bern · Bruxelles · New York · Oxford · Wien

Ina Bartels

Die rechtliche Ordnung der Benutzung öffentlicher Einrichtungen

Kommunalrecht, Anstaltsrecht, Sachenrecht

PETER LANG
Europäischer Verlag der Wissenschaften

Die Deutsche Bibliothek - CIP-Einheitsaufnahme

Bartels, Ina:

Die rechtliche Ordnung der Benutzung öffentlicher Einrichtungen : Kommunalrecht, Anstaltsrecht, Sachenrecht / Ina Bartels. - Frankfurt am Main ; Berlin ; Bern ; Bruxelles ; New York ; Oxford ; Wien : Lang, 2000
(Europäische Hochschulschriften : Reihe 2, Rechtswissenschaft ; Bd. 2984)
Zugl: Kiel, Univ., Diss., 2000
ISBN 3-631-37028-8

D 8
ISSN 0531-7312
ISBN 3-631-37028-8

Meinen Eltern

Vorwort

Die vorliegende Arbeit wurde von der Juristischen Fakultät der Christian-Albrechts-Universität in Kiel im Wintersemester 1999/2000 als Dissertation angenommen.

Besonderen Dank schulde ich meinem Doktorvater, Herrn Prof. Dr. Edzard Schmidt-Jortzig, für die Überlassung des Themas und die Betreuung der Arbeit. Zu danken habe ich auch Herrn Prof. Dr. Albert von Mutius für die Erstellung des Zweitgutachtens.

Meinen Eltern, die die Entstehung der Arbeit mit stetem Interesse verfolgt und mich in jeder erdenklichen Weise unermüdlich unterstützt haben, danke ich herzlich.

Für die mühevolle Korrektur der Arbeit möchte ich schließlich Herrn Matthias Rücker danken.

Ina Bartels

Inhaltsverzeichnis

Erstes Kapitel

Einführung

Die öffentlichen Einrichtungen der Gemeinden und Kreise, die den Gegenstand dieser Arbeit bilden, sind durch einen höchst vielfältigen Aufgabenbereich und zentrale Versorgungsfunktionen gekennzeichnet.
So zählen zu den öffentlichen Einrichtungen beispielsweise Wasser- und Energieversorgungsanlagen, Anlagen der Abwasser- und Regenwasserkanalisation, Abfallentsorgungsanlagen, Stadthallen, profanierte Kirchen und Festplätze zur Durchführung von Veranstaltungen, der Balkon eines Rathauses, der als Rednertribüne für politische Veranstaltungen und Versammlungen auf dem Rathausvorplatz dient, Plakattafeln für den Anschlag von Wahlplakaten, Theater, Büchereien, Stadtarchive, Musikschulen, Sportanlagen, Schwimmbäder, Kinderspielplätze, Kindergärten, Unterkunftsverzeichnisse, der Anzeigenteil einer städtischen Umweltfibel, der den in dem Ort ansässigen Personen und Unternehmen als Inserenten offensteht, Trauerhallen und Leichenkammern.
Aufgrund der Vielfältigkeit der Aufgaben wurde der Ausdruck geprägt, öffentliche Einrichtungen dienten der Befriedigung von Bedürfnissen „von der Wiege bis zur Bahre".[1]
An der Aufzählung der Tätigkeitsbereiche wird zugleich deutlich, daß es sich bei den öffentlichen Einrichtungen um ein Institut von elementarer Bedeutung für das Leben des Einzelnen und das Gedeihen einer örtlichen Gemeinschaft handelt. Dies rechtfertigt die Aussage, die heute durch öffentliche Einrichtungen getroffene Daseinsvorsorge entspreche den „panem et circenses" des alten Rom[2].
Die öffentlichen Einrichtungen der Gemeinden und Kreise bilden daher einen Gegenstand von hoher rechtspraktischer Bedeutung.

Aufgabe dieser Arbeit zu dem Thema „Die rechtliche Ordnung der Benutzung öffentlicher Einrichtungen (Kommunalrecht, Anstaltsrecht, Sachenrecht)" ist es, die unterschiedlichen Bestimmungen und Ordnungsprinzipien, die die Benutzung der kommunalen öffentlichen Einrichtungen reglementieren, und ihre gegenseitigen Abhängigkeiten und Verknüpfungen darzustellen.
Da das Benutzungsverhältnis eine komplexe Rechtsmaterie bildet, soll es durch Zerlegung in seine einzelnen Aspekte strukturiert und transparenter gemacht werden. Auf der Grundlage dieser Struktur sollen anschließend konkrete Ausgestaltungen des Benutzungsverhältnisses auf ihre Rechtmäßigkeit überprüft werden.

Die Struktur des Benutzungsverhältnisses bestimmt sich einerseits nach den unterschiedlichen Rechtsgebieten, die die Benutzung öffentlicher Einrichtungen re-

---

[1] Klüber, Der Städtetag 1963, 491 (491).
[2] Klüber, Der Städtetag 1963, 491 (496).

geln, und andererseits nach den einzelnen Phasen, in die sich die Benutzung öffentlicher Einrichtungen gliedert. Zu den maßgebenden Rechtsgebieten rechnet neben dem Kommunalrecht, der herkömmlicherweise als Anstaltsrecht bezeichneten Materie und dem öffentlichen Sachenrecht das Verfassungsrecht, das in abstrakter Form die Legitimation der Gemeinden und Kreise zum Betrieb öffentlicher Einrichtungen enthält. Die einzelnen Phasen, in die sich die Benutzung der öffentlichen Einrichtungen gliedert, sind die Schaffung öffentlicher Einrichtungen, die Zulassung zur Benutzung, die Benutzung und ihre rechtliche Ordnung im engeren Sinne.
Angesichts der angespannten Haushaltslage der Kommunen, die jüngst durch die Resolution der 29. Hauptversammlung des Deutschen Städtetages mit den Worten „..spitzt sich die Haushaltslage in vielen deutschen Städten weiter zu. Die städtische Handlungsfähigkeit und damit das Prinzip der kommunalen Selbstverwaltung sind nicht mehr gewährleistet. Dies bedeutet, daß die Städte die von den Bürgerinnen und Bürgern gewohnten und benötigten Leistungen nicht mehr erbringen können." dokumentiert wurde, werden die Kommunen gezwungen sein, die mit dem Betrieb ihrer öffentlichen Einrichtungen verbundenen Kosten zu reduzieren.
Aufgrund derartiger Anforderungen, denen das Einrichtungswesen zukünftig begegnen wird, sollen, anknüpfend an die für die Benutzung der öffentlichen Einrichtungen entwickelte Struktur, für jede Phase der Benutzung - für die Schaffung der öffentlichen Einrichtungen, die Zulassung zur Benutzung und die Benutzung und deren rechtliche Ordnung im engeren Sinne - abschließend Möglichkeiten der Kostenreduzierung aufgezeigt werden.

Zweites Kapitel

Grundlagen der Benutzung öffentlicher Einrichtungen

Um zu einer umfassenden Darstellung der rechtlichen Ordnung der Benutzung öffentlicher Einrichtungen zu gelangen, ist es geboten, in einem ersten Schritt die Normen zusammenzustellen, die diesen Gegenstand ausdrücklich behandeln. Entsprechende formelle Gesetze bestehen jedoch lediglich in den Teilbereichen der Schaffung öffentlicher Einrichtungen, des Anschuß- und Benutzungszwanges und der Zulassungsberechtigung. Die vollständige Behandlung der Benutzung öffentlicher Einrichtungen erfordert daher weitere Schritte.
Geboten sind sowohl ein Eingehen auf die tatsächliche Grundlage des Einrichtungswesens, das in einem Bedürfnis nach bestimmten Leistungen zu sehen ist, als auch ein Eingehen auf Normen des Grundgesetzes, die einen Bezug zur Einrichtungsbenutzung haben.
Diese Schritte ermöglichen die Entwicklung von Grundsätzen für die nicht explizit normierten Bereiche des Einrichtungswesens, mit denen schließlich eine umfassende rechtliche Ordnung der Benutzung öffentlicher Einrichtungen gewonnen werden kann.

§ 1 Das Einrichtungswesen als Gegenstand einer Verwaltungsaufgabe

A. Das Bedürfnis nach Einrichtungsleistungen

Zunächst ist der Blick auf die faktische Grundlage des Einrichtungswesens zu richten, da sie letztlich auch die Grundlage der gesetzlichen Regelungen des Einrichtungswesens bildet.
Das Einrichtungswesen entspringt dem faktischen Bedürfnis der Mitglieder eines Gemeinwesens nach der Gewährung daseinsnotwendiger Leistungen durch das Gemeinwesen[3], die sie weder selber erbringen noch am Markt zu angemessenen Bedingungen erwerben können[4].

---

[3] Achterberg, Allgemeines Verwaltungsrecht, § 5, Rdn. 22; Klein, in: Kunst/Grundmann, Evangelisches Staatslexikon, Band I, Sp. 427; Löwer, DVBl. 1991, 132 (137); Mombaur, in: Selbstverwaltung im Staat der Industriegesellschaft, Festgabe für von Unruh, 503 (503, 505); Scholz, Das Wesen und die Entwicklung der gemeindlichen öffentlichen Einrichtungen, 122; Stern, Eildienst LKT Nordrhein-Westfalen, 177 (177); Suhr, Der Staat 9 (1970), 67 (79); M. Weber, Wirtschaft und Gesellschaft, 2. Halbband, 660.

[4] Badura, DÖV 1966, 624 (625, 630); ders., in: Schmidt-Aßmann, Besonderes Verwaltungsrecht, Dritter Abschnitt, Rdn. 71; Rüfner, in: Isensee/Kirchhof, HdbStR, Band III, § 80, Rdn. 20.

Daß der Mensch seine Versorgung nicht aus eigener Kraft sicherstellen kann, hat seinen Grund in der stetigen Bevölkerungsvermehrung[5], die eine zunehmend globale Lebensform hervorrief[6]. Der Lebenskreis des Menschen beschränkte sich nicht mehr auf den eigenen Grund und Boden, den er selbständig oder in abhängiger Stellung bewirtschaften konnte und der seine Versorgungsgrundlage darstellte[7]. Diese Entwicklung bezeichnete *Ernst Forsthoff* als Ausdehnung des effektiven und als Verengung des beherrschten Lebensraumes.[8] Im industriell-technischen Zeitalter des späten 19. und des 20. Jahrhunderts zog es den Menschen stattdessen in die Städte als Orte der modernen Berufe.[9] Dadurch wurden Infrastrukturmaßnahmen daseinsnotwendig.[10]

Der Begriff der daseinsnotwendigen Leistungen ist jedoch dem Wandel der Lebensumstände unterworfen.[11] Daher kann lediglich ein Kernbestand herausgeschält werden, der in den elementaren Lebensbedürfnissen zu sehen ist, beispielsweise in dem Bedürfnis nach Versorgungsbetrieben[12]. In Zeiten wachsenden Wohlstands gelten hingegen auch Sportanlagen und Kultureinrichtungen wie Büchereien, Museen, Theater und Konzertsäle als daseinsnotwendig.[13]

---

[5] Forsthoff, Die Verwaltung als Leistungsträger, 4; ders., Rechtsfragen der leistenden Verwaltung, 25; Mombaur, in: Selbstverwaltung im Staat der Industriegesellschaft, Festgabe für von Unruh, 503 (503).

[6] Forsthoff, Die Verwaltung als Leistungsträger, 4f.; ders., Die Daseinsvorsorge und die Kommunen, 5; ders., Verfassungsprobleme des Sozialstaats, 6; ders., Rechtsfragen der leistenden Verwaltung, 25.

[7] Forsthoff, Verfassungsprobleme des Sozialstaats, 6f.; Gröttrup, Die kommunale Leistungsverwaltung, 11; Krabbe, Kommunalpolitik und Industrialisierung, 14.

[8] Forsthoff, Die Verwaltung als Leistungsträger, 4ff.; ders., Verfassungsprobleme des Sozialstaats, 6; ders., Die Daseinsvorsorge und die Kommunen, 4ff.; ders., Rechtsfragen der leistenden Verwaltung, 25ff..

[9] Forsthoff, Die Verwaltung als Leistungsträger, 4f.; ders., Rechtsfragen der leistenden Verwaltung, 25; Gröttrup, Die kommunale Leistungsverwaltung, 11; Krabbe, Kommunalpolitik und Industrialisierung, 14.

[10] Forsthoff, Die Verwaltung als Leistungsträger, 7; ders., Rechtsfragen der leistenden Verwaltung, 27f .; Wolff/Bachof/Stober, Verwaltungsrecht I, § 3, Rdn. 6.

[11] Forsthoff, Rechtsfragen der leistenden Verwaltung, 12; Galette, Gemeindeordnung für Schleswig-Holstein, § 17, Rdn. 1, 3; Mombaur, in: Selbstverwaltung im Staat der Industriegesellschaft, Festgabe für von Unruh, 503 (523); von Mutius, Gutachten E für den 53. Deutschen Juristentag, 19; ders., Jura 1982, 28 (31); ders., in: Selbstverwaltung im Staat der Industriegesellschaft, Festgabe für von Unruh, 227 (247); Rüfner, in: Isensee/Kirchhof, HdbStR, Band III, § 80, Rdn. 19; von Unruh, JA 1992, 110 (114f.).

[12] Forsthoff, Die Verwaltung als Leistungsträger, 42; ders., Rechtsfragen der leistenden Verwaltung, 38f.; ders., Lehrbuch des Verwaltungsrechts, Erster Band, Allgemeiner Teil, Vorbem. vor § 20.

[13] Vgl. die Auflistung bei Galette, Gemeindeordnung für Schleswig-Holstein, § 17, Rdn. 10; von Mutius, Gutachten E für den 53. Deutschen Juristentag, 19; ders., Jura 1982, 28 (31); ders., in: Selbstverwaltung im Staat der Industriegesellschaft, Festgabe für von Unruh, 227 (247).

B. Das Einrichtungswesen als Aufgabe der leistenden Verwaltung und als Gegenstand der Daseinsvorsorge

I. Aufgaben der leistenden Verwaltung

In dem Maße, in dem der Mensch zu seiner eigenen Versorgung außerstande ist, bedarf er der Unterstützung durch das Gemeinwesen[14]. Da diese im wesentlichen auf der Umverteilung des von den Mitmenschen erwirtschafteten Vermögens beruhen muß, kommen die Mitmenschen für die Unterstützung der Bedürftigen solidarisch auf.[15]
Damit die Mittel gerecht unter den Bedürftigen verteilt und interne Spannungen vermieden werden, muß die Unterstützung zentral durchgeführt werden.[16] Da die Erfüllung dieser Aufgabe für die Bedürftigen von erheblicher Bedeutung ist, kann sie jedoch nicht privater Initiative überlassen werden, sondern muß staatlichen Stellen obliegen, die eine regelmäßige und gleichmäßige Leistungserbringung eher zu gewährleisten in der Lage sind.[17]
Als Aufgabenträger kommt die Verwaltung als exekutive Gewalt in Betracht.

Unter dieser Aufgabenstellung entwickelte sich innerhalb der Verwaltung ein nunmehr als Leistungsverwaltung bezeichneter Zweig.[18] Er sorgt für die Lebensmöglichkeiten und Lebensverbesserung der Menschen, indem er ihre Interessen durch Gewährungen unmittelbar fördert.[19] In Betracht kommen sowohl die Unterstützung des einzelnen Mitglieds der Gesellschaft als auch Infrastrukturmaßnahmen zugunsten des gesamten Gemeinwesens.[20]
Den Bereich der leistenden Verwaltung benannte erstmals *Ernst Forsthoff* in seiner Schrift „Die Verwaltung als Leistungsträger“.

---

[14] Forsthoff, Die Verwaltung als Leistungsträger, 5f.; ders., Verfassungsprobleme des Sozialstaats, 7; ders., Rechtsfragen der leistenden Verwaltung, 26; Klein, in: Kunst/Grundmann, Evangelisches Staatslexikon, Band I, Sp. 430; Mombaur, in: Selbstverwaltung im Staat der Industriegesellschaft, Festgabe für von Unruh, 503.

[15] Klein, in: Kunst/Grundmann, Evangelisches Staatslexikon, Band I, Sp. 430; Mombaur, Selbstverwaltung im Staat der Industriegesellschaft, Festgabe für von Unruh, 503.

[16] Badura, DÖV 1966, 624 (626); Scholz, Das Wesen und die Entwicklung der gemeindlichen öffentlichen Einrichtungen, 122; M. Weber, Wirtschaft und Gesellschaft, 2. Halbband, 660.

[17] Stern, Eildienst LKT Nordrhein-Westfalen, 177 (177, 179).

[18] Krabbe, Kommunalpolitik und Industrialisierung, 15, 16f.; Badura, DÖV 1966, 624 (625).

[19] Wolff/Bachof/Stober, Verwaltungsrecht I, § 3, Rdn. 6.

[20] Ehlers, in: Erichsen, Allgemeines Verwaltungsrecht, § 1, Rdn. 38; Maurer, Allgemeines Verwaltungsrecht, § 1, Rdn. 16.

II. Die Daseinsvorsorge als Aufgabe der leistenden Verwaltung

1. Der Begriff der Daseinsvorsorge bei *Forsthoff*

Im Zusammenhang mit den Erscheinungsformen der Leistungsverwaltung entwickelte *Ernst Forsthoff* den Begriff der Daseinsvorsorge, unter dem er die Funktionen der leistenden Verwaltung zusammenfaßte.[21]

Als Daseinsvorsorge bezeichnet er Veranstaltungen, die zur Befriedigung der sozialen Bedürfnisse getroffen werden, die der moderne Mensch des 19. und 20. Jahrhunderts infolge der Verengung des beherrschten und der Erweiterung des effektiven Lebensraumes nicht mehr selber zu befriedigen in der Lage ist.[22]

Forsthoff unterteilt die Daseinsvorsorge zunächst in die Gewährleistung eines angemessenen Verhältnisses von Lohn und Preis unter Zugrundelegung eines Rechts auf Arbeit und auf einen angemessenen durch Arbeit verdienten Lohn, in die Lenkung des Bedarfs, der Erzeugung und des Umsatzes und in die Darbringung von lebensnotwendigen Leistungen.[23]

Er ist der Ansicht, daß das Feld der Daseinssicherung dem gesellschaftlichen Engagement vorbehalten sei und der staatlichen Daseinsvorsorge demgegenüber lediglich ergänzende Funktion zukomme.[24] Daher beschränkt er die Daseinsvorsorge später auf die Darbringung lebensnotwendiger Leistungen.[25]

Forsthoff begründet die Notwendigkeit der Daseinsvorsorge ursprünglich mit den elementaren menschlichen Bedürfnissen, gibt diese Beschränkung aber später auf. Auch weitergehende Leistungen seien Daseinsvorsorge, sofern sie, und darin sieht er ein wesentliches Merkmal, der Allgemeinheit angeboten werden.[26]

Als Grenze der Daseinsvorsorge betrachtet er das Bild des perfekt bedienten Endverbrauchers, dessen Versorgung nicht erstrebt werde.[27] Daseinsvorsorge solle vielmehr den Menschen im Maße des Möglichen sichern.[28]

Damit erweist sich der *Forsthoffsche* Begriff der Daseinsvorsorge zwar als unbestimmt, aber er läßt als Wesensmerkmale die Zweiseitigkeit des Leistungsverhält-

---

[21] Forsthoff, Lehrbuch des Verwaltungsrechts, Erster Band, Allgemeiner Teil, Vorbem. vor § 20.

[22] Forsthoff, Die Verwaltung als Leistungsträger, 4ff.; ders., Die Daseinsvorsorge und die Kommunen, 4ff.; ders., Rechtsfragen der leistenden Verwaltung, 25f..

[23] Forsthoff, Die Verwaltung als Leistungsträger, 7; ders., Rechtsfragen der leistenden Verwaltung, 27.

[24] Forsthoff, Rechtsfragen der leistenden Verwaltung, 19ff..

[25] Forsthoff, Die Daseinsvorsorge und die Kommunen, 6f.; ders., Lehrbuch des Verwaltungsrechts, Erster Band, Allgemeiner Teil, Vorbem. vor § 20.

[26] Forsthoff, Rechtsfragen der leistenden Verwaltung, 12.

[27] Forsthoff, Die Daseinsvorsorge und die Kommunen, 11.

[28] Forsthoff, Die Daseinsvorsorge und die Kommunen, 11.

nisses und das Angewiesensein auf den Bestand des Leistungsverhältnisses erkennen.[29]
Der Daseinsvorsorgebegriff dient *Forsthoff* nicht nur zur Benennung von Aufgaben der Leistungsverwaltung, sondern auch als Rechtsbegriff.[30] Er nimmt an, daß die Zuordnung eines Gegenstandes zur Daseinsvorsorge diesen zugleich als öffentlich-rechtliche Tätigkeit qualifiziere.[31]
Nach seiner Auffassung bewirkt das Angewiesensein des einzelnen Menschen auf Daseinsvorsorge durch das Gemeinwesen eine besondere Verbundenheit, die sich als Teilhabe darstelle.[32] Diese Teilhabe gelte es zu sichern, da im Bereich der leistenden Verwaltung die freie Wahl der Rechtsform bestehe und daher nicht zwangsläufig das öffentliche Recht, das dem Einzelnen Schutz vor staatlichen Eingriffen gewähre, Anwendung finde.[33]
Indem er annimmt, daß die Erfüllung von Aufgaben der Daseinsvorsorge bedeute, daß die Verwaltung öffentlich-rechtlich handele, löst *Forsthoff* diesen Schutz aus. Unabhängig von der von der Verwaltung frei gewählten Rechtsform der Leistungserbringung gelten dann öffentlich-rechtliche Normen, die die Teilhabe des einzelnen Menschen sichern.[34]

2. Kritik des Daseinsvorsorgebegriffs *Forsthoffscher* Prägung

Dem Daseinsvorsorgebegriff *Forsthoffscher* Prägung wird vorgeworfen, er beschränke sich willkürlich auf Tätigkeiten der Verwaltung, obwohl das Feld daseinsvorsorgender Aktivitäten Gegenstand auch privaten Engagements sei.[35]
Die Methode, einen Begriff zu definieren, besteht jedoch gerade darin, diesen durch Auseinanderlegung und Feststellung seines Inhalts genau zu bestimmen.[36] Wenn *Forsthoff* lediglich Leistungen der Verwaltung als Daseinsvorsorge auffaßt, entspricht dies wissenschaftlichem Vorgehen und ist nicht zu beanstanden.
An der Zweckmäßigkeit dieser Begriffswahl bestehen allerdings Zweifel. So unterscheidet *Rüfner* zwischen Daseinsvorsorge im engeren Sinn und Daseinsvorsorge im weiteren Sinn, der er die Befriedigung der menschlichen Bedürfnisse für

---

[29] Forsthoff, Die Verwaltung als Leistungsträger, 42; ders., Rechtsfragen der leistenden Verwaltung, 38.
[30] Forsthoff, Rechtsfragen der leistenden Verwaltung, 55, 56.
[31] Forsthoff, Lehrbuch des Verwaltungsrechts, Erster Band, Allgemeiner Teil, Vorbem. vor § 20.
[32] Forsthoff, Die Verwaltung als Leistungsträger, 19.
[33] Forsthoff, Rechtsfragen der leistenden Verwaltung, 9f..
[34] Forsthoff, Rechtsfragen der leistenden Verwaltung, 9f..
[35] Börner, BayVBl. 1959, 406 (407, 408); Scholz, Das Wesen und die Entwicklung der gemeindlichen öffentlichen Einrichtungen, 122f..
[36] Drosdowski/Müller/Scholze-Stubenrecht/Wermke, Duden, Fremdwörterbuch, 171.

eine normale Lebensführung zuordnet.[37] Als Daseinsvorsorge im engeren Sinn versteht er hingegen nur die von der öffentlichen Hand dem Bürger unmittelbar zugewendeten Leistungen.[38]
Das Verhältnis von staatlichem und privatem Engagement auf dem Feld der Daseinsvorsorge ist Gegenstand weiterer Kritik, da sich der Bereich der Daseinsvorsorge nicht von dem der individuellen Lebensplanung und Bedarfsdeckung abgrenzen lasse.[39] Dem ist jedoch entgegenzuhalten, daß zwar auch private Unternehmen durch das Angebot von Energie, Lebensmitteln, Kultur und ähnlichem zur Sicherung des individuellen Daseins beitragen. Da *Forsthoff* den Begriff der Daseinsvorsorge aber nur für Leistungen verwendet, die durch einen Verwaltungsträger erbracht werden, hat er durchaus klare Konturen.[40]
Ferner wird *Forsthoff* vorgeworfen, daß er sich an den elementaren Lebensbedürfnissen abhängiger Massen orientiere. Damit bleibe der wirtschaftlich bedeutendere und die preiswerte Versorgung der Normalverbraucher erst ermöglichende Kreis der großen Bedarfsträger wie die Industrie unberücksichtigt.[41] Dagegen ist jedoch einzuwenden, daß die Konzeption *Forsthoffs* zwar zunächst auf den durch den Verlust des beherrschten Lebensraumes gewachsenen Bedürfnissen der einzelnen beruht, aber auf die Lage der ebenfalls verstärkt auf öffentliche Unterstützung angewiesenen Industrie übertragen werden kann.[42]

Trotz dieser - entkräftbaren - Bedenken fand der von *Forsthoff* geprägte Begriff der Daseinsvorsorge in der juristischen Literatur der nachfolgenden Jahrzehnte große Anerkennung, was daran deutlich wird, daß im Zusammenhang mit ihm von der „Beschwörungsformel“[43], vom „Schlagwort Daseinsvorsorge“[44] und von der „Formel der kollektiven Daseinsvorsorge“[45] die Rede ist.

3. Begriffsgehalt

Ob der Daseinsvorsorgebegriff aber den von *Forsthoff* vorgesehenen Gehalt hat, bedarf näherer Untersuchung.

---

[37] Rüfner, in: Isensee/Kirchhof, HdbStR, Band III, § 80, Rdn. 5f..
[38] Rüfner, in: Isensee/Kirchhof, HdbStR, Band III, § 80, Rdn. 19.
[39] Fischerhof, DÖV 1957, 305 (312).
[40] Gröttrup, Die kommunale Leistungsverwaltung, 69.
[41] Fischerhof, DÖV 1957, 305 (312); ders., DÖV 1960, 41 (43).
[42] Gröttrup, Die kommunale Leistungsverwaltung, 69f..
[43] Gröttrup, Die kommunale Leistungsverwaltung, 63f..
[44] Köttgen, Gemeindliche Daseinsvorsorge und gewerbliche Unternehmerinitiative, 6; Scholz, Das Wesen und die Entwicklung der gemeindlichen öffentlichen Einrichtungen, 121.
[45] Habermas, Strukturwandel der Öffentlichkeit, 179.

a. Daseinsvorsorge als Rechtsbegriff

Soll der Daseinsvorsorgebegriff als Rechtsbegriff fungieren, muß der von ihm erfaßte Sachverhalt zumindest im Wege der Auslegung eingrenzbar sein, damit Klarheit über das Bezugsobjekt der Rechtsfolgen besteht.[46]
Setzt man voraus, daß die Verwaltung allein im Bereich der Daseinsvorsorge öffentlich-rechtlichen Bindungen unterworfen ist, könnte eine Abgrenzung der Daseinsvorsorge von den Gegenständen rein fiskalischen Verwaltungshandelns geboten sein.[47] Gegen den Sinn einer solchen Abgrenzung spricht allerdings, daß die Verwaltung nach allgemeiner Ansicht auch im Bereich der erwerbswirtschaftlichen Betätigung öffentlich-rechtlichen Bindungen unterworfen ist.[48]

Statt dieser negativen ist daher die positive Kennzeichnung der zur Daseinsvorsorge zählenden Gegenstände geboten.
Nach *Forsthoff* umfaßt Daseinsvorsorge „alles, was von Seiten der Verwaltung geschieht, um die Allgemeinheit oder nach objektiven Merkmalen bestimmte Personenkreise in den Genuß nützlicher Leistungen zu versetzen".[49]
Da das Merkmal der Nützlichkeit keine relevante Begrenzung ermöglicht und die Definition keine Angaben über die Rechtsform der Aufgabenerledigung macht, bezeichnet der Daseinsvorsorgebegriff *Forsthoffs* ein äußerst weites Feld an Aufgaben. Er ist unkonturiert[50] und beliebig verwendbar[51] und ermöglicht weder die Bestimmung allgemeingültiger Rechtsfolgen noch Aussagen, die auf jeden Gegenstand der Daseinsvorsorge zutreffen und einen gewissen Gehalt aufweisen.[52]
Eine Verwendung als Rechtsbegriff kann daher nicht in Betracht kommen.[53]

Dagegen spricht ferner, daß dem Staat die Beherrschung von Bereichen jenseits der verfassungsrechtlich gesicherten Grenzen privater Entfaltung möglich wäre, wenn er das Feld der Daseinsvorsorge zur verpflichtenden staatlichen Aufgabe

---

[46] Ossenbühl, DÖV 1971, 513 (516); Gröttrup, Die kommunale Leistungsverwaltung, 69.

[47] Gröttrup, Die kommunale Leistungsverwaltung, 70ff..

[48] Gröttrup, Die kommunale Leistungsverwaltung, 75.

[49] Forsthoff, Lehrbuch des Verwaltungsrechts, Erster Band, Allgemeiner Teil, Vorbem. vor § 20.

[50] Axer, Die Widmung als Schlüsselfigur, 143; Gröttrup, Die kommunale Leistungsverwaltung, 69; Löwer, DVBl. 1991, 132 (137); ähnlich: Mombaur, in: Selbstverwaltung im Staat der Industriegesellschaft, Festgabe für von Unruh, 503 (505); Ossenbühl, DÖV 1971, 513 (517); Püttner, Die öffentlichen Unternehmen, 31.

[51] Gröttrup, Die kommunale Leistungsverwaltung, 63; Mombaur, in: Selbstverwaltung im Staat der Industriegesellschaft, Festgabe für von Unruh, 503 (505).

[52] Gröttrup, Die kommunale Leistungsverwaltung, 76.

[53] BVerwG, NVwZ 1986, 754 (755); Axer, Die Widmung als Schlüsselfigur, 143; Maunz, VerwArch 50 (1959), 315 (319); Mombaur, in: Selbstverwaltung im Staat der Industriegesellschaft, Festgabe für von Unruh, 503 (505); Ossenbühl, DÖV 1971, 513 (517); Scholz, Das Wesen und die Entwicklung der gemeindlichen öffentlichen Einrichtungen, 123.

erheben könnte. Er hätte, wie *Forsthoff* selber erkannte, ein gravierendes Machtmittel, denn er könnte die Erbringung daseinsvorsorgender Leistungen von der Erfüllung jedweder Leistungspflichten durch den Bürger abhängig machen.[54]

Schließlich sind die Probleme der Teilhabe und der Einführung öffentlich-rechtlicher Bindungen in den Bereich der leistenden Verwaltung, die für *Forsthoff* Anlaß waren, an den Begriff der Daseinsvorsorge Rechtsfolgen zu knüpfen, auf andere Weise dogmatisch befriedigender gelöst worden, so daß kein Bedürfnis für einen Rechtsbegriff Daseinsvorsorge besteht.[55] Das Verfassungsrecht stellt mit Art. 3 GG den Zugang des Bürgers zu staatlichen Leistungen sicher[56] und das Kommunalrecht der Länder gewährleistet den allgemeinen Zugang der Einwohner zu den öffentlichen Einrichtungen der Gemeinden und Kreise[57].

b. Daseinsvorsorge als soziologischer Begriff

Trotz seiner mangelnden Verwendbarkeit als Rechtsbegriff könnte der Begriff der Daseinsvorsorge jedoch die Funktion haben, die daseinsvorsorgenden Aktivitäten der Verwaltung zu beschreiben. Damit erfüllte er den Zweck, nicht nur das juristisch relevante Bedürfnis nach daseinsnotwendigen Leistungen und dessen Erfüllung durch die leistende Verwaltung zu benennen, sondern auch diesen vielschichtigen Vorgang auf einen Begriff zu reduzieren.[58]
Mit diesem beschreibenden, soziologischen Gehalt wird der Begriff der Daseinsvorsorge inzwischen überwiegend verwendet.[59] Danach bezeichnet er eine lei-

---

[54] Fischerhof, DÖV 1960, 41 (42); Forsthoff, Die Daseinsvorsorge und die Kommunen, 9; Löwer, DVBl. 1991, 132 (137); Maunz, VerwArch 50 (1959), 315 (321).

[55] Gröttrup, Die kommunale Leistungsverwaltung, 77; Mombaur, in: Selbstverwaltung im Staat der Industriegesellschaft, Festgabe für von Unruh, 503 (505); Rüfner, in: Isensee/Kirchhof, HdbStR, Band III, § 80, Rdn. 52.

[56] BVerfGE 33, 303 (331, 345); BVerfGE 43, 291 (314ff.); Erichsen, VerwArch 71 (1980), 289 (295ff.); ders., Jura 1986, 196 (196); Püttner/Lingemann, JA 1984, 121 (127).

[57] In Baden-Württemberg §§ 10 Abs. 2 Satz 2 GemO, 16 Abs. 1 Satz 2 KrO, in Bayern Art. 21 Abs. 1 Satz 1 GO, 15 Abs. 1 LKrO, in Brandenburg §§ 14 Abs. 1 GO, 13 Abs. 1 LKrO, in Hessen §§ 20 Abs. 1 GO, 17 Abs. 1 KO, in Mecklenburg-Vorpommern §§ 14 Abs. 2, 99 Abs. 2 KV, in Niedersachsen §§ 22 Abs. 1 GO, 17 Abs. 2 Satz 2 KrO, in Nordrhein-Westfalen §§ 18 Abs. 2 GO, 16 Abs. 2 KrO, in Rheinland-Pfalz §§ 14 Abs. 2 GO, 10 Abs. 2 LKO, im Saarland §§ 19 Abs. 1, 152 Satz 1 KSVG, in Sachsen §§ 10 Abs. 2 GO, 9 Abs. 2 KrO, in Sachsen-Anhalt §§ 22 Abs. 1 GO, 16 Abs. 1 LKO, in Schleswig-Holstein §§ 18 Abs. 1 Satz 1 GO, 18 Abs. 1 Satz 1 KrO, in Thüringen §§ 14 Abs. 1, 96 Abs. 1 KO.

[58] Fröhler, Werbefernsehen und Pressefreiheit, 2; Mombaur, in: Selbstverwaltung im Staat der Industriegesellschaft, Festgabe für von Unruh, 503 (505); Ossenbühl, DÖV 1971, 513 (517); Stern, Eildienst LKT Nordrhein-Westfalen 1977, 177 (177).

[59] Badura, DÖV 1966, 624 (639); Fröhler, Werbefernsehen und Pressefreiheit, 2; Gröttrup, Die kommunale Leistungsverwaltung, 79; Maunz, VerwArch 50 (1959), 315 (319); Mombaur, in:

stende Verwaltungstätigkeit, die in der Befriedigung von Bedürfnissen besteht, deren Deckung dem Einzelnen nicht möglich ist.[60] Daseinsvorsorge in diesem Sinn beschränkt sich allerdings nicht auf die Befriedigung der lebenswichtigen Bedürfnisse, vielmehr sollen unter Berücksichtigung der normalen Lebensführung auch darüber hinausgehende Voraussetzungen sichergestellt werden.[61]

Der Begriff der Daseinsvorsorge wird aber nicht einheitlich verwendet. Von dem an *Forsthoff* angelehnten Verständnis wendet sich, wie dargelegt[62], *Rüfner* ab, der die beschriebene Art der Verwaltungstätigkeit als Daseinsvorsorge im engeren Sinn versteht[63] und sie in den Zusammenhang der Daseinsvorsorge im weiteren Sinn einordnet[64]. Unter letztere faßt er den Bereich staatlicher Wohlfahrtspflege, in dem der Staat, aber auch private Träger, Bedürfnisse der Bürger befriedigen, die einer normalen Lebensführung entsprechen.[65] Grundtypen der Daseinsvorsorge im weiteren Sinn sollen die Gestaltung der normativen Rahmenbedingungen, Geldleistungen und Sach- und Dienstleistungen der öffentlichen Hand sein, die dem einzelnen Bürger unmittelbar zugewendet werden und regelmäßig ein Entgelt verlangen.[66] Allein letztere kennzeichnen für *Rüfner* den Bereich der Daseinsvorsorge im engeren Sinn.[67] Dieser Unterscheidung *Rüfners* liegen folglich die Unterscheidungen zwischen staatlicher und privater Daseinsvorsorge einerseits und andererseits zwischen der Sorge um das Wohlergehen aller Staatsbürger und den Vorkehrungen, die zugunsten des Einzelnen getroffen werden, zugrunde.

Um zu verdeutlichen, daß das kommunale Einrichtungswesen eine Leistung der Verwaltung darstellt und damit zwar im Zusammenhang mit dem großen Bereich staatlicher und privater Wohlfahrtspflege steht, aber eben einen speziellen Teilbereich bildet, sollen hier diese begrifflichen Feinheiten berücksichtigt und der Begriffswahl *Rüfners* gefolgt werden.

Selbstverwaltung im Staat der Industriegesellschaft, Festgabe für von Unruh, 503 (505); Scholz, Das Wesen und die Entwicklung der gemeindlichen öffentlichen Einrichtungen, 122f.; Stern, Staatsrecht, Band I, § 21 II.3.e).

60 Badura, DÖV 1966, 624 (630); ders., in: Schmidt-Aßmann, Besonderes Verwaltungsrecht, Dritter Abschnitt, Rdn. 68; Fröhler, Werbefernsehen und Pressefreiheit, 2, 6; Klein, in: Kunst/Grundmann, Evangelisches Staatslexikon, Band I, Sp. 427f.; Stern, Staatsrecht, Band I, § 21 II.3.e).

61 Badura, DÖV 1966, 624 (631); Klein, in: Kunst/Grundmann, Evangelisches Staatslexikon, Band I, Sp. 428.

62 S.o. Zweites Kapitel, § 1, II.2.b)aa).

63 Rüfner, in: Isensee/Kirchhof, HdbStR, Band III, § 80, Rdn. 19f..

64 Rüfner, in: Isensee/Kirchhof, HdbStR, Band III, § 80, Rdn. 6.

65 Rüfner, in: Isensee/Kirchhof, HdbStR, Band III, § 80, Rdn. 5.

66 Rüfner, in: Isensee/Kirchhof, HdbStR, Band III, § 80, Rdn. 6.

67 Rüfner, in: Isensee/Kirchhof, HdbStR, Band III, § 80, Rdn. 6, 19f..

4. Zwischenergebnis

Bei dem kommunalen Einrichtungswesen handelt es sich um eine Aufgabe der leistenden Verwaltung und, konkreter, um einen Gegenstand der Daseinsvorsorge[68] im engeren Sinne. Damit stellt es eine Leistung der Kommunalverwaltungen zur Befriedigung von Bedürfnissen des normalen Lebensstandards dar, zu der die Bürger selber nicht in der Lage sind.
Anders als bei *Forsthoff*, der den Begriff der Daseinsvorsorge geprägt hat, wird diese Verwaltungsleistung als Daseinsvorsorge im engeren Sinn bezeichnet, um sie von den Aktivitäten der sonstigen staatlichen und privaten Wohlfahrtspflege abzugrenzen.

C. Die Kommunen als Träger der Daseinsvorsorge

Das Angewiesensein auf daseinsnotwendige Leistungen durch das Gemeinwesen bezeichnet *Forsthoff* auch als Entfremdung des Menschen in der Daseinsbehauptung gegenüber seiner Umwelt.[69] Diese Entfremdung sei durch Selbstbestimmung zu überwinden[70], durch Mitgestaltung der Umwelt, um sich mit dieser zu identifizieren[71].
Sinnvollerweise erfolgt die Daseinsvorsorge also auf der staatlichen Ebene, die dem Menschen am nächsten steht.[72] Das ist der Fall, wo er auf die Befriedigung seiner Bedürfnisse Einfluß nehmen kann[73], indem er beispielsweise mit Hilfe von Wahlen leistungsbereite Politik honorieren oder umgekehrtes Vorgehen sanktionieren und damit eine gewisse Kontrolle über die Entscheidungsträger ausüben kann.[74] Diese Möglichkeit besteht auf kommunaler Ebene.[75]

---

[68] BVerwG, NVwZ 1998, 1080 (1081); Althaus, Das Recht der Gemeinden und Gemeindeverbände, 35; Badura, JuS 1966, 17 (18); Blum, Niedersächsische Gemeindeordnung, § 2, Rdn. 16, § 22, Rdn. 3; Böttcher, Kommunalrecht, Rdn. 976; Erichsen, Jura 1986, 148 (148); Fischedick, Die Wahl der Benutzungsform kommunaler Einrichtungen, 3; Frotscher, in: HdbkWPr, Band 3, 136; Hager, VerwArch 84 (1993), 97 (99, 101); Horn, VBlBW 1992, 5 (5, 6); Hurst, SKV 1964, 281 (282); Klüber, Der Städtetag 1963, 491 (496); Kunze/Bronner/Katz, Gemeindeordnung für Baden-Württemberg, § 10, Rdn. 12; Ossenbühl, DVBl. 1973, 289 (290); Pappermann, VR 1981, 84 (84); Helmut Roth, Die kommunalen öffentlichen Einrichtungen, 25, 140; Schliesky, JA 1999, 515 (522); Schmidt-Aßmann, in: Schmidt-Aßmann, Besonderes Verwaltungsrecht, Erster Abschnitt, Rdn. 104.

[69] Forsthoff, Die Daseinsvorsorge und die Kommunen, 11, 23.

[70] Forsthoff, Die Daseinsvorsorge und die Kommunen, 23.

[71] Forsthoff, Die Daseinsvorsorge und die Kommunen, 18.

[72] Klüber, Der Städtetag 1963, 491 (491).

[73] Forsthoff, Die Daseinsvorsorge und die Kommunen, 21f.; Wolff/Bachof/Stober, Verwaltungsrecht I, § 3, Rdn. 6.

[74] Forsthoff, Die Daseinsvorsorge und die Kommunen, 19f..

Daher erscheint es zweckmäßig, daß sich Gemeinden und Kreise der Daseinsvorsorge annehmen und öffentliche Einrichtungen für ihre Einwohner bereitstellen.

§ 2 Normative Grundlagen

Das menschliche Bedürfnis nach daseinssichernden Leistungen öffentlicher Einrichtungen liegt sowohl Normen des Bundes- und Landesverfassungsrechts als auch den Gemeinde- und Kreisordnungen der Länder zugrunde, wo es detailliert ausgestaltet ist.

A. Verfassungsrechtliche Vorgaben

I. Das Sozialstaatsprinzip gemäß Art. 20 Abs. 1, 28 Abs. 1 Satz 1 GG

Die Leistungserbringung durch öffentliche Einrichtungen zugunsten der Bürger ist auf das in Art. 20 Abs.1, 28 Abs. 1 Satz 1 GG festgelegte Sozialstaatsprinzip zurückzuführen.[76] Dieser Schluß ergibt sich allerdings erst aus der Auslegung der Art. 20 Abs. 1, 28 Abs. 1 Satz 1 GG, da diese nur allgemeine Formeln darstellen, die die Ableitung des staatlichen Einrichtungswesens nicht unmittelbar zulassen.[77]

---

[75] Ehlers, in: Erichsen, Allgemeines Verwaltungsrecht, § 4, Rdn. 8; Forsthoff, Die Daseinsvorsorge und die Kommunen, 23f.; von Mutius, Kommunalrecht, Rdn. 649; Schmidt-Aßmann, in: Schmidt-Aßmann, Besonderes Verwaltungsrecht, Erster Abschnitt, Rdn. 8; Scholz, Das Wesen und die Entwicklung der gemeindlichen öffentlichen Einrichtungen, 49f..

[76] Achterberg, Allgemeines Verwaltungsrecht, § 5, Rdn. 25, 27; Badura, DÖV 1966, 624 (631); ders., DÖV 1989, 491 (494); Blum, Niedersächsische Gemeindeordnung, § 2, Rdn. 17; Degenhart, Staatsrecht I, Rdn. 355; Erichsen, Jura 1986, 148 (148); ders., DVBl. 1983, 289 (289); Forsthoff, Verfassungsprobleme des Sozialstaats, 8; Hesse, Grundzüge des Verfassungsrechts, § 6, Rdn. 213; Maunz/Dürig/Herzog/Scholz, Grundgesetz, Band III, Art. 20, Anm. 12ff.; Maunz/Zippelius, Deutsches Staatsrecht, 99; von Münch/Kunig, Grundgesetz-Kommentar, Band 1, Art. 20, Rdn. 17; Schmidt-Bleibtreu/Klein, Kommentar zum Grundgesetz, Art. 20, Anm. 20a; Stern, Staatsrecht, Band I, 897; Zacher, in: Isensee/Kirchhof, HdbStR, Band I, § 25, Rdn. 34.

[77] Achterberg, Allgemeines Verwaltungsrecht, § 5, Rdn. 23.

1. Gehalt des Sozialstaatsprinzips

a. Rechtscharakter des Sozialstaatsprinzips und Begriff des Sozialen

aa. Wortlaut der Art. 20 Abs. 1, 28 Abs. 1 Satz 1 GG

Die Ermittlung des Gehalts der Aussagen des Art. 20 Abs. 1 GG, „die Bundesrepublik Deutschland ist ein demokratischer und sozialer Bundesstaat", und des Art. 28 Abs. 1 Satz 1 GG, „die verfassungsmäßige Ordnung in den Ländern muß den Grundsätzen des republikanischen, demokratischen und sozialen Rechtsstaats im Sinne dieses Grundgesetzes entsprechen", sollte zunächst am Wortlaut der Normen ansetzen.

An Art. 20 Abs. 1 GG fallen die Formulierung des Indikativs „die Bundesrepublik Deutschland ist ein sozialer Bundesstaat", der eine bloße Zustandsbeschreibung statt einer Verpflichtung darstellen könnte[78], und die Verwendung eines Adjektivs zur Beschreibung der sozialen Eigenschaft des Staates auf, die zahlreiche Interpretationsmöglichkeiten impliziert[79]. Im Gegensatz dazu deutet die Verwendung beispielsweise des Substantivs „Rechtsstaat" in Art. 28 Abs. 1 Satz 1 GG auf etwas Festgelegtes hin.[80] Da das Grundgesetz, anders als die anderen in Art. 20 Abs. 1, 28 Abs. 1 Satz 1 GG genannten Prinzipien, den Begriff des Sozialen außerdem kaum näher ausgestaltet, handelt es sich um einen durch Offenheit gekennzeichneten Begriff.[81]

Insgesamt könnte daraus gefolgert werden, daß dem Sozialstaatsprinzip jeglicher verpflichtende Charakter fehlt.[82]

Gegen eine Begründung des Einrichtungswesens mit dem Sozialstaatsgebot könnte ferner die Überlegung sprechen, daß Daseinsvorsorge eine staatliche Selbstverständlichkeit darstellt, da auch ein unsozialer Staat zur Aufrechterhaltung seiner Funktionsfähigkeit Leistungen wie die Trinkwasser- und die Energieversorgung und die Abfallbeseitigung sicherstellen muß.[83]

---

78 Zacher, in: Isensee/Kirchhof, HdbStR, Band I, § 25, Rdn. 1.

79 Isensee, in: Demokratie in Anfechtung und Bewährung, Festschrift für Broermann, 365 (371); Suhr, Der Staat 9 (1970), 67 (73); Zacher, in: Isensee/Kirchhof, HdbStR, Band I, § 25, Rdn. 2.

80 Suhr, Der Staat 9 (1970), 67, (73).

81 BVerfGE 22, 180 (204); Isensee, in: Demokratie in Anfechtung und Bewährung, Festschrift für Broermann, 365 (371); Leibholz/Rinck/Hesselberger, Grundgesetz, Band I, Art. 20, Rz. 258f.; Maunz/Dürig/Herzog/Scholz, Grundgesetz, Band III, Art. 20, Anm. 5; Suhr, Der Staat 9 (1970), 67 (73); Uhle, JuS 1996, 96 (102); W. Weber, Der Staat 4 (1965), 409 (410, 415f.); Zacher, in: Isensee/Kirchhof, HdbStR, Band I, § 25, Rdn. 2.

82 Wernicke, in: Bonner Kommentar zum Grundgesetz, Art. 20, Anm. II.1.d).

83 Suhr, Der Staat 9 (1970), 67 (77).

bb. Verpflichtender Charakter des Sozialstaatsprinzips

Die Festlegung des Sozialstaatsgrundsatzes gerade im Grundgesetz muß jedoch mehr als eine bloße Bekräftigung dieser Selbstverständlichkeit darstellen.[84]
Gegen den Schluß der fehlenden normativen Kraft spricht auch die Anordnung des Sozialstaatsprinzips im Zusammenhang mit den anderen verfassunggestaltenden Prinzipien der Republik, der Demokratie, der Bundes- und der Rechtsstaatlichkeit.[85] Die Bedeutung des Sozialstaatsgrundsatzes unterstreicht außerdem dessen durch die sog. „Ewigkeitsklausel" des Art. 79 Abs. 3 GG gewährleistete Unabänderlichkeit.[86]
Daher ist der in Art. 20 Abs. 1, 28 Abs. 1 Satz 1 GG formulierten Sozialstaatlichkeit normativer Charakter zuzuerkennen.[87]

Da das Sozialstaatsgebot aufgrund seiner allgemeinen Formulierung auf Konkretisierung durch den Gesetzgeber angelegt ist, dürfte es sich seiner Rechtsnatur nach um eine Staatszielbestimmung handeln.[88]
Unabhängig von der Frage nach dem spezifischen Charakter des Sozialstaatsgebots herrscht jedoch Klarheit darüber, daß es ein Verfassungsprinzip darstellt, das alle Staatsgewalten verpflichtet.[89] Aufgrund seiner Konkretisierungsbedürftigkeit richtet es sich vornehmlich an den Gesetzgeber[90] und fungiert daneben als Auslegungsregel für Verwaltung und Rechtsprechung[91].

---

[84] Suhr, Der Staat 9 (1970), 67 (77).

[85] Isensee, in: Demokratie in Anfechtung und Bewährung, Festschrift für Broermann, 365 (371); Maunz/Dürig/Herzog/Scholz, Grundgesetz, Band III, Art. 20, Anm. 2.

[86] Benda/Maihofer/Vogel, HdbVerfR, § 17, Rdn. 99; Stern, Staatsrecht, Band I, 915.

[87] Bull, Die Staatsaufgaben nach dem Grundgesetz, 164; Ipsen, Staatsrecht I, Rdn. 858; von Münch/Kunig, Grundgesetz-Kommentar, Band 1, Art. 20; Rdn. 16; Scholz, Sozialstaat zwischen Wachstums- und Rezessionsgesellschaft, 24; Stern, Staatsrecht, Band I, 914f.; Wernicke, in: Bonner Kommentar zum Grundgesetz, Art. 20, Anm. II.1.d); Zacher, in: Isensee/Kirchhof, HdbStR, Band I, § 25, Rdn. 106.

[88] Badura, DÖV 1989, 491 (493); Benda/Maihofer/Vogel, HdbVerfR, § 17, Rdn. 116; Degenhart, Staatsrecht I, Rdn. 354; Ipsen, Staatsrecht I, Rdn. 859; von Mangoldt/Klein, Das Bonner Grundgesetz, Art. 20, Anm. VII.2.b); Maunz/Zippelius, Deutsches Staatsrecht, 100; Uhle, JuS 1996, 96 (97).

[89] Hesse, Grundzüge des Verfassungsrechts, § 6, Rdn. 213; von Mangoldt/Klein, Das Bonner Grundgesetz, Art. 20, Anm. VII.2.b); Maunz/Dürig/Herzog/Scholz, Grundgesetz, Band II, Art. 20, Anm. 6; Maunz/Zippelius, Deutsches Staatsrecht, 100; Stern, Staatsrecht, Band I, 914f.; Uhle, JuS 1996, 96 (97); Wolff/Bachof/Stober, Verwaltungsrecht I, § 18, Rdn. 22.

[90] BVerfGE 1, 97 (105); 8, 274 (329); 38, 73 (84); 50, 57 (108); 65, 182 (193); 75, 348 (259f.); Benda/Maihofer/Vogel, HdbStR, § 17, Rdn. 116; Degenhart, Staatsrecht I, Rdn. 358; Jarass/Pieroth, Grundgesetz, Art. 20, Rdn. 84; Leibholz/Rinck/Hesselberger, Grundgesetz, Band I, Art. 20, Rz. 257; Maunz/Zippelius, Deutsches Staatsrecht, 99; von Münch/Kunig, Grundgesetz-Kommentar, Band 1, Art. 20, Rdn. 19; Schmidt-Bleibtreu/Klein, Kommentar zum Grundgesetz, Art. 20, Anm. 44a; Stern, Staatsrecht, Band I, 915f.; Uhle, JuS 1996, 96 (97); Wernicke, in: Bon-

Als unmittelbare Anspruchsgrundlage kommt das Sozialstaatsgebot bereits wegen seiner Anordnung außerhalb des Grundrechtsabschnittes des Grundgesetzes[92] nach allgemeiner Ansicht nicht in Betracht.[93] Als Anspruchsgrundlage ist es allenfalls in Ausnahmefällen im Zusammenwirken mit den Grundrechten anerkannt.[94]

cc. Der Begriff des Sozialen

Da der grundgesetzliche Begriff des Sozialen durch Offenheit gekennzeichnet ist[95], er sich mithin als konkretisierungsfähig und konkretisierungsbedüftig erweist[96], erschließt sich der Gehalt des Sozialstaatsgebots erst durch Auslegung. Unter Berücksichtigung seiner Etymologie bedeutet sozial zunächst die menschliche Gesellschaft bzw. die Gemeinschaft betreffend.[97] Damit hat der Sozialstaat die richtige Befindlichkeit der Gesellschaft zum Gegenstand.[98]
Der Maßstab der richtigen Befindlichkeit ergibt sich, wenn man den Begriff des Sozialen vor dem Hintergrund der historischen Umstände der Verfassunggebung betrachtet.[99]

---

ner Kommentar zum Grundgesetz, Art. 20, Anm. II.1.d); Wolff/Bachof/Stober, Verwaltungsrecht I, § 18, Rdn. 24.

91 Benda/Maihofer/Vogel, HbdVerfR, § 17, Rdn. 116; Jarass/Pieroth, Grundgesetz, Art. 20, Rdn. 85; von Münch/Kunig, Grundgesetz-Kommentar, Band 1, Art. 20, Rdn. 20; Stern, Staatsrecht, Band I, 916; Uhle, JuS 1996, 96 (97); Wernicke, in: Bonner Kommentar zum Grundgesetz, Art. 20, Anm. II.1.d).

92 Maunz/Dürig/Herzog/Scholz, Grundgesetz, Band II, Art. 20, Anm. 28; Uhle, JuS 1996, 96 (97).

93 BVerfGE 1, 97 (105); 27, 253 (283); Badura, DÖV 1989, 491 (495); Jarass/Pieroth, Grundgesetz, Art. 20, Rdn. 73; von Mangoldt/Klein, Das Bonner Grundgesetz, Art. 20, Anm. VII.2.c); Schmidt-Bleibtreu/Klein, Kommentar zum Grundgesetz, Art. 20, Anm. 51; Stern, Staatsrecht, Band I, 924; Uhle, JuS 1996, 96 (97); Zacher, in: Isensee/Kirchhof, HdbStR, Band I, § 25, Rdn. 107.

94 BVerfGE 33, 303 (331f.); 82, 60 (85); BVerwGE 52, 339 (346); 82, 364 (368); Jarass/Pieroth, Grundgesetz, Art. 20, Rdn. 73, 83; Leibholz/Rinck/Hesselberger, Grundgesetz, Band I, Art. 20, Rz. 293; Schmidt-Bleibtreu/Klein, Kommentar zum Grundgesetz, Art. 20, Anm. 51; Uhle, JuS 1996, 96 (99f.); Scholz, Sozialstaat in der Wachstums- und Rezessionsgesellschaft, 35; a.A. unter Verweis auf § 4 Abs. 1 BSHG Achterberg, Allgemeines Verwaltungsrecht, § 5, Rdn. 23.

95 Benda/Maihofer/Vogel, HdbVerfR, § 17, Rdn. 100; Hesse, Grundzüge des Verfassungsrechts, § 6, Rdn. 215; Isensee, in: Demokratie in Anfechtung und Bewährung, Festschrift für Broermann, 365 (373); Jarass/Pieroth, Grundgesetz, Art. 20, Rdn. 73; Leibholz/Rinck/Hesselberger, Grundgesetz, Band I, Art. 20, Rz. 258; Maunz/Zippelius, Deutsches Staatsrecht, 100; Scholz, Sozialstaat zwischen Wachstums- und Rezessionsgesellschaft, 24.

96 BVerfGE 10, 354 (371); Isensee, in: Demokratie in Anfechtung und Bewährung, Festschrift für Broermann, 365 (371); Jarass/Pieroth, Grundgesetz, Art. 20, Rdn. 73; von Münch/Kunig, Grundgesetz-Kommentar, Band 1, Art. 20, Rdn. 16; Scholz, Sozialstaat zwischen Wachstums- und Rezessionsgesellschaft, 24.

97 Drosdowski/Müller/Scholze-Stubenrecht/Wermke, Duden, Fremdwörterbuch, 759.

98 Erichsen, DVBl. 1983, 289 (295); Zacher, in: Isensee/Kirchhof, HdbStR, Band I, § 25, Rdn. 2.

Danach läßt sich der Bedeutungsgehalt durch die Abgrenzung der Merkmale des sozialen Rechtsstaates des Grundgesetzes von den Merkmalen des liberalen Rechtsstaates des 19. Jahrhunderts erschließen. Während der liberale Rechtsstaat auf die Selbststeuerung der Gesellschaft vertraute und den Bürgern vornehmlich Schutz vor äußeren und inneren Feinden, insbesondere Rechtsgleichheit und Freiheit vor umfassender staatlicher Rechtsetzung gewährte, ist es Aufgabe des Sozialstaats, gestaltend in die gesellschaftlichen Verhältnisse einzugreifen und zunächst die tatsächlichen Voraussetzungen der menschlichen Freiheit zu schaffen.[100] Angesichts der historischen Umstände seiner Begründung hat der Sozialstaat besonders die im Zuge der Industrialisierung verarmten Bevölkerungsschichten und die durch die Weltkriege benachteiligten Gruppen im Blick.[101]
Daher ist Sozialstaatlichkeit durch Fürsorge für Hilfsbedürftige, die Absicherung gegenüber den Wechselfällen des Lebens, faktische Chancengleichheit und Gerechtigkeit gekennzeichnet.[102]
Wegen der Offenheit des in Art. 20 Abs. 1, 28 Abs. 1 Satz 1 GG festgelegten Sozialstaatsgebots verbietet sich aber eine nur seinen historischen Hintergrund berücksichtigende Auslegung. Der Gehalt des Sozialstaatssatzes unterliegt dem Wandel der Lebensverhältnisse und ist damit zukunftsoffen.[103] Er sichert daher nicht den jeweiligen status quo der Lebensverhältnisse.[104] Was den Sozialstaat ausmacht, bestimmt sich nach den finanziellen Ressourcen und der menschlichen Bedürftigkeit.[105]

---

99 Badura, DÖV 1989, 491 (492); Bull, Die Staatsaufgaben nach dem Grundgesetz, 173; Maunz/Dürig/Herzog/Scholz, Grundgesetz, Band III, Art. 20, Anm. 7ff.; Zacher, in: Isensee/Kirchhof, HdbStR, Band I, § 25, Rdn. 22.

100 Degenhart, Staatsrecht I, Rdn. 354; Erichsen, DVBl. 1983, 289 (296); Hesse, Grundzüge des Verfassungsrechts, § 6, Rdn. 214; Jarass/Pieroth, Grundgesetz, Art. 20, Rdn. 79; von Münch/Kunig, Grundgesetz-Kommentar, Band 1, Art. 20, Rdn. 17f.; Wolff/Bachof/Stober, Verwaltungsrecht I, § 18, Rdn. 7, 21.

101 Maunz/Dürig/Herzog/Scholz, Grundgesetz, Band III, Art. 20, Anm. 10f..

102 Benda/Maihofer/Vogel, HdbVerfR, § 17, Rdn. 88; Degenhart, Staatsrecht I, Rdn. 354; Hesse, Grundzüge des Verfassungsrechts, § 6, Rdn. 215; Isensee, in: Demokratie in Anfechtung und Bewährung, Festschrift für Broermann, 365 (371, 374); Jarass/Pieroth, Grundgesetz, Art. 20, Rdn. 74ff.; von Mangoldt/Klein, Das Bonner Grundgesetz, Band I, Art. 20, Anm. VII.3.; Maunz/Zippelius, Deutsches Staatsrecht, 98f.; von Münch/Kunig, Grundgesetz-Kommentar, Band 1, Art. 20, Rdn. 18; Scholz, Sozialstaat zwischen Wachstums- und Rezessionsgesellschaft, 24; Zacher, in: Isensee/Kirchhof, HdbStR, Band I, § 25, Rdn. 25.

103 Badura, DÖV 1989, 491 (496); Benda/Maihofer/Vogel, HdbVerfR, § 17, Rdn. 113ff.; Isensee, in: Demokratie in Anfechtung und Bewährung, Festschrift für Broermann, 365 (369); Scholz, Sozialstaat in der Wachstums- und Rezessionsgesellschaft, 24.

104 BVerfGE 72, 175 (199); Badura, DÖV 1989, 491 (496); Isensee, in: Demokratie in Anfechtung und Bewährung, 365 (369); Scholz, Sozialstaat zwischen Wachstums- und Rezessionsgesellschaft, 32.

105 Ipsen, Staatsrecht I, Rdn. 861; Maunz/Zippelius, Deutsches Staatsrecht, 100; Scholz, Sozialstaat zwischen Wachstums- und Rezessionsgesellschaft, 24.

Da das Sozialstaatsprinzip in erster Linie auf die Umsetzung durch den Gesetzgeber angelegt ist, ist der Begriff des Sozialen anhand der ausführenden einfachen Gesetze zu bestimmen.[106]

Angesichts der Offenheit des Sozialstaatssatzes kann nur ein Kernbestand sozialstaatlicher Gewährungen als garantiert gelten.[107] Darüber hinausgehende Gewährungen stehen im Ermessen des Gesetzgebers.[108]

b. Das Sozialstaatsprinzip im Verfassungsgefüge

Das Sozialstaatsprinzip muß ferner als Bestandteil des gesamten Verfassungsgefüges betrachtet werden, denn auch durch den Gehalt anderer Grundgesetzbestimmungen erhält es seine Prägung.

aa. Sozialstaatsprinzip und Rechtsstaatsprinzip

Wesentlichen Einfluß auf das Sozialstaatsprinzip hat das ebenfalls in Art. 20 Abs. 1, 28 Abs. 1 Satz 1 GG festgelegte Rechtsstaatsprinzip.[109]

Trotz der theoretischen Unvereinbarkeit des Sozialstaatsprinzips mit dem Rechtsstaatsprinzip[110] besteht heute Übereinstimmung darin, daß beide Prinzipien um der Einheit der Verfassung willen nach dem Grundsatz der praktischen Konkordanz zu harmonisieren sind.[111] Das bedeutet, daß sozialstaatliche Gewährungen in rechtsstaatlichen Formen stattfinden.[112] Gesetzgebung, Verwaltung und Rechtsprechung sind bei ihren sozialstaatlichen Aktivitäten an das geltende Recht gebunden.[113] In materieller Hinsicht verpflichtet die Verknüpfung des Rechtsstaats-

---

106 Von Münch/Kunig, Grundgesetz-Kommentar, Band 1, Art. 20, Rdn. 19.

107 Degenhart, Staatsrecht I, Rdn. 355f.; Schmidt-Bleibtreu/Klein, Kommentar zum Grundgesetz, Art. 20, Anm. 44a.

108 Isensee, in: Demokratie in Anfechtung und Bewährung, Festschrift für Broermann, 365 (374); Leibholz/Rinck/Hesselberger, Grundgesetz, Band I, Art. 20, Rz. 293; Schmidt-Bleibtreu/Klein, Kommentar zum Grundgesetz, Art. 20, Anm. 44a.

109 Stern, Staatsrecht, Band I, 921.

110 Forsthoff, VVDStRL 12 (1954), 8ff..

111 Benda/Maihofer/Vogel, HdbVerfR, § 17, Rdn. 91, Maunz/Dürig/Herzog/Scholz, Grundgesetz, Band III, Art. 20, Anm. 31; Stern, Staatsrecht, Band I, 922; Uhle, JuS 1996, 96 (98); W. Weber, Der Staat 4 (1965), 409 (437); Zacher, in: Isensee/Kirchhof, HdbStR, Band I, § 25, Rdn. 96.

112 Benda/Maihofer/Vogel, HdbVerfR, § 17, Rdn. 107; Bull, Die Staatsaufgaben nach dem Grundgesetz, 187; Link, VVDStRL 48 (1990), 7 (34ff.); Maunz/Dürig/Herzog/Scholz, Grundgesetz, Band III, Art. 20, Anm. 33; Stern, Staatsrecht, Band I, 923; Wolff/Bachof/Stober, Verwaltungsrecht I, § 18, Rdn. 6, 21; Zacher, in: Isensee/Kirchhof, HdbStR, Band I, § 25, Rdn. 96.

113 Wolff/Bachof/Stober, Verwaltungsrecht I, § 18, Rdn. 7.

grundsatzes mit dem Sozialstaatsgrundsatz den Staat zu Gleichheit[114] und Gerechtigkeit[115].

bb. Sozialstaatsprinzip und Grundrechte

Einfluß auf den Gehalt des Sozialstaatsprinzips nehmen ferner die Grundrechte.[116] Ein grundsätzliches Vorrangigkeitsverhältnis besteht zwischen dem Sozialstaatsprinzip und den Grundrechten weder in der einen noch in der anderen Richtung. Es kommt auf eine Abwägung im konkreten Fall an.[117] Danach kann das Sozialstaatsprinzip zwar Grundrechtsbeschränkungen legitimieren, angesichts seiner inhaltlichen Unbestimmtheit wird es sich dabei indes um Ausnahmefälle handeln.[118] Aus diesem Grund setzt eine Grundrechtsbeschränkung durch das Sozialstaatsprinzip eine einfachgesetzliche Regelung voraus.[119]
Im Zusammenwirken mit den Grundrechten kann sich das Sozialstaatsprinzip als anspruchsbegründend erweisen, was ihm wegen seines objektiv-rechtlichen Charakters selbständig nicht gelingt. In Verbindung mit Art. 1 Abs. 1 und 2 Abs. 2 Satz 1 GG begründet es einen Anspruch auf das Existenzminimum.[120] In Verbindung mit Art. 3 Abs. 1 GG ermächtigt es den Gesetzgeber zur Schaffung faktischer Chancengleichheit[121]. Darunter fällt auch die Gewährleistung einer möglichst allgemeinen Teilhabe an staatlichen Leistungen, bei der sozial Schwächere weder benachteiligt noch ausgeschlossen werden.[122]
Allerdings muß die Subjektivierung des Sozialstaatsprinzips restriktiv erfolgen, da andernfalls die grundsätzliche Funktion der Grundrechte als Abwehrrechte und die Entscheidung des Grundgesetzes für objektiv-rechtliche Normkategorien in ihr Gegenteil verkehrt würden.[123]

---

[114] Zacher, in: Isensee/Kirchhof, HdbStR, Band I, § 25, Rdn. 96.
[115] Wolff/Bachof/Stober, Verwaltungsrecht I, § 18, Rdn. 19.
[116] Stern, Staatsrecht, Band I, 921.
[117] Uhle, JuS 1996, 96 (99).
[118] Uhle, JuS 1996, 96 (99).
[119] Stern, Staatsrecht, Band I, 924; Uhle, JuS 1996, 96 (99).
[120] BVerfGE 82, 60 (85); BVerwGE 52, 339 (346); 82, 364 (368); Benda/Maihofer/Vogel, HdbVerfR, § 17, Rdn. 90; Jarass/Pieroth, Grundgesetz, Art. 20, Rdn. 74; Schmidt-Bleibtreu/Klein, Kommentar zum Grundgesetz, Art. 20, Anm. 44a; Scholz, Sozialstaat zwischen Wachstums- und Rezessionsgesellschaft, 35; Zacher, in: HdbVerfR, Band I, § 25, Rdn. 27.
[121] Stern, Staatsrecht, Band I, 930; Maunz/Dürig/Herzog/Scholz, Grundgesetz, Band II, Art. 20, Anm. 36ff..
[122] Zacher, in: Isensee/Kirchhof, HdbStR, Band I, § 25, Rdn. 56.
[123] Maunz/Dürig/Herzog/Scholz, Grundgesetz, Band III, Art. 20, Anm. 51; Uhle, JuS 1996, 96 (100).

c. Grenzen sozialstaatlicher Gewährungen

aa. Freiheitlicher Charakter des Grundgesetzes

Das in in Art. 20 Abs. 1, 28 Abs. 1 Satz 1 GG festgelegte Rechtsstaatsprinzip und die Grundrechte[124], die zusammen das freiheitliche Menschenbild des Grundgesetzes entwerfen, das Bild des Bürgers und der selbständigen sittlich verantwortlichen Persönlichkeit[125] bzw. des nicht isolierten souveränen, sondern gemeinschaftsbezogenen und -gebundenen Menschen, dem dennoch ein unantastbarer Eigenwert zukommt[126], ziehen den sozialstaatlichen Gewährungen zugleich Grenzen. Staatliche Aktivitäten, die zwar isoliert betrachtet als sozialstaatlich bewertet werden können, aber der freiheitlichen Anlage des Grundgesetzes widersprechen, werden nicht mehr vom Sozialstaatsgebot getragen.[127]
Nicht vereinbar mit dem Rechtsstaatsprinzip und den Grundrechten ist der totale Wohlfahrtsstaat. Dem Bürger muß vielmehr die Möglichkeit der Selbstverantwortung und der Selbstbestimmung erhalten bleiben.[128] Damit pflegt der Staat zugleich die Fähigkeit und Bereitschaft seiner Bürger zu sozial verantwortlichem Verhalten, auf das es spätestens bei der Bewältigung von gesamtstaatlichen Notlagen ankommt.[129]

bb. Finanzielle Leistungsfähigkeit

Sozialstaatlich motivierte Aktivitäten setzen, da sie vornehmlich in Dienstleistungen und in der Bereitstellung von Sachmitteln bestehen, die finanzielle Leistungsfähigkeit der betroffenen staatlichen Ebene voraus, die wiederum mit der finanziellen Leistungsfähigkeit der Steuerzahler korrespondiert.[130]
Angesichts knapper werdender Ressourcen wird der Staat zunehmend gezwungen, die von ihm wahrgenommenen sozialstaatlichen Aufgaben auf ihre Notwendigkeit

---

124 Isensee, in: Demokratie in Anfechtung und Bewährung, Festschrift für Broermann, 365 (376).

125 BVerwGE 1, 159 (161f.).

126 BVerfGE 4, 7 (15f.); Benda/Maihofer/Vogel, HdbVerfR, § 17, Rdn. 132.

127 Erichsen, DVBl. 1983, 289 (295); Maunz/Dürig/Herzog/Scholz, Grundgesetz, Band III, Art. 20, Anm. 34; Uhle, JuS 1996, 96 (98).

128 Badura, DÖV 1989, 491 (493); Benda/Maihofer/Vogel, HdbVerfR, § 17, Rdn. 133; Hesse, Grundzüge des Verfassungsrechts, § 6, Rdn. 215; Jarass/Pieroth, Grundgesetz, Art. 20, Rdn. 79; Scholz, Sozialstaat zwischen Wachstums- und Rezessionsgesellschaft, 26; Wolff/Bachof/Stober, Verwaltungsrecht I, § 18, Rdn. 28.

129 Benda/Maihofer/Vogel, HdbVerfR, § 17, Rdn. 181.

130 Benda/Maihofer/Vogel, HdbVerfR, § 17, Rdn. 176; Scholz, Sozialstaat zwischen Wachstums- und Rezessionsgesellschaft, 33; Stern, Staatsrecht, Band I, 919; Wolff/Bachof/Stober, Verwaltungsrecht I, § 18, Rdn. 29.

und Effizienz zu überprüfen.[131] Dabei steht ihm aufgrund der zukunftgerichteten Offenheit des Sozialstaatsgebots auch die Möglichkeit des Abbaus von sozialstaatlichen Leistungen offen.[132]

d. Zusammenfassung

Das Sozialstaatsprinzip des Grundgesetzes zeichnet sich durch inhaltliche Offenheit aus. Seine Festlegung im Zusammenhang mit den verfassunggestaltenden Grundentscheidungen der Republik, der Demokratie, des Bundesstaats und des Rechtsstaats in Art. 20 Abs. 1, 28 Abs. 1 Satz 1 GG belegt den normativen Charakter des Sozialstaatssatzes, der sich aufgrund seiner Konkretisierungsbedürftigkeit vornehmlich an den Gesetzgeber richtet. Ansprüche vermag das Sozialstaatsprinzip nur in Verbindung mit Grundrechten zu begründen.
Der Gehalt des Sozialstaatssatzes erschließt sich durch die zu seiner Umsetzung ergangenen einfachen Gesetze, seine Anliegen sind mit Gerechtigkeit, Chancengleichheit und Sicherheit zu umreißen.
Was sozialstaatlich geboten ist, unterliegt jedoch dem Wandel der menschlichen Bedürfnisse und der finanziellen Belastbarkeit des Staates. Nur ein Kernbestand an sozialstaatlichen Errungenschaften kann daher als gesichert angesehen werden. Grenzen setzen den sozialstaatlichen Gewährungen der mit dem Rechtsstaatsprinzip und den Grundrechten angelegte freiheitliche Charakter des Grundgesetzes und die finanziellen Mittel.

2. Verpflichtung zur Leistungserbringung durch öffentliche Einrichtungen aufgrund des Sozialstaatsgebots

Dadurch, daß das kommunale Einrichtungswesen Gegenstand daseinsvorsorgender Aktivitäten des Staates ist und das Gebot der Chancengleichheit bei der Erfüllung unterschiedlichster Lebensbedürfnisse verwirklicht, erhält es seine Legitimation durch das Sozialstaatsprinzip des Grundgesetzes.
Wegen der Offenheit des Sozialbegriffes verpflichten Art. 20 Abs. 1, 28 Abs. 1 Satz 1 GG allerdings nicht zur Aufrechterhaltung des augenblicklichen Bestandes an Leistungen öffentlicher Einrichtungen, sondern lassen deren Abbau aufgrund abnehmender finanzieller Belastbarkeit des Staates zu.
Das Sozialstaatsprinzip begründet aber in Verbindung mit den Grundrechten einen Anspruch auf Einrichtungsleistungen, die die Mindestvoraussetzungen eines menschenwürdigen Daseins sicherstellen.

---

[131] Stern, Staatsrecht, Band I, 919.
[132] Wolff/Bachof/Stober, Verwaltungsrecht I, § 18, Rdn. 29.

II. Die Selbstverwaltungsgarantie der Gemeinden und Kreise

Neben dem Sozialstaatsprinzip bildet die Selbstverwaltungsgarantie der Gemeinden und Kreise gemäß Art. 28 Abs. 2 GG und ihren Entsprechungen in den Landesverfassungen die Grundlage des kommunalen Einrichtungswesens.[133]
Aus Art. 28 Abs. 1 GG folgt, daß die Gemeinden und Kreise, bei denen es sich nach dem Kommunalverfassungsrecht[134] um Gebietskörperschaften handelt, Teile des Staates und dem Organisationsbereich der Länder zuzuordnen sind. Nach Art. 28 Abs. 2 GG obliegen ihnen dort Aufgaben im Bereich der mittelbaren Staatsverwaltung. Als Verwaltungsträger gehören sie daher der vollziehenden Gewalt im Sinne des Art. 20 Abs. 3 GG an.[135]

Der durch Art. 28 Abs. 2 GG geschützte Aufgabenbestand hebt sich durch die Befugnis zur Selbstverwaltung indes von den sonstigen kommunalen Aufgaben ab. Selbstverwaltung bedeutet grundsätzlich Verwaltung der eigenen Angelegenheiten in eigener Verantwortung, mit eigenen Organen, auf eigene Kosten und unter Mitwirkung der Bürger.[136] Entsprechend sind die von Art. 28 Abs. 2 GG geschützten Selbstverwaltungsaufgaben der Kommunen bereits nach dem Gesetzeswortlaut durch das Recht gekennzeichnet, alle Angelegenheiten der örtlichen Gemeinschaft im Rahmen der Gesetze in eigener Verantwortung zu regeln.

Sie unterscheiden sich in freie oder freiwillige Selbstverwaltungsaufgaben, bei denen die Gemeinden und Kreise hinsichtlich des „Ob“ und des „Wie“ der Aufgabenwahrnehmung Entscheidungsfreiheit genießen[137], und in pflichtige Selbst-

---

[133] Galette, Gemeindeordnung für Schleswig-Holstein, § 17, Rdn. 31; von Mutius, Gutachten E für den 53. Deutschen Juristentag, 19; ders., in: Selbstverwaltung im Staat der Industriegesellschaft, Festgabe für von Unruh, 227 (246f.); Rehn/Cronauge/von Lennep, Gemeindeordnung für das Land Nordrhein-Westfalen, § 8, Erl. I.1.; Stern, in: Bonner Kommentar zum Grundgesetz, Art. 28, Rdn. 86; Waechter, Kommunalrecht, Rdn. 89 in Verbindung mit 104.

[134] In Baden-Württemberg nach §§ 1 Abs. 4 GemO, 1 Abs. 2 KrO, in Bayern nach Art. 1 Satz 1 GO, 1 Satz 1 LKrO, in Brandenburg nach §§ 1 Abs. 2 Satz 1 GO, 1 Abs. 1 Satz 2 LKrO, in Hessen nach §§ 1 Abs. 2 GO, 1 Abs. 1 Satz 1 KO, in Mecklenburg-Vorpommern nach §§ 1 Abs. 2 Satz 1, 88 Abs. 1 KV, in Niedersachsen nach §§ 1 Abs. 2 GO, 1 Abs. 1 Satz 1 KrO, in Nordrhein-Westfalen nach §§ 1 Abs. 2 GO, 1 Abs. 2 KrO, in Rheinland-Pfalz nach §§ 1 Abs. 2 Satz 1 GemO, 1 Abs. 1 Satz 1 LKO, im Saarland nach §§ 1 Abs. 2, 140 Abs. 1 Satz 1 KSVG, in Sachsen nach §§ 1 Abs. 3 GO, 1 Abs. 2 KrO, in Sachsen-Anhalt nach §§ 1 Abs. 2 GO, 1 Abs. 2 Satz 1 LKO, in Schleswig-Holstein nach §§ 1 Abs. 2 GO, 1 Abs. 1 KrO, in Thüringen nach §§ 1 Abs. 2 Satz 1, 86 Abs. 1 Satz 1 KO.

[135] Böttcher, Kommunalrecht, Rdn. 24; Schmidt-Aßmann, in: Schmidt-Aßmann, Besonderes Verwaltungsrecht, Erster Abschnitt, Rdn. 8.

[136] Böttcher, Kommunalrecht, Rdn. 60.

[137] Böttcher, Kommunalrecht, Rdn. 48; Gern, Kommunalrecht, Rdn. 232; von Mutius, Kommunalrecht, Rdn. 306; Schmidt-Aßmann, in: Schmidt-Aßmann, Besonderes Verwaltungsrecht, Erster Abschnitt, Rdn. 35; Schmidt-Bleibtreu/Klein, Kommentar zum Grundgesetz, Art. 28, Anm. 9a;

verwaltungsaufgaben, zu deren Erfüllung (dem „Ob") sie verpflichtet sind, während es ihrer freien Entscheidung unterliegt, wie sie sie erfüllen[138].
Zur Aufgabenwahrnehmung werden Gemeinden und Kreise regelmäßig durch Landesgesetze verpflichtet, für die die Gemeinde- und Kreisordnungen der Länder einen Gesetzesvorbehalt vorsehen.[139] Nach schleswig-holsteinischem Landesrecht rechnen zu den pflichtigen Selbstverwaltungsaufgaben im Bereich des Einrichtungswesens nach §§ 52ff., 67ff. SchulG die Errichtung öffentlicher Schulen und nach § 2 BrSchG der Brandschutz durch Aufstellung, Ausrüstung und Unterhaltung einer Feuerwehr.
Pflichtige Selbstverwaltungsaufgaben aufgrund Bundesgesetzes bilden nach § 3 Abs. 2 AbfG in Verbindung mit § 3 SchlH AbfWG die Abfallbeseitigung, nach § 18a WHG in Verbindung mit § 31 SchlH WasserG die Abwasserbeseitigung und nach §§ 79, 80 KJHG die Errichtung von Kindertagesstätten.

Nicht mehr zu den Selbstverwaltungsaufgaben zählen die den Gemeinden und Kreisen auf der Grundlage von Ermächtigungen in den Landesverfassungen[140] übertragenen staatlichen Aufgaben, deren Erfüllung der Staat durch fachliche Weisungen steuern kann[141]. In diesem Bereich weisungsabhängiger Wahrnehmung staatlicher Aufgaben - nach umstrittener Ansicht als Fremdverwaltung be-

---

Schmidt-Jortzig, Kommunalrecht, Rdn. 460; ders., DÖV 1993, 973 (975); Stober, Kommunalrecht, 39; Waechter, Kommunalrecht, Rdn. 160.

[138] Böttcher, Kommunalrecht, Rdn. 50; Gern, Kommunalrecht, Rdn. 234; von Mutius, Kommunalrecht, Rdn. 307; Schmidt-Aßmann, in: Schmidt-Aßmann, Besonderes Verwaltungsrecht, Rdn. 35; Schmidt-Bleibtreu/Klein, Kommentar zum Grundgesetz, Art. 28, Anm. 9a; Schmidt-Jortzig, Kommunalrecht, Rdn. 529f.; ders., DÖV 1993, 973 (975); Seewald, in: Steiner, Besonderes Verwaltungsrecht, I, Rdn. 100; Stober, Kommunalrecht, 39; Waechter, Kommunalrecht, Rdn. 161.

[139] In Baden-Württemberg §§ 2 Abs. 2 GemO, 2 Abs. 3 KrO, in Brandenburg §§ 3 Abs. 4 GO, 2 Abs. 3 LKrO, in Hessen §§ 3 Satz 1 GO, 3 Satz 1 KO, in Mecklenburg-Vorpommern §§ 2 Abs. 3, 89 Abs. 4 KV, in Niedersachsen §§ 4 Abs. 1 GO, 2 Abs. 2, 3 Abs. 1 KrO, in Nordrhein-Westfalen §§ 3 Abs. 1 GO, 2 Abs. 2 Satz 2 KrO, in Rheinland-Pfalz §§ 2 Abs. 1 Satz 2, Abs. 3 Satz 1 GemO, 2 Abs. 1 Satz 2 LKO, im Saarland §§ 5 Abs. 3, 143 Abs. 1 Satz 1, 6 KSVG, in Sachsen §§ 2 Abs. 2 GO, 2 Abs. 2 KrO, in Sachsen-Anhalt §§ 4 Abs. 1 GO, 4 Abs. 1 LKO, in Schleswig-Holstein §§ 2 Abs. 2 GO, 2 Abs. 2 KrO, in Thüringen § 2 Abs. 3, 87 Abs. 2 Satz 1 KO.

[140] Art. 71 Abs. 3 Verfassung von Baden-Württemberg, Art. 10 Abs. 3, 11 Abs. 3 Verfassung des Freistaates Bayern, Art. 97 Abs. 3 Verfassung des Landes Brandenburg, Art. 137 Abs. 4 Verfassung des Landes Hessen, Art. 72 Abs. 3 Verfassung des Landes Mecklenburg-Vorpommern, Art. 57 Abs. 4 Niedersächsische Verfassung, Art. 78 Abs. 3 Verfassung für das Land Nordrhein-Westfalen, Art. 49 Abs. 4 Verfassung für Rheinland-Pfalz, Art. 120 Verfassung des Saarlandes, Art. 85 Abs. 1 Verfassung des Freistaates Sachsen, Art. 87 Abs. 3 Verfassung des Landes Sachsen-Anhalt, Art. 46 Abs. 4 Verfassung des Landes Schleswig-Holstein, Art. 91 Abs. 3 Verfassung des Freistaates Thüringen.

[141] Böttcher, Kommunalrecht, Rdn. 51; Gern, Kommunalrecht, Rdn. 238; Knemeyer, DÖV 1988, 397 (398); Schmidt-Bleibtreu/Klein, Kommentar zum Grundgesetz, Art. 28, Anm. 9a; Schmidt-Jortzig, Kommunalrecht, Rdn. 541; Stober, Kommunalrecht, 40.

zeichnet[142], da die übertragenen Aufgaben staatliche Aufgaben blieben[143] - herrscht jedoch keine einheitliche Begrifflichkeit. Die Bezeichnungen variieren nach der landesrechtlichen Struktur der kommunalen Aufgaben.
Das Prinzip des Aufgabendualismus unterscheidet nach der Aufgabensubstanz zwischen Selbstverwaltungsaufgaben, die den eigenen Wirkungskreis der Gemeinden und Kreise bilden, und Staatsaufgaben, die den übertragenen Wirkungskreis bilden.[144] Das Gesetz erwähnt letztere als staatliche Aufgaben zur Erfüllung nach Anweisung[145], als staatliche Aufgaben zur Erfüllung nach Weisung[146], als übertragene staatliche Aufgaben[147] oder als übertragenen Wirkungskreis[148].
Das Prinzip des Aufgabenmonismus betrachtet die relevanten öffentlichen Aufgaben hingegen als Einheit, die grundsätzlich von den Gemeinden und Kreisen in eigener Verantwortung erfüllt werden, und unterscheidet zwischen freien, pflichtigen und Pflichtaufgaben zur Erfüllung nach Weisung.[149] Letztere entsprechen partiell dem übertragenen Wirkungskreis.[150]
Pflichtaufgaben zur Erfüllung nach Weisung bilden in Schleswig-Holstein beispielsweise das Ordnungsrecht nach § 162 Abs. 3 SchlH LVwG und das Meldewesen nach § 1 Abs. 1 SchlH MG.

1. Das Selbstverwaltungsrecht der Gemeinden nach Art. 28 Abs. 2 Satz 1 GG

Das Selbstverwaltungsrecht der Gemeinden stellt sich nach Art. 28 Abs. 2 Satz 1 GG als das Recht dar, alle Angelegenheiten der örtlichen Gemeinschaft im Rahmen der Gesetze in eigener Verantwortung zu regeln.

---

142 Schmidt-Jortzig, Kommunalrecht, Rdn. 541; ders., DÖV 1993, 973 (976); Seewald, in: Steiner, Besonderes Verwaltungsrecht, I, Rdn. 111; Stober, Kommunalrecht, 33; a.A. Knemeyer, DÖV 1988, 397 (400f.), nach dem das Merkmal der Weisungsabhängigkeit die Aufgabenträgerschaft der Kommunen nicht beeinflußt und der in diesem Zusammenhang den Begriff der Weisungsaufgaben verwendet.

143 Schmidt-Jortzig, Kommunalrecht, Rdn. 553; ders., DÖV 1993, 973 (976).

144 Böttcher, Kommunalrecht, Rdn. 44, 46; von Mutius, Kommunalrecht, Rdn. 304; Schmidt-Aßmann, in: Schmidt-Aßmann, Besonderes Verwaltungsrecht, Erster Abschnitt, Rdn. 34; Stober, Kommunalrecht, 33; Waechter, Kommunalrecht, Rdn. 158.

145 Art. 57 Abs. 4 Niedersächsische Verfassung, Art. 49 Abs. 4 Verfassung für Rheinland-Pfalz.

146 Art. 87 Abs. 3 Verfassung des Landes Sachsen-Anhalt, Art. 91 Abs. 3 Verfassung des Freistaates Thüringen.

147 § 120 Verfassung des Saarlandes.

148 § 3 KV Mecklenburg-Vorpommern.

149 Böttcher, Kommunalrecht, Rdn. 45, 47ff.; Schmidt-Aßmann, in: Schmidt-Aßmann, Besonderes Verwaltungsrecht, Erster Abschnitt, Rdn. 37f.; Stober, Kommunalrecht, 32f.; Waechter, Kommunalrecht, Rdn. 163ff..

150 Waechter, Kommunalrecht, Rdn. 165.

a. Gehalt des Art. 28 Abs. 2 Satz 1 GG

Zur Begründung der Annahme, das Selbstverwaltungrecht nach Art. 28 Abs. 2 Satz 1 GG bilde die Grundlage der Schaffung öffentlicher Einrichtungen der Gemeinden, ist der Gehalt der Garantie, alle Angelegenheiten der örtlichen Gemeinschaft im Rahmen der Gesetze in eigener Verantwortung zu regeln, zu bestimmen. Zu untersuchen sind die Rechtsnatur der Selbstverwaltungsgarantie, der garantierte Aufgabenbestand und die Wirkungsweise des Art. 28 Abs. 2 Satz 1 GG.

aa. Rechtsnatur des Art. 28 Abs. 2 Satz 1 GG

Das heutige Verständnis der Selbstverwaltungsgarantie beruht auf einem im Laufe der vergangenen Jahrhunderte gewandelten Gemeindeverständnis, das am Anfang des 19. Jahrhunderts von der Vorstellung eines vorstaatlichen, gesellschaftlichen Zusammenschlusses von Bürgern geprägt war und später von der Vorstellung, es handele sich um von staatlicher Seite eingerichtete und mit Kompetenzen versehene Verwaltungseinheiten.[151]
Die Untersuchung des Art. 28 Abs. 2 Satz 1 GG muß daher die unterschiedlichen historischen Selbstverwaltungsmodelle einbeziehen.

Zu Beginn des 19. Jahrhunderts war die Selbstverwaltungsgarantie vom Konstitutionalismus, dem Gegenüber von Staatsvolk und Monarchen, geprägt und stellte eine gegen den Staat gerichtete Rechtsposition der Bürger dar. In der Städteordnung des Freiherrn vom Stein von 1808 war die gemeindliche Selbstverwaltung daher als staatlich gewährtes Grundrecht konzipiert.[152] Der Staat bezweckte damit, die Bürger in den Staat zu integrieren und dadurch einerseits den Gegensatz zwischen Obrigkeit und Untertanen abzubauen und andererseits das politische Interesse zu stärken.[153]
Dieses Selbstverwaltungsverständnis führte zur Aufnahme des Selbstverwaltungsrechts in den Grundrechtsteil sowohl der Paulskirchen-Verfassung von 1849 als auch der Weimarer Reichsverfassung von 1919[154], dessen Art. 127 WRV als Vorbild des heutigen Art. 28 Abs. 2 Satz 1 GG gilt[155].

---

[151] Kenntner, DÖV 1998, 701 (702); Waechter, Kommunalrecht, Rdn. 51.

[152] Stern, in: Bonner Kommentar zum Grundgesetz, Art. 28, Rdn. 67; Schmidt-Jortzig, Kommunalrecht, Rdn. 509; Waechter, Kommunalrecht, Rdn. 51.

[153] Böttcher, Kommunalrecht, Rdn. 18.

[154] Schmidt-Jortzig, Kommunalrecht, Rdn. 510.

[155] Stern, in: Bonner Kommentar zum Grundgesetz, Art. 28, Rdn. 67; Waechter, Kommunalrecht, Rdn. 50.

Die grundrechtliche Konzeption der gemeindlichen Selbstverwaltung hatte jedoch keinen Bestand. Angesichts der demokratischen Legitimation aller Staatsgewalt, die erstmals in Art. 1 Abs. 2 WRV zum Ausdruck kam, konnte an der Verortung der Gemeinden in der staatsabgesetzten, gesellschaftlichen Sphäre nicht festgehalten werden. Die Gemeinden mußten vielmehr als in den Staatsaufbau eingegliederte Funktionsträger betrachtet werden. Ihren grundrechtlichen, die bürgerliche Freiheit sichernden Charakter konnte sich die Selbstverwaltungsgarantie unter diesen Umständen nicht bewahren.[156]

Unter diesem Eindruck wurde den Grundrechten der Weimarer Reichsverfassung zunächst ihre Bindungswirkung abgesprochen.[157] Daraufhin entwickelte die Weimarer Staatsrechtslehre die Figur der Einrichtungsgarantie[158], die Normenkomplexe in ihrem Kernbestand dem Zugriff des Gesetzgebers entzog[159]. Einrichtungsgarantien stellen verfassungsrechtliche Verbürgungen von Rechtseinrichtungen dar, welche im Rahmen des Staatsaufbaus von grundlegender Bedeutung sind[160] und insofern Schutz vor Beseitigung oder substantieller Aushöhlung genießen.[161] Sie umfassen öffentlich-rechtliche Einrichtungen, welche als institutionelle Garantien bezeichnet werden, und zivilrechtliche Einrichtungen (Institutsgarantien).[162]

Die Selbstverwaltungsgarantie der Weimarer Reichsverfassung verfolgte daher vornehmlich den Zweck der Institutionalisierung der örtlich verwurzelten Verwaltungseinheiten, zumal diese über erhebliche Verwaltungskraft verfügten.[163] Damit war der Selbstverwaltungsgarantie auch ein vorher nicht gekannter objektiv-rechtlicher Charakter zugewachsen.

An diese Konzeption der gemeindlichen Selbstverwaltung knüpft das Grundgesetz an. Die Selbstverwaltungsgarantie des Art. 28 Abs. 2 Satz 1 GG muß daher heute

---

156 Schmidt-Jortzig, Kommunalrecht, Rdn. 511; Stern, in: HdbkWPr., Band 1, 204; ders., in: Bonner Kommentar zum Grundgesetz, Art. 28, Rdn. 70.

157 Kenntner, DÖV 1998, 701 (702); Stern, in: Bonner Kommentar zum Grundgesetz, Art. 28, Rdn. 67.

158 Kenntner, DÖV 1998, 701 (702f.); Schmidt-Jortzig, Kommunalrecht, Rdn. 512f.; Stern, Staatsrecht, Band 1, 408.

159 Kenntner, DÖV 1998, 701 (702f.).

160 Bethge, in: Selbstverwaltung im Staat der Industriegesellschaft, Festgabe für von Unruh, 149 (162); Pagenkopf, Kommunalrecht, Band 1, § 9, II.1.; Schmidt-Jortzig, Kommunalrecht, Rdn. 514.

161 Stern, Staatsrecht, Band 1, 408f..

162 Schmidt-Jortzig, Kommunalrecht, Rdn. 513.

163 Stern, in: Bonner Kommentar zum Grundgesetz, Art. 28, Rdn. 70.

als institutionelle Garantie aufgefaßt werden, was auch ihre Verortung im organisatorischen Teil des Grundgesetzes unterstreicht.[164]
Das solchermaßen objektiv-rechtlich verbürgte Institut weist jedoch aufgrund der Formulierung „den Gemeinden muß das Recht gewährleistet sein" und der Regelungen der Art. 93 Abs. 1 Nr. 4b GG, § 91 BVerfGG auch einen subjektiv-rechtlichen Zug auf, denn diese begründen das Recht der Gemeinden, Verfassungsbeschwerde zum BVerfG wegen der Verletzung ihres Selbstverwaltungsrechts durch Bundes- oder Landesgesetz zu erheben.[165]
Die institutionelle Garantie der gemeindlichen Selbstverwaltung nimmt daher eine Position zwischen einer rein subjektiv-rechtlichen Berechtigung und einer objektiv-rechtlichen Verbürgung ein.[166]

Die institutionelle Garantie der gemeindlichen Selbstverwaltung entfaltet sich nach allgemeiner Ansicht in drei Garantieebenen: die institutionelle Rechtssubjektsgarantie, die objektive Rechtsinstitutionsgarantie und die subjektive Rechtsstellungsgarantie.[167]

(1) Institutionelle Rechtssubjektsgarantie

Die institutionelle Garantie in der Ausprägung der institutionellen Rechtssubjektsgarantie stellt sicher, daß es Gemeinden in der Rechtsform der Gebietskör-

[164] BVerfGE 1, 167 (173); 34, 9 (19); 38, 258 (278); 56, 298 (312); 59, 216 (226); 79, 127 (143); Bethge, in: Selbstverwaltung im Staat der Industriegesellschaft, Festgabe für von Unruh, 149 (158); Gern, Deutsches Kommunalrecht, Rdn. 49; Maunz/Dürig/Herzog/Scholz, Grundgesetz, Band III, Art. 28, Anm. 45; von Münch/Kunig, Grundgesetz-Kommentar, Band 2, Art. 28, Rdn. 41; von Mutius, Gutachten E für den 53. Deutschen Juristentag, 25; ders., Jura 1982, 28 (34); Schmidt-Jortzig, DVBl. 1980, 1 (2); ders., Kommunalrecht, 513; a.A. Kenntner, DÖV 1998, 701 (704ff.), der die funktionale Erforderlichkeit der Einrichtungsgarantien und daher auch ihre Existenz zum einen wegen der Geltung der Art. 1 Abs. 3, 19 Abs. 2 GG und der Anerkennung objektiv-rechtlicher Grundrechtsgehalte und zum anderen deshalb bestreitet, weil der verfassungsrechtliche Gewährleistungsumfang einer Einrichtung auch die Sicherstellung ihrer Funktionsfähigkeit enthalte.

[165] Von Mutius, Gutachten E für den 53. Deutschen Juristentag, 26f.; ders., Jura 1982, 28 (35); Pagenkopf, Kommunalrecht, Band 1, § 9, II.1..

[166] Pagenkopf, Kommunalrecht, Band 1, § 9, II.1.; Stern, in: Bonner Kommentar zum Grundgesetz, Art. 28, Rdn. 65; ders., Staatsrecht, Band 1, 409.

[167] Jarass/Pieroth, Grundgesetz, Art. 28, Rdn. 5a; von Münch/Kunig, Grundgesetz-Kommentar Band 2, Art. 28, Rdn. 41; Schmidt-Aßmann, in: Schmidt-Aßmann, Besonderes Verwaltungsrecht, Erster Abschnitt, Rdn. 9; Schoch, VerwArch 81 (1990), 18 (24f.); Stern, in: Bonner Kommentar zum Grundgesetz, Art. 28, Rdn.78ff.; ders., Staatsrecht, Band 1, 409; Waechter, Kommunalrecht, Rdn. 52ff.; ähnlich: Gern, Deutsches Kommunalrecht, Rdn. 50; Pagenkopf, Kommunalrecht, Band 1, § 9, II.1..

perschaften als demokratisch legitimierte dezentrale Verwaltungsträger gibt.[168] Schutz genießt jedoch nicht die einzelne Gemeinde in ihrem überkommenen Bestand, sondern die Institution der Gemeinde mit ihren spezifischen Wesensmerkmalen.[169] Anwendungsfall der institutionellen Rechtssubjektsgarantie ist der Fall, daß Gemeinden aus Anlaß von Gebietsreformen die Auflösung, die Änderung des Gebietszuschnitts oder die Eingemeindung droht.

(2) Objektive Rechtsinstitutionsgarantie

Der Gehalt der objektiven Rechtsinstitutionsgarantie besteht in der Gewährleistung der Institution der gemeindlichen Selbstverwaltung in der von Art. 28 Abs. 2 Satz 1 GG vorgegebenen Form, alle Angelegenheiten der örtlichen Gemeinschaft im Rahmen der Gesetze in eigener Verantwortung zu regeln.[170]

(a) „Alle Angelegenheiten der örtlichen Gemeinschaft"

Die objektive Rechtsinstitutionsgarantie gewährleistet den Gemeinden zunächst einen Aufgabenbestand, der sich auf alle Angelegenheiten der örtlichen Gemeinschaft erstreckt. Dieser Aspekt der objektiven Rechtsinstitutionsgarantie wird auch als Universalität des gemeindlichen Wirkungskreises oder Allzuständigkeit bezeichnet.[171] Mit dem Grundsatz der Universalität des gemeindlichen Wirkungskreises verbindet sich außerdem eine Vermutung zugunsten der kommunalen ge-

---

[168] Böttcher, Kommunalrecht, Rdn. 121; Gern, Deutsches Kommunalrecht, Rdn. 50; Jarass/Pieroth, Grundgesetz, Art. 28, Rdn. 5a; Maunz/Dürig/Herzog/Scholz, Grundgesetz, Band III, Art. 28, Anm. 45; von Münch/Kunig, Grundgesetz-Kommentar, Band 2, Art. 28, Rdn. 41f.; Schmidt-Aßmann, Besonderes Verwaltungsrecht, Erster Abschnitt, Rdn. 10; Stern, in: Bonner Kommentar zum Grundgesetz, Art. 28, Rdn. 78; ders., Staatsrecht, Band 1, 409f.; Waechter, Kommunalrecht, Rdn. 56.

[169] Böttcher, Kommunalrecht, Rdn. 121; Maunz/Dürig/Herzog/Scholz, Grundgesetz, Band III, Art. 28, Anm. 45; von Münch/Kunig, Grundgesetz-Kommentar, Band 2, Art. 28, Rdn. 42; von Mutius, Gutachten E für den 53. Deutschen Juristentag, 25; ders., Jura 1982, 28 (34); Pagenkopf, Kommunalrecht, Band 1, § 9, II.1.; Schmidt-Aßmann, in: Schmidt-Aßmann, Besonderes Verwaltungsrecht, Erster Abschnitt, Rdn. 11; Stern, in: Bonner Kommentar zum Grundgesetz, Art. 28, Rdn. 78; ders., Staatsrecht, Band 1, 409f.; Waechter, Kommunalrecht, Rdn. 56.

[170] Schmidt-Aßmann, in: Schmidt-Aßmann, Besonderes Verwaltungsrecht, Erster Abschnitt, Rdn. 13; Schoch, VerwArch 81 (1990), 18 (25); Stern, Staatsrecht, Band 1, 409.

[171] Böttcher, Kommunalrecht, Rdn. 76; Gern, Deutsches Kommunalrecht, Rdn. 63; Jarass/Pieroth, Grundgesetz, Art. 28, Rdn. 6; Maunz/Dürig/Herzog/Scholz, Grundgesetz, Band III, Art. 28, Anm. 60; von Münch/Kunig, Grundgesetz-Kommentar, Band 2, Art. 28, Rdn. 49; von Mutius, Gutachten E für den 53. Deutschen Juristentag, 17; Schmidt-Aßmann, in: Bürger, Richter, Staat, Festschrift für Sendler, 121 (130); Schmidt-Bleibtreu/Klein, Kommentar zum Grundgesetz, Art. 28, Anm. 10; Stern, in: Bonner Kommentar zum Grundgesetz, Art. 28, Rdn. 86; ders., in: HdbkWPr, Band 1, 212; ders., Staatsrecht, Band 1, 412.

genüber der staatlichen Zuständigkeit.[172] Dabei gestattet Art. 28 Abs. 2 Satz 1 GG den Gemeinden den Zugriff einerseits auf örtliche Aufgaben, für die nicht bereits eine anderweitige gesetzliche Zuständigkeit besteht, und andererseits auf neue Sachaufgaben.[173]
Art. 28 Abs. 2 Satz 1 GG hat insofern allerdings doppelte Funktion: Berechtigend wirkt er nur hinsichtlich der Angelegenheiten der örtlichen Gemeinschaft, kompetenzbegrenzend aber außerhalb dieses Aufgabenbereichs. [174]

Der in Art. 28 Abs. 2 Satz 1 GG garantierte Aufgabenbestand zerfällt in eine räumliche („örtlichen") und in eine soziologische Komponente („Gemeinschaft").[175] Daraus ergibt sich ein Gehalt der örtlichen Gemeinschaft, der in einer besonderen Verbundenheit von Menschen aufgrund des Zusammenlebens in einem überschaubaren und denselben Umweltbedingungen unterliegenden Raum besteht.[176]
Der Begriff der Angelegenheiten macht durch die Genitivverbindung mit der örtlichen Gemeinschaft deutlich, daß er von den Bedürfnissen des räumlichen, nachbarschaftlichen Zusammenlebens der Menschen in der Gemeinde her zu bestimmen ist.[177]
Das dem Begriff innewohnende „Angelegensein" bringt ferner zum Ausdruck, daß es dem Handelnden um die Verbesserung eines Zustandes mit bestmöglichem Resultat geht.[178]
Das mit dem Begriff der Angelegenheit korrespondierende „Angelegensein" deutet schließlich eine Grenze an, die dem Handelnden durch sein Leistungsvermö-

---

172 BVerfGE 91, 228 (236); Jarass/Pieroth, Grundgesetz, Art. 28, Rdn. 6; Maunz/Dürig/Herzog/Scholz, Grundgesetz, Band III, Art. 28, Anm. 60; Schmidt-Bleibtreu/Klein, Kommentar zum Grundgesetz, Art. 28, Anm. 10.

173 Schmidt-Aßmann, in: Bürger, Richter, Staat, Festschrift für Sendler, 121 (130); ders., in: Schmidt-Aßmann, Besonderes Verwaltungsrecht, Erster Abschnitt, Rdn. 18; Schmidt-Jortzig, DÖV 1993, 973 (975).

174 Schmidt-Aßmann, in: Bürger, Richter, Staat, Festschrift für Sendler, 121 (130); ders., in: Schmidt-Aßmann, Besonderes Verwaltungsrecht, Erster Abschnitt, Rdn. 15.

175 Von Mutius, Gutachten E für den 53. Deutschen Juristentag, 17f.; ders., Jura 1982, 28 (30); ders., in: Selbstverwaltung im Staat der Industriegesellschaft, Festgabe für von Unruh, 227 (245); ders., Die Gemeinde 1989, 193 (196); Schink, VerwArch 81 (1990), 385 (407).

176 Von Mutius, in: Selbstverwaltung im Staat der Industriegesellschaft, Festgabe für von Unruh, 227 (245f.); ders., Die Gemeinde 1989, 193 (196); Schmidt-Jortzig, Kommunalrecht, Rdn. 467f.; ders., DÖV 1989, 142 (145f.).

177 Von Mutius, Gutachten E für den 53. Deutschen Juristentag, 17; ders., Jura 1982, 28 (30); ders., in: Selbstverwaltung im Staat der Industriegesellschaft, Festgabe für von Unruh, 227 (245); Schmidt-Jortzig, Kommunalrecht, Rdn. 471; ders., DÖV 1989, 142 (146); Stern, in: Bonner Kommentar zum Grundgesetz, Art. 28, Rdn. 86; ders, in: HdbkWPr, Band 1, 212; ders., Staatsrecht, Band 1, 412.

178 Von Mutius, in: Selbstverwaltung im Staat der Industriegesellschaft, Festgabe für von Unruh, 227 (246); Schmidt-Jortzig, Kommunalrecht, Rdn. 473f.; ders., DÖV 1989, 142 (147).

gen gezogen ist. Zu den Angelegenheiten der örtlichen Gemeinschaft im Sinne des Art. 28 Abs. 2 Satz 1 GG zählt daher nur das tatsächlich Machbare. [179]

Nach der grundlegenden Entscheidung des BVerfG vom 23. November 1988 („Rastede“) hat sich die Formel durchgesetzt, daß es sich bei den Angelegenheiten der örtlichen Gemeinschaft um diejenigen Bedürfnisse und Interessen handelt, die in der örtlichen Gemeinschaft wurzeln oder auf sie einen spezifischen Bezug haben, die also den Gemeindeeinwohnern gerade als solchen gemeinsam sind, indem sie das Zusammenleben und -wohnen der Menschen in der (politischen) Gemeinde betreffen.[180] Nicht entscheidend soll die Verwaltungskraft der Gemeinde sein.[181]

Eine in jedem Fall zweifelsfreie Zuordnung von Sachaufgaben entweder zum gemeindlichen oder zum übergemeindlichen Bereich läßt sich trotz dieser Ansätze nicht vornehmen. Der Bereich der Angelegenheiten der örtlichen Gemeinschaft ist wandelbar und in die Zukunft hinein offen.[182] In diesem Zusammenhang ist die als „Wanderungsprozesse“ in der Vergangenheit registrierte Entwicklung zu berücksichtigen, daß Sachaufgaben dem örtlichen Bereich entwachsen und überörtlichen Charakter annehmen oder eine Herunterstufung erleben.[183] Die Annahme eines feststehenden Bestandes an örtlichen Aufgaben verbietet sich außerdem, da die Fähigkeit der Gemeinde zur sachangemessenen Aufgabenwahrnehmung vorauszusetzen ist, diese aber von der jeweiligen Größe und Struktur der Gemeinden abhängt.[184] Die Zuordnung einzelner Sachaufgaben erschwert schließlich der Umstand, daß diese die Zuständigkeiten sowohl der gemeindlichen als auch der übergemeindlichen Ebene berühren können („Gemengelage“).[185]

---

[179] Von Mutius, in: Selbstverwaltung im Staat der Industriegesellschaft, Festgabe für von Unruh, 227 (247); Schmidt-Jortzig, Kommunalrecht, Rdn. 476; ders., DÖV 1989, 142 (147).

[180] BVerfGE 79, 127 (151f.); BVerwGE 92, 56 (62); Jarass/Pieroth, Grundgesetz, Art. 28, Rdn. 6; von Münch/Kunig, Grundgesetz-Kommentar, Band 2, Art. 28, Rdn. 45.

[181] BVerfGE 79, 127 (152).

[182] BVerfGE 79, 127 (152); Gern, Deutsches Kommunalrecht, Rdn. 59; Pagenkopf, Kommunalrecht, Band 1, § 8, II.1.a); Schink, VerwArch 81 (1990), 385 (407); Schmidt-Bleibtreu/Klein, Kommentar zum Grundgesetz, Art. 28, Anm. 10a; Stern, in: Bonner Kommentar zum Grundgesetz, Art. 28, Rdn. 87; ders., Staatsrecht, Band 1, 412f..

[183] Clemens, NVwZ 1990, 834 (841); Gern, Kommunalrecht, Rdn. 59; Schmidt-Aßmann, in: Bürger, Richter, Staat, Festschrift für Sendler, 121 (129f.); ders., in: Schmidt-Aßmann, Besonderes Verwaltungsrecht, Erster Abschnitt, Rdn. 16; Schmidt-Jortzig, Kommunalrecht, Rdn. 491; Stern, in: Bonner Kommentar zum Grundgesetz, Art. 28, Rdn. 87.

[184] BVerfGE 79, 127 (152); von Münch/Kunig, Grundgesetz-Kommentar, Band 2, Art. 28, Rdn. 45; Schmidt-Aßmann, in: Bürger, Richter, Staat, Festschrift für Sendler, 121 (129f.); ders., in: Schmidt-Aßmann, Besonderes Verwaltungsrecht, Erster Abschnitt, Rdn. 16.

[185] Clemens, NVwZ 1990, 834 (841); Gern, Kommunalrecht, Rdn. 59; Schmidt-Aßmann, in: Bürger, Richter, Staat, Festschrift für Sendler, 121 (129f.); ders., in: Schmidt-Aßmann, Besonderes Verwaltungsrecht, Erster Abschnitt, Rdn. 16.

Daher lassen sich lediglich Indizien benennen, die den Charakter einer Angelegenheit mitbestimmen können. Als Hinweise dienen beispielsweise - trotz der Gefahren mangelnder Zeitgerechtigkeit, subjektiver Wertungen und methodischer Schwächen[186] - die geschichtliche Entwicklung und die historischen Erscheinungsformen der gemeindlichen Selbstverwaltung[187] und die Größe und Struktur einer Gemeinde[188].

Anhand typischer Formen öffentlicher Einrichtungen soll nun untersucht werden, ob sich das gemeindliche Einrichtungswesen unter diesen Vorgaben als Angelegenheit der örtlichen Gemeinschaft erweist.
Der Betrieb von Wasserversorgungsanlagen[189], Anlagen der Abwasser- und Regenwasserkanalisation[190] und Abfallentsorgungsanlagen[191] kann bereits deshalb als Angelegenheit der örtlichen Gemeinschaft betrachtet werden, da er auf pflichtigen Selbstverwaltungsaufgaben der Gemeinden beruht[192].
Plakattafeln für den Anschlag von Wahl- und Veranstaltungsplakaten durch Parteien und Wählervereinigungen einerseits und Vereine und Privatpersonen andererseits haben insofern ebenfalls Angelegenheiten der örtlichen Gemeinschaft zum Gegenstand, als sie von der Gemeinde zur Vermeidung von Mißständen beim Anschlag von Plakaten und zur Erhaltung der Sauberkeit des Stadtbildes bereitgestellt werden.[193] Der Balkon eines Rathauses, der als Rednertribüne für politische Veranstaltungen und Versammlungen auf dem Rathausvorplatz dient[194], fördert das politische Leben in der Gemeinde.
Stadthallen[195], profanierte Kirchen[196] oder Festplätze[197] befriedigen im Rahmen von Veranstaltungen das kulturelle Bedürfnis der Gemeindeeinwohner nach gemeinsam erlebtem Kunstgenuß und Geselligkeit und sind damit ebenfalls Angelegenheiten der örtlichen Gemeinschaft.

---

186 Schmidt-Jortzig, DÖV 1989, 142 (145).

187 BVerfGE 11, 266 (274); 59, 216 (226); Clemens, NVwZ 1990, 834 (841); Jarass/Pieroth, Grundgesetz, Art. 28, Rdn. 6; von Münch/Kunig, Grundgesetz-Kommentar, Band 2, Art. 28, Rdn. 45; Schmidt-Jortzig, DÖV 1989, 142 (145); Stern, Staatsrecht, Band 1, 413.

188 BVerfGE 79, 127 (152).

189 VGH Kassel, DVBl. 1998, 717 (718); OVG Schleswig, NVwZ-RR 1997, 47 (48); VGH München, NVwZ-RR 1994, 412 (412).

190 BGH, DVBl. 1998, 709 (709); VGH München, NVwZ-RR 1995, 345ff..

191 OVG Lüneburg, NVwZ 1993, 1017 (1017).

192 Vgl. Zweites Kapitel, § 2, A.II..

193 VGH Mannheim, ESVGH 23, 26 (27f.); ders., NVwZ 1999, 565 (565).

194 OVG Münster, DVBl. 1971, 218 (218).

195 VGH München, NVwZ 1995, 812 (812); VGH Mannheim, NVwZ 1995, 813 (813); VG Wiesbaden, NVwZ-RR 1994, 40 (42); VGH Mannheim, NVwZ-RR 1994, 111 (111).

196 VGH Mannheim, NVwZ 1998, 540 (541).

197 OVG Münster, DVBl. 1976, 398 (398); dass., NVwZ 1987, 518 (518); VGH Mannheim, VBlBW 1992, 180 (181); ders., NVwZ-RR 1996, 344 (344).

Theater[198], Büchereien[199] und Musikschulen[200] dienen dem in der Gemeinde bestehenden Bildungsinteresse.
Stadtarchive[201] dienen neben Verwaltungszwecken der - auch wissenschaftlichen - Forschung, die Einwohner aus Interesse an der Geschichte ihrer Stadt betreiben.
Sportanlagen[202] und Schwimmbäder[203] führen die Gemeindeeinwohner bei sportlichen Aktivitäten zusammen, Kinderspielplätze und Bolzplätze[204] die jungen Gemeindemitglieder.
Kindergärten[205] dienen der Aufnahme der in der Gemeinde wohnhaften noch nicht schulpflichtigen Kinder und gemäß § 22 Abs. 1 KJHG der Vermittlung sozialer Lernziele und Erziehungsinhalte an sie. Damit haben sie einen spezifischen Bezug zur örtlichen Gemeinschaft und sind als Angelegenheiten der örtlichen Gemeinschaft zu bezeichnen.
Auch ein Unterkunftsverzeichnis[206] stellt sich als Angelegenheit der örtlichen Gemeinschaft dar, da es die in der Gemeinde bestehenden Zimmervermietungen, Pensionen und Hotels auflistet und damit ebenfalls in der örtlichen Gemeinschaft wurzelt. Der Anzeigenteil einer städtischen Umweltfibel, der den in dem Ort ansässigen Personen und Unternehmen als Inserenten offensteht[207], vermittelt den im Umweltschutz positiv aufgefallenen Mitgliedern der städtischen Wirtschaft einen Rahmen, sich vorzustellen und für sich zu werben.
Trauerhallen und Leichenkammern[208] stellen schließlich Orte dar, in denen von Gemeindemitgliedern Abschied genommen werden kann.
Öffentliche Einrichtungen erweisen sich mithin besonders augenfällig als Angelegenheiten der örtlichen Gemeinschaft im Sinne des Art. 28 Abs. 2 Satz 1 GG.

(b) „In eigener Verantwortung“

Als das wesentliche Merkmal der gemeindlichen Selbstverwaltung stellt sich die Eigenverantwortlichkeit der Regelung von Angelegenheiten der örtlichen Ge-

---

198 VG Frankfurt a.M., NJW 1998, 1424 (1424).
199 VGH München, BayVBl. 1983, 374 (374).
200 BVerwG, DÖV 1997, 954ff.; OVG Münster, NVwZ 1995, 814 (814); VGH Mannheim, NVwZ 1987, 701 (701).
201 VGH München, BayVBl. 1985, 366 (367).
202 OVG Münster, NVwZ-RR 1993, 318 (318); VGH Kassel, NVwZ 1998, 1096 (1097).
203 VGH München, BayVBl. 1997, 694f..
204 VGH München, BayVBl. 1987, 398 (398); ders., NVwZ-RR 1999, 265 (266).
205 VGH Kassel, NJW 1977, 452 (452); ders., NVwZ 1995, 406 (407).
206 VGH München vom 23.12.1986 Nr. 4 CE 86.03451.
207 VG Minden, NJW 1992, 523 (523).
208 VGH Kassel, NVwZ 1988, 847 (849).

meinschaft dar.[209] Sie korrespondiert mit der demokratischen Legitimation der Gemeindevertreter nach Art. 28 Abs. 1 Satz 2 GG. [210]
Die Eigenverantwortlichkeit der Regelung von örtlichen Angelegenheiten besteht in einem Handlungs- und Entfaltungsspielraum der Gemeinden zur Regelung dieser Angelegenheiten frei von staatlichen Weisungen.[211] Damit genießen die Gemeinden Entscheidungsfreiheit hinsichtlich der Fragen, ob sie eine Aufgabe ihres Wirkungskreises wahrnehmen und wie sie diese erfüllen.[212] Die Selbständigkeit ihrer Willensbildung und ihres Willensvollzuges wird sowohl in organisatorischer als auch in personeller und inhaltlicher Hinsicht gewährleistet.[213]
Die Eigenverantwortlichkeit der Regelung der Angelegenheiten der örtlichen Gemeinschaft entbindet die Gemeinden jedoch nicht von der Beachtung der Rechtsordnung, was bereits in Art. 20 Abs. 3 GG zum Ausdruck kommt. Damit ist staatliche Rechtsaufsicht gegenüber dem gemeindlichen Handeln zulässig, während fachaufsichtliche Weisungen entfallen.[214]

Die Eigenverantwortlichkeit spiegelt sich in einzelnen Hoheitsrechten wieder[215], der Gebietshoheit, Organisationshoheit, Personalhoheit, Planungshoheit, Finanz- und Abgabenhoheit und der Rechtssetzungshoheit.[216] Im Rahmen ihrer Hoheits-

---

209 Von Mutius, in: Selbstverwaltung im Staat der Industriegesellschaft, Festgabe für von Unruh, 227 (248); Pagenkopf, Kommunalrecht, Band 1, § 8, II.2.; Schmidt-Jortzig, Kommunalrecht, Rdn. 481.

210 Schmidt-Aßmann, in: Schmidt-Aßmann, Besonderes Verwaltungsrecht, Erster Abschnitt, Rdn. 19.

211 Jarass/Pieroth, Grundgesetz, Art. 28, Rdn. 9; von Mutius, Gutachten E für den 53. Deutschen Juristentag, 20; ders., Jura 1982, 28 (31); ders., in: Selbstverwaltung im Staat der Industriegesellschaft, Festgabe für von Unruh, 227 (248); Pagenkopf, Kommunalrecht, Band 1, § 8, I.2.; Schink, VerwArch 81 (1990), 385 (393); Schmidt-Aßmann, in: Bürger, Richter, Staat, Festschrift für Sendler, 121 (132); ders., in: Schmidt-Aßmann, Besonderes Verwaltungsrecht, Erster Abschnitt, Rdn. 19; Stern, in: Bonner Kommentar zum Grundgesetz, Art. 28, Rdn. 94; ders., in: HdbkWPr, Band 1, 213; ders., Staatsrecht, Band 1, 413.

212 Gern, Deutsches Kommunalrecht, Rdn. 75; Jarass/Pieroth, Grundgesetz, Art. 28, Rdn. 9; von Münch/Kunig, Grundgesetz-Kommentar, Band 2, Art. 28, Rdn. 61; von Mutius, in: Selbstverwaltung im Staat der Industriegesellschaft, Festgabe für von Unruh, 227 (248); Schink, VerwArch 81 (1990), 385 (393); Schmidt-Aßmann, in: Schmidt-Aßmann, Besonderes Verwaltungsrecht, Erster Abschnitt, Rdn. 19; Schmidt-Jortzig, Kommunalrecht, Rdn. 480; Stern, in: Bonner Kommentar zum Grundgesetz, Art. 28, Rdn. 96.

213 Gern, Deutsches Kommunalrecht, Rdn. 75.

214 Gern, Deutsches Kommunalrecht, Rdn. 75; von Münch/Kunig, Grundgesetz-Kommentar, Band 2, Art. 28, Rdn. 62; Schmidt-Aßmann, in: Schmidt-Aßmann, Besonderes Verwaltungsrecht, Erster Abschnitt, Rdn. 19; Schmidt-Bleibtreu/Klein, Kommentar zum Grundgesetz, Art. 28, Anm. 11.

215 Von Münch/Kunig, Grundgesetz-Kommentar, Band 2, Art. 28, Rdn. 61; Pagenkopf, Kommunalrecht, Band 1, § 8, II.2.; Schmidt-Bleibtreu/Klein, Kommentar zum Grundgesetz, Art. 28, Anm. 11.

216 Von Münch/Kunig, Grundgesetz-Kommentar, Band 2, Art. 28, Rdn. 61; Pagenkopf, Kommunalrecht, Band 1, § 10.

rechte sind die Gemeinden befugt, das zur Erzielung des Gemeinschaftszwecks jeweils notwendige Verhalten zu befehlen[217].

Die Gebietshoheit stellt die Befugnis der Gemeinden dar, in ihrem Gebiet Herrschaftsgewalt auszuüben.[218] Diese erstreckt sich neben den Einwohnern der Gemeinde auf solche Personen, die als Grundstückseigentümer oder Gewerbetreibende in einer besonderen Beziehung zur Gemeinde stehen, und auf solche, die sich lediglich im Gemeindegebiet aufhalten.[219] Der Gebietshoheit sind insofern auch die Benutzer der im Gemeindegebiet bestehenden öffentlichen Einrichtungen unterworfen.

Als Organisationshoheit ist die Befugnis zur Gestaltung des Aufbaus der Gemeindeverwaltung und ihres Geschäftsganges zu verstehen.[220] Damit bilden auch die Schaffung und der Betrieb öffentlicher Einrichtungen einen Gegenstand der gemeindlichen Organisationshoheit.[221]

Die Personalhoheit umschließt die Dienstherrneigenschaft der Gemeinde und betrifft die Gestaltung der gemeindlichen Beschäftigungsverhältnisse hinsichtlich solcher Fragen, die nicht durch den Bundes- oder Landesgesetzgeber allgemein geregelt sind. Zum Zuständigkeitsbereich der Gemeinde zählen die Auswahl, Anstellung, Beförderung und Entlassung der Gemeindebediensteten.[222]

Als Planungshoheit stellt sich die Befugnis der Gemeinden dar, ihr Gebiet insbesondere in baulicher Hinsicht zu gestalten.[223] Planung besteht dabei in der Ent-

---

[217] Pagenkopf, Kommunalrecht, Band 1, § 8, II.2..

[218] Böttcher, Kommunalrecht, Rdn. 93; Clemens, NVwZ 1990, 834 (838); von Münch/Kunig, Grundgesetz-Kommentar, Band 2, Art. 28, Rdn. 66; Pagenkopf, Kommunalrecht, Band 1, § 10, I.2.; Stern, in: Bonner Kommentar zum Grundgesetz, Art. 28, Rdn. 98; ders., in: HdbkWPr, Band 1, 213; ders., Staatsrecht, Band 1, 413; Waechter, Kommunalrecht, Rdn. 90.

[219] Böttcher, Kommunalrecht, Rdn. 93; von Münch/Kunig, Grundgesetz-Kommentar, Band 2, Art. 28, Rdn. 66; Pagenkopf, Kommunalrecht, Band 1, § 8, II.2.; § 10, I.2..

[220] Von Münch/Kunig, Grundgesetz-Kommentar, Band 2, Art. 28, Rdn. 70; von Mutius, Jura 1982, 28 (33); Pagenkopf, Kommunalrecht, Band 1, § 10, II.1.; Schmidt-Aßmann, in: Schmidt-Aßmann, Besonderes Verwaltungsrecht, Erster Abschnitt, Rdn. 23; Schmidt-Bleibtreu/Klein, Kommentar zum Grundgesetz, Art. 28, Anm. 11.

[221] Von Mutius, Jura 1982, 28 (33); Schmidt-Aßmann, in: Schmidt-Aßmann, Besonderes Verwaltungsrecht, Erster Abschnitt, Rdn. 23; Stern, in: Bonner Kommentar zum Grundgesetz, Art. 28, Rdn. 102; Waechter, Kommunalrecht, Rdn. 92.

[222] BVerfGE 17, 172 (181f.); Böttcher, Kommunalrecht, Rdn. 99; von Münch/Kunig, Grundgesetz-Kommentar, Band 2, Art. 28, Rdn. 67; von Mutius, Jura 1982, 28 (33); Pagenkopf, Kommunalrecht, Band 1, § 10, III.1.; Schmidt-Aßmann, in: Schmidt-Aßmann, Besonderes Verwaltungsrecht, Erster Abschnitt, Rdn. 23; Stern, in: Bonner Kommentar zum Grundgesetz, Art. 28, Rdn. 97; ders., in: HdbkWPr, Band 1, 213; ders., Staatsrecht, Band 1, 413; Waechter, Kommunalrecht, Rdn. 95.

[223] Von Münch/Kunig, Grundgesetz-Kommentar, Band 2, Art. 28, Rdn. 74; von Mutius, Jura 1982, 28 (32); Pagenkopf, Kommunalrecht, Band 1, § 10, IV.1.; Stern, in: Bonner Kommentar zum Grundgesetz, Art. 28, Rdn. 100.

wicklung langfristiger Konzepte für die Erfüllung bestimmter Sachaufgaben.[224] Die gemeindliche Planungshoheit betrifft auch die Bereitstellung von öffentlichen Einrichtungen. Diese können im Rahmen von Infrastrukturplänen vorgesehen werden.[225]

Gemäß Art. 28 Abs. 2 Satz 3 GG umfaßt die gemeindliche Selbstverwaltungsgarantie auch die Grundlagen der finanziellen Eigenverantwortung. Die darin zum Ausdruck gebrachte Finanzhoheit der Gemeinden erstreckt sich auf eine eigenverantwortliche Einnahmen- und Ausgabenwirtschaft im Rahmen eines gesetzlich geordneten Haushaltswesens.[226] Daneben haben die Gemeinden das Recht auf eine aufgabenadäquate Finanzausstattung.[227] Im Rahmen der speziellen Abgabenhoheit ist die Gemeinde berechtigt, ihre Einwohner zu den durch die Aufgabenerfüllung entstehenden Lasten heranzuziehen. Allerdings sollen auf diese Weise nicht sämtliche notwendigen Finanzmittel gedeckt werden, sondern den Gemeinden überhaupt eigenverantwortlich auszuschöpfende Finanzquellen zur Verfügung gestellt werden. [228]

Die Rechtssetzungshoheit dient schließlich der effektiven eigenverantwortlichen Regelung der Angelegenheiten der örtlichen Gemeinschaft nach Art. 28 Abs. 2 Satz 1 GG und wird regelmäßig durch das Instrument der gemeindlichen Satzung ausgeübt.[229] Auch die abstrakt-generelle Regelung der Benutzung öffentlicher Einrichtungen erfolgt durch eine gemeindliche Satzung. [230]

---

[224] Schmidt-Aßmann, in: Schmidt-Aßmann, Besonderes Verwaltungsrecht, Erster Abschnitt, Rdn. 23.

[225] Schmidt-Aßmann, in: Schmidt-Aßmann, Besonderes Verwaltungsrecht, Erster Abschnitt, Rdn. 23.

[226] BVerfGE 26, 228 (244); Böttcher, Kommunalrecht, Rdn. 107; von Mutius, Jura 1982, 28 (33); Schmidt-Aßmann, in: Schmidt-Aßmann, Besonderes Verwaltungsrecht, Erster Abschnitt, Rdn. 23; Schmidt-Bleibtreu/Klein, Kommentar zum Grundgesetz, Art. 28, Anm. 11a; Stern, in: Bonner Kommentar zum Grundgesetz, Art. 28, Rdn. 99; Waechter, Kommunalrecht, Rdn. 96.

[227] Schmidt-Aßmann, in: Schmidt-Aßmann, Besonderes Verwaltungsrecht, Erster Abschnitt, Rdn. 23.

[228] Von Mutius, Jura 1982, 28 (33); Pagenkopf, Kommunalrecht, Band 1, § 10, VI.1., 2.; Stern, Staatsrecht, Band 1, 414.

[229] Böttcher, Kommunalrecht, Rdn. 110; Schmidt-Aßmann, in: Schmidt-Aßmann, Besonderes Verwaltungsrecht, Erster Abschnitt, Rdn. 23.

[230] Stern, in: HdbkWPr, Band 1, 214.

(c) „Regeln“

Der Begriff des Regelns in Art. 28 Abs. 2 Satz 1 GG ist in einem umfassenden Sinne zu verstehen. Er schließt verwaltende und rechtssetzende Tätigkeiten der Gemeinde ein.[231]
Die Rechtssetzungskompetenz, die den Gemeinden trotz ihrer Zuordnung zur Exekutive zusteht, rechtfertigt sich aus der demokratischen Legitimation der Gemeindevertreter gemäß Art. 28 Abs. 1 Satz 2 GG und soll die Berücksichtigung örtlicher Verschiedenheiten ermöglichen.[232]
Da die Regelung einer Angelegenheit eine rechtssatzmäßige Absicherung erfordern kann, verlangt Art. 28 Abs. 2 Satz 1 GG auch, daß die Rechtsordnung den Gemeinden mindestens ein Rechtsinstitut zur allgemeinen Regelung ihrer Angelegenheiten zur Verfügung stellt.[233] Als Rechtsnormen zur Regelung von Angelegenheiten der örtlichen Gemeinschaft sehen die Gemeindeordnungen der Länder gemeindliche Satzungen vor.[234]

(d) „Im Rahmen der Gesetze“

Die objektive Rechtsinstitutionsgarantie der gemeindlichen Selbstverwaltung ist nicht unbegrenzt. Nach Art. 28 Abs. 2 Satz 1 GG besteht das Recht der Gemeinden, die Angelegenheiten der örtlichen Gemeinschaft in eigener Verantwortung zu regeln, nur im Rahmen der Gesetze.
Dabei handelt es sich um einen Gesetzesvorbehalt[235], der den Gesetzgeber zur Ausgestaltung und Begrenzung der gemeindlichen Selbstverwaltung und zu Eingriffen in den Garantiegehalt ermächtigt.[236]

---

[231] Schmidt-Jortzig, Kommunalrecht, Rdn. 479; von Mutius, Gutachten E für den 53. Deutschen Juristentag, 23; ders., Jura 1982, 28 (32); Stern, in: Bonner Kommentar zum Grundgesetz, Art. 28, Rdn. 105.

[232] Von Mutius, Gutachten E für den 53. Deutschen Juristentag, 23.

[233] Schmidt-Aßmann, in: Schmidt-Aßmann, Besonderes Verwaltungsrecht, Erster Abschnitt, Rdn. 19.

[234] In Baden-Württemberg § 4 Abs. 1 Satz 1 GemO, in Bayern Art. 23 Satz 1 GO, in Brandenburg § 5 Abs. 1 Satz 1 GO, in Hessen § 5 Abs. 1 Satz 1 GO, in Mecklenburg-Vorpommern § 5 Abs. 1 Satz 1 KV, in Niedersachsen § 6 Abs. 1 GO, in Nordrhein-Westfalen § 7 Abs. 1 Satz 1 GO, in Rheinland-Pfalz § 24 Abs. 1 Satz 1 GemO, im Saarland § 12 Abs. 1 Satz 1 KSVG, in Sachsen § 4 Abs. 1 Satz 1 GO, in Sachsen-Anhalt § 6 Abs. 1 Satz 1 GO, in Schleswig-Holstein § 4 Abs. 1 Satz 1 GO, in Thüringen § 19 Abs. 1 Satz 1 KO.

[235] BVerfGE 79, 127 (143); Gern, Deutsches Kommunalrecht, Rdn. 78; Jarass/Pieroth, Grundgesetz, Art. 28, Rdn. 12; von Münch/Kunig, Grundgesetz-Kommentar, Band 2, Art. 28, Rdn. 59.

[236] Von Münch/Kunig, Grundgesetz-Kommentar, Band 2, Art. 28, Rdn. 59; Schmidt-Aßmann, in: Bürger, Richter, Staat, Festschrift für Sendler, 121 (134); ders., in: Schmidt-Aßmann, Besonderes Verwaltungsrecht, Erster Abschnitt, Rdn. 20; a.A. Schmidt-Jortzig, Kommunalrecht, Rdn. 486.

Als Gesetze im Sinne des Art. 28 Abs. 2 Satz 1 GG kommen formelle Gesetze des Bundes und der Länder, Rechtsverordnungen gemäß Art. 80 GG und untergesetzliche Rechtsnormen wie Satzungen anderer Hoheitsträger, Raumordnungsprogramme und Gewohnheitsrecht in Betracht.[237]
Sowohl aus dem Wesen einer institutionellen Garantie, die der umfassenden Ausgestaltung durch den Gesetzgeber bedarf[238], als auch aus der nachgeordneten Stellung der Sentenz „im Rahmen der Gesetze“ ergibt sich, daß sich der Gesetzesvorbehalt sowohl auf den garantierten Aufgabenbestand als auch auf die Eigenverantwortlichkeit der Aufgabenerfüllung bezieht.[239]
Ausgestaltungen des Gesetzesvorbehalts, die zu einem vollständigen Substanzverlust der Selbstverwaltungsgarantie führen, sind jedoch ausgeschlossen. Dem Gesetzgeber sind daher im Rahmen des Art. 28 Abs. 2 Satz 1 GG Grenzen gesetzt.

Durch die „Rastede“-Entscheidung des BVerfG wurde dieses Problemfeld einer neuen Bewertung zugeführt. Zuvor waren Beschränkungen der gemeindlichen Selbstverwaltungsgarantie ähnlich dem Fall des Grundrechtseingriffs behandelt und über die Wesensgehaltsgarantie des Art. 19 Abs. 2 GG ein Kernbereich gemeindlicher Selbstverwaltung entwickelt worden, der gegen Eingriffe vollständig geschützt war, während die Zulässigkeit von Eingriffen in einem Randbereich am Übermaßverbot gemessen wurde.[240] Von dieser Parallelisierung nahm das BVerfG mit seiner Entscheidung Abstand und legte an gesetzgeberische Eingriffe in die gemeindliche Selbstverwaltungsgarantie nunmehr neben dem Maßstab des Kernbereichs den eines direkt aus Art. 28 Abs. 2 Satz 1 GG zu erschließenden

---

237 Gern, Deutsches Kommunalrecht, Rdn. 70; von Münch/Kunig, Grundgesetz-Kommentar, Band 2, Art. 28, Rdn. 59; Schmidt-Aßmann, in: Schmidt-Aßmann, Besonderes Verwaltungsrecht, Erster Abschnitt, Rdn. 20; Schmidt-Bleibtreu/Klein, Kommentar zum Grundgesetz, Art. 28, Anm. 13; Stern, in HdbkWPr, Band 1, 213; ders., Staatsrecht, Band 1, 415; Waechter, Kommunalrecht, Rdn. 133.

238 Clemens, NVwZ 1990, 834 (835).

239 BVerfGE 79, 127 (143f.); Böttcher, Kommunalrecht, Rdn. 69ff.; von Münch/Kunig, Grundgesetz-Kommentar, Band 2, Art. 28, Rdn. 59; von Mutius, Jura 1982, 28 (37); ders., in: Selbstverwaltung im Staat der Industriegesellschaft, Festgabe für von Unruh, 227 (250); Püttner, in: Isensee/Kirchhof, HdbStR, Band IV, § 107, Rdn. 19; Helmut Roth, Die kommunalen öffentlichen Einrichtungen, 55; Schmidt-Aßmann, in: Bürger, Richter, Staat, Festschrift für Sendler, 121 (134); ders., in: Schmidt-Aßmann, Besonderes Verwaltungsrecht, Erster Abschnitt, Rdn. 20; Schmidt-Bleibtreu/Klein, Kommentar zum Grundgesetz, Art. 28, Anm. 13; Schmidt-Jortzig, Kommunalrecht, Rdn. 488; Stern, in: Bonner Kommentar zum Grundgesetz, Art. 28, Rdn. 114; Waechter, Kommunalrecht, Rdn. 132.

240 Maunz/Dürig/Herzog/Scholz, Grundgesetz, Band III, Art. 28, Anm. 51ff.; von Mutius, Gutachten E für den 53. Deutschen Juristentag, 42; ders., Jura 1982, 28 (38f.); ders., in Selbstverwaltung im Staat der Industriegesellschaft, Festgabe für von Unruh, 227 (252); Pagenkopf, Kommunalrecht, Band 1, § 9, IV.5.; Schmidt-Jortzig, Kommunalrecht, Rdn. 517; Stern, in: Bonner Kommentar zum Grundgesetz, Art. 28, Rdn. 120; ders., Staatsrecht, 415f..

gemeindespezifischen materiellen Aufgabenverteilungsprinzips an.[241] Damit genießt die gemeindliche Selbstverwaltung Schutz in zweierlei Hinsicht: Während sie sich in einem Kernbereich als unantastbar erweist[242], ist ein Randbereich gesetzgeberischen Eingriffen zugänglich[243], sofern diese das Aufgabenverteilungsprinzip des Art. 28 Abs. 2 Satz 1 GG beachten.

Nach Ansicht des BVerfG umfaßt der Kernbereich der gemeindlichen Selbstverwaltung keinen gegenständlich bestimmten oder nach feststehenden Merkmalen bestimmbaren Aufgabenkatalog.[244]
Als Kernbereich wird das typische Erscheinungsbild der gemeindlichen Selbstverwaltung angesehen.[245] Schutz soll danach das Essentiale genießen, das man aus einer Institution nicht entfernen könne, ohne deren Struktur und Typus zu verändern. Es seien die typusbestimmenden Bestandteile, die essentiell und substantiell (nicht bloß zufällig-akzidentiell) die kommunale Selbstverwaltung prägten.[246] Welche einzelnen Elemente für die gemeindliche Selbstverwaltung typusbestimmend sind, bleibt hingegen ungeklärt.
Nach Ansicht des BVerwG muß den Gemeinden die Masse der aus den Angelegenheiten der örtlichen Gemeinschaft erwachsenden Aufgaben und deren Erledigung unter eigener Verantwortung erhalten bleiben.[247] Es untersucht daraufhin, welche Handlungsmöglichkeiten den Gemeinden nach dem Eingriff noch verbleiben.[248]
Demgegenüber betrachtet das BVerfG als typusbestimmend das Recht, sich aller Angelegenheiten der örtlichen Gemeinschaft, die nicht durch Gesetz bereits anderen Trägern öffentlicher Verwaltung übertragen sind, ohne besonderen Kompetenztitel anzunehmen.[249] Berücksichtigt werden sollen ferner die geschichtliche Entwicklung und die verschiedenen historischen Erscheinungsformen der Selbstverwaltung.[250]

---

[241] BVerfGE 79, 127 (143, 146, 147ff.).
[242] Maunz/Dürig/Herzog/Scholz, Grundgesetz, Band III, Art. 28, Anm. 53; von Münch/Kunig, Grundgesetz-Kommentar, Band 2, Art. 28, Rdn. 46; Stern, Staatsrecht, Band 1, 416; Waechter, Kommunalrecht, Rdn. 79.
[243] Waechter, Kommunalrecht, Rdn. 81.
[244] BVerfGE 79, 127 (146).
[245] Schmidt-Jortzig, Kommunalrecht, Rdn. 519; Stern, Staatsrecht, Band 1, 416; ders., in Bonner Kommentar zum Grundgesetz, Art. 28, Rdn. 123.
[246] Stern, Staatsrecht, Band 1, 416.
[247] BVerwGE 6, 19 (25).
[248] BVerwGE 6, 19 (25); im Anschluß daran Gern, Deutsches Kommunalrecht, Rdn. 80, Schmidt-Aßmann, in : Bürger, Richter, Staat, Festschrift für Sendler, 121 (135).
[249] BVerfGE 79, 127 (146).
[250] BVerfGE 17, 172 (182); 22, 180 (205); 23, 353 (366); 50, 195 (201); 79, 127 (146).

Auch außerhalb des Kernbereichs sind dem Gesetzgeber Grenzen gesetzt. Entsprechende Eingriffe haben das in Art. 28 Abs. 2 Satz 1 GG niedergelegte Aufgabenverteilungsprinzip zu beachten, das die Erfüllung von Aufgaben mit örtlichem Charakter grundsätzlich auf der gemeindlichen Ebene vorsieht.[251] Aufgaben mit relevantem örtlichen Charakter darf der Gesetzgeber den Gemeinden daher nur aus Gründen des Gemeininteresses entziehen, wenn anders die ordnungsgemäße Aufgabenerfüllung nicht sicherzustellen wäre.[252] Aspekte der Verwaltungsvereinfachung und Zuständigkeitskonzentration rechtfertigen den Aufgabenentzug nicht.[253]
Den Spielraum des Gesetzgebers bei der Beurteilung des örtlichen Charakters einer Aufgabe verengt das BVerfG ferner dadurch, daß es Eingriffe in die gemeindliche Selbstverwaltungsgarantie einer Vertretbarkeitskontrolle unterzieht.[254] Dabei soll der Grundsatz gelten, daß der Beurteilungsspielraum umso enger und die gerichtliche Kontrolle umso intensiver ist, je mehr der Eingriff die Substanz der gemeindlichen Selbstverwaltung bedroht.[255]

(3) Subjektive Rechtsstellungsgarantie

Zur Unterstützung der objektiven Rechtsinstitutionsgarantie enthält die institutionelle Garantie der gemeindlichen Selbstverwaltung mit der subjektiven Rechtsstellungsgarantie auch eine subjektiv-rechtliche Komponente. Sie gewährt den Gemeinden insbesondere Rechtsschutz zur Verteidigung des ihnen von Art. 28 Abs. 2 Satz 1 GG garantierten Aufgabenbestandes und der Freiheit, die sie bei der Aufgabenerfüllung genießen.[256]

bb. Adressaten des Art. 28 Abs. 2 Satz 1 GG

Der Regelung „den Gemeinden muß das Recht gewährleistet sein“ ist der Adressat der Selbstverwaltungsgarantie nicht zu entnehmen, mithin beschränkt sich Art. 28 Abs. 2 Satz 1 GG auf die Garantie der gemeindlichen Selbstverwaltung. Erst

---

[251] BVerfGE 79, 127 (143, 147ff.).
[252] BVerfGE 79, 127 (153).
[253] BVerfGE 79, 127 (153).
[254] BVerfGE 79, 127 (154).
[255] BVerfGE 79, 127 (154).
[256] Bethge, in: Selbstverwaltung im Staat der Industriegesellschaft, Festgabe für von Unruh, 149 (164); Gern, Deutsches Kommunalrecht, Rdn. 50; von Münch/Kunig, Grundgesetz-Kommentar, Band 2, Art. 28, Rdn. 41; Schmidt-Aßmann, in: Schmidt-Aßmann, Besonderes Verwaltungsrecht, Erster Abschnitt, Rdn. 24; Stern, in: Bonner Kommentar zum Grundgesetz, Art. 28, Rdn. 174ff.; Waechter, Kommunalrecht, Rdn. 55, 60.

Art. 28 Abs. 3 GG ist zu entnehmen, daß die Länder zu den durch die Selbstverwaltungsgarantie Verpflichteten zählen, denn danach obliegt es dem Bund zu gewährleisten, daß die verfassungsmäßige Ordnung in den Ländern Art. 28 Abs. 2 GG entspricht. Für die Adressatenstellung der Länder spricht auch deren Gesetzgebungskompetenz auf dem Gebiet des Kommunalrechts nach Art. 70ff. GG, die ihnen eine Beeinträchtigung der gemeindlichen Selbstverwaltungsgarantie ermöglicht.[257]

Da bestimmte Gesetzgebungs- und Verwaltungskompetenzen des Bundes einen Eingriff in die gemeindliche Selbstverwaltungsgarantie ermöglichen, wird man auch den Bund als durch Art. 28 Abs. 2 Satz 1 GG verpflichtet ansehen müssen.[258] Außerdem wäre die Überlegung nicht haltbar, daß der Bund, der die Verwirklichung der gemeindlichen Selbstverwaltung durch die Länder in Art. 28 Abs. 2 Satz 1 GG garantiert, diese nicht selber beachten müßte.[259]

Da auch Gemeinden und Landkreise, beispielsweise durch Planungsentscheidungen, in der Lage sind, das Selbstverwaltungsrecht angrenzender Gemeinden zu beeinträchtigen[260], ist es geboten, den Verpflichtungsgehalt des Art. 28 Abs. 2 Satz 1 GG auf sie zu erstrecken, so daß die gemeindliche Selbstverwaltungsgarantie interkommunale Geltung beanspruchen kann.[261]

Damit stellt Art. 28 Abs. 2 Satz 1 GG unmittelbar geltendes Verfassungsrecht dar, das Legislative, Exekutive und Judikative in Bund, Ländern und Kommunen bindet.[262]

---

[257] Von Mutius, Gutachten E für den 53. Deutschen Juristentag, 30; ders., Jura 1982, 28 (35); ders., in: Selbstverwaltung im Staat der Industriegesellschaft, Festgabe für von Unruh, 227 (254); ders., Kommunalrecht, Rdn. 202; Pagenkopf, Kommunalrecht, Band 1, § 9, IV..

[258] Von Mutius, Gutachten E für den 53. Deutschen Juristentag, 30; ders., Jura 1982, 28 (35); ders., in: Selbstverwaltung im Staat der Industriegesellschaft, Festgabe für von Unruh, 227 (254); ders., Kommunalrecht, Rdn. 203.

[259] Von Münch/Kunig, Grundgesetz-Kommentar, Band 2, Art. 28, Rdn. 36; von Mutius, Gutachten E für den 53. Deutschen Juristentag, 30; ders., Jura 1982, 28 (35); ders., in: Selbstverwaltung im Staat der Industriegesellschaft, Festgabe für von Unruh, 227 (254); ders., Kommunalrecht, Rdn. 203.

[260] BVerwGE 40, 323 (330); VGH München, NVwZ 1985, 837 (837f.); von Mutius, Gutachten E für den 53. Deutschen Juristentag, 31f.; ders., Jura 1982, 28 (36); ders., in: Selbstverwaltung im Staat der Industriegesellschaft, Festgabe für von Unruh, 227 (255); ders., Kommunalrecht, 209.

[261] BVerfGE 79, 127 (150); BVerwGE 67, 321 (325); OVG Lüneburg, DÖV 1980, 417 (419); VerfGH Nordrhein-Westfalen, NJW 1980, 2699 (2699f.); von Mutius, in: Selbstverwaltung im Staat der Industriegesellschaft, Festgabe für von Unruh, 227 (254f.); ders., Kommunalrecht, Rdn. 209, 212.

[262] Schmidt-Aßmann, in: Schmidt-Aßmann, Besonderes Verwaltungsrecht, Erster Abschnitt, Rdn. 9.

b. Bedeutung der gemeindlichen Selbstverwaltung

Grundsätze für die Regelung des Einrichtungswesens lassen sich neben Art. 28 Abs. 2 Satz 1 GG auch anhand der Funktion der gemeindlichen Selbstverwaltung im Staatsgefüge entwickeln.

Nach dem Grundsatz a maiore ad minus verfügen die gemeindliche Selbstverwaltung und das Einrichtungswesen über identische Legitimationsgrundlagen und es ist zu unterstellen, daß die Gemeinden ihr Handeln im Bereich des Einrichtungswesens an den normativen und soziologischen Grundlagen der gemeindlichen Selbstverwaltung orientieren.

Das Prinzip der gemeindlichen Selbstverwaltung bezieht seine normative Legitimation[263] einerseits aus der mit ihr verbundenen spezifischen Verwaltungsstruktur. Das Prinzip der gemeindlichen Selbstverwaltung baut auf dezentraler Aufgabenerfüllung durch überschaubare Verwaltungseinheiten auf[264]. Diese entlastet die staatliche Verwaltung und vermittelt den Gemeinden Autonomie.[265] Außerdem ermöglicht sie bürgernahe, flexible und spontane Aufgabenwahrnehmung.[266] Da das Prinzip der gemeindlichen Selbstverwaltung nach Art. 28 Abs. 1 Satz 2 GG die demokratische Legitimation der kommunalen Entscheidungsträger voraussetzt, hat es andererseits eine politisch-demokratische Funktion.[267] Indem sie die Entscheidungsträger wählen bzw. als gewählte Vertreter selber Verwaltungsaufgaben wahrnehmen, werden die Bürger in die Verwaltung integriert.[268] Entsprechend bestimmt Art. 11 Abs. 4 der Verfassung des Freistaates Bayern, daß die gemeindliche Selbstverwaltung dem Aufbau der Demokratie von unten nach oben dient.
Seine soziologische Legitimation bezieht das Prinzip der gemeindlichen Selbstverwaltung aus dem menschlichen Bedürfnis nach Aufnahme in eine Gemeinschaft und nach Partizipation.[269]

---

263 Schmidt-Jortzig, DVBl. 1980, 1 (2f.).

264 Von Mutius, in: Selbstverwaltung im Staat der Industriegesellschaft, Festgabe für von Unruh, 227 (244); Schmidt-Jortzig, DVBl. 1980, 1 (2); Stern, in: HdbkWPr, Band 1, 204; ders., Staatsrecht, Band 1, 405f.; von Unruh, JA 1992, 110 (110, 111).

265 Stern, in HdbkWPr, Band 1, 204; ders., Staatsrecht, Band 1, 405f..

266 Schmidt-Aßmann, in: Schmidt-Aßmann, Besonderes Verwaltungsrecht, Erster Abschnitt, Rdn. 8.

267 Von Mutius, in: Selbstverwaltung im Staat der Industriegesellschaft, Festgabe für von Unruh, 227 (244); ähnlich: Püttner, in: Isensee/Kirchhof, HdbStR, Band IV, § 107, Rdn. 1.

268 BVerfGE 79, 127 (149); von Mutius, in: Selbstverwaltung im Staat der Industriegesellschaft, Festgabe für von Unruh, 227 (244); Püttner, in: Isensee/Kirchhof, HdbStR, Band IV, § 107, Rdn. 10; Schink, VerwArch 81 (1990), 385 (406); Schmidt-Jortzig, DVBl. 1980, 1 (2).

269 Schmidt-Jortzig, DVBl. 1980, 1 (4ff.).

2. Die Selbstverwaltungsgarantie der Kreise gemäß Art. 28 Abs. 2 Satz 2 GG

Nach Art. 28 Abs. 2 Satz 2 GG haben auch die Gemeindeverbände im Rahmen ihres gesetzlichen Aufgabenbereiches nach Maßgabe der Gesetze das Recht der Selbstverwaltung.
Bei den Gemeindeverbänden handelt es sich um kommunale Gebietskörperschaften, die sich über die Ortsgemeinde hinaus erstrecken und deren Wirkungskreis nicht von vornherein begrenzt ist.[270] Zu ihnen zählen Ämter, Samtgemeinden, Verbandsgemeinden, Kreise, Bezirke und Landschaftsverbände.[271]
Aufgrund der hervorgehobenen Stellung, die die Kreise durch das Erfordernis einer demokratisch gewählten Volksvertretung nach Art. 28 Abs. 1 Satz 2 GG einnehmen, genießen insbesondere sie das Recht der Selbstverwaltung.[272] Ihre Mitglieder sind die Einwohner des Kreises.[273]
Da neben den Gemeinden die Kreise als Träger öffentlicher Einrichtungen in Betracht kommen, richtet sich die Aufmerksamkeit dieser Arbeit gerade auch auf das Selbstverwaltungsrecht der Kreise.

Da zwischen dem Selbstverwaltungsrecht der Kreise und dem der Gemeinden zahlreiche Parallelen bestehen, werden hier lediglich die Besonderheiten des Selbstverwaltungsrechts nach Art. 28 Abs. 2 Satz 2 GG behandelt.
Das Selbstverwaltungsrecht der Kreise stellt sich ebenfalls als institutionelle Garantie dar, die sich in die institutionelle Rechtssubjektsgarantie, die objektive Rechtsinstitutionsgarantie und die subjektive Rechtsstellungsgarantie gliedert.[274]
Die institutionelle Rechtssubjektsgarantie gewährleistet den Bestand der Institution der Gemeindeverbände. Daher muß es zumindest eine Gemeindeverbandsform als zweite Ebene kommunaler Selbstverwaltung geben.[275] Angesichts der hervorgehobenen Stellung der Kreise muß diese außerdem die Struktur der Kreise aufweisen.[276]

---

[270] Stern, in: Bonner Kommentar zum Grundgesetz, Art. 28, Rdn. 80.

[271] Jarass/Pieroth, Grundgesetz, Art. 28, Rdn. 15; von Münch/Kunig, Grundgesetz-Kommentar, Band 2, Art. 28, Rdn. 83; Stern, in: Bonner Kommentar zum Grundgesetz, Art. 28, Rdn. 80.

[272] Gern, Deutsches Kommunalrecht, Rdn. 95; Schmidt-Aßmann, in: Schmidt-Aßmann, Besonderes Verwaltungsrecht, Erster Abschnitt, Rdn. 137.

[273] Schmidt-Aßmann, in: Schmidt-Aßmann, Besonderes Verwaltungsrecht, Erster Abschnitt, Rdn. 136.

[274] Stern, in: Bonner Kommentar zum Grundgesetz, Art. 28, Rdn. 166ff.; Waechter, Kommunalrecht, Rdn. 171.

[275] Gern, Deutsches Kommunalrecht, Rdn. 96; Schmidt-Aßmann, in: Schmidt-Aßmann, Besonderes Verwaltungsrecht, Erster Abschnitt, Rdn. 137; Stern, in: Bonner Kommentar zum Grundgesetz, Art. 28, Rdn. 166; Waechter, Kommunalrecht, Rdn. 171.

[276] Gern, Deutsches Kommunalrecht, Rdn. 96; Jarass/Pieroth, Grundgesetz, Art. 28, Rdn. 15; von Münch/Kunig, Grundgesetz-Kommentar, Band 2, Art. 28, Rdn. 84; Schmidt-Aßmann, in: Schmidt-Aßmann, Besonderes Verwaltungsrecht, Erster Abschnitt, Rdn. 137.

Die objektive Rechtsinstitutionsgarantie der Kreise hat gegenüber der objektiven Rechtsinstitutionsgarantie der Gemeinden einen schwächeren Gehalt. Zwar genießen die Kreise mit dem Recht der Selbstverwaltung, das in Art. 28 Abs. 2 Satz 1 GG definiert wird, das Recht, ihre Aufgaben in eigener Verantwortung zu regeln, und die Eigenverantwortlichkeit steht der gemeindlichen Entscheidungsfreiheit auch gleich.[277] Während aber der gemeindliche Wirkungskreis durch das Prinzip der Universalität gekennzeichnet ist („alle Angelegenheiten der örtlichen Gemeinschaft"), ist das Aufgabenfeld der Kreise durch spezielle gesetzliche Zuweisungen bestimmt („im Rahmen ihres gesetzlichen Aufgabenbereiches").[278] Der Gesetzgeber ist jedoch verpflichtet, den Kreisen einen Aufgabenbestand in einem Umfang zuzuweisen, der eine effiziente Selbstverwaltung ermöglicht.[279] Aus der Garantie der Eigenverantwortlichkeit folgt, daß der Gesetzgeber den Kreisen einen eigenen Wirkungskreis und nicht lediglich Pflicht- oder Fremdverwaltungsaufgaben zuweist.[280]

Für den Fall, daß eine gesetzliche Zuweisung einer Aufgabe nicht getroffen worden ist, entsteht das Problem, ob diese der Zuständigkeit der Gemeinde oder des Kreises zuzuordnen ist. Diese Schwierigkeit betrifft den Bereich der von den Kreisordnungen der Länder gewährleisteten schwer faßbaren[281] freien oder freiwilligen Selbstverwaltungsaufgaben.

Hier hat sich eine Einteilung der kreislichen Aufgaben in übergemeindliche, ergänzende und ausgleichende Aufgaben durchgesetzt.[282] Um übergemeindliche Aufgaben handelt es sich bei solchen, die sich kraft Natur der Sache einer gemeindlichen Wahrnehmung entziehen, da sie sich sachlich über ein Gemeindegebiet hinaus erstrecken bzw. ihre Auswirkungen mehrere Gemeinden betreffen. Beispielhaft hierfür sind die Überwachung der Luftverschmutzung oder die Ab-

---

[277] Von Münch/Kunig, Grundgesetz-Kommentar, Band 2, Art. 28, Rdn. 85; Schink, VerwArch 81 (1990), 385 (394); Stern, in: Bonner Kommentar zum Grundgesetz, Art. 28, Rdn. 172.

[278] BVerfGE 79, 127 (150); Gern, Deutsches Kommunalrecht, Rdn. 97; Jarass/Pieroth, Grundgesetz, Art. 28, Rdn. 15; Knemeyer, in: Selbstverwaltung im Staat der Industriegesellschaft, Festgabe für von Unruh, 209 (220); von Mutius, Jura 1982, 28 (31); Schink, VerwArch 81 (1990), 385 (408); Schmidt-Aßmann, in: Schmidt-Aßmann, Besonderes Verwaltungsrecht, Erster Abschnitt, Rdn. 138; Schmidt-Jortzig, Kommunalrecht, Rdn. 582; ders., DÖV 1993, 973 (979); Stern, in: Bonner Kommentar zum Grundgesetz, Art. 28, Rdn. 168; Waechter, Kommunalrecht, Rdn. 172.

[279] Gern, Deutsches Kommunalrecht, Rdn. 97; von Mutius, Jura 1982, 28 (31); Schink, VerwArch 81 (1990), 385 (409f.); Stern, in: Bonner Kommentar zum Grundgesetz, Art. 28, Rdn. 169; Waechter, Kommunalrecht, Rdn. 172.

[280] Von Münch/Kunig, Grundgesetz-Kommentar, Band 2, Art. 28, Rdn. 85.

[281] Beispielsweise handelt es sich in Schleswig-Holstein gemäß § 2 Abs. 1 Satz 1 KrO um die öffentlichen Aufgaben, die von den kreisangehörigen Gemeinden wegen geringerer Leistungsfähigkeit und Größe nicht erfüllt werden können.

[282] Von Mutius, in: Selbstverwaltung im Staat der Industriegesellschaft, Festgabe für von Unruh, 227 (248); Schmidt-Jortzig, Kommunalrecht, Rdn. 588ff..

fallbeseitigung.[283] Die Erfüllung ergänzender Aufgaben stärkt kleinere und damit leistungsschwächere Gemeinden im Kreisgebiet, beispielsweise durch die Bereitstellung von Bildungs- und Gesundheitseinrichtungen höherer Stufe.[284] Diese Aufgaben bilden keinen einheitlichen Bestand, sondern variieren von Kreis zu Kreis und auch innerhalb eines Kreises.[285] Ausgleichende Aufgaben dienen der Unterstützung der einzelgemeindlichen Aufgabenerfüllung, um ein unterschiedliches Leistungsvermögen und eine gleichmäßige Versorgung der Bevölkerung innerhalb des Kreisgebietes zu regulieren.[286]

Diese Einteilung ist jedoch mit den vom BVerfG in der „Rastede"-Entscheidung entwickelten Grundsätzen zu harmonisieren. Insbesondere dürfen die Kreise den Gemeinden nicht den finanziellen Spielraum entziehen, indem sie sich unter dem Aspekt der mangelnden Verwaltungskraft der Gemeinden kostenintensiver Aufgaben annehmen und deren Erfüllung im Wege der Kreisumlage durch Heranziehung der Gemeinden finanzieren, oder die Erfüllung örtlicher Angelegenheiten durch zweckgebundene Bereitstellung der Mittel faktisch an sich ziehen. Vielmehr müssen sie die Ausgleichsaufgabe in einem selbstverwaltungsfreundlichen Sinn wahrnehmen.[287]

Unter dem Aspekt der subjektiven Rechtsstellungsgarantie haben auch die Kreise das subjektive Recht, die ihnen durch Art. 28 Abs. 2 Satz 2 GG garantierte Selbstverwaltung gerichtlich durchzusetzen.[288] Eine ausdrückliche Normierung findet sich insofern in Art. 93 Abs. 1 Nr. 4b GG, § 91 BVerfGG.

---

283 Von Mutius, in: Selbstverwaltung im Staat der Industriegesellschaft, Festgabe für von Unruh, 227 (248); Schink, VerwArch 81 (1990), 385 (411); Schmidt-Jortzig, Kommunalrecht, Rdn. 589; Waechter, Kommunalrecht, Rdn. 174.

284 Von Mutius, in: Selbstverwaltung im Staat der Industriegesellschaft, Festgabe für von Unruh, 227 (248); Schmidt-Aßmann, in: Schmidt-Aßmann, Besonderes Verwaltungsrecht, Erster Abschnitt, Rdn. 142; Schmidt-Jortzig, Kommunalrecht, Rdn. 592; Waechter, Kommunalrecht, Rdn. 176.

285 Böttcher, Kommunalrecht, Rdn. 85; Schmidt-Aßmann, in: Schmidt-Aßmann, Besonderes Verwaltungsrecht, Erster Abschnitt, Rdn. 142.

286 Von Mutius, in: Selbstverwaltung im Staat der Industriegesellschaft, Festgabe für von Unruh, 227 (248); Schink, VerwArch 81 (1990), 385 (411); Schmidt-Aßmann, in: Schmidt-Aßmann, Besonderes Verwaltungsrecht, Erster Abschnitt, Rdn. 143; Schmidt-Jortzig, Kommunalrecht, Rdn. 595; Waechter, Kommunalrecht, Rdn. 175.

287 OVG Koblenz, DVBl. 1993, 894 (897f.); Helmut Roth, Die kommunalen öffentlichen Eirichtungen, 62f..

288 Von Mutius, Jura 1982, 28 (35); Stern, in: Bonner Kommentar zum Grundgesetz, Art. 28, Rdn. 174ff..

3. Die Selbstverwaltungsgarantie nach den Landesverfassungen

Auch die Landesverfassungen garantieren den Kommunen das Recht der Selbstverwaltung.[289] Es bestehen sowohl Regelungen, die mit Art. 28 Abs. 2 Satz 1 GG inhaltlich übereinstimmen[290], als auch solche, die hinter dessen Garantiegehalt zurückbleiben[291] oder über diesen hinausgehen[292].
Damit stellt sich die Frage nach dem Verhältnis der Selbstverwaltungsgarantie auf Landesebene zu der auf Bundesebene. Einen Maßstab zur Behandlung möglicher Normenkollisionen könnte Art. 31 GG darstellen, wonach Bundesrecht dem Landesrecht vorgeht. Ein Eingreifen des Art. 31 GG kommt jedoch in diesem Zusammenhang nicht in Betracht, da Art. 28 Abs. 2 Satz 1 GG seinem Wortlaut nach von den Ländern eine Garantie der gemeindlichen Selbstverwaltung fordert und diese gerade nicht ausschließt.[293] Art. 28 Abs. 2 Satz 1 GG, der außerdem nur einen Mindeststandard an gemeindlicher Selbstverwaltung vorschreibt[294], steht

---

[289] In Art. 69, 71 bis 76 Verfassung von Baden-Württemberg, Art. 9 bis 11, 83 Verfassung des Freistaates Bayern, Art. 97 bis 100 Verfassung des Landes Brandenburg, Art. 137, 138 Verfassung des Landes Hessen, Art. 69, 72 bis 75 Verfassung des Landes Mecklenburg-Vorpommern, Art. 57, 58 Niedersächsische Verfassung, Art. 78, 79 Verfassung für das Land Nordrhein-Westfalen, Art. 49, 50 Verfassung für Rheinland-Pfalz, Art. 117 bis 123 Verfassung des Saarlandes, Art. 82 Abs. 1 und 2, 84 bis 90 Verfassung des Freistaates Sachsen, Art. 86 bis 89 Verfassung des Landes Sachsen-Anhalt, Art. 46 bis 49 Verfassung des Landes Schleswig-Holstein, Art. 91 bis 95 Verfassung des Freistaates Thüringen.

[290] Art. 72 Abs. 1 Satz 1 Verfassung des Landes Mecklenburg-Vorpommern und Art. 91 Abs. 1 Verfassung des Freistaates Thüringen berechtigen die Gemeinden zur eigenverantwortlichen Regelung aller Angelegenheiten der örtlichen Gemeinschaft im Rahmen der Gesetze. Ähnlich berechtigt Art. 117 Abs. 2, 3 Verfassung des Saarlandes die Gemeinden zur Förderung des Wohls ihrer Einwohner zur Erfüllung aller öffentlichen Aufgaben der örtlichen Gemeinschaft im Rahmen der Gesetze in eigener Verantwortung.

[291] Art. 46 Abs. 1 Verfassung des Landes Schleswig-Holstein verpflichtet die Gemeinden in ihrem Gebiet zur Erfüllung aller öffentlichen Aufgaben im Rahmen ihrer Leistungsfähigkeit und begrenzt damit ihre Eigenverantwortlichkeit.
Die Eigenverantwortlichkeit der Gemeinden bei der Erfüllung ihrer Aufgaben wird auch durch die den Gemeinden nach Art. 39, 40 Verfassung des Landes Brandenburg, Art. 12 bis 19 Verfassung des Landes Mecklenburg-Vorpommern, Art. 6 Abs. 2 Verfassung des Freistaates Sachsen und Art. 34 bis 37, 39, 40 Verfassung des Landes Sachsen-Anhalt auferlegten Schutz- und Förderpflichten beschränkt.

[292] Nach Art. 46 Abs. 1 Verfassung des Landes Schleswig-Holstein und Art. 87 Abs. 2 Verfassung des Landes Sachsen-Anhalt sind die Gemeinden berechtigt, in ihrem Gebiet alle öffentlichen Aufgaben in eigener Verantwortung im Rahmen der Gesetze zu erfüllen, also nicht nur die Angelegenheiten der örtlichen Gemeinschaft. Einen ähnlichen Gehalt haben Art. 137 Abs. 1 Verfassung des Landes Hessen und Art. 49 Abs. 1 Satz 2 Verfassung für Rheinland-Pfalz, die die Gemeinden zur Übernahme jeder öffentlichen Aufgabe im Rahmen der Gesetze berechtigen.

[293] Pagenkopf, Kommunalrecht, Band 1, § 9, III.; Stern, in: Bonner Kommentar zum Grundgesetz, Art. 28, Rdn. 178.

[294] Böttcher, Kommunalrecht, Rdn. 125; Gern, Deutsches Kommunalrecht, Rdn. 52; von Mutius, Gutachten E für den 53. Deutschen Juristentag, 46; ders., Jura 1982, 28 (29); ders., in: Selbstverwaltung im Staat der Industriegesellschaft, Festgabe für von Unruh, 227 (241); Schmidt-Jortzig,

daher Regelungen in den Landesverfassungen nicht entgegen, die einen erweiterten Garantiegehalt vorsehen.[295] In dem Fall, daß sich der Gehalt der Selbstverwaltungsgarantien nach Art. 28 Abs. 2 Satz 1 GG und nach den Landesverfassungen decken, entfalten letztere ihre volle Wirkung.[296] Bleiben die Selbstverwaltungsgarantien der Landesverfassungen hinter dem Grundgesetz zurück, findet eine Ergänzung ihres Garantiegehalts bis zu dem von Art. 28 Abs. 2 Satz 1 GG gewährten Mindeststandard gemeindlicher Selbstverwaltung statt.[297]
Beide Selbstverwaltungsgarantien stehen aber nebeneinander. Während Bundesgesetzgeber und Bundesverwaltung nur an Art. 28 Abs. 2 Satz 1 GG gebunden sind, haben Landesgesetzgeber und Landesverwaltung sowohl Art. 28 Abs. 2 Satz 1 GG als auch die landesrechtlichen Selbstverwaltungsgarantien zu beachten.[298]

4. Zusammenfassung

Aufgrund der Gewährleistung des Selbstverwaltungsrechts in Art. 28 Abs. 2 GG und ihren Entsprechungen in den Landesverfassungen sind die Gemeinden und Kreise zur eigenverantwortlichen Schaffung öffentlicher Einrichtungen grundsätzlich berechtigt. Insbesondere stellen die von den öffentlichen Einrichtungen erfüllten Aufgaben Angelegenheiten der örtlichen Gemeinschaft im Sinne des Art. 28 Abs. 2 GG dar. Allerdings folgt aus der Gewährleistung keine konkrete Realisierungsverpflichtung der Kommunen.[299]

Kommunalrecht, Rdn. 457; Stern, Staatsrecht, Band 1, 419; Waechter, Kommunalrecht, Rdn. 169a.

[295] Von Mutius, Gutachten E für den 53. Deutschen Juristentag, 47; ders., Jura 1982, 28 (29); ders., in: Selbstverwaltung im Staat der Industriegesellschaft, Festgabe für von Unruh, 227 (241); Pagenkopf, Kommunalrecht, Band 1, § 9, III.; Stern, in: Bonner Kommentar zum Grundgesetz, Art. 28, Rdn. 179; ders., Staatsrecht, Band 1, 419; Waechter, Kommunalrecht, Rdn. 169a.

[296] Von Mutius, Gutachten E für den 53. Deutschen Juristentag, 46; ders., Jura 1982, 28 (29); ders., in: Selbstverwaltung im Staat der Industriegesellschaft, Festgabe für von Unruh, 227 (241); Pagenkopf, Kommunalrecht, Band 1, § 9, III.; Stern, in: Bonner Kommentar zum Grundgesetz, Art. 28, Rdn. 179.

[297] Von Mutius, Gutachten E für den 53. Deutschen Juristentag, 46f.; ders., Jura 1982, 28 (29); ders., in: Selbstverwaltung im Staat der Industriegesellschaft, Festgabe für von Unruh, 227 (241); Pagenkopf, Kommunalrecht, Band 1, § 9, III.; Schmidt-Jortzig, Kommunalrecht, Rdn. 457; Stern, in: Bonner Kommentar zum Grundgesetz, Art. 28, Rdn. 179; ders., Staatsrecht, Band 1, 419.

[298] Gern, Deutsches Kommunalrecht, Rdn. 87; Schmidt-Aßmann, in: Schmidt-Aßmann, Besonderes Verwaltungsrecht, Erster Abschnitt, Rdn. 31.

[299] Helmut Roth, Die kommunalen öffentlichen Einrichtungen, 67.

B. Kommunalrechtliche Vorgaben

Das Kommunalrecht der Länder behandelt das Bedürfnis der Menschen nach den Leistungen öffentlicher Einrichtungen ausdrücklich und in weitgehender Übereinstimmung mit der Regelung des § 17 DGO vom 30. Januar 1935[300].
An dieser Stelle sollen jedoch lediglich die Existenz dieser Normen nachgewiesen und deren Wortlaut genannt werden. Da diese Normen gerade den Hauptteil dieser Arbeit, das dritte Kapitel mit dem Titel „Die Benutzung öffentlicher Einrichtungen", wesentlich bestimmen, werden sie dort ausführlich behandelt.

I. Die Verpflichtung zur Schaffung öffentlicher Einrichtungen

Das Kommunalrecht der Länder enthält zunächst die in der sprachlichen Ausgestaltung differierende Verpflichtung der Gemeinden und Kreise, in den Grenzen ihrer Leistungsfähigkeit die für das wirtschaftliche, soziale und kulturelle Wohl ihrer Einwohner erforderlichen öffentlichen Einrichtungen zu schaffen, in Baden-Württemberg §§ 10 Abs. 2 Satz 1 GemO, 16 Abs. 1 Satz 1 KrO, in Bayern Art. 57 Abs. 1 Satz 1 GO, 51 Abs. 1 LKrO, in Hessen §§ 19 Abs. 1 GO, 16 KO, in Niedersachsen §§ 2 Abs. 1 Satz 2 GO, 17 Abs. 1 KrO, in Nordrhein-Westfalen §§ 8 Abs. 1 GO, 6 Abs. 1 KrO, im Saarland § 5 Abs. 2 KSVG, in Sachsen §§ 2 Abs. 1 GO, 2 Abs. 1 Satz 2 KrO, in Sachsen-Anhalt §§ 2 Abs. 1 Satz 2 GO, 2 Abs. 2 LKO und in Schleswig-Holstein §§ 17 Abs. 1 GO, 17 Abs. 1 KrO.

II. Die Berechtigung zur Benutzung der öffentlichen Einrichtungen

Ferner berechtigt das Kommunalrecht der Länder mit unterschiedlicher Formulierung die Einwohner der Gemeinden und Kreise zur Benutzung der öffentlichen Einrichtungen der Gemeinden und Kreise, in Baden-Württemberg §§ 10 Abs. 2 Satz 2 GemO, 16 Abs. 1 Satz 2 KrO, in Bayern Art. 21 Abs. 1 GO, 15 Abs. 1 LKrO[301], in Brandenburg §§ 14 Abs. 1 GO, 13 Abs. 1 LKrO, in Hessen §§ 20 Abs. 1 GO, 17 Abs. 1 KO, in Mecklenburg-Vorpommern §§ 14 Abs. 2, 99 Abs. 2 KV, in Niedersachsen §§ 22 Abs. 1 GO, 17 Abs. 2 Satz 2 KrO, in Nordrhein-Westfalen §§ 8 Abs. 2 GO, 6 Abs. 2 KrO, in Rheinland-Pfalz §§ 14 Abs. 2 GemO, 10 Abs. 2 LKO, im Saarland §§ 19 Abs. 1, 152 Satz 1 KSVG, in Sachsen §§ 10

[300] RGBl. I, 49 (51).

[301] Art. 21 Abs. 1 Satz 1 Bay GO, 15 Abs. 1 Bay LKrO berechtigen die Gemeinde- und Kreisangehörigen zur Benutzung der öffentlichen Einrichtungen der Gemeinden und Kreise. Aus Art. 15 Abs. 1 Satz 1 Bay GO ergibt sich jedoch, daß es sich bei den Gemeindeangehörigen um die Gemeindeeinwohner handelt.
Nach Hölzl/Hien, Gemeindeordnung für den Freistaat Bayern, Art. 15, Erl. 1., ist der Begriff des Gemeindeangehörigen als Parallele zum Staatsangehörigen gewählt worden.

Abs. 2 GO, 9 Abs. 2 KrO, in Sachsen-Anhalt §§ 22 Abs. 1 GO, 16 Abs. 1 LKO, in Schleswig-Holstein §§ 18 Abs. 1 Satz 1 GO, 18 Abs. 1 Satz 1 KrO und in Thüringen §§ 14 Abs. 1, 96 Abs. 1 KO.
Daneben berechtigen die Vorschriften auch Grundbesitzer[302] und Gewerbetreibende (Forensen) sowie in entsprechender Anwendung der Vorschriften juristische Personen und Personenvereinigungen, die für sie bestehenden öffentlichen Einrichtungen der Gemeinden und Kreise zu benutzen.

§ 3 Die öffentliche Einrichtung - Wesensmerkmale und Erscheinungsformen

Die Untersuchung der rechtlichen Ordnung der Benutzung öffentlicher Einrichtungen bedarf eines deutlich konturierten Bezugsobjektes. Im folgenden sind daher die Wesensmerkmale und Erscheinungsformen der öffentlichen Einrichtung zu bestimmen.

A. Der Begriff der öffentlichen Einrichtung

Die Bestimmung der Wesensmerkmale der öffentlichen Einrichtung soll den Weg zu einer Definition des Begriffs bereiten. Damit erhält die öffentliche Einrichtung die notwendige Kontur und kann von anderen Verwaltungsleistungen abgegrenzt werden.
Die Bestimmung der Wesensmerkmale der öffentlichen Einrichtung ist auch aus dem Grund geboten, daß die Kommunalgesetze der Länder, die den Begriff der öffentlichen Einrichtung verwenden, keine Legaldefinition enthalten.
Die Normen der Kommunalgesetze, die einen Bezug zu den öffentlichen Einrichtungen aufweisen, ermöglichen lediglich eine Annäherung an das Wesen der öffentlichen Einrichtung. Den zu dieser Untersuchung vorrangig herangezogenen, den Normen der anderen Länder aber im wesentlichen entsprechenden §§ 17 Abs. 1 SchlH GO, 17 Abs. 1 SchlH KrO, die Gemeinden und Kreise in den Grenzen ihrer Leistungsfähigkeit zur Schaffung der öffentlichen Einrichtungen verpflichten, die für das wirtschaftliche, soziale und kulturelle Wohl der Einwohner erforderlich sind, läßt sich das Tätigkeitsfeld der öffentlichen Einrichtungen entnehmen. Öffentliche Einrichtungen dienen danach der wirtschaftlichen, sozialen und kulturellen Betreuung der Einwohner. Aus dem systematischen Zusammenhang beider Absätze ergibt sich, daß die in §§ 17 Abs. 2 SchlH GO, 17 Abs. 2 SchlH KrO genannten Tätigkeitsbereiche - Wasserversorgung, Abwasserbeseitigung, Abfallentsorgung, Versorgung mit Fernwärme, Straßenreinigung und Schlachthö-

[302] §§ 14 Abs. 3, 99 Abs. 3 MV KV berechtigen neben den Grundstücksbesitzern die Nutzer von Grundstücken, die ihren Wohnsitz nicht in der Gemeinde bzw. im Kreis haben, zur Benutzung der öffentlichen Einrichtungen der Gemeinden und Kreise.

fe - Beispiele öffentlicher Einrichtungen darstellen. Damit wird deutlich, daß sich kommunale öffentliche Einrichtungen einem äußerst vielfältigen Aufgabenspektrum widmen.
Aus §§ 18 SchlH GO, 18 SchlH KrO, die Einwohner und gleichgestellte Personen und Personenvereinigungen berechtigen, die öffentlichen Einrichtungen der Gemeinden und Kreise zu benutzen, folgt, daß öffentliche Einrichtungen zur Benutzung geeignet sind und der allgemeinen Benutzung in der Gemeinde oder im Kreis offenstehen. Die Benutzung einer öffentlichen Einrichtung setzt nach herrschender Ansicht[303] indes einen Zulassungsakt voraus.[304]
Zu den zulässigen - öffentlich-rechtlichen oder zivilrechtlichen Organisationsformen - öffentlicher Einrichtungen enthalten die Regelungen hingegen keinen Hinweis. Daher haben Gemeinden und Kreise hinsichtlich der Organisationsform ihrer öffentlichen Einrichtungen ein Wahlrecht.[305]
Den Kommunalgesetzen sind mithin folgende Wesensmerkmale der öffentlichen Einrichtung zu entnehmen: Die öffentliche Einrichtung dient einem besonderen, wirtschaftlichen, sozialen oder kulturellen, Zweck. Sie ist zur Benutzung geeignet und steht der allgemeinen Benutzung offen. Hinsichtlich der Organisationsform sagt der Begriff der öffentlichen Einrichtung nichts aus.

Damit eine Einrichtung einem öffentlichen Zweck dient und als öffentliche Einrichtung im Sinne der §§ 17f. SchlH GO, 17f. SchlH KrO gelten kann, bedarf es einer entsprechenden Widmung.[306]
Der Begriff der Einrichtung impliziert schließlich eine gewisse organisatorische Verfestigung eines Bestandes an personellen und/oder sachlichen[307] Mitteln[308] und dessen Absonderung von der sonstigen Verwaltung[309].

---

[303] Die Richtigkeit dieser Ansicht soll hier zunächst unterstellt werden. Eine Auseinandersetzung mit dieser Auffassung folgt im Dritten Kapitel, § 2, A.IV..

[304] Von Mutius/Rentsch, Kommunalverfassungsrecht Schleswig-Holstein, § 17, Rdn. 2; Pappermann/Andriske/Löhr, Recht der öffentlichen Sachen, 129; Rehn/Cronauge/von Lennep, Gemeindeordnung für das Land Nordrhein-Westfalen, § 8, Erl. 3; Waechter, Kommunalrecht, Rdn. 533.

[305] Horn, VBlBW 1992, 5 (5, 6); Mohl, Die kommunalen öffentlichen Einrichtungen, 33.

[306] Bracker/Dehn, Gemeindeordnung für Schleswig-Holstein, § 17, Erl. 1. zu Abs. 1; Horn, VBlBW 1992, 5 (6); Mohl, Die kommunalen öffentlichen Einrichtungen, 26; Ossenbühl, in: HdbkWPr, Band 1, 382; Püttner/Lingemann, JA 1984, 121 (122); Seewald, in: Steiner, Besonderes Verwaltungsrecht, I, Rdn. 141; Stober, JA 1975, 737 (737); Zundel, JuS 1991, 472 (473).

[307] Böttcher, Kommunalrecht, Rdn. 976; Erichsen, Jura 1986, 148 (149); Foerster, VR 1978, 16 (16); Gern, Deutsches Kommunalrecht, Rdn. 528; Hölzl/Hien, Gemeindeordnung für den Freistaat Bayern, Art. 21, Erl. 1.; Horn, VBlBW 1992, 5 (6); Mohl, Die kommunalen öffentlichen Einrichtungen, 37ff., 129.

[308] Erichsen, Jura 1986, 148 (149); Horn, VBlBW 1992, 5 (6); Schmidt-Jortzig, Kommunalrecht, Rdn. 650.

[309] Mohl, Die kommunalen öffentlichen Einrichtungen, 33ff.; Püttner/Lingemann, JA 1984, 121 (122); Helmut Roth, Die kommunalen öffentlichen Einrichtungen, 38.

Den Ergebnissen, die bei der Untersuchung der faktischen und der normativen Grundlagen des kommunalen Einrichtungswesens gewonnen wurden, lassen sich zusätzliche Anhaltspunkte über die von den öffentlichen Einrichtungen verfolgten Zwecke entnehmen. Die öffentliche Einrichtung dient danach der Befriedigung des faktischen menschlichen Bedürfnisses nach Leistungen der Verwaltung im Bereich der Daseinsvorsorge, das jedoch dem Wandel der Lebensumstände unterworfen ist. Zwar läßt das Sozialstaatsprinzip der Art. 20 Abs. 1, 28 Abs. 1 Satz 1 GG die Modalitäten seiner Umsetzung offen, aber es verpflichtet Gemeinden und Kreise jedenfalls zur Errichtung derjenigen öffentlichen Einrichtungen, die das menschliche Existenzminimum und faktische Chancengleichheit sicherstellen. Nach Art. 28 Abs. 2 GG rechnen öffentliche Einrichtungen schließlich zu den Angelegenheiten der örtlichen Gemeinschaft. Mithin befriedigen sie Bedürfnisse, die aus dem nachbarschaftlichen Zusammenleben der Menschen resultieren, und dienen dessen Verbesserung.

Definitionen des Begriffs der öffentlichen Einrichtung berücksichtigen diese Tatbestandsmerkmale mit unterschiedlicher Akzentuierung.
Der Begriff der öffentlichen Einrichtung soll nach einem Ansatz „Betriebe, Unternehmen, Anstalten und sonstige Leistungsapparaturen höchst unterschiedlicher Struktur und Zweckbestimmung, denen letztlich nur die Funktion gemeinsam ist, die Voraussetzungen für die Daseinsvorsorge und Daseinsfürsorge der Bevölkerung zu schaffen und zu gewährleisten“ umfassen.[310] Diese Definition verlegt sich auf eine Betrachtung der sozialen Wirklichkeit und spiegelt damit die Schwierigkeit[311] wieder, die vielgestaltigen Erscheinungsformen der öffentlichen Einrichtung auf prägnante Tatbestandsmerkmale zu reduzieren.
Die zahlreichen möglichen Varianten öffentlicher Einrichtungen veranlaßten daher auch dazu, den Begriff als „rechtlich beinahe farblos“ zu bezeichnen.[312]
Auch die vom Benutzungsverhältnis ausgehende Definition, die die öffentliche Einrichtung als die
„traditionelle und typisch kommunale, statusrechtlich formierte, organisationsrechtlich nicht typfixierte Verwaltungseinheit, die ihre öffentlichen Leistungen entweder
a) aufgrund einer freiwilligen und erkennbar hoheitlichen Entschließung der Gemeinde erbringt (formelles Leistungsverhältnis kraft idealtypischer Selbstverwaltung),
b) aufgrund einer spezialgesetzlich vorgegebenen Leistungspflicht (formelles Leistungsverhältnis kraft staatlicher Bestimmung) oder

[310] Ossenbühl, DVBl. 1973, 289 (289); ähnlich Pappermann/Andriske/Löhr, Recht der öffentlichen Sachen, 136; Seewald, in: Steiner, Besonderes Verwaltungsrecht, I, Rdn. 139.
[311] Axer, Die Widmung als Schlüsselfigur, 143.
[312] Gönnenwein, Gemeinderecht, 473f..

c) aufgrund einer materiell-verfassungsrechtlichen Leistungspflicht der Gemeinde erbringt (materielles Leistungsverhältnis)"

versteht[313], benennt keine Tatbestandsmerkmale, die die unmittelbare Zuordnung einer konkreten Verwaltungsleistung zu den öffentlichen Einrichtungen ermöglicht.[314]

Der vorliegenden Untersuchung der rechtlichen Ordnung der Benutzung öffentlicher Einrichtungen soll folgende, anhand der §§ 17 SchlH GO, 17 SchlH KrO sowie der faktischen und normativen Grundlagen des kommunalen Einrichtungswesens gewonnene Definition zugrundegelegt werden: Um eine kommunale öffentliche Einrichtung handelt es sich, unabhängig von ihrer Organisationsform[315], bei einem Bestand an Personal- oder Sachmitteln[316] in der Trägerschaft der Gemeinde oder des Kreises, der wirtschaftlichen, sozialen oder kulturellen Zwekken[317] gewidmet ist[318] und entsprechende örtliche Verwaltungsaufgaben erfüllt. Dabei stellt die öffentliche Einrichtung jedenfalls das menschliche Existenzminimum sicher. Sie dient ferner der allgemeinen Benutzung[319] durch Einwohner und gleichgestellte Personen und Personenvereinigungen nach vorhergehender Zulassung[320].

---

313 Scholz, Das Wesen und die Entwicklung der gemeindlichen öffentlichen Einrichtungen, 244.

314 Mohl, Die kommunalen öffentlichen Einrichtungen, 8f..

315 Frotscher, in: HdbkWPr, Band 3, 141; Hölzl/Hien, Gemeindeordnung für den Freistaat Bayern, Art. 21, Erl. 1.e); Horn, VBlBW 1992, 5 (5, 6); Püttner/Lingemann, JA 1984, 121 (122); Seewald, in: Steiner, Besonderes Verwaltungsrecht, I, Rdn. 140; Wolff/Bachof/Stober, Verwaltungsrecht II, § 86, Rdn. 61.

316 Böttcher, Kommunalrecht, Rdn. 976; Erichsen, Jura 1986, 148 (149); Foerster, VR 1978, 16 (16); Horn, VBlBW 1992, 5 (6).

317 Badura, JuS 1966, 17 (19); Erichsen, Jura 1986, 148 (149); Zundel, JuS 1991, 472 (473).

318 Böttcher, Kommunalrecht, Rdn. 976; Bracker/Dehn, Gemeindeordnung für Schleswig-Holstein, § 17, Erl. 1. zu Abs. 1; Hölzl/Hien, Gemeindeordnung für den Freistaat Bayern, Art. 21, Erl. 1.e); Horn, VBlBW 1992, 5 (6); Mohl, Die kommunalen öffentlichen Einrichtungen, 26; Ossenbühl, in: HdbkWPr, Band 1, 382; Püttner/Lingemann, JA 1984, 121 (122); Seewald, in: Steiner, Besonderes Verwaltungsrecht, I, Rdn. 141; Stober, JA 1975, 737 (737); Wolff/Bachof/-Stober, Verwaltungsrecht II, § 86, Rdn. 61; Zundel, JuS 1991, 472 (473).

319 Böttcher, Kommunalrecht, Rdn. 976; Bracker/Dehn, Gemeindeordnung für Schleswig-Holstein, § 17, Erl. 1. zu Abs. 1; Galette, Gemeindeordnung für Schleswig-Holstein, § 17, Rdn. 4; Hölzl/Hien, Gemeindeordnung für den Freistaat Bayern, Art. 21, Erl. 1.e); Mohl, Die kommunalen öffentlichen Einrichtungen, 129; Wolff/Bachof/Stober, Verwaltungsrecht II, § 86, Rdn. 61.

320 Von Mutius/Rentsch, Kommunalverfassungsrecht Schleswig-Holstein, § 17, Rdn. 2; Pappermann/Andriske/Löhr, Recht der öffentlichen Sachen, 129; Rehn/Cronauge/von Lennep, Gemeindeordnung für das Land Nordrhein-Westfalen, § 8, Erl. 3; Waechter, Kommunalrecht, Rdn. 533.

B. Organisationsformen der öffentlichen Einrichtung

I. Wahlfreiheit

Da diese Begriffsdefinition keinen Aufschluß über die zulässigen Rechtsformen der öffentlichen Einrichtungen gibt, ist anschließend zu untersuchen, welche der sowohl vom öffentlichen Recht als auch vom Zivilrecht zahlreich vorgesehenen Rechtsformen den Kommunen zur Gestaltung der Binnenstruktur ihrer öffentlichen Einrichtungen zur Verfügung stehen.

Pestalozza verlangt von den Gemeinden und Kreisen hinsichtlich der Entscheidung über die Rechtsform ihrer öffentlichen Einrichtungen einen doppelten Subsumtionsvorgang, der sowohl sicherstellt, daß die Struktur der geschaffenen öffentlichen Einrichtung einer Rechtsform des öffentlichen Rechts oder des Zivilrechts entspricht, als auch, daß das gewählte Rechtsregime sich auf sie als Rechtssubjekt erstreckt.[321] Die Entscheidung über ihre öffentlich-rechtliche oder zivilrechtliche Rechtssubjektivität richte sich nach Kollisionsnormen.[322]
Nach der Auffassung *Pestalozzas*, der das öffentliche Recht als zwingendes Sonderrecht des Staates und seiner Verwaltungsträger ansieht, sind die Gemeinden und Kreise zur Wahl öffentlich-rechtlicher Rechtsformen verpflichtet.[323] Das Zivilrecht gelte subsidiär.[324] Es stünde den Verwaltungsträgern nur zur Verfügung, wenn es an einer öffentlich-rechtlichen Norm fehle oder das öffentliche Recht die Anwendung zivilrechtlicher Normen zulasse.[325] Sofern öffentlich-rechtliche Normen ihrem Tatbestand nach den gegebenen Fall erfaßten, stehe der Verwaltung die Wahl, öffentlich-rechtlich oder zivilrechtlich zu handeln oder sich zu organisieren, nicht offen.[326]
Da die Schaffung öffentlicher Einrichtungen gemäß §§ 17 SchlH GO, 17 SchlH KrO u.a. einen öffentlich-rechtlich geregelten Tatbestand darstellt, hätten die Gemeinden und Kreisen nach dieser Auffassung nicht die Wahl zwischen öffentlich-rechtlichen und zivilrechtlichen Rechtsformen.

Nach zutreffender überwiegender Ansicht genießen Gemeinden und Kreise jedoch hinsichtlich der Rechtsformen ihrer öffentlichen Einrichtungen Wahlfreiheit.[327]

---

[321] Pestalozza, „Formenmißbrauch" des Staates, 170ff.; ders., DÖV 1974, 188 (189).
[322] Pestalozza, „Formenmißbrauch" des Staates, 171; ders., DÖV 1974, 188 (189).
[323] Pestalozza, „Formenmißbrauch" des Staates, 174ff.; ders., DÖV 1974, 188 (190).
[324] Pestalozza, „Formenmißbrauch" des Staates, 177; ders., DÖV 1974, 188 (191).
[325] Pestalozza, DÖV 1974, 188 (190).
[326] Pestalozza, „Formenmißbrauch" des Staates, 177.
[327] BVerwG, NJW 1990, 134 (134); OVG Münster, DVBl. 1976, 398 (399); Böttcher, Kommunalrecht, Rdn. 988; Erbguth/Stollmann, DÖV 1993, 798 (799); Erichsen, Gemeinde und Private im wirtschaftlichen Wettbewerb, 13; Frotscher, Die Ausgestaltung kommunaler Nutzungsverhältnis-

Als Grundlage der Wahlfreiheit wird einerseits die aus dem Selbstverwaltungsrecht der Gemeinden und Kreise nach Art. 28 Abs. 2 GG fließende Organisationshoheit[328] und andererseits die Formenfreiheit der leistenden Verwaltung[329] angesehen.
Die den Gemeinden und Kreisen im Rahmen der Selbstverwaltungsgarantie nach Art. 28 Abs. 2 GG gewährte Organisationshoheit wurde als die Befugnis zur Gestaltung des Aufbaus der Verwaltung und ihres Geschäftsganges gekennzeichnet.[330]
Öffentlichen Einrichtungen der Gemeinden und Kreise bilden organisatorisch selbständige Verwaltungsstellen.[331] Deren Schaffung stellt sich folglich als Akt des Verwaltungsaufbaus und damit als Gegenstand der durch Art. 28 Abs. 2 GG gewährten Organisationshoheit dar. Da diese den Kommunen jedoch allein die Wahl zulässiger Rechtsformen gestatten kann, kommt die Organisationshoheit als Grundlage der Wahlfreiheit nur in Betracht, wenn sich aufgrund einer Norm oder eines rechtlichen Prinzips ergibt, daß den Kommunen zur Gestaltung ihrer öffentlichen Einrichtungen sowohl öffentlich-rechtliche als auch zivilrechtliche Rechtsformen zur Verfügung stehen.
Art. 28 Abs. 2 GG selber enthält keine Bestimmung der zulässigen Rechtsformen. Maßgebend ist vielmehr der Grundsatz der Formenfreiheit der leistenden Verwaltung, der darauf beruht, daß Verwaltungstätigkeit den Rechtskreis des Bürgers in unterschiedlichem Maß berührt und die den Bürger regelmäßig begünstigende Leistungsverwaltung nicht an die strengen Normen des öffentlichen Rechts gebunden werden muß, denen andererseits der Zweig der Eingriffsverwaltung unterliegt. Dieses Prinzip gilt auch im Bereich des kommunalen Einrichtungswesens, da sich dieses als Aufgabe der Daseinsvorsorge darstellt und mithin der Lei-

---

se, 1; ders., in: HdbkWPr, Band 3, 142; Gern, Deutsches Kommunalrecht, Rdn. 532; Hölzl/Hien, Gemeindeordnung für den Freistaat Bayern, Art. 21, Erl. 2.; Püttner, Die öffentlichen Unternehmen, 81f., 85; Schmidt-Jortzig, Kommunalrecht, Rdn. 658; Scholz, Das Wesen und die Entwicklung der gemeindlichen öffentlichen Einrichtungen, 22; Scholz/Pitschas, in: HdbkWPr, Band 5, 128ff.; einschränkend Ehlers, Verwaltung in Privatrechtsform, 70ff., der eine allgemeine Wahlfreiheit der Verwaltung ablehnt, und Zuleeg, VerwArch 73 (1982), 384 (399f.), der einen sachlichen Grund für die Wahl einer zivilrechtlichen Organisationsform fordert.

328 Böttcher, Kommunalrecht, Rdn. 988; Erbguth/Stollmann, DÖV 1993, 798 (799); Frotscher, in: HdbkWPr, Band 3, 142; Hauser, Die Wahl der Organisationsform kommunaler Einrichtungen, 4; Hölzl/Hien, Gemeindeordnung für den Freistaat Bayern, Art. 21, Erl. 2.; Scholz, Das Wesen und die Entwicklung der gemeindlichen öffentlichen Einrichtungen, 22; Scholz/Pitschas, HdbkWPr, Band 5, 129; Stober, Kommunalrecht, 234.

329 BGH, DVBl. 1984, 1118 (1118f.); Frotscher, Die Ausgestaltung kommunaler Nutzungsverhältnisse, 12; Schmidt-Jortzig, Kommunalrecht, Rdn. 658; Scholz, Das Wesen und die Entwicklung der gemeindlichen öffentlichen Einrichtungen, 22.

330 Von Münch/Kunig, Grundgesetz-Kommentar, Band 2, Art. 28, Rdn. 70; von Mutius, Jura 1982, 28 (33); Pagenkopf, Kommunalrecht, Band 1, § 10, II.1.; Schmidt-Aßmann, in: Schmidt-Aßmann, Besonderes Verwaltungsrecht, Erster Abschnitt, Rdn. 23; Schmidt-Bleibtreu/Klein, Kommentar zum Grundgesetz, Art. 28, Anm. 11.

331 Schmidt-Jortzig, Kommunale Organisationshoheit, 176.

stungsverwaltung zuzurechnen ist. Den Gemeinden und Kreisen stehen daher sowohl öffentlich-rechtliche als auch zivilrechtliche Rechtsformen zur Gestaltung ihrer öffentlichen Einrichtungen zur Verfügung.
Unter den zulässigen Rechtsformen schließlich eine freie Wahl zu treffen, gestattet den Kommunen jedoch erst ihre Organisationshoheit.[332]
Daher bildet die den Kommunen durch Art. 28 Abs. 2 GG gewährte Organisationshoheit erst in Verbindung mit dem Grundsatz der Formenfreiheit der leistenden Verwaltung die Grundlage ihrer Wahlfreiheit hinsichtlich der Organisationsform der öffentlichen Einrichtungen.
Ein Indiz für die Zulässigkeit der Verwendung zivilrechtlicher Rechtsformen bildet schließlich die größere Affinität der von den kommunalen öffentlichen Einrichtungen dargebotenen Leistungen zum Zivilrechtsverkehr. Denn die zwischen Bürgern und öffentlichen Einrichtungen begründeten Leistungsverhältnisse ähneln dem zivilrechtlichen Austausch von Sach- und Dienstleistungen gegen Zahlung einer Geldsumme.[333]

II. Öffentlich-rechtliche Organisationsformen

Kommunale öffentliche Einrichtungen in öffentlich-rechtlicher Rechtsform kommen sowohl in rechtsfähiger als auch in nichtrechtsfähiger Form in Betracht.

1. Rechtsfähige öffentliche Einrichtungen

Zu den rechtsfähigen öffentlichen Einrichtungen mit öffentlich-rechtlicher Rechtsform zählen Körperschaften, Anstalten und Stiftungen des öffentlichen Rechts.[334]

a. Die Körperschaft des öffentlichen Rechts

Körperschaften des öffentlichen Rechts sind mitgliedschaftlich verfaßte und unabhängig vom Mitgliederwechsel bestehende, mit Hoheitsgewalt ausgestattete Verwaltungsträger, die durch Hoheitsakt errichtet werden.[335]

---

332 Schmidt-Jortzig, Kommunale Organisationshoheit, 176f..

333 Frotscher, Die Ausgestaltung kommunaler Nutzungsverhältnisse, 15.

334 Fischedick, Die Wahl der Benutzungsform kommunaler Einrichtungen, 7.

335 Rudolf, in: Erichsen, Allgemeines Verwaltungsrecht, § 52, Rdn. 11; Maurer, Allgemeines Verwaltungsrecht, § 23, Rdn. 37f.; Schliesky, Öffentliches Wettbewerbsrecht, 34.

Als Rechtsform kommunaler öffentlicher Einrichtungen kommt allein die Körperschaft ohne Gebietshoheit in Betracht. Ihre Errichtung bedarf gemäß § 38 Abs. 1 SchlH LVwG einer gesetzlichen Grundlage.
Kommunale öffentliche Einrichtungen in der Rechtsform der Körperschaft bilden die Zweckverbände[336], die sich nach §§ 2 Abs. 1 Satz 1, 4 SchlH GkZ als Zusammenschlüsse von Gemeinden, Ämtern und Kreisen ohne Gebietshoheit darstellen, denen einzelne oder mehrere zusammenhängende Aufgaben der öffentlichen Verwaltung übertragen sind.
Als Zweckverband organisierte öffentliche Einrichtungen dienen unter anderem der Abfallentsorgung, der Abwasserbeseitigung[337], der Energie- und Wasserversorgung und des Verkehrs.

b. Die Anstalt des öffentlichen Rechts

Anstalten des öffentlichen Rechts sind von einem Anstaltsträger errichtete Verwaltungsträger zur dauerhaften Verfolgung eines vom Anstaltsträger bestimmten Verwaltungszwecks[338], dessen Verwirklichung seitens der Anstalt einen Bestand an sachlichen und personellen Verwaltungsmitteln voraussetzt[339]. Anstalten des öffentlichen Rechts haben keine Mitglieder, sondern nur Benutzer.[340]
Rechtsfähige Anstalten des öffentlichen Rechts können gemäß § 42 Abs. 1 SchlH LVwG nur durch Gesetz oder aufgrund Gesetzes errichtet werden.
Um kommunale öffentliche Einrichtungen in der Rechtsform der rechtsfähigen Anstalt handelt es sich bei den kommunalen Sparkassen, die auf der Grundlage der Sparkassengesetze der Länder errichtet werden.[341]

---

336 Fischedick, Die Wahl der Benutzungsform kommunaler Einrichtungen, 8; Schliesky, Öffentliches Wettbewerbsrecht, 34; Schmidt-Jortzig, Kommunalrecht, Rdn. 678; a.A. Hölzl/Hien, Gemeindeordnung für den Freistaat Bayern, Art. 21, Erl. 2.b)aa), die den Zweckverband lediglich als den Träger der öffentlichen Einrichtung ansehen.

337 SächsOVG, DVBl. 1997, 507f..

338 Rudolf, in: Erichsen, Allgemeines Verwaltungsrecht, § 53, Rdn. 15f.; Schliesky, Öffentliches Wettbewerbsrecht, 32.

339 Maurer, Allgemeines Verwaltungsrecht, § 23, Rdn. 47; Schliesky, Öffentliches Wettbewerbsrecht, 32; Wolff/Bachof/Stober, Verwaltungsrecht II, § 98, Rdn. 6.

340 BVerfGE 10, 354 (362); Maurer, Allgemeines Verwaltungsrecht, § 23, Rdn. 47; Rudolf, in: Erichsen, Allgemeines Verwaltungsrecht, § 52, Rdn. 15; Schliesky, Öffentliches Wettbewerbsrecht, 32; Wolff/Bachof/Stober, Verwaltungsrecht II, § 98, Rdn. 13.

341 Cronauge, Kommunale Unternehmen, Rdn. 157; Häuselmann, JuS 1984, 940 (941f.); Schliesky, Öffentliches Wettbewerbsrecht, 32; Schmidt-Aßmann, in: Schmidt-Aßmann, Besonderes Verwaltungsrecht, Erster Abschnitt, Rdn. 124.

c. Die Stiftung des öffentlichen Rechts

Um Stiftungen des öffentlichen Rechts handelt es sich bei Verwaltungseinheiten, deren Errichtung auf einem Stiftungsakt beruht und die mit einem zweckgebundenen Kapital- oder Sachbestand Aufgaben der öffentlichen Verwaltung erfüllen.[342] Gemäß § 47 Abs. 1 SchlH LVwG kann eine rechtsfähige Stiftung des öffentlichen Rechts ebenfalls nur durch Gesetz oder aufgrund Gesetzes errichtet werden.
Eine gemeindliche öffentliche Einrichtung in der Rechtsform der Stiftung des öffentlichen Rechts stellt beispielsweise die „Stiftung Schloß Eutin" dar, die gemäß § 2 Abs. 1 Gesetz über die Errichtung der „Stiftung Schloß Eutin" vom 24. April 1992[343] den Zweck hat, „das Schloß Eutin mit Museumsinventar, Orangerie, Schloßgarten und Schloßgärtnerei zu erhalten und zu nutzen sowie der Öffentlichkeit zugänglich zu machen".
Jedoch ist die praktische Bedeutung der Rechtsform der öffentlich-rechtlichen Stiftung gering.[344]

2. Nichtrechtsfähige öffentliche Einrichtungen

Unter den nichtrechsfähigen öffentlichen Einrichtungen der Gemeinden und Kreise mit öffentlich-rechtlicher Organisationsform befinden sich Regiebetriebe und Eigenbetriebe, die ihrerseits als nichtrechtsfähige öffentliche Anstalten organisiert sind.[345]

a. Der Regiebetrieb

Regiebetriebe sind rechtlich und organisatorisch unselbständige Verwaltungseinheiten, die als Unterabteilungen in die allgemeine Gemeindeverwaltung einge-

---

342 Maurer, Allgemeines Verwaltungsrecht, § 23, Rdn. 55; Rudolf, in: Erichsen, Allgemeines Verwaltungsrecht, § 52, Rdn 20; Schliesky, Öffentliches Wettbewerbsrecht, 35.

343 GVBl. 1992, 228 (228).

344 Rüfner, Formen öffentlicher Verwaltung im Bereich der Wirtschaft, 247; Schmidt-Jortzig, Kommunalrecht, Rdn. 677.

345 Hauser, Die Wahl der Organisationsform kommunaler Einrichtungen, 2; R. Schmidt, Öffentliches Wirtschaftsrecht, Allgemeiner Teil, § 11, I.2.b)aa); Waechter, Kommunalrecht, Rdn. 538.

gliedert sind.[346] Entsprechend verfügen sie über kein rechtlich abgegrenztes Betriebsvermögen, sondern bilden einen Posten des Haushaltsplans.[347]
Ihre Betriebsführung richtet sich nach den gleichen kameralistischen Grundsätzen[348] und ihre innere Ausgestaltung orientiert sich an den Vorschriften für die Gemeindeverwaltung[349].
Die Wahl der Regiebetriebsform empfiehlt sich, wenn sich die öffentliche Einrichtung nur in geringem Umfang wirtschaftlich betätigt und eine wenig verzweigte Binnenstruktur benötigt.[350] Beispiele bilden gemeindliche Schwimmbäder, Museen oder Bibliotheken.

b. Der Eigenbetrieb

Den Eigenbetrieb stellen die Kommunalgesetze der Länder als Regelfall der wirtschaftlichen Unternehmen der Gemeinden und Kreise ohne eigene Rechtspersönlichkeit zur Verfügung.[351] Bedeutung erlangt die Organisationsform des Eigenbetriebes daher vornehmlich für öffentliche Einrichtungen, die als wirtschaftliche Unternehmen im Sinne des § 101 SchlH GO geführt werden.[352] Als solche treten insbesondere die kommunalen Verkehrs- und Versorgungsbetriebe auf.[353]
Aufgrund seiner rechtlichen Unselbständigkeit ist der Eigenbetrieb wie der Regiebetrieb Teil der Gemeindeverwaltung.[354] Diese wird durch Rechtsgeschäfte des Eigenbetriebs berechtigt und verpflichtet.[355]

---

346 Fischedick, Die Wahl der Benutzungsform kommunaler Einrichtungen, 7; Pagenkopf, Kommunalrecht, Band 2, 160; Schliesky, Öffentliches Wettbewerbsrecht, 28; R. Schmidt, Öffentliches Wirtschaftsrecht, Allgemeiner Teil, § 11, I.2.b)aa); Schmidt-Aßmann, in: Schmidt-Aßmann, Besonderes Verwaltungsrecht, Erster Abschnitt, Rdn. 124; Schmidt-Jortzig, Kommunalrecht, Rdn. 672; Schraffer, Der kommunale Eigenbetrieb, 53.

347 Häuselmann, JuS 1984, 940 (940); Hauser, Die Wahl der Organisationsform kommunaler Einrichtungen, 2; Schliesky, Öffentliches Wettbewerbsrecht, 29; Waechter, Kommunalrecht, Rdn. 539.

348 Fischedick, Die Wahl der Benutzungsform kommunaler Einrichtungen, 7; Pagenkopf, Kommunalrecht, Band 2, 160; Schmidt-Jortzig, Kommunalrecht, Rdn. 672; Schraffer, Der kommunale Eigenbetrieb, 53.

349 Häuselmann, JuS 1984, 540 (540).

350 Pagenkopf, Kommunalrecht, Band 2, 160; Waechter, Kommunalrecht, Rdn. 539.

351 In Schleswig-Holstein §§ 106 GO, 57 KrO in Verbindung mit § 106 GO.

352 Schmidt-Jortzig, Kommunalrecht, Rdn. 675; Waechter, Kommunalrecht, Rdn. 540.

353 Cronauge, Kommunale Unternehmen, Rdn. 147; Püttner, Die öffentlichen Unternehmen, 60; Schliesky, Öffentliches Wettbewerbsrecht, 30; R. Schmidt, Öffentliches Wirtschaftsrecht, Allgemeiner Teil, § 11, I.2.b)aa); Waechter, Kommunalrecht, Rdn. 540.

354 Püttner, Die öffentlichen Unternehmen, 60; Schliesky, Öffentliches Wettbewerbsrecht, 29; Schraffer, Der kommunale Eigenbetrieb, 30.

Da der Eigenbetrieb jedoch über eigene Organe verfügt[356], als Sondervermögen verwaltet wird[357] und zu eigenverantwortlicher Haushaltsführung in der Lage ist[358], ist er in organisatorischer und finanzwirtschaftlicher Hinsicht von der Gemeindeverwaltung abgesetzt[359] und stellt sich insofern als stärker verselbständigte Verwaltungseinheit dar.[360]
Die innere Organisation des Eigenbetriebes bestimmt sich nach den Eigenbetriebsgesetzen und -verordnungen der Länder[361] sowie den Betriebssatzungen der jeweiligen Kommune, die Regelungen des Gegenstandes und Namens des Eigenbetriebes, der Höhe des Stammkapitals, der Zusammensetzung der Werkleitung und der Zuständigkeit für die Betriebsführung und den Abschluß von Verträgen enthalten.[362] Danach wird der Eigenbetrieb durch die von der Gemeindevertretung bestellte[363] und mit Vertretungsmacht ausgestattete[364] Werkleitung geführt[365], die im übrigen Beschlüsse der Gemeindevertretung zu vollziehen hat. Daneben agiert ein durch die Gemeindevertretung bestellter Werksausschuß[366], der gewissermaßen die Verbindung zwischen politischer Führung und ökonomischer Betriebstä-

---

355 Pagenkopf, Kommunalrecht, Band 2, 163; Schliesky, Öffentliches Wettbewerbsrecht, 29; Schmidt-Aßmann, in: Schmidt-Aßmann, Besonderes Verwaltungsrecht, Erster Abschnitt, Rdn. 126.

356 Cronauge, Kommunale Unternehmen, Rdn. 149; Fischedick, Die Wahl der Benutzungsform kommunaler Einrichtungen, 7; Püttner, Die öffentlichen Unternehmen, 60; Schraffer, Der kommunale Eigenbetrieb, 30f.; Waechter, Kommunalrecht, Rdn. 540, 584.

357 Gemäß § 7 Abs. 1 Satz 1 SchlH Eigenbetriebsverordnung vom 29. Dezember 1986, GVBl. 1987, 11ff..

358 Cronauge, Kommunale Unternehmen, Rdn. 149; Ehlers, DÖV 1986, 897 (898); Fischedick, Die Wahl der Benutzungsform kommunaler Einrichtungen, 7; Schliesky, Öffentliches Wettbewerbsrecht, 29.

359 Cronauge, Kommunale Unternehmen, Rdn. 148; Ehlers, DÖV 1986, 897 (898); Pagenkopf, Kommunalrecht, Band 2, 162; Schliesky, Öffentliches Wettbewerbsrecht, 29; Schmidt-Aßmann, in: Schmidt-Aßmann, Besonderes Verwaltungsrecht, Rdn. 126; Schraffer, Der kommunale Eigenbetrieb, 29f.; Waechter, Kommunalrecht, Rdn. 584.

360 Cronauge, Kommunale Unternehmen, Rdn. 148; Hauser, Die Wahl der Organisationsform kommunaler Einrichtungen, 3; Waechter, Kommunalrecht, Rdn. 540; Wolff, AfK 1963, 149 (162f.).

361 Diese beruhen auf Ermächtigungen in den Gemeindeordnungen, in Schleswig-Holstein auf der Grundlage des § 135 Abs. 3 GO.

362 Gemäß § 6 SchlH Eigenbetriebsverordnung.

363 In Schleswig-Holstein gemäß § 2 Abs. 1 Eigenbetriebsverordnung.

364 Gemäß § 4 Abs. 1 Satz 1 SchlH Eigenbetriebsverordnung.

365 Gemäß § 3 Abs. 1 Satz 1 SchlH Eigenbetriebsverordnung.

366 Gemäß § 5 Abs. 2 SchlH GO; Fischedick, Die Wahl der Benutzungsform kommunaler Einrichtungen, 7; Häuselmann, JuS 1984, 940 (941); Schmidt-Aßmann, in: Schmidt-Aßmann, Besonderes Verwaltungsrecht, Erster Abschnitt, Rdn. 126; Schmidt-Jortzig, Kommunalrecht, Rdn. 700; Waechter, Kommunalrecht, Rdn. 586.

tigkeit herstellt.[367] Er beschließt über wichtige Betriebsangelegenheiten, berät Angelegenheiten der Gemeindevertretung und kontrolliert die Werkleitung.[368]

III. Zivilrechtliche Organisationsformen

Unter den zivilrechtlichen Organisationsformen steht den Gemeinden und Kreisen die Wahl zwischen rechtsfähigen und nichtrechtsfähigen öffentlichen Einrichtungen nicht offen.[369] Die Errichtung einer öffentlichen Einrichtung als nichtrechtsfähiges - und damit ihnen gegenüber rechtlich unselbständiges - zivilrechtliches Gebilde ist unmöglich, da sich die Kommunen dazu dem Zivilrecht eingliedern und ihrer Eigenschaft als Hoheitsträger begeben müßten, was unmöglich ist.[370]
Als zivilrechtliche Rechtsformen kommunaler öffentlicher Einrichtungen kommen stattdessen die rechtsfähigen Institute des Vereins, der Stiftung, der Genossenschaft, der Aktiengesellschaft (AG), der Gesellschaft mit beschränkter Haftung (GmbH) und der Kommanditgesellschaft auf Aktien (KGaA) in Betracht.[371]
Die Gesellschaft kann dabei als Eigengesellschaft oder Beteiligungsgesellschaft ausgestaltet sein, welche sich ihrerseits in gemischt-öffentliche Unternehmen und gemischt-wirtschaftliche Unternehmen unterscheidet.[372] Eine Eigengesellschaft ist dadurch gekennzeichnet, daß alle Kapitalanteile der Gesellschaft in der Hand einer Person liegen.[373] Die durch den Erwerb sämtlicher Aktien einer Aktiengesellschaft oder sämtlicher Kapitalanteile einer Gesellschaft mit beschränkter Haftung entstehenden Gesellschaften werden daher auch als Einmann-AG bzw. als Einmann-GmbH bezeichnet.[374] Da auch juristische Personen als Alleingesellschafter

---

[367] R. Schmidt, Öffentliches Wirtschaftsrecht, Allgemeiner Teil, § 11, I.2.b)aa); Schmidt-Aßmann, in: Schmidt-Aßmann, Besonderes Verwaltungsrecht, Erster Abschnitt, Rdn. 126.

[368] Häuselmann, JuS 1984, 940 (941); Pagenkopf, Kommunalrecht, Band 2, 165; Schmidt-Jortzig, Kommunalrecht, Rdn. 700; Waechter, Kommunalrecht, Rdn. 589.

[369] Schmidt-Jortzig, Kommunalrecht, Rdn. 681, 715.

[370] Hölzl/Hien, Gemeindeordnung für den Freistaat Bayern, Art. 21, Erl. 2.a); Schmidt-Jortzig, Kommunalrecht, Rdn. 681, 715.

[371] Schmidt-Jortzig, Kommunalrecht, Rdn. 682ff., 709ff.; Waechter, Kommunalrecht, Rdn. 542.

[372] Fischedick, Die Wahl der Benutzungsform kommunaler Einrichtungen, 9f.; Häuselmann, JuS 1984, 940 (942); Pagenkopf, Kommunalrecht, Band 2, 179, 187f., der allerdings die Notwendigkeit der Unterscheidung von gemischt-öffentlichen und gemischt-wirtschaftlichen Unternehmen bestreitet; Schmidt-Aßmann, in: Schmidt-Aßmann, Besonderes Verwaltungsrecht, Erster Abschnitt, Rdn. 125; Schmidt-Jortzig, Kommunalrecht, Rdn. 718f..

[373] Fischedick, Die Wahl der Benutzungsform kommunaler Einrichtungen, 9f.; Häuselmann, JuS 1984, 940 (942); Hölzl/Hien, Gemeindeordnung für den Freistaat Bayern, Art. 21, Erl. 2.b)bb); Schliesky, Öffentliches Wirtschaftsrecht, 36f.; Schmidt-Jortzig, Kommunalrecht, Rdn. 718; Schützenmeister, LKV 1991, 213 (216).

[374] Häuselmann, JuS 1984, 940 (942); Pagenkopf, Kommunalrecht, Band 2, 179; K. Schmidt, Gesellschaftsrecht, 780, 1237ff.; Schmidt-Jortzig, Kommunalrecht, 718; Schraffer, Der kommunale Eigenbetrieb, 59.

in Betracht kommen, steht den Kommunen die Wahl dieser Rechtsformen ebenfalls offen.[375] Um eine Beteiligungsgesellschaft handelt es sich demgegenüber, wenn sich Gemeinden und Kreise lediglich an einem in zivilrechtlicher Rechtsform geführten Unternehmen beteiligen.[376] In der Regel kommt eine Beteiligung in Betracht, wenn die Gemeinde oder der Kreis an Erfahrungen, Fachwissen und Investitions- und Finanzierungskraft einer Gesellschaft partizipieren und ihre Aufgabe dadurch rationeller und wirtschaftlicher erfüllen kann.[377] Eine Beteiligung an einem gemischt-öffentlichen Unternehmen liegt vor, wenn neben der Gemeinde oder dem Kreis ein weiterer Verwaltungsträger als Träger des Unternehmens agiert.[378] Ein gemischt-wirtschaftliches Unternehmen entsteht durch eine gemeinsame Kapitalbeteiligung von Kommunen und privaten Personen.[379]
Die überwiegende Auffassung, daß die Übertragung von Verwaltungsaufgaben auf privatrechtlich organisierte öffentliche Einrichtungen durch Dezentralisation und gesteigerte Flexibilität, Transparenz und Effizienz Vorteile bietet[380], kann nicht pauschal gelten, sondern muß für jeden konkreten Fall überprüft werden.[381]

1. Der rechtsfähige Verein

Um einen Verein handelt es sich bei einer auf Dauer angelegten freiwilligen Verbindung einer größeren Zahl von Personen zur Erreichung eines gemeinsamen Zwecks, die nach ihrer Satzung körperschaftlich organisiert ist, einen Gesamtnamen führt und auf einen wechselnden Mitgliederbestand angelegt ist.[382]

---

375 K. Schmidt, Gesellschaftsrecht, 780, 1237; Schraffer, Der kommunale Eigenbetrieb, 59.

376 Pagenkopf, Kommunalrecht, Band 2, 187.

377 Schützenmeister, LKV 1991, 213 (216).

378 Fischedick, Die Wahl der Benutzungsform kommunaler Einrichtungen, 9f.; Schmidt-Aßmann, in: Schmidt-Aßmann, Besonderes Verwaltungsrecht, Erster Abschnitt, Rdn. 125; Schmidt-Jortzig, Kommunalrecht, Rdn. 719.

379 Fischedick, Die Wahl der Benutzungsform kommunaler Einrichtungen, 9f.; Häuselmann, JuS 1984, 940 (942); Schmidt-Aßmann, in: Schmidt-Aßmann, Besonderes Verwaltungsrecht, Erster Abschnitt, Rdn. 125; Schmidt-Jortzig, Kommunalrecht, Rdn. 719.

380 Ehlers, DÖV 1986, 897 (901f.); Stober, NJW 1984, 449 (452).

381 So Erbguth/Stollmann, DÖV 1993, 798 (804ff.), die die Wahl der Rechtsform unter den Aspekten der Errichtung und Auflösung, der Kreditwürdigkeit, des Steuerrechts und der Haftungsbeschränkung und unter den Aspekten der Flexibilität im Bereich des Dienst- und Besoldungsrechts, der Haushaltsgebarung, der Ausgestaltung der internen Aufbau- und Ablauforganisation und der Kooperation mit anderen Rechtssubjekten untersuchen und keine generellen Vorteile der privatrechtlichen Organisationsformen feststellen.

382 Hauser, Die Wahl der Organisationsform kommunaler Einrichtungen, 15.

Da der Verein die Existenz mehrerer Mitglieder voraussetzt, entfällt eine alleinige Trägerschaft durch die Gemeinde oder den Kreis. Beide können jedoch zusammen mit anderen natürlichen oder juristischen Personen den Verein tragen.[383]
Zur Entstehung des Vereins bedarf es eines Gründungsvertrages der den Verein gründenden Personen.[384]
Notwendige Organe des Vereins sind gemäß §§ 32, 36 BGB die Mitgliederversammlung und der durch sie bestellte Vorstand, der die Stellung eines gesetzlichen Vertreters (§§ 26, 27 BGB) und die Aufgabe hat, wie ein Beauftragter (§§ 27 Abs. 3, 664ff. BGB) die Geschäfte des Vereins zu führen. Der Mitgliederversammlung obliegt gemäß § 32 BGB die Ordnung der Angelegenheiten des Vereins durch Beschlußfassung, sofern nicht der Vorstand oder ein anderes Organ zuständig ist. Vor allem kontrolliert die Mitgliederversammlung den Vorstand.[385]
Unter den als Rechtsform für kommunale öffentliche Einrichtungen grundsätzlich in Betracht kommenden rechtsfähigen Vereinen im Sinne der §§ 21ff. BGB ist zwischen nichtwirtschaftlichen oder Idealvereinen (§ 21 BGB) und wirtschaftlichen Vereinen (§ 22 BGB) zu unterscheiden. Ein nichtwirtschaftlicher Verein erlangt Rechtsfähigkeit gemäß § 21 BGB durch Eintragung in das Vereinsregister, ein wirtschaftlicher Verein erlangt gemäß § 22 BGB Rechtsfähigkeit durch staatliche Verleihung. Dieser Akt stellt sich allerdings als subsidiär dar und greift erst ein, wenn der Verein nicht in den handelsrechtlichen oder genossenschaftlichen Formen organisiert ist und ihm nicht zugemutet werden kann, auf die Rechtsfähigkeit zu verzichten.[386] Diese Voraussetzungen werden wirtschaftliche Unternehmen der Kommunen regelmäßig nicht erfüllen. Kommunale öffentliche Einrichtungen werden daher vornehmlich als rechtsfähige Idealvereine ausgestaltet sein.[387]
Kommunale öffentliche Einrichtungen in der Rechtsform des rechtsfähigen Vereins treten vornehmlich im kulturellen Bereich in Erscheinung.[388]

2. Die Stiftung des bürgerlichen Rechts

Rechtsfähige Stiftungen des bürgerlichen Rechts beruhen auf einem Stiftungsgeschäft des Stifters und einem staatlichen Genehmigungsakt (§ 80 BGB) als zwei

[383] Püttner, JA 1980, 218 (221).
[384] Palandt-Heinrichs, BGB, § 21, Rdn. 9.
[385] Palandt-Heinrichs, BGB, § 32, Rdn. 1.
[386] Cronauge, Kommunale Unternehmen, Rdn. 178; Hauser, Die Wahl der Organisationsform kommunaler Einrichtungen, 17; K. Schmidt, Gesellschaftsrecht, 683.
[387] Hauser, Die Wahl der Organisationsform kommunaler Einrichtungen, 17.
[388] Cronauge, Kommunale Unternehmen, Rdn. 178; Püttner, JA 1980, 218 (221); Schmidt-Jortzig, Kommunalrecht, Rdn. 684.

selbständigen Akten[389]. Das Stiftungsgeschäft setzt sich aus einem organisationsrechtlichen Teil, der Satzung, und einem vermögensrechtlichen Teil, dem Ausstattungsversprechen, zusammen und bildet die Grundlage für die Stiftungsorganisation.[390] Der staatliche Genehmigungsakt verleiht der Organisation ihre Rechtsfähigkeit.[391]
Gemäß § 82 BGB verfügen Stiftungen über ein Stiftungsvermögen, das der Erfüllung eines im Stiftungsgeschäft festgelegten Stiftungszwecks im Sinne des § 87 Abs. 1 BGB dient.[392] Organ der Stiftung bürgerlichen Rechts ist der Vorstand, der als ihr gesetzlicher Vertreter fungiert (§§ 86, 26 BGB).
Die Stiftung des bürgerlichen Rechts hat keine Mitglieder, sondern allenfalls Destinatäre, die von dem Stiftungsvermögen profitieren.[393]
Als Stiftung des bürgerlichen Rechts organisierte kommunale öffentliche Einrichtungen dienen regelmäßig einem kommunalen gemeinnützigen oder wohltätigen Stiftungszweck und sind der Gruppe der örtlichen Stiftungen zuzurechnen .[394]
Angesichts ihres öffentlichen Zweckes werden sie auch als öffentliche Stiftungen bezeichnet.[395]
In der kommunalen Praxis haben öffentliche Einrichtungen in der Rechtsform der Stiftung des bürgerlichen Rechts aber nur marginale Bedeutung.[396]

3. Die eingetragene Genossenschaft

Bei der Genossenschaft handelt es sich gemäß § 1 Abs. 1 GenG um eine Gesellschaft von nicht geschlossener Mitgliederzahl, deren Zweck die Förderung des Erwerbs oder der Wirtschaft ihrer Mitglieder mittels gemeinschaftlichen Geschäftsbetriebes ist. Ihre Rechtsfähigkeit erlangt die Genossenschaft gemäß §§ 13, 17 GenG durch Eintragung in das Genossenschaftsregister.
Organe der Genossenschaft sind gemäß § 9 Abs. 1 GenG der Vorstand und der Aufsichtsrat. Der Vorstand, der aus mindestens zwei von der Generalversammlung gewählten Mitgliedern besteht (§ 24 Abs. 2 GenG), vertritt die Genossenschaft nach außen (§ 24 Abs. 1 GenG). Der Aufsichtsrat, der aus mindestens drei

---

389 MünchKomm-Reuter, BGB, § 80, Rdn. 1.
390 MünchKomm-Reuter, BGB, § 80, Rdn. 1; Staudinger-Coing, BGB, § 80, Vorbem., Rdn. 4.
391 MünchKomm-Reuter, BGB, § 80, Rdn. 1.
392 Cronauge, Kommunale Unternehmen, Rdn. 187; Palandt-Heinrichs, BGB, Vorbem. v. § 80, Rdn. 1; Staudinger-Coing, BGB, § 80, Vorbem., Rdn. 2.
393 Palandt-Heinrichts, BGB, Vorbem. v. § 80, Rdn. 4; Staudinger-Coing, BGB, § 80, Vorbem., Rdn. 16f..
394 MünchKomm-Reuter, Vor § 80, Rdn. 16; Schmidt-Jortzig, Kommunalrecht, Rdn. 685.
395 Ebersbach, DVBl. 1960, 81 (81); Hauser, Die Wahl der Organisationsform kommunaler Einrichtungen, 12; Staudinger-Coing, BGB, § 80, Vorbem., Rdn. 11.
396 Schmidt-Jortzig, Kommunalrecht, Rdn. 685.

von der Generalversammlung zu wählenden Mitgliedern besteht (§ 36 Abs. 1 GenG), überwacht den Vorstand bei seiner Geschäftsführung und unterrichtet sich von der Entwicklung der Genossenschaft. Dafür stehen ihm Einsichts- und Untersuchungsrechte zur Verfügung. Der Aufsichtsrat prüft außerdem den Jahresabschluß und unterrichtet die Generalversammlung darüber (§ 38 Abs. 1 GenG).
Die Generalversammlung stellt gemäß § 43 Abs. 1 GenG das Forum dar, in dem die Genossen ihre Rechte gegenüber der Genossenschaft vertreten.
Für Verbindlichkeiten der Genossenschaft haftet den Gläubigern gemäß §§ 2, 23 Abs. 1 GenG nur das Vermögen der Genossenschaft. Gemäß §§ 87a Abs. 2, 105 GenG besteht jedoch bei Eintritt der Illiquidität zur Abwendung eines Konkurses und im Fall des Konkurses eine Nachschußpflicht der Genossen.
Da sich Gemeinden und Kreise gemäß §§ 102 Abs. 1 Nr. 2 SchlH GO, 57 SchlH KrO an Gesellschaften nur beteiligen dürfen, wenn die Haftung auf einen ihrer Leistungsfähigkeit angemessenen Betrag begrenzt wird, kommt eine Organisation öffentlicher Einrichtungen als Genossenschaft nur in Betracht, wenn die Nachschußpflicht der Gemeinden und Kreise durch das Statut der Genossenschaft gemäß § 6 Nr. 3 GenG ausgeschlossen oder begrenzt wird.[397]

4. Die Aktiengesellschaft (AG)

Gemäß § 1 Abs. 1 AktG handelt es sich bei der Aktiengesellschaft um eine mit eigener Rechtspersönlichkeit ausgestattete Gesellschaft, für deren Verbindlichkeiten den Gläubigern nur das Gesellschaftsvermögen haftet. Unter diesem Aspekt eignet sich die Aktiengesellschaft daher als Rechtsform für kommunale öffentliche Einrichtungen.[398]
Als Ausgleich für den Verzicht auf die Haftung der Mitglieder muß die Aktiengesellschaft gemäß § 1 Abs. 2 AktG ein bestimmtes, in Aktien zerlegtes Grundkapital vorweisen, das den Gläubigern als Haftungsgrundlage dient und gemäß § 7 AktG mindestens 100000 Deutsche Mark betragen muß. Da wesentliches Merkmal der Aktiengesellschaft die Kapitalbeteiligung der Mitglieder ist, wird sie als Kapitalgesellschaft bezeichnet.[399]
Die Aktiengesellschaft kann durch eine oder mehrere Personen gegründet werden (§ 2 AktG). Damit kommen Gemeinden und Kreise auch als alleinige Gründer einer Aktiengesellschaft zum Betrieb einer öffentlichen Einrichtung in Betracht.
Die Entstehung der Aktiengesellschaft setzt die Feststellung des Gesellschaftsvertrages (der Satzung) und die Übernahme aller Aktien durch die Gründer, die

---

[397] Ehlers, DÖV 1986, 897 (898); Hauser, Die Wahl der Organisationsform kommunaler Einrichtungen, 12.
[398] Hauser, Die Wahl der Organisationsform kommunaler Einrichtungen, 6; R. Schmidt, Öffentliches Wirtschaftsrecht, Allgemeiner Teil, § 11, I. 2.b)bb).
[399] K. Schmidt, Gesellschaftsrecht, 766; Schraffer, Der kommunale Eigenbetrieb, 58.

Anmeldung der Aktiengesellschaft zur Eintragung in das Handelsregister und die Bestellung des ersten Aufsichtsrats und des ersten Abschlußprüfers voraus (§§ 2, 23ff. AktG).
Notwendige Organe der Aktiengesellschaft sind der Vorstand, der Aufsichtsrat und die Hauptversammlung. Der gemäß § 84 Abs. 1 AktG vom Aufsichtsrat bestellte Vorstand der Aktiengesellschaft leitet diese unter eigener Verantwortung (§ 76 Abs. 1 AktG) und vertritt sie nach außen (§ 78 Abs. 1 AktG). Ferner obliegen dem Vorstand gemäß § 83 AktG die Vorbereitung von Beschlüssen der Hauptversammlung und deren Ausführung, und er berichtet dem Aufsichtsrat über den Geschäftsgang (§ 90 Abs. 1 AktG). Der Aufsichtsrat hat neben der Wahl des Vorstands vornehmlich die Aufgabe, die Geschäftsführung zu überwachen und die Hauptversammlung einzuberufen (§ 111 AktG). Er hat keine Geschäftsführungsbefugnisse, aber bestimmte Geschäfte können durch Satzungs- oder Aufsichtsratsbeschluß an seine Zustimmung gebunden werden (§ 111 Abs. 4 AktG). Die Mitglieder des Aufsichtsrats werden gemäß §§ 101 Abs. 1, 119 Abs. 1 Nr. 1 AktG von der Hauptversammlung bestellt. Daneben besteht ein Entsendungsrecht, nach dem auch Gemeinden und Kreise Mitglieder in den Aufsichtsrat entsenden können (§ 101 Abs. 1 AktG in Verbindung mit § 104 SchlH GO bzw. §§ 57 SchlH KrO, 104 SchlH GO). Die Hauptversammlung bildet den Rahmen, in dem die Aktionäre ihre Rechte in Angelegenheiten der Aktiengesellschaft ausüben (§ 118 AktG). Daneben verfügt die Hauptversammlung über Kompetenzen in einem Bereich laufender Angelegenheiten, zu denen die Entscheidung über die Verwendung des Bilanzgewinns und die Entlastung des Vorstands und des Aufsichtsrats zählen, und über Grundlagenkompetenzen, zu denen Satzungsänderungen, Maßnahmen der Kapitalerhöhung und Herabsetzung und die Auflösung der Gesellschaft zu rechnen sind (§ 119 AktG)[400].
Wegen ihres erheblichen Stammkapitals und ihrer verzweigten Verwaltungsstruktur eignet sich die Aktiengesellschaft besonders als Rechtsform für öffentliche Einrichtungen vom Umfang eines Großunternehmens.[401]

5. Die Gesellschaft mit beschränkter Haftung (GmbH)

Die Gesellschaft mit beschränkter Haftung stellt gemäß § 13 GmbHG eine rechtlich selbständige Handelsgesellschaft dar, für deren Verbindlichkeiten den Gläubigern nur das Gesellschaftsvermögen haftet. Ihre Gründung erfordert daher ein bestimmtes Stammkapital als Haftungsgrundlage, das nach § 5 Abs. 1 GmbHG mindestens 50000 Deutsche Mark betragen muß. Der Charakter der Gesellschaft mit beschränkter Haftung wird daher maßgebend durch die Kapitalbeteiligung der Gesellschaftsmitglieder, nicht durch deren Persönlichkeit bestimmt. Entsprechend

---

[400] K. Schmidt, Gesellschaftsrecht, 845; Schraffer, Der kommunale Eigenbetrieb, 63.

[401] Cronauge, Kommunale Unternehmen, Rdn. 198; Schraffer, Der kommunale Eigenbetrieb, 59.

stellt auch die Gesellschaft mit beschränkter Haftung eine Kapitalgesellschaft dar.[402]

Angesichts der auf das Gesellschaftsvermögen begrenzten Haftung eignet sich die Gesellschaft mit beschränkter Haftung ebenfalls als Rechtsform für kommunale öffentliche Einrichtungen.[403]

Die Gesellschaft mit beschränkter Haftung kann gemäß § 1 GmbHG von einer oder mehreren Personen zu jedem gesetzlich zulässigen Zweck errichtet werden. Ihre Errichtung vollzieht sich auf der Grundlage eines Gesellschaftsvertrages (§§ 2f. GmbHG). Der Gesellschaftsvertrag dient den Gesellschaftern auch zur Regelung der wesentlichen Kompetenzen (§ 45 Abs. 1 GmbHG). Außerdem sind die Gesellschafter befugt, durch Beschluß jede Entscheidung der Gesellschaft an sich zu ziehen (§§ 37 Abs. 1, 45 Abs. 1 GmbHG).[404]

Notwendige Organe der Gesellschaft mit beschränkter Haftung sind der Geschäftsführer (§ 6 GmbHG), der die Geschäfte führt[405] und nach § 35 Abs. 1 GmbHG die Gesellschaft vertritt, sowie die Gesellschafterversammlung, der unter anderem der Beschluß über die Bestellung und Überwachung der Geschäftsführer (§ 46 GmbHG) und über Satzungsänderungen (§ 53 Abs. 1 GmbHG) obliegt.

Die Errichtung eines Aufsichtsrats als weiteres Gesellschaftsorgan ist grundsätzlich fakultativ.[406]

Die Rechtsform der Gesellschaft mit beschränkter Haftung empfiehlt sich für öffentliche Einrichtungen kleinerer und mittlerer Größe.[407]

6. Die Kommanditgesellschaft auf Aktien (KGaA)

Die Kommanditgesellschaft auf Aktien (KGaA) stellt nach § 278 Abs. 1 AktG eine Gesellschaft mit eigener Rechtspersönlichkeit dar, bei der mindestens ein Gesellschafter den Gläubigern unbeschränkt haftet (persönlich haftender Gesellschafter) und die übrigen an dem in Aktien zerlegten Grundkapital beteiligt sind, ohne persönlich für die Verbindlichkeiten der Gesellschaft zu haften (Kommanditaktionäre).

Die Rolle des unbeschränkt haftenden Komplementärs können Gemeinden und Kreise nicht einnehmen, da § 102 Abs. 1 Satz 1 Nr. 2, Abs. 2 SchlH GO in Ver-

---

402 Häuselmann, JuS 1984, 940 (943); K. Schmidt, Gesellschaftsrecht, 983; Schraffer, Der kommunale Eigenbetrieb, 63f..

403 Hauser, Die Wahl der Organisationsform kommunaler Einrichtungen, 6; R. Schmidt, Öffentliches Wirtschaftsrecht, Allgemeiner Teil, § 11, I.2.b)bb).

404 Schraffer, Der kommunale Eigenbetrieb, 67.

405 Schraffer, Der kommunale Eigenbetrieb, 65.

406 Cronauge, Kommunale Unternehmen, Rdn. 191; Häuselmann, JuS 1984, 940 (943); K. Schmidt, Gesellschaftsrecht, 1069, 1103; Schraffer, Der kommunale Eigenbetrieb, 65.

407 Schraffer, Der kommunale Eigenbetrieb, 64.

bindung mit § 47 SchlH KrO für den Fall der Gründung einer Gesellschaft oder der Beteiligung daran verlangt, daß die Haftung der Gemeinde und des Kreises auf einen ihrer Leistungsfähigkeit angemessenen Betrag begrenzt wird. Damit bleibt ihnen lediglich die Möglichkeit, als Kommanditist in die Kommanditgesellschaft auf Aktien einzutreten[408] und einen Privaten mit der Rolle des Komplementärs zu betrauen[409]. Ob dies gelingt, erscheint angesichts der unbeschränkten Haftung des Komplementärs nach § 278 Abs. 1 AktG aber fraglich. Daher hat es sich in der Praxis durchgesetzt, den Privaten durch schuldrechtlichen Vertrag von der Haftung für die Gesellschaft zu befreien.[410] Dann allerdings müßte die Kommune doch die Rolle des unbeschränkt Haftenden übernehmen[411] und verstieße gegen das kommunalrechtliche Gebot der Haftungsbegrenzung.
Die Kommanditgesellschaft auf Aktien eignet sich daher nicht als Rechtsform für kommunale öffentliche Einrichtungen.[412]

C. Abgrenzungsfragen

Um den Begriff der öffentlichen Einrichtungen weiter zu konturieren, soll abschließend das Verhältnis der öffentlichen Einrichtung zu der öffentlichen Anstalt und dem wirtschaftlichen Unternehmen betrachtet werden.

I. Das Verhältnis der öffentlichen Einrichtung zu der Anstalt des öffentlichen Rechts

Ein Eingehen auf das Verhältnis der öffentlichen Einrichtung zu der öffentlichen Anstalt erscheint geboten, da die Literatur, die die Rechtsbeziehungen des kommunalen Einrichtungswesens behandelt, in starkem Maß durch den Begriff der öffentlichen Anstalt geprägt ist.[413] Dabei entsteht auch der Eindruck, beide Begriffe seien synonym verwendbar.[414]

---

[408] Ehlers, DÖV 1986, 897 (898f.); Schmidt-Jortzig, Kommunalrecht, Rdn. 717.
[409] Hauser, Die Wahl der Organisationsform kommunaler Einrichtungen, 7.
[410] Hauser, Die Wahl der Organisationsform kommunaler Einrichtungen, 7.
[411] Hauser, Die Wahl der Organisationsform kommunaler Einrichtungen, 7.
[412] Hauser, Die Wahl der Organisationsform kommunaler Einrichtungen, 7.
[413] Berg, NJW 1985, 2294 (2296f.); Erbguth, VR 1982, 14 (16); Gern, Deutsches Kommunalrecht, Rdn. 528; Papier, Recht der öffentlichen Sachen, 11ff.; Pappermann, JuS 1979, 794 (797); Rüfner, Die Verwaltung 1984, 19 (31); Salzwedel, in: Erichsen, Allgemeines Verwaltungsrecht, 10. Auflage, §§ 40, 41.
[414] Axer, Die Widmung als Schlüsselbegriff, 140; Mohl, Die kommunalen öffentlichen Einrichtungen, 32.

1. Die öffentliche Anstalt als historische Erscheinungsform der öffentlichen Einrichtung

Die Bedeutung des Begriffs der öffentlichen Anstalt für den Bereich des Rechts der kommunalen öffentlichen Einrichtungen erklärt sich zum einen daher, daß diese, in den Kommunalgesetzen als öffentliche Anstalt[415] oder öffentliche Gemeindeanstalt[416] bezeichnet, die historische Erscheinungsform der öffentlichen Einrichtungen bildet.[417]

Von der materiellen Verwaltungsaufgabe her betrachtet, hat das Einrichtungswesen seinen Ursprung in den der Gefahrenabwehr[418] und der Wohlfahrtspflege[419] dienenden Einrichtungen wie den Armen- und Wohlfahrtsanstalten, Seuchen- und Krankenanstalten, Bestattungsanlagen, der Straßenbeleuchtung, den Brunnen und Kanalisationsanlagen.[420]

Gemeinsam wurden diese Einrichtungen auch als Polizeianstalten verstanden[421], als polizeilichen Zwecken dienende kommunale Anstalten[422]. Diese Begriffsbildung resultiert daraus, daß der materielle Polizeibegriff zunächst von einem weiten Verständnis geprägt war und den Aspekt der Wohlfahrtspflege einschloß, ehe ihn das Preußische OVG mit dem „Kreuzberg-Urteil“ vom 14. Juni 1882[423] auf den Aspekt der Gefahrenabwehr verengte.

Neben den Begriff der öffentlichen Anstalt trat später der Begriff der öffentlichen Einrichtung[424], ehe schließlich durch § 17 DGO vom 30. Januar 1935 der Begriff der öffentlichen Anstalt durch den der öffentlichen Einrichtung ersetzt wurde.

---

415 § 5 Gesetz, betreffend die Verfassung und Verwaltung der Städte und Flecken in der Provinz Schleswig-Holstein vom 14. April 1869, Gesetz-Sammlung für die Königlichen Preußischen Staaten 1869, 589 (590).

416 § 3 Satz 1 Gemeindeordnung für den Preußischen Staat vom 11. März 1850, Gesetz-Sammlung für die Königlichen Preußischen Staaten 1850, 213 (213).

417 Axer, Die Widmung als Schlüsselfigur, 140; Scholz, Das Wesen und die Entwicklung der gemeindlichen öffentlichen Anstalten, 57ff..

418 Waechter, Kommunalrecht, Rdn. 527.

419 Scholz, Das Wesen und die Entwicklung der gemeindlichen öffentlichen Einrichtungen, 61ff..

420 Scholz, Das Wesen und die Entwicklung der gemeindlichen öffentlichen Einrichtungen, 64f.; Schulz, Die polizeilichen Gemeindeanstalten im deutschen Verwaltungsrecht, 9ff..

421 PrOVGE 44, 58 (59f.); Scholz, Das Wesen und die Entwicklung der gemeindlichen öffentlichen Einrichtungen, 62ff.; Schulz, Die polizeilichen Gemeindeanstalten im deutschen Verwaltungsrecht, 7ff..

422 Schulz, Die polizeilichen Gemeindeanstalten im deutschen Verwaltungsrecht, 8, 13.

423 PrOVGE 9, 353ff..

424 § 13 Abs. 1, 2 Preußisches Gemeindeverfassungsgesetz vom 15. Dezember 1933, Preußische Gesetzsammlung 1933, 427 (429f.).

2. Das Wesen der öffentlichen Anstalt und ihre Bedeutung für die heutige öffentliche Verwaltung

Um das Verhältnis der öffentlichen Einrichtung zu der öffentlichen Anstalt zu bestimmen, sind das Wesen der öffentlichen Anstalt und ihre Bedeutung für die heutige öffentliche Verwaltung zu untersuchen.

a. Die öffentliche Anstalt als Organisationsform und Handlungsform der öffentlichen Verwaltung

Die Bedeutung der öffentlichen Anstalt liegt in zweierlei Bereichen: Die öffentliche Anstalt kann sowohl als Organisationsform als auch als Handlungsform der öffentlichen Verwaltung verstanden werden.[425]
Da die kommunalen öffentlichen Einrichtungen jedoch als organisatorisch verfestigte Gebilde zur Erledigung von Verwaltungsaufgaben der Daseinsvorsorge charakterisiert wurden, interessiert für die Untersuchung des Verhältnisses zu den öffentlichen Anstalten nur der organisationsrechtliche Anstaltsbegriff.

b. Die öffentliche Anstalt als Organisationsform kommunaler öffentlicher Einrichtungen

Neben der historischen Entwicklung des kommunalen Einrichtungswesens könnte möglicherweise auch eine wesensmäßige Ähnlichkeit zwischen der öffentlichen Einrichtung und der öffentlichen Anstalt hinsichtlich ihrer Organisationsstruktur die synonyme Verwendung der Begriffe erklären.
Dagegen spricht jedoch, daß die Untersuchung der Organisationsformen kommunaler öffentlicher Einrichtungen ergeben hat, daß sich Gemeinden und Kreise aufgrund einer aus der Formenfreiheit der leistenden Verwaltung resultierenden Wahlfreiheit unterschiedlicher Organisationsformen sowohl des öffentlichen Rechts als auch des Zivilrechts bedienen können.[426] Damit kommt nicht allein die Anstalt des öffentlichen Rechts als Rechtsform öffentlicher Einrichtungen in Betracht. Ein Grundsatz, nach dem die Begriffe der öffentlichen Einrichtung und der öffentlichen Anstalt synonym verwendet werden können, läßt sich daher nicht formulieren.[427]

---

[425] Breuer, VVDStRL 44, 211 (216); Chen, Öffentlich-rechtliche Anstalten und ihre Nutzung, 16ff.; Krebs, NVwZ 1985, 609 (610).

[426] Zweites Kapitel, § 2, B..

[427] Mohl, Die kommunalen öffentlichen Einrichtungen, 71; Helmut Roth, Die kommunalen öffentlichen Einrichtungen, 31.

c. Die öffentliche Anstalt als Organisationsform nichtrechtsfähiger kommunaler öffentlicher Einrichtungen

Die Bezeichnung öffentlicher Einrichtungen als Anstalten könnte jedoch für einen Teilbereich des kommunalen Einrichtungswesens gerechtfertigt sein, wenn man berücksichtigt, daß öffentliche Anstalten in unterschiedlicher Weise gegenüber der allgemeinen Verwaltung rechtlich verselbständigt sein können bzw. als rechtsfähige, teilrechtsfähige und nichtrechtsfähige öffentliche Anstalten in Erscheinung treten[428], und bedenkt, daß die nichtrechtsfähige öffentliche Anstalt die einzige Rechtsform darstellt, derer sich die Kommunen für die Organisation nichtrechtsfähiger öffentlicher Einrichtungen bedienen können. Wie bereits ermittelt, stellt das öffentliche Recht neben den als nichtrechtsfähige öffentliche Anstalten organisierten Regie- und Eigenbetrieben keine weiteren Rechtsformen zur Verfügung[429], während die Verwendung nichtrechtsfähiger zivilrechtlicher Rechtsformen von vornherein ausgeschlossen ist[430].
Die Verwendung des Anstaltsbegriffs für diesen Teilbereich des Einrichtungswesens setzt jedoch voraus, daß die Strukturen der nichtrechtsfähigen öffentlichen Anstalt und der öffentlichen Einrichtung übereinstimmen.

aa. Der Begriff der nichtrechtsfähigen öffentlichen Anstalt nach *Otto Mayer*

Den Begriff der nichtrechtsfähigen öffentlichen Anstalt prägte *Otto Mayer* mit den Worten „Die Anstalt ist ein Bestand von Mitteln, sächlichen wie persönlichen, welche in der Hand eines Trägers öffentlicher Verwaltung einem besonderen öffentlichen Zweck dauernd zu dienen bestimmt ist."[431].
Dadurch, daß der Mittelbestand und die dauerhafte Zweckverfolgung hervorgehoben werden, konzentriert sich die Definition *Otto Mayers* auf organisationsrechtliche Aspekte. Die nichtrechtsfähige öffentliche Anstalt stellt sich danach als organisatorisch verfestigte Verwaltungseinheit dar.[432]
Andererseits betont *Otto Mayer* selber nicht die Eigenschaft der öffentlichen Anstalt als „besondere juristische Persönlichkeit, die mit einer öffentlichen Anstalt verbunden sein kann"[433], sondern als Tätigkeit für das Gemeinwohl[434] im Sinne

[428] Bull, Allgemeines Verwaltungsrecht, Rdn. 847; Maurer, Allgemeines Verwaltungsrecht, § 23, Rdn. 48; Wolff/Bachof/Stober, Verwaltungsrecht II, § 98, Rdn. 17ff..
[429] Zweites Kapitel, § 3, B.II.2..
[430] Zweites Kapitel, § 3, B.III..
[431] Mayer, Deutsches Verwaltungsrecht, Zweiter Band, 268.
[432] Rüfner, Die Verwaltung 1984, 20 (21); ders., DÖV 1985, 605 (606).
[433] Mayer, Deutsches Verwaltungsrecht, Zweiter Band, 268, Fn.1.
[434] Mayer, Deutsches Verwaltungsrecht, Zweiter Band, 269.

von „veranstalten“, „Anstalten machen“[435]. Anstalt soll Verwaltung „in Aktion“ bedeuten.[436] Der *Mayersche* Anstaltsbegriff umfaßt danach zugleich die Handlungsmodalität der öffentlichen Verwaltung[437], so daß sowohl das personelle und sachliche Substrat als auch die typische Tätigkeit charakteristisch sind.[438] Entsprechend formuliert *Otto Mayer*, die öffentliche Anstalt sei das Gebiet, auf welchem der staatliche Zweck unmittelbar an seinen Mitteln erscheine, wo sächliche Güter und Arbeitskräfte mit ihrer Beschaffenheit der Befriedigung eines öffentlichen Interesses gewidmet werden.[439]

Trotz der organisationsrechtlichen Aspekte ermöglicht der Anstaltsbegriff *Otto Mayers* keine Folgerungen hinsichtlich der Struktur nichtrechtsfähiger öffentlicher Anstalten.[440] Außerdem soll der Begriff strukturell höchst unterschiedliche Einrichtungen umfassen, nämlich alle staatlichen Funktionen[441], die nicht notwendigerweise vom Staat abgesetzte Verwaltungseinheiten bilden[442]: solche, die der unmittelbaren Förderung des öffentlichen Zwecks dienen, wie das Heer, das Sicherheit und Ordnung gewährleiste, Sternwarten und Akademien, die Kulturaufgaben erfüllten, und Einrichtungen, die den Einzelnen Vorteile und Leistungen gewährten, wie Schulen, Sparkassen, Post und Eisenbahn.[443] Auch die Gerichte zählt *Otto Mayer* zu den öffentlichen Anstalten.[444] Präzise Angaben zur Struktur der öffentlichen Anstalt macht er aber auch deshalb nicht, weil er vornehmlich die rechtliche Ordnung der Anstaltsnutzung behandelt.[445]

Gerade die organisatorischen Wesensmerkmale der öffentlichen Anstalt sind jedoch für die Untersuchung ihres Verhältnisses zu der nichtrechtsfähigen öffentlichen Einrichtung entscheidend. Der Anstaltsbegriff *Otto Mayers* kann daher insofern keine hinreichende Klarheit schaffen.[446] Allenfalls könnte vorausgesetzt wer-

---

[435] Krebs, NVwZ 1985, 609 (610); Rüfner, DÖV 1985, 605 (606).

[436] Krebs, NVwZ 1985, 605 (610).

[437] Krebs, NVwZ 1985, 609 (610).

[438] Krebs, NVwZ 1985, 605 (610).

[439] Mayer, Theorie des Französischen Verwaltungsrechts, 160.

[440] Breuer, VVDStRL 44 (1986), 211 (216f.); Chen, Öffentlich-rechtliche Anstalten und ihre Nutzung, 15.

[441] Forsthoff, Lehrbuch des Verwaltungsrechts, Erster Band, Allgemeiner Teil, 494; Rüfner, DÖV 1985, 605 (607); Löwer, DVBl. 1985, 928 (930).

[442] Rüfner, DÖV 1985, 605 (606).

[443] Mayer, Deutsches Verwaltungsrecht, Zweiter Band, 169.

[444] Mayer, Deutsches Verwaltungsrecht, Zweiter Band, 270.

[445] Mayer, Deutsches Verwaltungsrecht, Zweiter Band, §§ 51, 52; Breuer, DVBl. 1985, 1224 (1224, Ls. 4); Rüfner, DÖV 1985, 605 (606).

[446] Breuer, VVDStRL 44 (1986), 211 (216f.); Rüfner, DÖV 1985, 605 (608).

den, daß die nichtrechtsfähige öffentliche Anstalt einen Bestand an sachlichen und personellen Mitteln erfordert und für eine gewisse Dauer eingerichtet ist.

bb. Der Anstaltsbegriff der heute herrschenden Meinung

Nach heute herrschender Meinung dienen nichtrechtsfähige öffentliche Anstalten der Erfüllung öffentlicher Aufgaben und zeichnen sich durch organisatorische Verselbständigung aus, die eigene sachliche und persönliche Mittel voraussetzt.[447] Die Verselbständigung von Verwaltungseinheiten zu Anstalten ist von dem Bestreben getragen, einen bestimmten Verwaltungskomplex aus den übrigen Funktionen des Verwaltungsträgers auszusondern oder den Leistungsbeziehungen zu den Benutzern einen Rahmen zu geben.[448] Damit erfolgt auch eine Gewaltenteilung innerhalb der Verwaltung, die die fachgerechte Erfüllung der Verwaltungsaufgaben fördert.[449]

cc. Ergebnis

Die organisatorische Verselbständigung durch eigene sachliche und persönliche Mittel ist ein Wesensmerkmal, das auch zahlreiche kommunale öffentliche Einrichtungen aufweisen.[450] Da zu den nichtrechtsfähigen öffentlichen Einrichtungen der Gemeinden und Kreise jedoch nicht nur organisatorisch verselbständigte Verwaltungseinheiten zählen, sondern auch bloße Sachinbegriffe in der Hand eines Verwaltungsträgers wie Plakattafeln[451] und Festwiesen[452], verbietet sich die Gleichsetzung der öffentlichen Einrichtung mit der nichtrechtsfähigen öffentlichen Anstalt in diesem Teilbereich.[453]

---

[447] Berg, NJW 1985, 2294 (2301); Frotscher, in: HdbkWPr, Band 3, 139; Maurer, Allgemeines Verwaltungsrecht, § 32, Rdn. 47f.; Papier, Recht der öffentlichen Sachen, 25; Rüfner, DÖV 1985, 605 (608f.); Salzwedel, in: Erichsen, Allgemeines Verwaltungsrecht, 10. Auflage, § 40, Rdn. 1; Wolff/Bachof/Stober, Verwaltungsrecht II, § 98, Rdn. 6, 21; ähnlich Chen, Öffentlich-rechtliche Anstalten und ihre Nutzung, 22f., der jedoch auf den Aspekt der sachlichen und personellen Mittel verzichtet.

[448] Forsthoff, Lehrbuch des Verwaltungsrechts, Erster Band, Allgemeiner Teil, § 25, 496f..

[449] Berg, NJW 1985, 2294 (2299f.).

[450] Zweites Kapitel, § 3, A.

[451] VGH Baden-Württemberg, ESVGH 23, 26 (27f.).

[452] OVG Münster, DVBl. 1976, 398 (398).

[453] Badura, JuS 1966, 17 (19, Fn. 30); von Mutius/Rentsch, Kommunalverfassungsrecht Schleswig-Holstein, § 17, Rdn. 2; Papier, Recht der öffentlichen Sachen, 25; Stober, Kommunalrecht, 235; Wolff/Bachof/Stober, Verwaltungsrecht II, § 98, Rdn. 7.

Anders als öffentliche Einrichtungen der Gemeinden und Kreise sind öffentliche Anstalten auch nicht notwendigerweise benutzbar[454]. Daher erfordert der Zugang zu einer nichtrechtsfähigen Anstalt anders als die Benutzung öffentlicher Einrichtungen nicht in jedem Fall einen Zulassungsakt.
Eine Wesensgleichheit, die eine synonyme Verwendung beider Begriffe rechtfertigte, besteht zwischen öffentlichen Einrichtungen und nichtrechtsfähigen öffentlichen Anstalten daher nicht.

3. Die Ersetzung des Begriffs der öffentlichen Anstalt durch den Begriff der öffentlichen Einrichtung

Der Begriff der öffentlichen Anstalt hat im Rahmen des kommunalen Einrichtungswesens zwar eine partielle Bedeutung, den allgemein zutreffenden Begriff stellt jedoch der Begriff der öffentlichen Einrichtung dar. Allein dieser sollte daher im Zusammenhang mit den Rechtsverhältnissen des kommunalen Einrichtungswesens Verwendung finden.[455]
Für den Vorzug des Begriffs der öffentlichen Einrichtung spricht außerdem, daß sich die kommunalen öffentlichen Einrichtungen aufgrund der in den Kommunalgesetzen vorgesehenen Benutzungsrechte als benutzbar erweisen und daher, sofern sie in der Rechtsform der Anstalt betrieben werden, in der Form der nutzbaren öffentlichen Anstalt auftreten.[456] Damit gewinnt das Benutzungsverhältnis im Zusammenhang mit dem kommunalen Einrichtungswesen entscheidende Bedeutung. Dieses ist durch die Kommunalgesetze umfassend normiert worden. Daher ist es unerheblich, ob die kommunale öffentliche Einrichtung eine Anstalt darstellt, die einem spezifischen Anstaltsrecht Geltung verschaffte[457], zumal dessen Existenz zweifelhaft erscheint[458] und es ist dem Vorschlag zu folgen, auf die „unglückliche Verknüpfung" der Anstalt im organisatorischen Sinn mit den Verwaltungsschuldverhältnissen bei der Benutzung öffentlicher Einrichtungen zu verzichten[459] und den geeigneteren Begriff der öffentlichen Einrichtung zu verwenden[460].
Dies gilt besonders für die vorliegende Untersuchung, da sie den Zusammenhang der Benutzung öffentlicher Einrichtungen der Gemeinden und Kreise behandelt.

---

454 Salzwedel, in: Erichsen, Allgemeines Verwaltungsrecht, 10. Auflage, § 40, Rdn. 1; Wolff/-Bachof/Stober, Verwaltungsrecht II, § 98, Rdn. 35.
455 Mohl, Die kommunalen öffentlichen Einrichtungen, 72f..
456 Erichsen, Jura 1986, 148 (152).
457 Rüfner, Die Verwaltung 1984, 19 (30); ders., DÖV 1985, 605 (608); Pappermann/Andriske/-Löhr, Recht der öffentlichen Sachen, 128.
458 Rüfner, Die Verwaltung 1984, 19 (31).
459 Rüfner, Die Verwaltung 1984, 19 (33); Berg, NJW 1985, 2294 (2301).
460 Lange, VVDStRL 44 (1986), 169 (187); ders., DVBl. 1985, 1223 (1223, LS. 13).

II. Das Verhältnis der öffentlichen Einrichtungen zu den wirtschaftlichen Unternehmen der Kommunen

Das Verhältnis der öffentlichen Einrichtungen zu den wirtschaftlichen Unternehmen zu untersuchen, ist geboten, da gemäß § 101 Abs. 1 SchlH GO in Verbindung mit § 57 SchlH KrO die Errichtung, Übernahme und wesentliche Erweiterung wirtschaftlicher Unternehmen der Kommunen nur zulässig sind, wenn der öffentliche Zweck das Unternehmen rechtfertigt (Nr. 1), das Unternehmen nach Art und Umfang in einem angemessenen Verhältnis zu der Leistungsfähigkeit der Kommunen und zum voraussichtlichen Bedarf steht (Nr. 2) und der Zweck nicht besser und wirtschaftlicher auf andere Weise erfüllt werden kann (Nr. 3). Möglicherweise müßte die öffentliche Einrichtung, wenn es sich bei ihr zugleich um ein wirtschaftliches Unternehmen handelte, daher neben den Tatbestandsmerkmalen der §§ 17 Abs. 1 SchlH GO, 17 Abs. 1 SchlH KrO u.a. auch die in § 101 Abs. 1 SchlH GO genannten Voraussetzungen aufweisen.

Als wirtschaftliche Betätigung der Kommunen in diesem Sinne gilt der Betrieb von Unternehmen, die als Hersteller, Anbieter oder Verteiler von Gütern und Dienstleistungen am Markt tätig werden, sofern die Leistung ihrer Art nach auch von einem Privatunternehmer mit der Absicht der Gewinnerzielung erbracht werden könnte.[461] Wesensmerkmal der wirtschaftlichen Unternehmen der Kommunen ist daher ihre Ertragsfunktion.[462]

Die Bestimmungen über die öffentlichen Einrichtungen und über die wirtschaftlichen Unternehmen überschneiden sich dadurch, daß beide der Verfolgung eines öffentlichen Zwecks dienen.
Während der öffentliche Zweck der öffentlichen Einrichtungen gemäß §§ 17 Abs. 1 SchlH GO, 17 Abs. 1 SchlH KrO u.a. in dem wirtschaftlichen, sozialen und kulturellen Wohl der Einwohner besteht, ist der öffentliche Zweck wirtschaftlicher Unternehmen der Gemeinden und Kreise gesetzlich nicht näher ausgestaltet. Jedenfalls orientiert sich der öffentliche Zweck wirtschaftlicher Unternehmen aber an der beispielsweise in § 1 Abs. 1 Satz 2 SchlH GO festgelegten Verpflichtung der Gemeinden, das Wohl ihrer Einwohner zu fördern.[463] Worin die Kommunen eine Förderung des allgemeinen Wohls sehen, ist hauptsächlich den Anschauungen und Entschließungen ihrer Organe überlassen und hängt von den örtlichen Verhältnissen, finanziellen Möglichkeiten der Gemeinde, Bedürfnissen der Ein-

---

[461] Badura, DÖV 1998, 818 (820); Schmidt-Aßmann, in: Schmidt-Aßmann, Besonderes Verwaltungsrecht, Erster Abschnitt, Rdn. 118.

[462] Frotscher, in: HdbkWPr, Band 3, 140.

[463] BVerwGE 39, 329 (334); Galette, Gemeindeordnung für Schleswig-Holstein, § 101, Rdn. 26; Siedentopf, Grenzen und Bindungen der Kommunalwirtschaft, 41; Stern, BayVBl. 1962, 129 (132).

wohnerschaft und anderen Faktoren ab.[464] Es ist nicht erforderlich, daß das Unternehmen Daseinsvorsorge betreibt.[465] Um einen öffentlichen Zweck in diesem Sinne handelt es sich jedoch nicht, wenn das einzige Ziel die Gewinnerzielung bildet.[466] Der öffentliche Zweck rechtfertigt also das Unternehmen, wenn dessen Dienstleistungen das Wohl der Einwohner fördern und nicht allein sein Ertrag oder seine Nebenwirkungen für die Beschäftigung oder die Auslastung des Gemeindepersonals oder der kommunalen Einrichtungen vorteilhaft sind.[467] Gegenstand des von den öffentlichen Einrichtungen und den wirtschaftlichen Unternehmen verfolgten öffentlichen Zwecks ist jeweils das Wohl der Einwohner. Zumindest hinsichtlich des Tatbestandsmerkmals des öffentlichen Zwecks besteht zwischen öffentlichen Einrichtungen und wirtschaftlichen Unternehmen der Kommunen folglich Deckungsgleichheit.

Dadurch, daß die wirtschaftlichen Unternehmen der Kommunen gemäß § 101 Abs. 2 Nr. 2 SchlH GO in Verbindung mit § 57 SchlH KrO das Tatbestandsmerkmal des öffentlichen Zwecks aufweisen, sind sie außerdem in den Zusammenhang der öffentlichen Verwaltung eingegliedert und von den typischen Formen fiskalischer Betätigung geschieden.[468]

Schmidt-Jortzig betrachtet den Begriff der öffentlichen Einrichtung daraufhin als Oberbegriff für alle organisatorisch dauerhaft und besonders verfaßten Leistungsbeziehungen zwischen der Kommune und ihren Bürgern[469] und das Unternehmen, als das er jede Betriebseinheit von gewisser organisatorischer Festigkeit, Dauer und Selbständigkeit versteht, der ein gegenüber dem allgemeinen Funktionszweck ihres Trägers irgendwie eigenes Wirkungsziel zukommt, als Unterrubrik der öffentlichen Einrichtung.[470] Dabei unterscheidet *Schmidt-Jortzig* zwischen wirtschaftlichen und nichtwirtschaftlichen Unternehmen.[471] Das wirtschaftliche Unternehmen soll sich durch das Element der Wertschöpfung, das in der Erzeugung, Bereitstellung oder dem Verkauf von Gütern oder Dienstleistungen zur Befriedigung materieller Bedürfnisse Dritter bestehe, und die Führung des Unternehmens nach der Art eines kaufmännischen Geschäftsbetriebes auszeichnen.[472]

---

464 BVerwGE 39, 329 (334).

465 BVerwGE 39, 329 (333).

466 Galette, Gemeindeordnung für Schleswig-Holstein, § 101, Rdn. 26; Schmidt-Jortzig, in: HdbkWPr, Band 5, 58.

467 Badura, DÖV 1998, 818 (821).

468 Köttgen, Gemeindliche Daseinsvorsorge und gewerbliche Unternehmerinitiative, 58; Stern, BayVBl. 1962, 129 (130, 132); ders., AfK 1964, 81 (98).

469 Schmidt-Jortzig, Kommunalrecht, Rdn. 650.

470 Schmidt-Jortzig, Kommunalrecht, Rdn. 664; ders., in: HdbkWPr, Band 5, 53.

471 Schmidt-Jortzig, Kommunalrecht, Rdn. 664.

472 Schmidt-Jortzig, in: HdbkWPr, Band 3, 54f..

Unzweifelhaft sind öffentliche Einrichtungen im Sinne der §§ 17 Abs. 1 SchlH GO, 17 Abs. 1 SchlH KrO u.a. regelmäßig in der Lage, zugleich die Voraussetzungen eines wirtschaftlichen Unternehmens nach § 101 SchlH GO zu erfüllen.[473] Insbesondere stehen sie der Benutzung durch Gemeinde- und Kreiseinwohner offen, und befriedigen deren wirtschaftliche Bedürfnisse[474], indem sie entweder wie Wasserversorgungsanlagen, Theater und Büchereien Güter bereitstellen oder sie wie Musikschulen und Sportanlagen Dienstleistungen anbieten.

Wesensgleichheit zwischen öffentlichen Einrichtungen und wirtschaftlichen Unternehmen kann jedoch nicht angenommen werden.[475] Die Unterscheidung ist bereits im Gesetz angelegt.
Gegen die Übereinstimmung öffentlicher Einrichtungen im Sinne der §§ 17, 18 SchlH GO und §§ 17, 18 SchlH KrO u.a. und wirtschaftlicher Unternehmen im Sinne des § 101 SchlH GO spricht, daß sie in unterschiedlichen Teilen bzw. Abschnitten der Kommunalgesetze normiert worden sind und diese unterschiedliche Zwecke verfolgen. Während der Teil „Einwohnerinnen und Einwohner, Bürgerinnen und Bürger" die Verwirklichung öffentlicher Aufgaben und die Garantie eines Leistungsanspruchs des Bürgers zum Gegenstand hat, dient der Teil „Gemeindewirtschaft" mit dem Abschnitt „Wirtschaftliche Betätigung und privatrechtliche Beteiligung der Gemeinden" der Gemeindeordnung bzw. der Teil „Haushalts- und Wirtschaftsführung" der Kreisordnung der Eingrenzung der kommunalen Tätigkeit im wirtschaftlichen Verkehr.[476]
Außerdem ist die überwiegende Anzahl öffentlicher Einrichtungen kraft gesetzlicher Fiktion gemäß § 101 Abs. 2 SchlH GO von den Anforderungen des § 101 Abs. 1 SchlH GO freigestellt. Als wirtschaftliche Unternehmen gelten danach nicht Unternehmen, zu denen die Kommunen gesetzlich verpflichtet sind (Nr. 1) und Einrichtungen des Bildungs-, Gesundheits- und Sozialwesens, der Kultur, des Sports, der Abfall- und Abwasserbeseitigung und Einrichtungen ähnlicher Art.

---

[473] VGH Mannheim, DÖV 1968, 179 (180), deutet an, daß wirtschaftliche Unternehmen der Gemeinden und Kreise auch öffentliche Einrichtungen darstellen können; OVG Lüneburg, NJW 1985, 2347 (2347); Bracker/Dehn, Gemeindeordnung für Schleswig-Holstein, § 17, Erl. 1. zu Abs. 1; Fischedick, Die Wahl der Benutzungsform kommunaler Einrichtungen, 3; Frotscher, in: HdbkWPr, Band 3, 140; Galette, Gemeindeordnung für Schleswig-Holstein, § 17, Rdn. 14; Gerke, Jura 1985, 349 (354); Lukas, BayVBl. 1973, 311 (312); Mohl, Die kommunalen öffentlichen Einrichtungen, 98f.; Schmidt-Aßmann, in: Schmidt-Aßmann, Besonderes Verwaltungsrecht, Erster Abschnitt, Rdn. 118; Waechter, Kommunalrecht, Rdn. 534.

[474] Vgl. Köttgen, Daseinsvorsorge und gewerbliche Unternehmerinitiative, 58f..

[475] Scholz, Das Wesen und die Entwicklung der gemeindlichen öffentlichen Einrichtungen, 99ff., 112ff. und 243, nach dem es sich im Bereich der Einrichtungsverwaltung um formelle Wirtschaft handelt, während die wirtschaftliche Betätigung der Kommunen materielle Wirtschaft, originär wirtschaftliche Funktionsweisen, darstellt.

[476] Foerster, VR 1978, 16 (20).

D. Erscheinungsformen öffentlicher Einrichtungen

Um den Gegenstand der Untersuchung der rechtlichen Ordnung der Benutzung öffentlicher Einrichtungen noch weiter zu veranschaulichen, soll der Blick abschließend auch auf die unterschiedlichen Aufgabenfelder gerichtet werden, auf denen öffentliche Einrichtungen heute agieren.
Öffentliche Einrichtungen werden dabei sowohl von Gemeinden und Kreisen betrieben als auch durch Bund und Länder zur Verfügung gestellt.
Für die Untersuchung der rechtlichen Ordnung der Benutzung öffentlicher Einrichtungen werden diese nicht-kommunalen Einrichtungen jedoch unberücksichtigt gelassen, da sie in geringerer Anzahl auftreten[477] und es in Bezug auf sie an einer ähnlich umfassenden Normierung der Rechtsverhältnisse wie in den Kommunalgesetzen der Länder fehlt.

I. Öffentliche Einrichtungen des Bundes und der Länder

Eine Auswahl von wenigen staatlichen Einrichtungen soll aber verdeutlichen, daß auch der Bund und die Länder öffentliche Einrichtungen zu Verfügung stellen.
Die ausgewählten Einrichtungen zeichnen sich sämtlich dadurch aus, daß sie einen Bestand an Personal- und Sachmitteln voraussetzen, einem öffentlichen Zweck dienen und der allgemeinen Benutzung nach vorheriger Zulassung offenstehen. Damit sind sie unter den zuvor definierten Begriff der öffentlichen Einrichtung zu subsumieren.

Zu den öffentlichen Einrichtungen des Bundes zählen die Deutsche Post AG und die Deutsche Bahn AG.
Um Postdienstleistungen handelt es sich nach § 4 Nr. 1 PostG bei der Beförderung von Briefsendungen, der Beförderung von adressierten Paketen, deren Einzelgewicht zwanzig Kilogramm nicht übersteigt, und der Beförderung von Büchern, Katalogen, Zeitungen oder Zeitschriften. Die Einzelheiten der Postbenutzung bestimmen sich nach einer Rechtsverordnung der Bundesregierung über Rahmenvorschriften für die Inanspruchnahme von Postdienstleistungen im Sinne des § 18 PostG vom 22. Dezember 1997[478].
Nach § 10 AEG vom 27. Dezember 1993[479] sind die öffentlichen Eisenbahnverkehrsunternehmen, die dem Personenverkehr dienen, zur Beförderung von Personen und Reisegepäck verpflichtet, wenn die Beförderungsbedingungen eingehalten werden, die Beförderung mit den regelmäßig verwendeten Beförderungsmitteln möglich ist und die Beförderung nicht durch Umstände verhindert wird, wel-

[477] Erbguth, VR 1982, 14 (16).
[478] BGBl. I 1997, 3294 (3298).
[479] BGBl. I 1993, 2378ff., Art. 5, 2396 (2399).

che das Eisenbahnverkehrsunternehmen nicht abwenden und denen es auch nicht abhelfen konnte.

Zu den öffentlichen Einrichtungen der Länder zählen zunächst die staatlichen Hochschulen im Sinne des § 1 HRG vom 9. April 1987[480], die Universitäten, Pädagogischen Hochschulen, Kunsthochschulen, Fachhochschulen und sonstigen Einrichtungen des Bildungswesens, die nach Landesrecht staatliche Hochschulen sind. Gemäß § 58 Abs. 1 HRG sind die Hochschulen als Körperschaften des öffentlichen Rechts organisiert und stellen staatliche Einrichtungen des Bildungswesens dar (§ 1 Satz 1 HRG), die entsprechend ihrer Aufgabenstellung der Pflege und der Entwicklung der Wissenschaften und der Künste durch Forschung, Lehre und Studium dienen und auf berufliche Tätigkeiten vorbereiten, die die Anwendung wissenschaftlicher Erkenntnisse und wissenschaftlicher Methoden oder die Fähigkeit zu künstlerischer Gestaltung erfordern (§ 2 Abs. 1 HRG). Der Besuch einer Hochschule zum Zwecke des Studiums steht jedem Deutschen offen, wenn er die für das Studium erforderliche Qualifikation nachweist (§ 27 Abs. 1 HRG), und jedem Staatsangehörigen eines Mitgliedstaates der Europäischen Union, wenn er die für das Studium erforderlichen Sprachkenntnisse nachweist (§ 27 Abs. 3 HRG). Der Studienbewerber bedarf nach §§ 27ff. HRG der Zulassung.

Rundfunkanstalten stellen öffentliche Einrichtungen dar, die sowohl vom Bund getragen werden können wie die Deutsche Welle als auch von den Ländern wie beispielsweise der Norddeutsche Rundfunk. Während die Deutsche Welle nach § 1 BRFG vom 29. November 1960[481] die Aufgabe hat, Rundfunksendungen für das Ausland über Kurzwelle zu veranstalten, die den Rundfunkteilnehmern ein umfassendes Bild des politischen, kulturellen und wirtschaftlichen Lebens in Deutschland vermitteln und ihnen die deutsche Auffassung zu wichtigen Fragen darstellen und erläutern sollen, dient der Norddeutsche Rundfunk gemäß § 1 NDR-StV vom 20. August 1980[482] der Veranstaltung von Rundfunksendungen in den Ländern Hamburg, Schleswig-Holstein, Niedersachsen und Mecklenburg-Vorpommern. Der Programmauftrag des Norddeutschen Rundfunks besteht nach § 5 Abs. 1 NDR-StV darin, den Rundfunkteilnehmern einen objektiven und umfassenden Überblick über das internationale, nationale und länderübergreifende Geschehen in allen wesentlichen Lebensbereichen zu geben. Sein Programm soll dabei der Information und Bildung sowie der Beratung und Unterhaltung dienen. Gemäß § 9 NDR-StV hat der Norddeutsche Rundfunk außerdem sicherzustellen, daß sein Sendegebiet gleichwertig versorgt wird. Den öffentlich-rechtlichen Rundfunkanstalten obliegt danach die Grundversorgung der Bürger.[483]

---

[480] BGBl. I 1987, 1170 (1172).
[481] BGBl. I 1961, 862 (863).
[482] SchlH GVBl. 1980, 302 (302).
[483] Hermann, Rundfunkrecht, § 10, Rdn. 30ff., 146.

Art. 5 Abs. 1 Satz 1 GG gewährt den Bürgern das Recht zum Empfang dieser Rundfunkprogramme. Demgegenüber regeln der Rundfunkgebührenstaatsvertrag (RfGebStV) und der Rundfunkfinanzierungsstaatsvertrag (RfFinStV) vom 31. August 1991[484] die Rechte und Pflichten der Rundfunkteilnehmer wie beispielsweise die Entrichtung von Rundfunkgebühren.

Die Bundeszentrale und die Landeszentralen für politische Bildung stellen ebenfalls öffentliche Einrichtungen des Bundes bzw. der Länder dar. Sie haben die Aufgabe, mit ihrer Arbeit überparteilich die Bereitschaft der Bürger zur aktiven Mitarbeit in Gesellschaft und Staat zu fördern. Dazu führen sie politische Bildungsveranstaltungen wie Seminare, Studienfahrten und Tagungen durch und geben Publikationen gegen Entrichtung einer Verwaltungsgebühr ab. Der Benutzerkreis, an den sich die Bundeszentrale und die Landeszentrale für politische Bildung richten, besteht aus Institutionen und Multiplikatoren der politischen Bildung wie Pädagogen, jugendlichen Funktionsträgern, Führungskräften der öffentlichen Verwaltung, Polizei und Justiz, Wirtschaft, Kirchen und Kultureinrichtungen, aus Funktionsträgern im vorpolitischen Bereich, Journalisten, Politikern und Ausbildern der Bundeswehr.

Unter den öffentlichen Einrichtungen des Bundes und der Länder befinden sich schließlich solche, die auch in kommunaler Trägerschaft bestehen, wie Bibliotheken, Archive und Museen. In der Trägerschaft des Bundes befinden sich beispielsweise die Bundesarchive in Berlin und Koblenz, das „Haus der Geschichte der Bundesrepublik Deutschland“ und die Kunst- und Ausstellungshalle der Bundesrepublik Deutschland in Bonn.
Durch das Land Schleswig-Holstein sind beispielsweise die Schleswig-Holsteinische Landesbibliothek in Kiel, das Landesarchiv Schleswig-Holstein in Schleswig und das Landesmuseum Schloß Gottorf in Schleswig eingerichtet worden.
Die Schleswig-Holsteinische Landesbibliothek in Kiel dient nach ihrer Benutzungsordnung[485] der Forschung und Lehre, der beruflichen und der allgemeinen Bildung. Ihre spezielle Aufgabe ist es, alles zu sammeln und für Forschung und Belehrung zur Verfügung zu stellen, was mit der Geschichte und Landeskunde Schleswig-Holsteins und der Nachbargebiete, vor allem Dänemarks zusammenhängt. Im besonderen sammelt sie die schleswig-holsteinische schöne Literatur (§ 1). Die Benutzung ist jedermann gestattet (§ 2 Satz 1).
Nach § 1 des Landesarchivgesetzes für Schleswig-Holstein in der Fassung der Bekanntmachung vom 11. August 1992[486] bilden öffentliche Archive das Gedächtnis eines Landes. Sie dienen der Forschung und Bildung, der Verwaltung

[484] SchlH GVBl. 1991, 596ff., Anlage, Art. 4, 5.
[485] Erlaß des Kultusministers vom 9. Februar 1967 - X 54 - 412/67 -.
[486] GVBl. 1992, 444 (444).

und Rechtssicherung und ermöglichen die Auseinandersetzung mit Geschichte, Kultur und Politik. Sie schützen das öffentliche Archivgut gegen Vernichtung und Zersplitterung. Das Landesarchiv hat die Aufgabe, die archivwürdigen Unterlagen der Behörden und Gerichte des Landes, ihrer besonderen Organisationseinheiten sowie ihrer Funktionsvorgänger und Rechtsvorgänger des Landes zu archivieren (§ 4 Abs. 2 LArchG). Das Landesarchiv ist gemäß §§ 1, 9 Abs. 1 LArchG der Öffentlichkeit für die Nutzung zugänglich.

II. Öffentliche Einrichtungen der Gemeinden und Kreise

Als öffentliche Einrichtungen der Gemeinden und Kreise bestehen, wie dargestellt[487], Wasserversorgungsanlagen, Anlagen der Abwasser- und Regenwasserkanalisation, Abfallentsorgungsanlagen, Plakattafeln für den Anschlag von Wahlplakaten durch Parteien und Wählervereinigungen, der Balkon eines Rathauses, der als Rednertribüne für politische Veranstaltungen und Versammlungen auf dem Rathausvorplatz dient, Stadthallen, profanierte Kirchen und Festplätze zur Durchführung von Veranstaltungen, Theater, Büchereien, Musikschulen, Stadtarchive, Sportanlagen, Schwimmbäder, Kinderspielplätze, Kindergärten, ein Unterkunftsverzeichnis, der Anzeigenteil einer städtischen Umweltfibel, der den in dem Ort ansässigen Personen und Unternehmen als Inserenten offensteht, Trauerhallen und Leichenkammern.
Um eine öffentliche Einrichtung handelt es sich auch bei der künstlichen Rinderbesamung, die die Gemeinde aufgrund ihrer gesetzlichen Verpflichtung aus dem Tierzuchtgesetz und den dazu ergangenen Verordnungen den Landwirten in der Gemeinde, die Rindvieh halten, zur Verfügung stellt.[488]

---

[487] Zweites Kapitel, § 2, A.I.1.a.aa.(2)(a).
[488] VGH Baden-Württemberg, ESVGH 22, 129 (130).

Drittes Kapitel

Die Benutzung öffentlicher Einrichtungen

Nach der Darstellung der rechtlichen und tatsächlichen Grundlagen des kommunalen Einrichtungswesens und der Konturierung der öffentlichen Einrichtung besteht Klarheit sowohl über den tatsächlichen und rechtlichen Rahmen, in dem sich diese Arbeit bewegt, als auch über deren Bezugsobjekt. Auf diesem Fundament kann nun der Hauptteil aufbauen, der sich im engeren Sinne der rechtlichen Ordnung der Benutzung öffentlicher Einrichtungen durch sachenrechtliche, kommunalrechtliche und anstaltliche Regelungen widmet. Angesichts der Ersetzung des Anstaltsbegriffs für den Bereich des Einrichtungswesens durch den Begriff der öffentlichen Einrichtung[489] sollten letztere aber konsequenterweise als einrichtungsspezifische Regelungen bezeichnet werden.
Sachenrechtliche Aspekte der Benutzung kommunaler öffentlicher Einrichtungen folgen dabei aus dem Sachbereich der Schaffung öffentlicher Einrichtungen durch den Widmungsakt. Kommunalrechtliche Normen betreffen die Verpflichtung zur Schaffung öffentlicher Einrichtungen und die Berechtigung zu ihrer Benutzung. Einrichtungsspezifische Regelungen kommen bei der Aufrechterhaltung des ordnungsgemäßen Einrichtungsbetriebes zum Tragen.

§ 1 Die Schaffung öffentlicher Einrichtungen als Grundlage der Benutzung

Der Sachbereich der Schaffung öffentlicher Einrichtungen umfaßt sowohl Fragen nach den Rechtsgrundlagen und als auch nach der Entstehung öffentlicher Einrichtungen in tatsächlicher und in rechtlicher Hinsicht.

A. Die Verpflichtung der Gemeinden und Kreise zur Schaffung öffentlicher Einrichtungen

Als Rechtsgrundlage kommt in erster Linie die in den Kommunalgesetzen der Länder begründete Verpflichtung der Gemeinden und Kreise in Betracht, in den Grenzen ihrer Leistungsfähigkeit die für das wirtschaftliche, soziale und kulturelle Wohl ihrer Einwohner erforderlichen öffentlichen Einrichtungen zu schaffen.[490]

---

[489] Zweites Kapitel, § 3, C.I.3..
[490] Zweites Kapitel, § 2, B.I..

I. Sprachliche Unterschiede der Rechtsgrundlagen in den Bundesländern

Diese Normen unterscheiden sich allerdings in ihrer Formulierung. Die Aufgabe der Gemeinden und Kreise, öffentliche Einrichtungen zu schaffen[491] beziehungsweise bereitzustellen[492], ist einerseits mit dem Modalverb „sollen" verbunden[493] oder explizit als Aufgabe bezeichnet[494], andererseits ist sie im Indikativ formuliert[495]. Verpflichtend wirkt jedoch jede dieser Regelungen. Die Normierung von Soll-Pflichten legt den Gemeinden und Kreisen die Erfüllung bestimmter Aufgaben zwar dringend nahe, sie bedeutet aber nicht, daß es sich bei ihnen um Pflichtaufgaben handelt.[496] Ihre Erfüllung genießt lediglich Vorrang vor der Erfüllung der sonstigen freien Selbstverwaltungsaufgaben.[497]
Auch hinsichtlich des Zwecks der gemeindlichen und kreislichen Verpflichtung bestehen unbedeutende sprachliche Unterschiede. Einerseits dienen die öffentlichen Einrichtungen dem wirtschaftlichen, sozialen und kulturellen Wohl der Einwohner[498] beziehungsweise den Einwohnern in wirtschaftlicher, sozialer und kultureller Hinsicht[499], andererseits dienen sie ihrer wirtschaftlichen, sozialen und kulturellen Betreuung[500].
Das Aufgabenfeld der öffentlichen Einrichtungen wird zum einen abstrakt als wirtschaftliches, soziales und kulturelles beschrieben[501], zum anderen werden

---

491 In Baden-Württemberg gemäß §§ 10 Abs. 2 Satz 1 GemO, 18 Abs. 1 Satz 1 KrO, in Bayern gemäß Art. 57 Abs. 1 Satz 1 GO, 51 Abs. 1 LKrO, in Nordrhein-Westfalen gemäß §§ 8 Abs. 1 GO, 6 Abs. 1 KrO, in Sachsen gemäß §§ 2 Abs. 1 GO, 2 Abs. 1 Satz 2 KrO, in Schleswig-Holstein gemäß §§ 17 Abs. 1 GO, 17 Abs. 1 KrO.

492 In Hessen gemäß §§ 19 Abs. 1 GO, 16 KO, in Niedersachsen gemäß § 2 Abs. 1 Satz 2 GO, in Sachsen-Anhalt gemäß §§ 2 Abs. 1 Satz 2 GO, 2 Abs. 2 LKO.

493 In Bayern gemäß Art. 57 Abs. 1 Satz 1 GO, 51 Abs. 1 LKrO.

494 In Hessen gemäß §§ 19 Abs. 1 GO, 16 KO.

495 In Baden-Württemberg gemäß §§ 10 Abs. 2 Satz 1 GemO, 16 Abs. 1 Satz 1 KrO, in Niedersachsen gemäß §§ 2 Abs. 1 Satz 2 GO, 17 Abs. 1 KrO, in Nordrhein-Westfalen gemäß §§ 8 Abs. 1 GO, 6 Abs. 1 KrO, in Sachsen gemäß §§ 2 Abs. 1 GO, 2 Abs. 1 Satz 2 KrO, in Sachsen-Anhalt gemäß §§ 2 Abs. 1 Satz 2 GO, 2 Abs. 2 LKO, in Schleswig-Holstein gemäß §§ 17 Abs. 1 GO, 17 Abs. 1 KrO.

496 Hölzl/Hien, Gemeindeordnung für den Freistaat Bayern, Art. 57, Erl. I.2f..

497 Hölzl/Hien, Gemeindeordnung für den Freistaat Bayern, Art. 57, Erl. I.3..

498 Nach §§ 10 Abs. 2 Satz 1 BadWürtt GemO, 16 Abs. 1 Satz 1 BadWürtt KrO, nach Art. 57 Abs. 1 Satz 1 Bay GO, Art. 51 Abs. 1 Bay LKrO, nach §§ 2 Abs. 1 Sächs GO, 2 Abs. 1 Satz 2 Sächs KrO.

499 Nach §§ 19 Abs. 1 Hess GO, 16 Hess KO, 2 Abs. 1 Satz 2 Nds GO, 17 Abs. 1 Nds KrO, 2 Abs. 1 Satz 2 SachsAnh GO, 2 Abs. 2 SachsAnh LKO.

500 Nach §§ 8 Abs. 1 NrW GO, 6 Abs. 1 NrW KrO, 17 Abs. 1 SchlH GO, 17 Abs. 1 SchlH KrO.

501 In Baden-Württemberg gemäß §§ 10 Abs. 2 Satz 1 GemO, 16 Abs. 1 Satz 1 KrO, in Hessen gemäß §§ 19 Abs. 1 GO, 16 KO, in Niedersachsen gemäß §§ 2 Abs. 1 Satz 2 GO, 17 Abs. 1 KrO, in Nordrhein-Westfalen gemäß §§ 8 Abs. 1 GO, 6 Abs. 1 KrO, in Sachsen gemäß §§ 2 Abs. 1 GO, 2 Abs. 1 Satz 2 KrO, in Sachsen-Anhalt gemäß §§ 2 Abs. 1 Satz 2 GO, 2 Abs. 2 LKO, in Schleswig-Holstein gemäß §§ 17 Abs. 1 GO, 17 Abs. 1 KrO.

zusätzlich einzelne Aufgaben besonders hervorgehoben wie die Feuersicherheit, die öffentliche Reinlichkeit, der öffentliche Verkehr, die Gesundheit, die Kultur- und Archivpflege[502]. Eine solche Enumeration bedingt jedoch nicht, daß die Verwirklichung einer außerhalb dieses Kreises liegenden Aufgabe durch eine öffentliche Einrichtung unzulässig wäre.[503]
Die Aufgabe der Schaffung öffentlicher Einrichtungen wird in den Kommunalgesetzen unterschiedlich normiert. Während einige Länder die Kommunen explizit zur Schaffung öffentlicher Einrichtungen verpflichten[504], schreiben Brandenburg, Mecklenburg-Vorpommern, das Saarland und Thüringen nur das Aufgabenfeld vor, auf dem öffentliche Einrichtungen ihren Platz hätten[505]. Rheinland-Pfalz begründet schließlich weder eine allgemeine Verpflichtung zur Schaffung öffentlicher Einrichtungen noch eine Verpflichtung zur Erfüllung spezieller Aufgaben, welche öffentlichen Einrichtungen obläge, sondern greift lediglich die gemeindliche bzw. kreisliche Selbstverwaltungsgarantie auf.[506] Ein Verzicht auf das kommunale Einrichtungswesen kann jedoch in diesen Regelungen nicht gesehen werden, da der Gesetzestext die Existenz öffentlicher Einrichtungen an anderer Stelle voraussetzt[507]. Mithin verpflichten alle Gesetzesvarianten die Gemeinden und Kreise zur Schaffung öffentlicher Einrichtungen.
Trotz der sprachlichen Unterschiede wird man daher die Gemeinden und Kreise jedes Bundeslandes als in gleicher Weise verpflichtet ansehen können, die für das wirtschaftliche, soziale und kulturelle Wohl der Einwohner erforderlichen öffentlichen Einrichtungen zu schaffen.

II. Tatbestandsmerkmale der Rechtsgrundlage

1. Adressat der Verpflichtung

Adressaten der Verpflichtung zur Schaffung öffentlicher Einrichtungen sind die Gemeinden und Kreise. Um der Verpflichtung nachzukommen, können sie sowohl in eigener Trägerschaft eine Einrichtung bereitstellen und als Zurechnungs-

---

[502] In Bayern gemäß Art. 57 Abs. 1 Satz 1 GO.

[503] Hölzl/Hien, Gemeindeordnung für den Freistaat Bayern, Art. 57, Erl. I.2..

[504] Baden-Württemberg, Bayern, Hessen, Niedersachsen, Nordrhein-Westfalen, Sachsen, Sachsen-Anhalt, Schleswig-Holstein.

[505] Brandenburg durch §§ 3 Abs. 2 GO, 2 Abs. 1 LKrO, Mecklenburg-Vorpommern durch §§ 2 Abs. 2, 89 Abs. 2 KV, das Saarland durch § 5 Abs. 2 KSVG, Thüringen durch §§ 2 Abs. 2, 87 Abs. 2 Satz 2 KO.

[506] §§ 2 Abs. 1 RhPf GemO, 2 Abs. 1 RhPf LKO.

[507] In Brandenburg in §§ 14 Abs. 1 GO, 13 Abs. 1 LKrO, in Mecklenburg-Vorpommern in §§ 14 Abs. 2, 99 Abs. 2 KV, im Saarland in §§ 19 Abs. 1, 152 Satz 1 KSVG, in Thüringen in §§ 14 Abs. 1, 96 Abs. 1 KO und in Rheinland-Pfalz in §§ 14 Abs. 2 GemO, 10 Abs. 2 LKO.

subjekt der durch die Benutzung begründeten Rechtsbeziehungen fungieren[508] als auch eine Einrichtung eines anderen Trägers ihren Zwecken unterstellen[509]. Entscheidend ist dann, daß den Gemeinden und Kreisen ein Einwirkungsrecht gegenüber dem Einrichtungsträger verbleibt, das die Verwirklichung des gegen sie bestehenden Anspruchs auf Benutzung der öffentlichen Einrichtung sicherstellt.[510] Gemeinden und Kreise sind jedoch nicht berechtigt, zivilrechtliche Verpflichtungen bezüglich der Schaffung öffentlicher Einrichtungen einzugehen, da ihnen diese Entscheidung in ihrer Eigenschaft als Träger öffentlicher Gewalt obliegt.[511]

Weil die öffentlichen Einrichtungen dem Wohl der Einwohner zu dienen bestimmt sind, muß die Verpflichtung der Gemeinden und Kreise zur Schaffung öffentlicher Einrichtungen als gegenüber der Allgemeinheit bestehend angesehen werden.[512] Mithin kann der Einzelne aus ihr keinen Anspruch ableiten.[513] Er ist nur aus einem Rechtsreflex begünstigt.[514] Die Anordnung der Verpflichtung zur Schaffung öffentlicher Einrichtungen in den Abschnitten „Einwohner und Bürger" der Kommunalgesetze[515] steht dem nicht entgegen. Sie verdeutlicht lediglich, daß diese Aufgabe im Interesse der Einwohner liegt und im Zusammenhang mit seiner Rechtsstellung steht.[516] Einen Anspruch des Einzelnen auf Schaffung einer öffentlichen Einrichtung wird man lediglich dann annehmen können, wenn Pflichtaufgaben der Gemeinden und Kreise auch in seinem Interesse bestehen.[517]

---

508 Erichsen, Jura 1986, 148 (150).

509 Erichsen, Jura 1986, 148 (150); Kunze/Bronner/Katz, Gemeindeordnung für Baden-Württemberg, § 10, Rdn. 16; Schlempp/Schlempp, Kommentar zur Hessischen Gemeindeordnung, § 19, Erl. VII.3..

510 Kunze/Bronner/Katz, Gemeindeordnung für Baden-Württemberg, § 10, Rdn. 16; Papier, Recht der öffentlichen Sachen, 28; Schlempp/Schlempp, Kommentar zur Hessischen Gemeindeordnung, § 19, Erl. VII.3..

511 RGZ 128, 146 (148); Galette, Gemeindeordnung für Schleswig-Holstein, § 17, Rdn. 32; Schlempp/Schlempp, Kommentar zur Hessischen Gemeindeordnung, § 19, Erl. I..

512 Galette, Gemeindeordnung für Schleswig-Holstein, § 17, Rdn. 32; Kunze/Bronner/Katz, Gemeindeordnung für Baden-Württemberg, § 10, Rdn. 14; Waechter, Kommunalrecht, Rdn. 566.

513 VGH Kassel, NJW 1979, 886 (887); OVG Rheinland-Pfalz, DVBl. 1985, 176 (177); OVG Münster, NVwZ-RR 1993, 318 (318); Bracker/Dehn, Gemeindeordnung für Schleswig-Holstein, § 17, Erl. 2. zu Abs. 1; Erichsen, Jura 1986, 148 (153); Gern, Deutsches Kommunalrecht, Rdn. 534; Kunze/Bronner/Katz, Gemeindeordnung für Baden-Württemberg, § 10, Rdn. 14; Pappermann, VR 1981, 84 (85); Stober, Kommunalrecht, 246; Waechter, Kommunalrecht, Rdn. 566.

514 Galette, Gemeindeordnung für Schleswig-Holstein, § 17, Rdn. 32; Kunze/Bronner/Katz, Gemeindeordnung für Baden-Württemberg, § 10, Rdn. 14.

515 In Baden-Württemberg, Hessen, Nordrhein-Westfalen und Schleswig-Holstein.

516 Kunze/Bronner/Katz, Gemeindeordnung für Baden-Württemberg, § 10, Rdn. 14.

517 Galette, Gemeindeordnung für Schleswig-Holstein, § 17, Rdn. 32; Gern, Deutsches Kommunalrecht, Rdn. 534; Kunze/Bronner/Katz, Gemeindeordnung für Baden-Württemberg, § 10, Rdn. 14; Pappermann, VR 1981, 84 (85).

2. Inhalt der Verpflichtung

a. Die Schaffung öffentlicher Einrichtungen

Die Aufgabe, zu deren Erfüllung die Gemeinden und Kreise verpflichtet werden, ist die Schaffung öffentlicher Einrichtungen. Zur Schaffung einer öffentlichen Einrichtung bedarf es ihrer tatsächlichen Herstellung, Widmung und Indienststellung.[518] Die tatsächliche Herstellung kann durch den Bau, die Unterhaltung oder den Betrieb sowohl eigener als auch von anderen Personen getragener Einrichtungen geschehen.[519]

Die Verpflichtung der Gemeinden und Kreise zur Schaffung öffentlicher Einrichtungen ist vor dem Hintergrund der Selbstverwaltungsgarantie nach Art. 28 Abs. 2 GG zu sehen, die ihnen die eigenverantwortliche Entscheidung über Art und Ausmaß ihrer Betätigung gestattet.[520] Die Verpflichtung gibt den Gemeinden und Kreisen daher nicht im einzelnen vor, welche öffentlichen Einrichtungen sie zu schaffen haben, sondern benennt nur Aufgabenfelder.[521] Mithin entscheiden Gemeinden und Kreise über die Schaffung öffentlicher Einrichtungen nach pflichtgemäßem Ermessen.[522]
Das Ermessen der Gemeinden und Kreise soll sich nicht nur auf die Auswahl der zur Verfügung zu stellenden öffentlichen Einrichtungen erstrecken, sondern auch auf die Entscheidung über ihren Fortbestand.[523] Dafür spricht, daß man den Fortbestand als „minus" gegenüber der Neuschaffung einer öffentlichen Einrichtung ansehen kann. Diese Ansicht belegt ferner Art. 57 Abs. 1 Bay GO, der nicht nur die Schaffung, sondern auch die Erhaltung der öffentlichen Einrichtungen regelt und sie damit in das pflichtgemäße Ermessen der Gemeinden stellt.
Jedoch muß eine Ermessensreduzierung auf Null angenommen werden, wenn Gemeinden und Kreise es an den Voraussetzungen einer ordnungsgemäßen Ver-

---

[518] Erbguth, VR 1982, 14 (16); Schlempp/Schlempp, Kommentar zur Hessischen Gemeindeordnung, § 19, Erl. VII.1..

[519] Schlempp/Schlempp, Kommentar zur Hessischen Gemeindeordnung, § 19, Erl. VII.3..

[520] OVG Rheinland-Pfalz, DVBl. 1985, 176 (177); Galette, Gemeindeordnung für Schleswig-Holstein, § 17, Rdn. 31; Rehn/Cronauge/von Lennep, Gemeindeordnung für das Land Nordrhein-Westfalen, § 8, Erl. I.1..

[521] Hölzl/Hien, Gemeindeordnung für den Freistaat Bayern, Art. 57, Erl. I.2..

[522] Galette, Gemeindeordnung für Schleswig-Holstein, § 17, Rdn. 27; Gern, Deutsches Kommunalrecht, Rdn. 533; Kunze/Bronner/Katz, Gemeindeordnung für Baden-Württemberg, § 10, Rdn. 13.

[523] Galette, Gemeindeordnung für Schleswig-Holstein, § 17, Rdn. 31.

waltung fehlen ließen.[524] Das wäre dann der Fall, wenn ein Mindeststandard an gemeindlichen Leistungen der Daseinsvorsorge nicht gewährt wäre.[525]
Ausgeschlossen ist ein Ermessen der Gemeinden und Kreise, wenn es sich um die Schaffung öffentlicher Einrichtungen handelt, die Gegenstand einer Pflichtaufgabe sind.[526] Diese Aufgabe muß unter Zurückstellung anderer für wichtig befundener Vorhaben und durch intensive Nutzung der finanziellen Mittel verwirklicht werden.[527]

b. Die wirtschaftliche, soziale und kulturelle Betreuung der Einwohner

Die von den Gemeinden und Kreisen zu schaffenden öffentlichen Einrichtungen dienen der wirtschaftlichen, sozialen und kulturellen Betreuung der Einwohner.
Um Einrichtungen mit wirtschaftlichem Zweck handelt es sich bei Wasser- und Energieversorgungsanlagen, bei der Abfallentsorgung, Verkehrsunternehmen und Wohnungsbauunternehmen.[528] Einrichtungen zur sozialen Betreuung bilden Krankenhäuser, Kindertagesstätten und Altenheime.[529] Zu den kulturellen Einrichtungen rechnen Schulen, Volkshochschulen, Büchereien und Museen.[530]

c. Die Erforderlichkeit der öffentlichen Einrichtung

Die Verpflichtung der Gemeinden und Kreise aktualisiert sich, wenn sich eine öffentliche Einrichtung als für die wirtschaftliche, soziale oder kulturelle Betreuung der Einwohner erforderlich erweist.
Eine Vorrangstellung unter den erforderlichen öffentlichen Einrichtungen ist aber mit der in den Kommunalgesetzen gewählten Rangfolge, beispielsweise der wirtschaftlichen vor den sozialen und kulturellen Aufgaben, nicht begründet.[531]
Der Begriff der Erforderlichkeit stellt einen unbestimmten Rechtsbegriff dar, der den Kommunen jedoch keinen Ermessensspielraum einräumt.[532]

---

[524] Galette, Gemeindeordnung für Schleswig-Holstein, § 17, Rdn. 30; Kunze/Bronner/Katz, Gemeindeordnung für Baden-Württemberg, § 10, Rdn. 13.

[525] Galette, Gemeindeordnung für Schleswig-Holstein, § 17, Rdn. 30.

[526] Bracker/Dehn, Gemeindeordnung für Schleswig-Holstein, § 17, Erl. 2. zu Abs. 1; Galette, Gemeindeordnung für Schleswig-Holstein, § 17, Rdn. 31; Gern, Deutsches Kommunalrecht, Rdn. 533; Kunze/Bronner/Katz, Gemeindeordnung für Baden-Württemberg, § 10, Rdn. 13.

[527] Galette, Gemeindeordnung für Schleswig-Holstein, § 17, Rdn. 31; Kunze/Bronner/Katz, Gemeindeordnung für Baden-Württemberg, § 10, Rdn. 13.

[528] Bracker/Dehn, Gemeindeordnung für Schleswig-Holstein, § 17, Erl. 3. zu Abs. 1.

[529] Bracker/Dehn, Gemeindeordnung für Schleswig-Holstein, § 17, Erl. 3. zu Abs. 1.

[530] Bracker/Dehn, Gemeindeordnung für Schleswig-Holstein, § 17, Erl. 3. zu Abs. 1.

[531] Hölzl/Hien, Gemeindeordnung für den Freistaat Bayern, Art. 57, Erl. I.4..

[532] Galette, Gemeindeordnung für Schleswig-Holstein, § 17, Rdn. 27.

Ob sich eine Einrichtung als erforderlich erweist, bestimmt sich nach den örtlichen Bedürfnissen[533], ein Aspekt, den das Land Bayern in Art. 57 Abs. 1 GO, 51 Abs. 1 LKrO normiert hat[534]. Der Aspekt der örtlichen Verhältnisse berücksichtigt, daß wegen der unterschiedlichen Größe, Lage und Struktur der einzelnen Kommunen keine einheitlichen Anforderungen an die Versorgung mit öffentlichen Einrichtungen gestellt werden können.[535] In die Bewertung der örtlichen Bedürfnisse sind in der Nachbarschaft bestehende öffentliche Einrichtungen einzubeziehen[536], die durch Zurücklegung eines geringen Weges aufgesucht werden können und damit das Bedürfnis der Gemeindeeinwohner nach dieser Art von Einrichtungsleistungen befriedigen, ohne daß es dieser in der eigenen Gemeinde bedürfte.
Das Merkmal der Erforderlichkeit einer öffentlichen Einrichtung kann auch entfallen, wenn die in den Kommunalgesetzen vorgesehene[537] Möglichkeit besteht, daß die öffentliche Einrichtung von einer anderen Person getragen wird.[538]
Die Anknüpfung an das Merkmal der Erforderlichkeit steht einer Schaffung von öffentlichen Einrichtungen, die lediglich als wünschenswert bewertet werden können, jedoch nicht entgegen.[539]

3. Grenze der Verpflichtung

Die Verpflichtung der Gemeinden und Kreise zur Schaffung öffentlicher Einrichtungen besteht nur in den Grenzen ihrer Leistungsfähigkeit. Den Grund für diese Begrenzung bildet die Regelung des § 75 Abs. 1 Satz 1 SchlH GO, nach dem Gemeinden und Kreise ihre Haushaltswirtschaft so zu planen haben, daß die stetige Erfüllung ihrer Aufgaben gesichert ist.[540]
Die Leistungsfähigkeit der Gemeinden und Kreise beurteilt sich nicht allein danach, ob sie in der Lage sind, die Investitionen zu tätigen, die mit der Errichtung einer öffentlichen Einrichtung verbunden sind, sondern auch danach, ob sie die

---

533 Galette, Gemeindeordnung für Schleswig-Holstein, § 17, Rdn. 27; Gern, Deutsches Kommunalrecht, Rdn. 533.
534 Nach Art. 57 Abs. 1 GO sind die öffentlichen Einrichtungen „nach den örtlichen Verhältnissen“ erforderlich, nach Art. 51 Abs. 1 LKrO sind sie „nach den Verhältnissen des Kreisgebiets“ erforderlich.
535 Hölz/Hien, Gemeindeordnung für den Freistaat Bayern, Art. 57, Erl. I.4..
536 Galette, Gemeindeordnung für Schleswig-Holstein, § 17, Rdn. 27.
537 § 2 Abs. 1 Satz 2 SchlH GO.
538 Galette, Gemeindeordnung für Schleswig-Holstein, § 17, Rdn. 29.
539 Hölzl/Hien, Gemeindeordnung für den Freistaat Bayern, Art. 57, Erl. I.2..
540 Galette, Gemeindeordnung für Schleswig-Holstein, § 17, Rdn. 28.

mit dem Betrieb der öffentlichen Einrichtung verbundenen Folgekosten, hervorgerufen beispielsweise durch Personal- und Sachaufwendungen, tragen können.[541]

B. Die Errichtung öffentlicher Einrichtungen durch Bürgerentscheid und Bürgerbegehren

Die Errichtung einer gemeindlichen öffentlichen Einrichtung kann außerdem auf einem entsprechenden Bürgerentscheid oder Bürgerbegehren beruhen.
Diese Möglichkeit sehen die Kommunalgesetze mehrerer Bundesländer ausdrücklich vor.[542] Bürgerentscheid und Bürgerbegehren können sich dabei sowohl auf die Errichtung als auch auf die wesentliche Erweiterung oder die Auflösung einer öffentlichen Einrichtung beziehen.
Andere Bundesländer lassen weniger spezifiziert einen Bürgerentscheid oder ein Bürgerbegehren über eine Gemeindeangelegenheit zu[543], wodurch aber ebenfalls die Möglichkeit der Schaffung einer öffentlichen Einrichtung besteht[544].

I. Bedeutung der unmittelbardemokratischen Instrumente in den Kommunalgesetzen

Bürgerentscheid und Bürgerbegehren zählen zu den Instrumenten unmittelbarer Demokratie auf kommunaler Ebene, die nach dem Vorbild Baden-Württembergs, das Bürgerentscheide bereits 1955 durch § 21 GemO zuließ und diese Regelung 1975 modifizierte, inzwischen jedes Bundesland zur Verfügung stellt.

Die zahlreichen Instrumente unmittelbarer Demokratie unterscheiden sich nach der Mitwirkungsintensität in Formen der Bürgerbeteiligung ohne Entscheidungsrecht wie die Unterrichtung der Einwohner[545], die Einwohnerversammlung[546], die

---

[541] Bracker/Dehn, Gemeindeordnung für Schleswig-Holstein, § 17, Erl. 2. zu Abs. 1; Galette, Gemeindeordnung für Schleswig-Holstein, § 17, Rdn. 28.

[542] In Baden-Württemberg § 21 Abs. 1 Satz 1 und 2 Nr. 1, Abs. 3 GemO, in Mecklenburg-Vorpommern § 20 Abs. 1 Satz 1, Abs. 2 Nr. 4, Abs. 5 Satz 1 KV, in Rheinland-Pfalz § 17a Abs. 1 Satz 1 und 2 Nr. 1 GemO, in Sachsen-Anhalt §§ 25 Abs. 1, 26 Abs. 1 und 2 Nr. 1 GO, in Schleswig-Holstein § 16g Abs. 1 Satz 1 und 2 Nr. 2, Abs. 3 Satz 1 GO.

[543] In Bayern Art. 18a Abs. 1, 2 GO, in Brandenburg § 20 Abs. 1 Satz 1 GO, in Niedersachsen § 22b Abs. 1, Abs. 3 Satz 1 GO, in Nordrhein-Westfalen § 26 Abs. 1 GO, in Sachsen §§ 24 Abs. 1 und 2, 25 Abs. 1 GO, in Thüringen § 17 Abs. 1 Satz 1 KO.

[544] VGH Kassel, NVwZ 1994, 396f.; ders., NVwZ-RR 1996, 409f.; ders., NVwZ 1997, 310f.; Muckel, NVwZ 1997, 223 (225).

[545] § 16a SchlH GO.

[546] § 16b SchlH GO.

Einwohnerfragestunde[547], die Möglichkeit zu Anregungen und Beschwerden[548] und den Einwohnerantrag[549] und in Formen der Bürgerbeteiligung mit Entscheidungsbefugnissen. Die Entscheidungsbefugnisse können sich wie bei dem Bürgerbegehren[550] auf Verfahrensfragen beziehen oder wie bei dem Bürgerentscheid[551] auf Sachfragen. Eine Bürgerbeteiligung mit Entscheidungsbefugnissen in Personalfragen stellt die Wahl des Bürgermeisters[552] dar.[553]

Formen der unmittelbaren Demokratie, die den Bürgern Entscheidungsrechte gewähren, durchbrechen den in Art. 28 Abs. 1 Satz 2 GG festgelegten Grundsatz der repräsentativen Demokratie.[554] Bürgerliche Mitwirkungsrechte sind aber gerade auf der Ebene der Gemeinden sinnvoll, da die dort anfallenden Probleme zum einen überschaubar und die Bürger zum anderen von ihnen direkt betroffen und daher zu einer sachangemessenen Entscheidung in der Lage sind.[555]
Hinter den Formen der unmittelbaren Demokratie steht das Bedürfnis nach einer stärkeren, aktiven Einbeziehung der Bürger in die Verwaltung ihrer Gemeinde[556], durch die die kommunale Selbstverwaltung letztlich gestärkt wird.[557] Gerade Bürgerentscheid und Bürgerbegehren sind geeignet, das Interesse der Bürger an der Verwaltung der örtlichen Angelegenheiten zu fördern.[558] Durch den Bürgerentscheid erlangen kommunale Entscheidungen außerdem einen erheblich höheren Legitimationswert. In ihnen verkörpert sich direkt der Wille der Gemeindebürger anstatt durch die Gemeindevertreter, die diesen Willen oft nur vermuten können, lediglich vermittelt zu werden.[559] Ob der unmittelbardemokratisch getroffenen

---

547 § 16c SchlH GO.
548 § 16e SchlH GO.
549 § 16f SchlH GO.
550 § 16g Abs. 3, 4 und 5 SchlH GO.
551 § 16g Abs. 1, 2, 6, 7 und 8 SchlH GO.
552 § 57 Abs. 1 SchlH GO.
553 Waechter, Kommunalrecht, Rdn. 274.
554 Kunze/Bronner/Katz, Gemeindeordnung für Baden-Württemberg, § 21, Rdn. 1.
555 Von Arnim, DÖV 1990, 85 (90); Hager, VerwArch 84 (1993), 97 (97); Muckel, NVwZ 1997, 223 (227).
556 Kunze/Bronner/Katz, Gemeindeordnung für Baden-Württemberg, § 21, Rdn. 1; Meißner, in: Kühne/Meißner, Züge unmittelbarer Demokratie in der Gemeindeverfassung, 165.
557 Galette, Gemeindeordnung für Schleswig-Holstein, Vor §§ 16a-16g, Rdn. 20; Meißner, in: Kühne/Meißner, Züge unmittelbarer Demokratie in der Gemeindeverfassung, 166; Muckel, NVwZ 1997, 223 (227).
558 Hager, VerwArch 84 (1993), 97 (97f.); Kunze/Bronner/Katz, Gemeindeordnung für Baden-Württemberg, § 21, Rdn. 1.
559 Galette, Gemeindeordnung für Schleswig-Holstein, Vor §§ 16a-16g, Rdn. 18.

Entscheidung damit ein demokratisch höherer Wert zukommt[560], erscheint dagegen fraglich[561]. Schließlich kann die Möglichkeit, daß die Gemeindebürger Bürgerbegehren und Bürgerentscheide durchführen, die Gemeindevertreter zu mehr Aufmerksamkeit gegenüber den Bedürfnissen ihrer Wähler anhalten[562] und einem Mißbrauch ihrer Macht vorbeugen[563]. Beteiligungsformen wie die Unterrichtung der Einwohner, die Einwohnerversammlung, die Einwohnerfragestunde und die Möglichkeit zu Anregungen und Beschwerden fördern ebenfalls den Dialog zwischen den Gemeindeorganen und den Einwohnern, sorgen für eine bessere Information der Gemeindeorgane und verbessern deren Entscheidungsgrundlagen.[564] Außerdem stellen die §§ 16a-16g SchlH GO u.a. Verfahren zur Verfügung, in deren Rahmen der Bürgerwille effektiver, geordneter und friedlicher als beispielsweise durch Bürgerinitiativen artikuliert werden kann.[565]

Um einen Nachteil, der mit der Ausübung unmittelbardemokratischer Befugnisse verbunden ist, handelt es sich demgegenüber bei dem Einfluß- und Machtverlust der Gemeindevertreter, den diese durch Formen der Bürgerbeteiligung, bei denen die Entscheidungsbefugnisse von der Gemeindevertretung auf die Gemeindebürger übergehen, erleiden.[566] Durch die Einbeziehung der Bürger in die Selbstverwaltung, insbesondere wenn diese einen Beschluß der Gemeindevertretung gemäß § 16g Abs. 3 Satz 3 SchlH GO u.a. mit einem Bürgerbegehren angreifen, kann es außerdem zu Verzögerungen bei den kommunalen Entscheidungen und zu administrativen Effektivitätsverlusten kommen.[567] Auch die Entscheidungsqualität kann abnehmen, da den entscheidungsbefugten Bürgern oft die Zeit, sich intensiv mit dem zu entscheidenden Sachverhalt auseinanderzusetzen, und die Sachkunde

---

560 Von Arnim, DÖV 1990, 85 (91, 97); Hendler, Vorzüge und Nachteile verstärkter Bürgerbeteiligung auf kommunaler Ebene, in: Aktuelle Entwicklungen, 101 (108), attestiert ihr einen „kaum zu überbietenden Legitimationswert".

561 Burkhardt, Die rechtliche Ordnung des Bürgerentscheids, Bürger- und Ratsbegehrens, 33ff.; Galette, Gemeindeordnung für Schleswig-Holstein, Vor §§ 16a-16g, Rdn. 33; Waechter, Kommunalrecht, Rdn. 271.

562 Galette, Gemeindeordnung für Schleswig-Holstein, Vor §§ 16a-16g, Rdn. 36; Kunze/Bronner/Katz, Gemeindeordnung für Baden-Württemberg, § 21, Rdn. 1; Meißner, in: Kühne/Meißner, Züge unmittelbarer Demokratie in der Gemeindeverfassung, 166; Waechter, Kommunalrecht, Rdn. 272.

563 Kunze/Bronner/Katz, Gemeindeordnung für Baden-Württemberg, § 21, Rdn. 1.

564 Galette, Gemeindeordnung für Schleswig-Holstein, Vor §§ 16a-16g, Rdn. 20.

565 Galette, Gemeindeordnung für Schleswig-Holstein, Vor §§ 16a-16g, Rdn. 21; Kunze/Bronner/Katz, Gemeindeordnung für Baden-Württemberg, § 21, Rdn. 1; Muckel, NVwZ 1997, 223 (227); Wehling, AfK 1989, 110 (113).

566 Galette, Gemeindeordnung für Schleswig-Holstein, Vor §§ 16a-16g, Rdn. 28; Meißner, in: Kühne/Meißner, Züge unmittelbarer Demokratie in der Gemeindeverfassung, 181f..

567 Erbguth, DÖV 1995, 793 (802); Galette, Gemeindeordnung für Schleswig-Holstein, Vor §§ 16a-16g, Rdn. 22; Hendler, Vorzüge und Nachteile verstärkter Bürgerbeteiligung auf kommunaler Ebene, in: Aktuelle Entwicklungen, 101 (108); Muckel, NVwZ 1997, 223 (227).

fehlen werden, über die Gemeindeorgane verfügen, da ihnen ein spezieller Ausschuß zur Seite steht.[568]
Niedrige Quoren bei der Bürgerbeteiligung können bewirken, daß aktive, lautstarke oder demagogisch begabte Minderheiten die kommunalen Entscheidungen diktieren, so daß diese nicht den wirklichen Bürgerwillen repräsentieren.[569] Aufgrund der Möglichkeit nach § 16g Abs. 1 Satz 1 SchlH GO u.a., durch eigenen Beschluß die Durchführung eines Bürgerentscheides anzuberaumen, kann sich die Gemeindevertretung andererseits in erheblichem Umfang ihrer Verantwortung entziehen.[570] Zu einem Mißbrauch dieses Instrumentes kann es auch kommen, wenn unterlegene Gemeindevertreter versuchen, Abstimmungsniederlagen im Wege eines Bürgerentscheids umzukehren. Darunter litten dann Akzeptanz und Ansehen der neugeschaffenen Bürgerbeteiligungsregelungen.[571]

Trotz der Gefahren, die die unmittelbardemokratischen Instrumente der einzelnen Kommunalgesetze in sich bergen, belegen die praktischen Erfahrungen aber deren Attraktivität und überwiegt nach allgemeiner Ansicht ihr Nutzen.[572]

II. Voraussetzungen und Verfahren des Bürgerentscheids und des Bürgerbegehrens

Um einen Bürgerentscheid handelt es sich, wenn die Bürger der Gemeinde über eine Gemeindeangelegenheit selbst entscheiden.
Den Gegenstand des Bürgerbegehrens bildet immer eine Selbstverwaltungsaufgabe[573], eine Gemeindeangelegenheit[574] bzw. eine Angelegenheit des eigenen Wirkungskreises[575]. Einige Kommunalgesetze stellen zusätzliche Anforderungen dergestalt, daß die Angelegenheit der Entscheidungsbefugnis der Gemeindevertretung unterliegen[576] oder eine wichtige Gemeindeangelegenheit darstellen muß[577].

---

568 Erbguth, DÖV 1995, 793 (800); ders., Verstärkung der Elemente unmittelbarer Bürgerbeteiligung auf kommunaler Ebene, in: Aktuelle Entwicklungen, 115 (131); Galette, Gemeindeordnung für Schleswig-Holstein, Vor §§ 16a-16g, Rdn. 23.

569 Galette, Gemeindeordnung für Schleswig-Holstein, Vor §§ 16a-16g, Rdn. 24.

570 Galette, Gemeindeordnung für Schleswig-Holstein, Vor §§ 16a-16g, Rdn. 29.

571 Galette, Gemeindeordnung für Schleswig-Holstein, Vor §§ 16a-16g, Rdn. 30.

572 Erbguth, DÖV 1995, 793 (802); Galette, Gemeindeordnung für Schleswig-Holstein, Vor §§ 16a-16g, Rdn. 35; Hager, VerwArch 84 (1993), 97 (118).

573 Gemäß § 16g Abs. 1, 3 SchlH GO.

574 Gemäß §§ 21 Abs. 1, 3 BadWürtt GemO, 20 Abs. 1 Bran GO, 8b Abs. 1 Hess GO, 26 Abs. 1 NrW GO, 17a Abs. 1 RhPf GemO, 24 Abs. 1 Sächs GO, 25 Abs. 1 Satz 1 und 26 Abs. 1, 2 SachsAnh GO.

575 Gemäß Art. 18a Abs. 1, 2 Bay GO, §§ 20 Abs. 1 MV KV, 22b Abs. 3 Satz 1 Nds GO, 17 Abs. 1 Satz 1 Thür KO.

576 §§ 20 Abs. 1 Satz 4 MV KV, 22b Abs. 3 Satz 1 Nds GO, 24 Abs. 2 Satz 1 Sächs GO.

Sofern der Bürgerentscheid eine wichtige Selbstverwaltungsaufgabe voraussetzt, nennt das Gesetz teilweise in einem Positivkatalog Regelbeispiele wie die Errichtung, die wesentliche Erweiterung und die Auflösung einer öffentlichen Einrichtung, die den Einwohnern zu dienen bestimmt ist. Das Erfordernis der wichtigen Selbstverwaltungsaufgabe stellt nach einer Ansicht sicher, daß der dem Bürgerbegehren und dem Bürgerentscheid unterliegende Gegenstand für die Entwicklung der Gemeinde bedeutsam ist, insbesondere hinsichtlich der Gemeindefinanzen und der Gemeindewirtschaft.[578] Nach anderer Auffassung muß sich der Gegenstand als derart bedeutend darstellen, daß er dem Beschluß der Gemeindevertretung unterläge. Das soll der Fall sein, wenn das Abweichen vom Grundsatz der repräsentativen Demokratie und die Durchführung des mit Aufwand verbundenen Bürgerbegehrens und Bürgerentscheids gerechtfertigt wären.[579]
Jedes Bundesland hat ferner einen Katalog von Gegenständen geschaffen, die einem Bürgerentscheid entzogen sind.
Der Bürgerentscheid kann aufgrund eines Beschlusses der Gemeindevertretung oder aufgrund eines Bürgerbegehrens stattfinden, der einen Antrag der Bürgerschaft darstellt. Nicht in jedem Bundesland sind jedoch beide Varianten zugelassen.

Das Bürgerbegehren ist an zahlreiche Voraussetzungen geknüpft. Es darf regelmäßig nur Selbstverwaltungsaufgaben betreffen, über die in den vergangenen zwei[580] bzw. drei[581] Jahren nicht bereits ein Bürgerentscheid stattgefunden hat. Richtet sich das Bürgerbegehren gegen einen Beschluß der Gemeindevertretung, muß es binnen einer bestimmten Frist nach Bekanntgabe des Beschlusses eingereicht werden, die je nach Bundesland variiert.[582] Anforderungen an die Form des Bürgerbegehrens betreffen die schriftliche Abfassung, die Formulierung der zur Entscheidung zu bringenden Frage, die so gestellt sein muß, daß sie mit „ja" oder „nein" beantwortet werden kann, und die Begründung des Bürgerbegehrens. Da-

---

577 §§ 21 Abs. 1 Satz 1 BadWürtt GemO, 8b Abs. 1 Hess GO, 20 Abs. 1 Satz 1 MV KV, 17a Abs. 1 RhPf GemO, 25 Abs. 1 Satz 1 und 26 Abs. 1 SachsAnh GO, 16g Abs. 1 Satz 1 SchlH GO, 17 Abs. 1 Satz 1 Thür KO.

578 Galette, Gemeindeordnung für Schleswig-Holstein, § 16g, Rdn. 14.

579 OVG Greifswald, NVwZ 1997, 306 (307f.).

580 §§ 20 Abs. 5 Satz 1 MV KV, 16g Abs. 3 Satz 2 SchlH GO.

581 §§ 21 Abs. 3 Satz 2 BadWürtt GemO, 8b Abs. 4 Satz 1 Hess GO, 17a Abs. 4 Satz 1 RhPf GemO, 25 Abs. 1 Satz 3 Sächs GO, 25 Abs. 1 Satz 2 SachsAnh GO.

582 In Baden-Württemberg (§ 21 Abs. 3 Satz 3 GemO) und in Schleswig-Holstein (§ 16g Abs. 3 Satz 3 GO) beträgt die Frist vier Wochen, in Thüringen (§ 17 Abs. 1 Satz 3 KO) beträgt die Frist einen Monat und in Brandenburg (§ 20 Abs. 1 Satz 2 GO), in Hessen (§ 8b Abs. 3 Satz 1 GO), in Mecklenburg-Vorpommern (§ 20 Abs. 5 Satz 2 KV), in Nordrhein-Westfalen (§ 26 Abs. 3 Satz 1 GO) und in Sachsen-Anhalt (§ 25 Abs. 2 Satz 5 GO) sechs Wochen. In Rheinland-Pfalz (§ 17a Abs. 3 Satz 1 GemO) und in Sachsen (§ 25 Abs. 2 Satz 3 GO) besteht eine Frist von zwei Monaten, in Niedersachsen (§ 22b Abs. 5 Satz 3 GO) eine Frist von drei Monaten.

neben muß das Bürgerbegehren regelmäßig einen nach den gesetzlichen Bestimmungen durchführbaren Vorschlag zur Deckung der Kosten der beantragten Maßnahme enthalten. Das Bürgerbegehren muß von einer bestimmten, landesrechtlich unterschiedlichen Anzahl von Bürgern unterzeichnet sein. Das Quorum kann ein feststehendes[583] oder ein nach Gemeindegrößen gestaffeltes[584] sein. Über die Zulässigkeit des Bürgerbegehrens entscheidet in Schleswig-Holstein die Kommunalaufsichtsbehörde, während in Baden-Württemberg, Brandenburg, Hessen, Mecklenburg-Vorpommern, Nordrhein-Westfalen, Rheinland-Pfalz, Sachsen, Sachsen-Anhalt und Thüringen die Gemeindevertretung und in Niedersachsen der Verwaltungsausschuß entscheiden. Bereits nach der Einreichung eines Teils der Unterschriften[585] oder nach der Entscheidung über die Zulässigkeit[586] kann die Gemeindevertretung gehindert sein, eine der Absicht des Bürgerbegehrens entgegenstehende Entscheidung zu treffen oder zu vollziehen.

Vor der Durchführung des Bürgerentscheids muß den Bürgern die in den Reihen der Gemeindevertretung zu dieser Angelegenheit vertretene Auffassung dargelegt werden.
Der Bürgerentscheid hat Erfolg, wenn die Mehrheit in seinem Sinne entschieden hat, sofern die Mehrheit mindestens 25[587] bzw. 30[588] Prozent der Stimmberechtigten umfaßt; lediglich nach Art. 18a Abs. 12 Satz 1 Bay GO genügt einfache Stimmenmehrheit. Der Bürgerentscheid hat die Wirkung eines endgültigen Beschlusses der Gemeindevertretung und kann während einer bestimmten Frist nur durch einen neuen Bürgerentscheid abgeändert werden.

---

583 Zehn Prozent beträgt es gemäß § 20 Abs. 1 Satz 5 GO in Brandenburg, gemäß § 8b Abs. 3 Satz 3 GO in Hessen und gemäß § 16f Abs. 4 GO in Schleswig-Holstein, fünfzehn Prozent beträgt es gemäß § 25 Abs. 1 Satz 2 GO in Sachsen. In Thüringen besteht gemäß § 17 Abs. 3 Satz 3 KO ein Quorum von zwanzig Prozent.

584 In Baden-Württemberg gemäß § 21 Abs. 3 Satz 5 GemO, in Bayern gemäß Art. 18a Abs. 6 GO, in Mecklenburg-Vorpommern gemäß § 20 Abs. 6 Satz 3 KV, in Niedersachsen gemäß § 22b Abs. 2 Satz 1 GO, in Nordrhein-Westfalen gemäß § 26 Abs. 4 Satz 1 GO, in Rheinland-Pfalz gemäß § 17a Abs. 3 Satz 3 GemO, in Sachsen-Anhalt gemäß § 25 Abs. 3 GO.

585 In Bayern nach Art. 18a Abs. 8 GO.

586 In Sachsen nach § 25 Abs. 3 Satz 3 GO .

587 Gemäß §§ 20 Abs. 4 Satz 2 Bran GO, 8b Abs. 6 Satz 1 Hess GO, 20 Abs. 7 Satz 1 MV KV, 22b Abs. 10 Satz 2 Nds GO, 26 Abs. 7 Satz 2 NrW GO, 24 Abs. 3 Satz 1 Sächs GO, 16g Abs. 7 Satz 1 SchlH GO, 17 Abs. 4 Satz 2 Thür KO.

588 Gemäß §§ 21 Abs. 6 Satz 1 BadWürtt GemO, 17a Abs. 7 Satz 1 RhPf GemO, 26 Abs. 5 Satz 1 SachsAnh GO.

III. Die öffentliche Einrichtung als Gegenstand eines Bürgerentscheids oder eines Bürgerbegehrens

1. Begriffsidentität

Damit die Regelungen der §§ 16g SchlH GO u.a. auf die Schaffung derjenigen öffentlichen Einrichtungen anwendbar sind, die den Gegenstand dieser Arbeit bilden, muß der Begriff der öffentlichen Einrichtung in den die Verpflichtung der Gemeinden zur Schaffung öffentlicher Einrichtungen regelnden Normen und denen, die die Schaffung öffentlicher Einrichtungen durch Bürgerentscheid und Bürgerbegehren vorsehen, identisch sein.[589]
Wegen der unterschiedlichen Zielsetzung der Normen könnten daran jedoch Zweifel bestehen.[590] Die öffentliche Einrichtung im Sinne der §§ 17 Abs. 1 SchlH GO und 17 Abs. 1 SchlH KrO u.a. dient der Hervorbringung von Leistungsbeziehungen zwischen der öffentlichen Einrichtung und ihren Benutzern auf wirtschaftlichem, sozialem und kulturellem Gebiet[591], während in §§ 16g Abs. 1 Satz 2 Nr. 2 SchlH GO u.a. die öffentliche Einrichtung als wichtige Gemeindeangelegenheit betrachtet und der Willensbildung und Willensgebung der Bürgerschaft anstelle der handlungs- und willensunfähigen Gebietskörperschaft unterstellt wird[592]. Damit begründet jedoch die wirtschaftliche, soziale und kulturelle Bedeutung öffentlicher Einrichtungen deren Aufnahme in den Katalog bürgerentscheidfähiger Angelegenheiten.[593] Mithin stellt eine öffentliche Einrichtung nach §§ 17 Abs. 1 SchlH GO und 17 Abs. 1 SchlH KrO u.a. immer auch eine öffentliche Einrichtung dar, die den Gegenstand eines Bürgerentscheides oder Bürgerbegehrens bilden kann.[594]

2. Die den Einwohnern zu dienen bestimmte öffentliche Einrichtung

Als Gegenstand eines Bürgerentscheids oder eines Bürgerbegehrens kommt die öffentliche Einrichtung erst in Betracht, wenn sie der Gesamtheit der Einwoh-

---

589 Burkhardt, Die rechtliche Ordnung des Bürgerentscheids, Bürger- und Ratsbegehrens, 198.

590 Burkhardt, Die rechtliche Ordnung des Bürgerentscheids, Bürger- und Ratsbegehrens, 199ff..

591 Burkhardt, Die rechtliche Ordnung des Bürgerentscheids, Bürger- und Ratsbegehrens, 200.

592 Burkhardt, Die rechtliche Ordnung des Bürgerentscheids, Bürger- und Ratsbegehrens, 200f..

593 VG Karlsruhe, VBlBW 1985, 263 (265); Burkhardt, Die rechtliche Ordnung des Bürgerentscheids, Bürger- und Ratsbegehrens, 201; Galette, Gemeindeordnung für Schleswig-Holstein, § 16g, Rdn. 20.

594 Burkhardt, Die rechtliche Ordnung des Bürgerentscheids, Bürger- und Ratsbegehrens, 201; Galette, Gemeindeordnung für Schleswig-Holstein, § 16g, Rdn. 19; Kromer, DVBl. 1985, 143 (147); Kunze/Bronner/Katz, Gemeindeordnung für Baden-Württemberg, § 21, Rdn. 4; Seeger, ZParl. 1988, 516 (520).

ner[595] bzw. nach schleswig-holsteinischem Recht den Einwohnern[596] der Gemeinde zu dienen bestimmt ist.
Diese Voraussetzung verdeutlicht den Grund, warum die öffentliche Einrichtung zum Katalog der bürgerentscheidfähigen Gegenstände zählt.[597] Er liegt, wie bereits festgestellt worden ist[598], in der Bedeutung der öffentlichen Einrichtung für das wirtschaftliche, soziale und kulturelle Wohl der Einwohner. Von einer wichtigen und damit bürgerentscheidfähigen Gemeindeangelegenheit kann daher erst gesprochen werden, wenn der Nutzeffekt einer öffentlichen Einrichtung der Einwohnerschaft zugute kommt.[599]
Soll die öffentliche Einrichtung der Gesamtheit der Einwohner zu dienen bestimmt sein, darf sie nicht nur in einem räumlich begrenzten Teil der Gemeinde zur Benutzung offenstehen wie beispielsweise ein Stadtteilkindergarten.[600] Nicht erforderlich ist jedoch, daß die gesamte Einwohnerschaft die öffentliche Einrichtung tatsächlich benutzt. Es muß lediglich sichergestellt sein, daß die Möglichkeit der Benutzung durch die gesamte Einwohnerschaft besteht. Unschädlich ist es daher, daß Nichtschwimmer ein gemeindliches Schwimmbad nicht besuchen werden.[601] Daß es allein auf den Nutzeffekt ankommt, nicht jedoch darauf, daß die öffentliche Einrichtung tatsächlich von der Einwohnerschaft benutzt wird, ist auch der Formulierung „zu dienen bestimmt ist" zu entnehmen.[602] Öffentliche Einrichtungen, die tatsächlich nur von einem begrenzten Benutzerkreis frequentiert werden, erweisen sich auch deshalb als bürgerentscheidfähig, weil ihre finanziellen Auswirkungen wegen der in §§ 18 Abs. 1 Satz 2 SchlH GO, 18 Abs. 1 Satz 2 SchlH KrO festgelegten Lastentragungspflicht die gesamte Einwohnerschaft treffen, und ein Bedürfnis dafür besteht, daß in Zeiten angespannter Haushaltslagen in den Kommunen die Bürger über die Verwendung ihrer Mittel selbst entscheiden.[603]

---

595 Nach §§ 21 Abs. 1 Satz 2 Nr. 1 BadWürtt GemO, 20 Abs. 2 Nr. 4 MV KV, 17a Abs. 1 Satz 2 Nr. 1 RhPf GemO, 26 Abs. 2 Nr. 1 SachsAnh GO.

596 Nach §§ 16g Abs. 1 Satz 2 Nr. 2 SchlH GO und 16f Abs. 1 Satz 2 Nr. 2 SchlH KrO.

597 Galette, Gemeindeordnung für Schleswig-Holstein, § 16g, Rdn. 20.

598 Drittes Kapitel, § 1, B.III.1..

599 Galette, Gemeindeordnung für Schleswig-Holstein, § 16g, Rdn. 20.

600 Burkhardt, Die rechtliche Ordnung des Bürgerentscheids, Bürger- und Ratsbegehrens, 205f.; Hager, VerwArch 1993, 97 (104); Kunze/Bronner/Katz, Gemeindeordnung für Baden-Württemberg, § 21, Rdn. 4; Seeger, in: Kühne/Meißner, Züge unmittelbarer Demokratie in der Gemeindeverfassung, 107.

601 OVG Koblenz, NVwZ-RR 1997, 241 (242); Burkhardt, Die rechtliche Ordnung des Bürgerentscheids, Bürger- und Ratsbegehrens, 205; Hager, VerwArch 84 (1993), 97 (104); Kunze/Bronner/Katz, Gemeindeordnung für Baden-Württemberg, § 21, Rdn. 4; Seeger, in: Kühne/Meißner, Züge unmittelbarer Demokratie in der Gemeindeverfassung, 106f.; ders., ZParl. 1988, 516 (521).

602 Kunze/Bronner/Katz, Gemeindeordnung für Baden-Württemberg, § 21, Rdn. 4.

603 Galette, Gemeindeordnung für Schleswig-Holstein, § 16g, Rdn. 20.

Muß die öffentliche Einrichtung nach anderslautenden Regelungen lediglich den Einwohnern zu dienen bestimmt sein, kann auch eine öffentliche Einrichtung mit räumlich begrenzter Benutzung den Gegenstand eines Bürgerentscheides oder eines Bürgerbegehrens bilden.[604]

3. Die Trägerschaft der öffentlichen Einrichtung

Die Frage der Trägerschaft der dem Bürgerentscheid unterstellten öffentlichen Einrichtung läßt der Gesetzestext offen. Als bürgerentscheidfähige Gegenstände kommen daher nicht nur öffentliche Einrichtungen in der Trägerschaft der Gemeinde in Betracht, sondern auch öffentliche Einrichtungen in der Trägerschaft Privater oder eines Zweckverbandes.[605]

Hinsichtlich einer öffentlichen Einrichtung in der Trägerschaft eines Zweckverbandes erweisen sich allerdings nur die gemeindlichen Rechte innerhalb des Zweckverbandes als bürgerentscheidfähig.[606] Da sich bereits aus § 16g Abs. 1 Satz 2 Nr. 2 SchlH GO u.a. ergibt, daß öffentliche Einrichtungen in der Trägerschaft eines Zweckverbandes bürgerentscheidfähige Gegenstände darstellen, hat die schleswig-holsteinische Regelung des § 16g Abs. 1 Satz 2 Nr. 3 GO nur deklaratorische Bedeutung.[607]

Der Bürgerentscheid über eine öffentliche Einrichtung in nicht-kommunaler Trägerschaft setzt nicht voraus, daß die Gemeinde alleinigen oder überwiegenden Einfluß auf die öffentliche Einrichtung ausübt. Es genügen auch vertraglich abgesicherte Nutzungsrechte. Entscheidend ist aber, daß die Gemeinde in der Lage ist, den Benutzungsanspruch der Einwohner durchzusetzen.[608]

4. Die Errichtung, wesentliche Erweiterung und die Auflösung einer öffentlichen Einrichtung

Bürgerentscheide und Bürgerbegehren hinsichtlich öffentlicher Einrichtungen können deren Errichtung, wesentliche Erweiterung und Auflösung bzw. Aufhebung betreffen. Aus dem Erfordernis der Beantwortung der zur Entscheidung ge-

---

[604] Galette, Gemeindeordnung für Schleswig-Holstein, § 16g, Rdn. 20.

[605] Burkhardt, Die rechtliche Ordnung des Bürgerentscheids, Bürger- und Ratsbegehrens, 208f.; Galette, Gemeindeordnung für Schleswig-Holstein, § 16g, Rdn. 21; Hager, VerwArch 84 (1993), 97 (102); Kunze/Bronner/Katz, Gemeindeordnung für Baden-Württemberg, § 21, Rdn. 4.

[606] Galette, Gemeindeordnung für Schleswig-Holstein, § 16g, Rdn. 21; Hager, VerwArch 84 (1993), 97 (102).

[607] Galette, Gemeindeordnung für Schleswig-Holstein, § 16g, Rdn. 21.

[608] Galette, Gemeindeordnung für Schleswig-Holstein, § 16g, Rdn. 21; Hager, VerwArch 84 (1993), 97 (101); Seeger, ZParl. 1988, 521 (521).

stellten Frage mit „ja" oder „nein" folgt außerdem, daß auch das Gegenteil dieser Tätigkeiten, die Nicht-Errichtung, die Nicht-Erweiterung und die Nicht-Auflösung einer öffentlichen Einrichtung, der Willensbildung der Bürgerschaft unterliegt.[609] Bei diesen Tätigkeiten handelt es sich um sichtbare, die äußere kommunale Wirklichkeit unmittelbar gestaltende Tätigkeiten.[610]

Das Errichten einer öffentlichen Einrichtung bedeutet, daß ein Gegenstand hervorgebracht wird, an den sich neue Leistungsbeziehungen im Sinne der §§ 18 SchlH GO, 18 SchlH KrO u.a. anknüpfen können.[611] Das Errichten kann daher sowohl dadurch geschehen, daß eine Einrichtung durch bauliche Maßnahmen geschaffen und den Zwecken einer öffentlichen Einrichtung unterstellt wird, als auch dadurch, daß vorhandene öffentliche oder private Sachmittel als öffentliche Einrichtung gewidmet werden.[612] Der Begriff des Errichtens ist in einem weiten Sinne zu verstehen.[613] Er umfaßt nicht nur den konkreten Projektbeschluß der Gemeindevertretung zugunsten einer öffentlichen Einrichtung, sondern mit vorangegangenen Grundsatzentscheidungen beispielsweise zur Standortfrage oder wesentlichen Gestaltungsfragen auch Maßnahmen aus dem Vorfeld.[614]
Die wesentliche Erweiterung einer öffentlichen Einrichtung ist im Zusammenhang mit den beiden anderen bürgerentscheidfähigen Tätigkeiten zu sehen. Die Erweiterung einer öffentlichen Einrichtung muß von ähnlich grundsätzlicher Bedeutung für die Interessen der Nutzungsberechtigten sein, was auch die Einfügung des Adjektivs „wesentlich" unterstreicht.[615] Um eine wesentliche Erweiterung handelt es sich danach, wenn sich die Benutzungsmöglichkeit nicht unerheblich wandelt, beispielsweise die Benutzungskapazität oder die Benutzungsarten zunehmen.[616] Darunter fallen weder Renovierungsarbeiten, räumliche Umgestaltungen oder

609 Burkhardt, Die rechtliche Ordnung des Bürgerentscheids, Bürger- und Ratsbegehrens, 212.
610 Burkhardt, Die rechtliche Ordnung des Bürgerentscheids, Bürger- und Ratsbegehrens, 212.
611 Burkhardt, Die rechtliche Ordnung des Bürgerentscheids, Bürger- und Ratsbegehrens, 213.
612 Burkhardt, Die rechtliche Ordnung des Bürgerentscheids, Bürger- und Ratsbegehrens, 213.
613 Galette, Gemeindeordnung für Schleswig-Holstein, § 16g, Rdn. 25.
614 Galette, Gemeindeordnung für Schleswig-Holstein, § 16g, Rdn. 25; Kunze/Bronner/Katz, Gemeindeordnung für Baden-Württemberg, § 21, Rdn. 4.
615 VG Karlsruhe, VBlBW 1985, 263 (265); Burkhardt, Die rechtliche Ordnung des Bürgerentscheids, Bürger- und Ratsbegehrens, 213f.; Galette, Gemeindeordnung für Schleswig-Holstein, § 16g, Rdn. 26; Kunze/Bronner/Katz, Gemeindeordnung für Baden-Württemberg, § 21, Rdn. 4.
616 VG Karlsruhe, VBlBW 1985, 263 (265); Burkhardt, Die rechtliche Ordnung des Bürgerentscheids, Bürger- und Ratsbegehrens, 214; Galette, Gemeindeordnung für Schleswig-Holstein, § 16g, Rdn. 26; Hager, VerwArch 84 (1993), 97 (104); Kunze/Bronner/Katz, Gemeindeordnung für Baden-Württemberg, § 21, Rdn. 4; Seeger, in: Kühne/Meißner, Züge unmittelbarer Demokratie in der Gemeindeverfassung, 107; ders., ZParl. 1988, 516 (521).

Änderungen der Öffnungszeiten[617] noch die Kapazitätsveränderung einer Stadthalle von 300 auf 500 Sitzplätze[618].
Die Auflösung bzw. Aufhebung einer öffentlichen Einrichtung bildet die Kehrseite ihrer Errichtung. Entscheidend ist wiederum eine Einwirkung auf die Benutzungsmöglichkeiten.[619] Unter die Auflösung einer öffentlichen Einrichtung fallen daher sowohl bauliche Beseitigungsmaßnahmen und die Schließung einer öffentlichen Einrichtung als auch andere rechtliche Maßnahmen, die die öffentliche Einrichtung als Anknüpfungspunkt von Leistungsbeziehungen beseitigen.[620]

Darüber hinaus wird die Ansicht vertreten, daß auch die Aufhebung einer öffentlichen Einrichtung zu einem wesentlichen Teil einen bürgerentscheidfähigen Gegenstand darstelle, da diese ähnlich wie die wesentliche Erweiterung einer öffentlichen Einrichtung die Benutzungsmöglichkeiten nachhaltig verändere.[621] Dem muß jedoch der Gesetzeswortlaut entgegengehalten werden, der als wichtige und damit bürgerentscheidfähige Selbstverwaltungsaufgaben nur die wesentliche Erweiterung einer öffentlichen Einrichtung einerseits und die Auflösung bzw. Aufhebung andererseits vorsieht. Daraus, daß das Gesetz nur diese beiden Formen erwähnt, läßt sich ableiten, daß der Gesetzgeber auch die Aufhebung einer öffentlichen Einrichtung zu einem wesentlichen Teil als bürgerentscheidfähigen Gegenstand aufgenommen hätte, wenn dies seinem Willen entsprochen hätte.

5. Die Gestaltung öffentlicher Einrichtungen

Daraus, daß die dem Bürgerentscheid und dem Bürgerbegehren unterbreiteten Fragen mit „ja“ oder „nein“ zu beantworten sind, folgt, daß lediglich über einen feststehenden Sachverhalt entschieden werden kann, also über die Frage des „ob“ der Errichtung, der wesentlichen Erweiterung oder der Auflösung einer öffentlichen Einrichtung. Demgegenüber stellt die Gestaltung einer öffentlichen Einrichtung einen komplexen Vorgang dar, der differenzierte Betrachtungen und Wertungen erfordert und eine Entscheidung mit „ja“ oder „nein“ nicht zuläßt. Gestaltungsaufforderungen sind dem Bürgerentscheid und dem Bürgerbegehren daher entzogen.[622] Das „Wie“ einer öffentlichen Einrichtung kann lediglich dann als bürgerentscheidfähig angesehen werden, wenn ein fertiger Gestaltungsentwurf zur

---

617 Galette, Gemeindeordnung für Schleswig-Holstein, § 16g, Rdn. 26.

618 VGH Mannheim, VBlBW 1992, 421 (423); Galette, Gemeindeordnung für Schleswig-Holstein, § 16g, Rdn. 26.

619 Burkhardt, die rechtliche Ordnung des Bürgerentscheids, Bürger- und Ratsbegehrens, 214; Galette, Gemeindeordnung für Schleswig-Holstein, § 16g, Rdn. 27.

620 Burkhardt, Die rechtliche Ordnung des Bürgerentscheids, Bürger- und Ratsbegehrens, 214.

621 Burkhardt, Die rechtliche Ordnung des Bürgerentscheids, Bürger- und Ratsbegehrens, 215.

622 Burkhardt, Die rechtliche Ordnung des Bürgerentscheids, Bürger- und Ratsbegehrens, 216.

Abstimmung gebracht wird, der sich beispielsweise mit der Anzahl der Geschosse oder der Dachneigung einer öffentlichen Einrichtung befaßt.[623]
Allerdings muß der Bürgerentscheid über eine Gestaltungsfrage den Anforderungen gerecht werden, die an eine wichtige Selbstverwaltungsaufgabe gestellt werden.[624] Durch die Gestaltung der Errichtung, der wesentlichen Erweiterung oder der Auflösung einer öffentlichen Einrichtung müssen die Benutzungsmöglichkeiten hinsichtlich ihrer Art oder ihres Umfanges wesentlich berührt werden.[625] Als Beispiel einer solchen Gestaltungsmaßnahme kommt die Dachneigung einer neu zu errichtenden oder zu erweiternden öffentlichen Einrichtung in Betracht, von der in wesentlichem Maße die Größe des Benutzerkreises abhängt.[626]

IV. Ein Anspruch auf Schaffung öffentlicher Einrichtungen aufgrund der Regelungen über den Bürgerentscheid

Aufgrund der den Bürgern in §§ 16g Abs. 1 Satz 2 Nr. 2 SchlH GO u.a. eingeräumten Möglichkeit, über die Schaffung einer den Einwohnern dienenden öffentlichen Einrichtung ein Bürgerbegehren durchzuführen, könnte eine Umkehr zu der zu §§ 17 Abs. 1 SchlH GO, 17 Abs. 1 SchlH KrO u.a. vertretenen Auffassung geboten sein. Danach habe der Einzelne keinen Anspruch auf Schaffung einer für die wirtschaftliche, soziale und kulturelle Betreuung der Einwohner erforderlichen öffentlichen Einrichtung, da die Verpflichtung zur Schaffung öffentlicher Einrichtungen gegenüber der Allgemeinheit bestehe und die Begünstigung des Einwohners durch das Bestehen einer öffentlichen Einrichtung lediglich aus einem Rechtsreflex resultiere.[627] Die Position des Einwohners als eines nur mittelbar Begünstigten könnte sich jedoch durch die Möglichkeit, seinen Wunsch nach der Verfügbarkeit einer öffentlichen Einrichtung im Wege des Bürgerbegehrens und Bürgerentscheids durchzusetzen, in die eines Anspruchsberechtigten gewandelt haben.
Einer Umkehr der herrschenden Ansicht könnte allerdings entgegenstehen, daß §§ 16g SchlH GO u.a. an die Bürger adressiert sind, während Gegenstand der §§ 17 Abs. 1 SchlH GO, 17 Abs. 1 SchlH KrO u.a. die Einwohner sind. Der Einwohnerstatus resultiert gemäß § 6 Abs. 1 SchlH GO aus dem Wohnsitz der Person in der Gemeinde, während es sich gemäß § 6 Abs. 2 Satz 1 SchlH GO um Bürger

---

623 Burkhardt, Die rechtliche Ordnung des Bürgerentscheids, Bürger- und Ratsbegehrens, 216; im Ergebnis übereinstimmend Galette, Gemeindeordnung für Schleswig-Holstein, § 16g, Rdn. 25; Hager, VerwArch 84 (1993), 97 (104); Seeger, ZParl. 1988, 516 (520f.).

624 Burkhardt, Die rechtliche Ordnung des Bürgerentscheids, Bürger- und Ratsbegehrens, 216f.; Galette, Gemeindeordnung für Schleswig-Holstein, § 16g, Rdn. 25.

625 Burkhardt, Die rechtliche Ordnung des Bürgerentscheids, Bürger- und Ratsbegehrens, 217.

626 Burkhardt, Die rechtliche Ordnung des Bürgerentscheids, Bürger- und Ratsbegehrens, 217.

627 Drittes Kapitel, § 1, A.II.1..

bei den zur Gemeindevertretung wahlberechtigten Einwohnern der Gemeinde handelt. Das Wahlrecht steht gemäß § 4 SchlH GKWG demjenigen zu, der Deutscher im Sinne des Art. 116 GG ist, das 18. Lebensjahr vollendet hat und seit mindestens 6 Monaten in der Gemeinde wohnt. Die Gruppe der Bürger bildet daher nur einen Teil der Einwohnerschaft einer Gemeinde. Damit ist auch der Kreis der Personen, die auf die Schaffung einer öffentlichen Einrichtung durch einen Bürgerentscheid Einfluß nehmen können, kleiner als der durch die Verpflichtung der Gemeinden und Kreise zur Schaffung öffentlicher Einrichtungen mittelbar begünstigten Personen. Allenfalls ein Teil der Einwohner einer Gemeinde könnte daher einen Anspruch auf Schaffung einer öffentlichen Einrichtung haben.
Entscheidend gegen eine Umkehr spricht jedoch, daß der den Bürgern durch §§ 16g SchlH GO u.a. vermittelte Anspruch nicht unmittelbar auf die Schaffung einer öffentlichen Einrichtung gerichtet ist, sondern auf die Durchführung eines Bürgerbegehrens bezüglich einer Gemeindeangelegenheit[628], das im Falle der Erfüllung der Voraussetzungen in einen Bürgerentscheid mündet. Damit sich der Bürgerwillen, der die Schaffung einer öffentlichen Einrichtung zum Gegenstand hat, im Rahmen des Bürgerentscheids gegenüber dem der Gemeindevertretung durchsetzen kann, muß die erforderliche Mehrheit, die das zur Durchführung eines Bürgerbegehrens erforderliche Quorum erheblich übersteigen muß, in diesem Sinne stimmen. Die Schaffung einer öffentlichen Einrichtung kann daher die Folge des Bürgerbegehrens sein, nicht jedoch Inhalt des Anspruchs auf Durchführung dieses Verfahrens. Einen Anspruch auf Schaffung öffentlicher Einrichtungen haben daher auch die mit der Möglichkeit eines Bürgerbegehrens ausgestatteten Bürger einer Gemeinde nicht.
Bezüglich der zu §§ 17 Abs. 1 SchlH GO, 17 Abs. 1 SchlH KrO u.a. vertretenen Auffassung findet keine Umkehr statt.

V. Die Errichtung öffentlicher Einrichtungen durch Bürgerentscheid und Bürgerbegehren in den Kreisen

Die Errichtung öffentlicher Einrichtungen durch Bürgerentscheid und Bürgerbegehren kommt nicht nur auf der Ebene der Gemeinden in Betracht, sondern nach den Regelungen Brandenburgs[629], Mecklenburg-Vorpommerns[630], Nordrhein-

628 Waechter, Kommunalrecht, Rdn. 278d.

629 Nach § 18 LKrO, der jedoch nur einen Bürgerentscheid aufgrund eines Bürgerbegehrens vorsieht.

630 Nach § 102 Abs. 1 KV, der jedoch nur den Bürgerentscheid aufgrund Beschlusses der Gemeindevertretung regelt. § 102 Abs. 2 Satz 2 Nr. 2 KV erwähnt aber die Errichtung, Übernahme, wesentliche Erweiterung oder Einschränkung sowie die Auflösung von Einrichtungen, die der Gesamtheit der Einwohner zu dienen bestimmt sind, ausdrücklich als bürgerentscheidfähigen Gegenstand.

Westfalens[631], Rheinland-Pfalz'[632], Sachsens[633], Sachsen-Anhalts[634] und Schleswig-Holsteins[635] auch in den Kreisen.
Die zu der Errichtung öffentlicher Einrichtungen der Gemeinden aufgrund Bürgerentscheids und Bürgerbegehrens getroffenen Aussagen sind auf diesen Sachverhalt sinngemäß zu übertragen.

C. Die Entstehung öffentlicher Einrichtungen in tatsächlicher Hinsicht

Die Entstehung einer öffentlichen Einrichtung in tatsächlicher Hinsicht setzt zunächst den Akt der Herstellung voraus.[636] Das sachliche Substrat der öffentlichen Einrichtung kann sowohl dadurch geschaffen werden, daß Gemeinden und Kreise eine öffentliche Einrichtung selber baulich errichten, als auch dadurch, daß sie einen in ihrem Gebiet vorhandenen Sachbestand als öffentliche Einrichtung verwenden oder private Mittel ihren Zwecken unterstellen.[637]
Das Vorhandensein des sachlichen Substrats erfüllt jedoch noch nicht die Voraussetzungen einer öffentlichen Einrichtung. Hinzukommen muß die tatsächliche Indienststellung der Sachmittel.[638] Diese müssen die in §§ 17 Abs. 1 SchlH GO, 17 Abs. 1 SchlH KrO u.a. vorgesehenen wirtschaftlichen, sozialen und kulturellen Aufgaben zum Wohl der Einwohner erfüllen.

D. Die Entstehung öffentlicher Einrichtungen in rechtlicher Hinsicht

Ob mit der tatsächlichen Herstellung und Indienststellung eines sachlichen Substrats bereits sämtliche Voraussetzungen der Entstehung einer öffentlichen Einrichtung erfüllt sind, oder ob die Entstehung einer öffentlichen Einrichtung neben

---

[631] Nach § 23 KrO, der jedoch nur den Bürgerentscheid aufgrund Bürgerbegehrens gestattet.
[632] Nach § 11d LKO, der nur den Bürgerentscheid aufgrund Bürgerbegehrens regelt. § 11d Abs. 1 Satz 2 Nr. 1 LKO benennt jedoch die Errichtung, wesentliche Erweiterung und Aufhebung einer öffentlichen Einrichtung, die der Gesamtheit der Einwohner zu dienen bestimmt ist, als dem Bürgerentscheid unterliegende Angelegenheit.
[633] Nach §§ 21, 22 KrO.
[634] Nach §§ 18, 19 LKO. § 19 Abs. 2 Nr. 1 LKO ordnet die Errichtung, wesentliche Erweiterung und Aufhebung einer öffentlichen Einrichtung, die der Gesamtheit der Einwohner zu dienen bestimmt ist, ausdrücklich den bürgerentscheidfähigen Gegenständen zu.
[635] Nach § 16f KrO. § 16f Abs. 1 Satz 2 Nr. 2 KrO nimmt die Errichtung, wesentliche Erweiterung und die Auflösung einer öffentlichen Einrichtung, die den Einwohnern zu dienen bestimmt ist, ebenfalls in den Kreis der bürgerentscheidfähigen Sachverhalte auf.
[636] Erbguth, VR 1982, 14 (16).
[637] Schlempp/Schlempp, Kommentar zur Hessischen Gemeindeordnung, § 19, Erl. VII.3..
[638] Ehlers, DVBl. 1986, 912 (919); Schlempp/Schlempp, Kommentar zur Hessischen Gemeindeordnung, § 19, Erl. VII.1.; Pappermann, VR 1981, 84 (84).

tatsächlichen Maßnahmen auch einen konstituierenden Rechtsakt erfordert, möglicherweise in Form der sachenrechtlichen Widmung, wird nicht einheitlich beurteilt.

I. Notwendigkeit eines Rechtsaktes für die Entstehung öffentlicher Einrichtungen

Dadurch, daß das Bestehen einer öffentlichen Einrichtung einer Gemeinde oder eines Kreises gemäß §§ 18 SchlH GO, 18 SchlH KrO u.a. den Anspruch der Einwohner und gleichgestellter Personengruppen auf Zulassung zur Benutzung auslöst, werden an das Vorhandensein das sachlichen Substrats einer Leistungseinrichtung Rechtsfolgen geknüpft. Daher muß die Schaffung einer öffentlichen Einrichtung von einer Willenserklärung - einer auf die Herbeiführung einer Rechtswirkung gerichteten Willensäußerung[639] - der sie errichtenden Verwaltungsträger getragen werden.
Denkbar erscheint insofern, daß lediglich der tatsächliche Vorgang der Errichtung der öffentlichen Einrichtung auf der Willenserklärung basieren muß, als auch, daß die Willenserklärung nähere Bestimmungen bezüglich der Einrichtungsbenutzung enthalten muß. Der Umfang der Willenserklärung hängt davon ab, inwieweit das tatsächliche Vorhandensein einer kommunalen Leistungseinrichtung den Tatbestand der §§ 17, 18 SchlH GO und §§ 17, 18 SchlH KrO u.a. erfüllt.

1. Öffentlichkeit der kommunalen Leistungseinrichtungen aufgrund der Gemeinwohlverpflichtung der Gemeinden und Kreise

Zu dieser Frage entwickelte *Ossenbühl* den Grundsatz der Gemeinwohlverpflichtung der Kommunen, nach dem Leistungseinrichtungen der Gemeinden und Kreise dem Gemeinwohl zu dienen und der Allgemeinheit offenzustehen haben, und stützt damit die von der Rechtsprechung begründete Vermutungsregel[640], nach der für die Allgemeinheit nutzbare kommunale Einrichtungen öffentliche Einrichtungen sind.[641] Ausnahmen bedürften daher des Nachweises mangelnder Widmung und der überzeugenden rechtlichen Legitimation.[642] Während dadurch die Zuordnung einer Leistungseinrichtung zum Privatvermögen der Kommunen zur Ausnahmeerscheinung werde, entwickele sich die Eröffnung als öffentliche Einrichtung zum Regelfall und stelle die Notwendigkeit der Widmung in Frage, sofern die Leistungseinrichtung von den Gemeinden und Kreisen selbst betrieben wer-

---

[639] Palandt-Heinrichs, BGB, Einf. v. § 116, Rdn. 1.
[640] OVG Münster, NJW 1969, 1077 (1077); dass., NJW 1976, 820 (821).
[641] Ossenbühl, DVBl. 1973, 289 (290).
[642] Ossenbühl, DVBl. 1973, 289 (290).

de.[643] Zumindest für einen Teilbereich des Einrichtungswesens bestreitet *Ossenbühl* daher die Existenzberechtigung der Widmung als Tatbestandsmerkmal der Entstehung öffentlicher Einrichtungen.
Da die Verpflichtung der Gemeinden und Kreise zur Schaffung öffentlicher Einrichtungen nach §§ 17 Abs. 1 SchlH GO, 17 Abs. 1 SchlH KrO u.a. jedoch vor dem Hintergrund der kommunalen Selbstverwaltungsgarantie zu sehen ist, stellt sich hinsichtlich der Frage der Nutzbarkeit einer Leistungseinrichtung allein der Wille der Gemeinden und Kreise als maßgebend dar.[644] Der Grundsatz, daß kommunale Einrichtungen aufgrund der Gemeinwohlverpflichtung der Gemeinden und Kreise der allgemeinen Nutzung offenstehen, kann demgegenüber keinen Bestand haben.

2. Öffentlichkeit kommunaler Einrichtungen aufgrund tatsächlicher Nutzbarkeit durch die Allgemeinheit

Auch nach der Ansicht *Büermanns* kann auf die Widmung als Entstehungstatbestand der öffentlichen Einrichtung verzichtet werden. Anders als im Rahmen des Straßenrechts sei das Erfordernis der Widmung nicht gesetzlich vorgegeben und aufgrund der Unterschiedlichkeit öffentlicher Einrichtungen und öffentlicher Sachen auch nicht übertragbar.[645] Außerdem sei die Entstehung der öffentlichen Einrichtung nicht von dem durch Widmung erzeugten öffentlich-rechtlichen Status ihrer Sachmittel abhängig, da sie nicht Ausfluß der öffentlich-rechtlichen Sachherrschaft, sondern der Organisationsbefugnis der Gemeinden und Kreise zur Gestaltung ihrer Rechtsverhältnisse sei.[646] Während die Widmung als Ausfluß der öffentlich-rechtlichen Sachherrschaft ferner nur als Bestimmungskriterium der von der Gemeinde oder dem Kreis selber betriebenen Einrichtungen, nicht jedoch privater Unternehmen in Betracht komme, öffentliche Einrichtungen aber auch in den Rechtsformen des Privatrechts betrieben werden könnten, könne der Widmung für den Entstehungstatbestand keine Bedeutung zukommen.[647] Schließlich fehle es der Widmung auch an der Eignung zur Konkretisierung der öffentlichen Einrichtung hinsichtlich ihres Zwecks und der Benutzungsmodalitäten, da sie regelmäßig nicht ausdrücklich erfolge und damit Auslegungsschwierigkeiten entstünden und Fehlinterpretationen Raum gegeben werde.[648] Entscheidend für die

[643] Ossenbühl, DVBl. 1973, 289 (290).
[644] Drittes Kapitel, § 1, A.II.2.a..
[645] Büermann, Die Rechtsstellung der gemeindlichen Veranstaltungsräume, 74ff..
[646] Büermann, Die Rechtsstellung der gemeindlichen Veranstaltungsräume, 75f..
[647] Büermann, Die Rechtsstellung der gemeindlichen Veranstaltungsräume, 77f..
[648] Büermann, Die Rechtsstellung der gemeindlichen Veranstaltungsräume, 76ff..

Entstehung einer öffentlichen Einrichtung sei vielmehr ihre objektive Nutzbarkeit durch die Allgemeinheit.[649]
Das Abstellen auf die objektive Nutzbarkeit einer Einrichtung durch die Allgemeinheit hinsichtlich der Frage, ob eine öffentliche Einrichtung besteht, begründet *Büermann* mit dem Anspruch der Einwohner auf Zulassung zu den öffentlichen Einrichtungen der Gemeinden und Kreise, der eine Stärkung ihrer Rechtsstellung bezwecke. Dieser Zweck werde verfehlt, wenn der Anspruch zur Disposition der Verwaltung gestellt werde, indem diese über den Umfang der Nutzungsmöglichkeiten einer Leistungseinrichtung beliebig entscheiden könne.[650] Als Begründung führt *Büermann* ferner die Verpflichtung der Verwaltung auf die Grundsätze des sozialen Rechtsstaates an.[651] Danach unterliege es im Rahmen der freiwilligen Selbstverwaltungsaufgaben zwar der freien Entscheidung der Gemeinden und Kreise, in welchem Umfang sie Leistungseinrichtungen bereitstellten. Hätten sie sich aber zur Errichtung entschlossen, werde die Einrichtung mit ihrer Fertigstellung im Umfang ihrer objektiven Nutzungsmöglichkeiten zur öffentlichen Einrichtung.[652] Obwohl *Büermann* die Zweckbestimmung der öffentlichen Einrichtung durch eine Widmung nicht zum Entstehungstatbestand rechnet, will er eine Modifizierung der objektiven Nutzungsmöglichkeiten hinsichtlich des Einrichtungszwecks durch die Benutzungsordnungen zulassen.[653]
Den Vorteil der Anerkennung der Nutzbarkeit als begriffsbildendes Kriterium der öffentlichen Einrichtung sieht *Büermann* in der eindeutigen Bestimmbarkeit ihres Entstehungszeitpunktes.[654]

Die objektive Nutzbarkeit einer Einrichtung für die Allgemeinheit als konstituierendes Merkmal einer öffentlichen Einrichtung zu betrachten, widerspricht jedoch dem Willen des Gesetzgebers. Aus dem Wortlaut der §§ 17 Abs. 1 SchlH GO, 17 Abs. 1 SchlH KrO u.a., die Gemeinden bzw. die Kreise schafften in den Grenzen ihrer Leistungsfähigkeit die für die wirtschaftliche, soziale und kulturelle Betreuung ihrer Einwohner erforderlichen öffentlichen Einrichtungen, geht hervor, daß es auf den Willen der kommunalen Gebietskörperschaft bei der Frage ankommt, ob eine öffentliche Einrichtung vorliegt.[655] Insofern bedarf es für die Entstehung einer öffentlichen Einrichtung einer Willensäußerung der Gemeinden oder Kreise. Das Entstehen öffentlicher Einrichtungen im Umfang ihrer objektiven Nutzungsmöglichkeit kann auch nicht mit dem Anspruch der Einwohner auf Zulassung zu

[649] Büermann, Die Rechtsstellung der gemeindlichen Veranstaltungsräume, 78.
[650] Büermann, Die Rechtsstellung der gemeindlichen Veranstaltungsräume, 80.
[651] Büermann, Die Rechtsstellung der gemeindlichen Veranstaltungsräume, 79.
[652] Büermann, Die Rechtsstellung der gemeindlichen Veranstaltungsräume, 79f..
[653] Büermann, Die Rechtsstellung der gemeindlichen Veranstaltungsräume, 80.
[654] Büermann, Die Rechtsstellung der gemeindlichen Veranstaltungsräume, 80.
[655] Axer, Die Widmung als Schlüsselbegriff, 145; Mohl, Die kommunalen öffentlichen Einrichtungen, 26.

den öffentlichen Einrichtungen der Gemeinden und Kreise begründet werden. Der gemeindlichen und kreislichen Willensbildung ist durch §§ 17 Abs. 1 SchlH GO, 17 Abs. 1 SchlH KrO u.a. gerade auch die Entscheidung über den Umfang der Nutzung einer Leistungseinrichtung unterstellt, die nicht nur in Ausnahmefällen durch die Benutzungsordnung modifiziert werden kann.
Gegen den Gedanken, das Merkmal der objektiven Nutzbarkeit einer Einrichtung durch die Allgemeinheit ermögliche die eindeutige Bestimmung des Entstehungszeitpunktes einer öffentlichen Einrichtung, richten sich praktische Bedenken.[656]
Ferner erschwert das Abstellen auf die objektive Nutzbarkeit einer Einrichtung durch die Allgemeinheit die Ermittlung des Zwecks der öffentlichen Einrichtung oder unterwandert diesen, denn eine tatsächlich mögliche Nutzungsart entspricht nicht zwingend dem der öffentlichen Einrichtung durch die Gemeinde oder den Kreis vorgegebenen Zweck.[657]
Als Entstehungstatbestand einer öffentlichen Einrichtung kann das Merkmal der objektiven Nutzbarkeit einer Einrichtung durch die Allgemeinheit daher nicht genügen.

3. Öffentlichkeit kommunaler Einrichtungen aufgrund eines Rechtsaktes

Die tatsächliche Bereitstellung einer Leistungseinrichtung durch Gemeinden und Kreise kann daher nicht den Entstehungstatbestand einer öffentlichen Einrichtung im Sinne der §§ 17 Abs. 1 SchlH GO, 17 Abs. 1 SchlH KrO u.a. erfüllen. Vielmehr bedarf es auch einer rechtlich relevanten Willensäußerung der Kommunen.
Die herrschende Ansicht verlangt daher einen Rechtsakt als konstituierendes Merkmal einer öffentlichen Einrichtung, den sie in dem sachenrechtlichen Instrument der Widmung sieht.[658]

---

[656] Axer, Die Widmung als Schlüsselbegriff, 145.

[657] Axer, Die Widmung als Schlüsselbegriff, 145; Mohl, Die kommunalen öffentlichen Einrichtungen, 26.

[658] VGH Mannheim, NVwZ 1998, 540 (541); Axer, Die Widmung als Schlüsselbegriff, 145; Badura, JuS 1966, 17 (19); Bracker/Dehn, Gemeindeordnung für Schleswig-Holstein, § 17, Erl. 1. zu Abs. 1; Ehlers, DVBl. 1986, 912 (919); Erichsen, Jura 1986, 148 (149); Galette, Gemeindeordnung für Schleswig-Holstein, § 17, Rdn. 18; Gern, Deutsches Kommunalrecht, Rdn. 529; von Mutius/Rentsch, Kommunalverfassungsrecht Schleswig-Holstein, § 17, Rdn. 2; Ossenbühl, in: HdbkWPr, Band 1, 382; Rehn/Cronauge, Gemeindeordnung für das Land Nordrhein-Westfalen, § 8, Erl. I.3.; Schlempp/Schlempp, Kommentar zur Hessischen Gemeindeordnung, § 19, Erl. VII.1.; Schmidt-Aßmann, in: Schmidt-Aßmann, Besonderes Verwaltungsrecht, Erster Abschnitt, Rdn. 107; Seewald, in: Steiner, Besonderes Verwaltungsrecht, I, Rdn. 141; Stober, Kommunalrecht, 232.

II. Übertragbarkeit des sachenrechtlichen Instituts der Widmung auf den Vorgang der Schaffung einer öffentlichen Einrichtung

Ob das Instrument der Widmung, das aus dem öffentlichen Sachenrecht hervorgegangen ist, auf den Vorgang der Schaffung einer öffentlichen Einrichtung übertragbar ist, muß jedoch näher untersucht werden. Die Übertragbarkeit wäre für den Fall zu erwägen, daß sich die Wesensmerkmale der öffentlichen Einrichtung und der öffentlichen Sache decken.

1. Merkmale der öffentlichen Sache

Der Sachbegriff des öffentlichen Sachenrechts entspricht nach herrschender Meinung nicht dem Sachverständnis der §§ 90ff. BGB.[659] Substrat einer öffentlichen Sache können entgegen § 90 BGB auch Gegenstände sein, denen die körperliche Begrenzung fehlt, wie der Luftraum außerhalb der vom Bodeneigentümer beherrschten Sphäre, das offene Meer und der elektrische Strom.[660] Wesentliche Bestandteile einer Sache, die nach § 93 BGB nicht Gegenstand besonderer Rechte sein können und das rechtliche Schicksal der Hauptsache teilen, können selbständige öffentliche Sachen bilden wie das auf einem privaten Grundstück errichtete Verkehrsschild.[661] Ferner können mehrere selbständige Sachen im Sinne des § 90 BGB oder Sachgesamtheiten eine einheitliche öffentliche Sache bilden wie die Bücher einer Bibliothek oder der sich über mehrere private Grundstücke erstrekkende öffentliche Weg.[662]
Den Status einer öffentlichen Sache erlangen Gegenstände in formeller Hinsicht durch den Akt der Widmung und ihre faktische Indienststellung.[663] Die Widmung legt die Zweckbestimmung der öffentlichen Sache fest, die in der Förderung des

---

659 Pappermann, JuS 1979, 794 (797); Wolff/Bachof, Verwaltungsrecht I, § 55, II.b).

660 Pappermann, JuS 1979, 794 (797); Pappermann/Andriske/Löhr, Recht der öffentlichen Sachen, 4; Schmidt-Jortzig, NVwZ 1987, 1025 (1027); Wolff/Bachof, Verwaltungsrecht I, § 55, II.b)1.; a.A. Papier, Recht der öffentlichen Sachen, 2, der nur solchen Gegenständen die Anlage zuerkennt, zu öffentlichen Sachen zu werden, die der zivilrechtlichen Herrschafts- und Nutzungsordnung unterstehen. Dieser seien nichtkörperliche Gegenstände von vornherein entzogen.

661 Erbguth, VR 1981, 152 (156); Papier, Recht der öffentlichen Sachen, 2; Pappermann, JuS 1979, 794 (798); Pappermann/Andriske/Löhr, Recht der öffentlichen Sachen, 5; Wolff/Bachof, Verwaltungsrecht I, § 55, II.b)2..

662 Papier, Recht der öffentlichen Sachen, 2f.; Pappermann, JuS 1979, 794 (798); Pappermann/Andriske/Löhr, Recht der öffentlichen Sachen, 5; Wolff/Bachof, Verwaltungsrecht I, § 55, II.b)2..

663 Erbguth, VR 1981, 110 (111); Papier, Jura 1979, 93 (98); ders., Recht der öffentlichen Sachen, 3; ders., in: Erichsen, Allgemeines Verwaltungsrecht, § 42, Rdn. 1; Pappermann, JuS 1979, 794 (795); Pappermann/Andriske/Löhr, Recht der öffentlichen Sachen, 13; Schmidt-Jortzig, NVwZ 1987, 1025 (1028).

Gemeinwohls oder der Tätigkeit der öffentlichen Verwaltung besteht[664], und belegt sie in diesem Umfang mit einer Dienstbarkeit.[665] Als Ausfluß der Widmung sind die öffentlichen Sachen daher in materieller Hinsicht durch ihre unmittelbare Gemeinwohlfunktion und die öffentlich-rechtliche Sachherrschaft des zuständigen Verwaltungsträgers gekennzeichnet.[666]

Die öffentlich-rechtliche Sachherrschaft kann in unterschiedlicher Weise ausgestaltet sein. In Baden-Württemberg und in Hamburg besteht die Konstruktion des öffentlichen Eigentums, dem nach §§ 4 Abs. 1, 5 BadWürtt WG das Bett öffentlicher Gewässer bzw. nach § 4 Abs. 1 Hamb WG und §§ 2 Abs. 1, 3 Hamb DeichOG öffentliche Wege und ein Teil der Deichgrundstücke unterliegen. Öffentliches Eigentum setzt voraus, daß der Verwaltungsträger auch das Eigentum an der Sache hat, und bewirkt, daß über die Sache während der Dauer ihrer Widmung nur nach öffentlichem Recht verfügt werden darf.[667] Das öffentliche Eigentum ist daher der Privatrechtsordnung gänzlich entzogen.[668] Das öffentliche Sachenrecht der anderen Bundesländer ist von einer dualistischen Konstruktion beherrscht. Der privatrechtliche Charakter der Sache bleibt bestehen und wird von einer dinglich wirkenden öffentlich-rechtlichen Dienstbarkeit überlagert.[669] Diese verpflichtet den Eigentümer zur Duldung der widmungsgemäßen Benutzung der öffentlichen Sache.[670] Im Rahmen einer „Restherrschaft" außerhalb der öffentlich-rechtlichen Dienstbarkeit ist der Eigentümer der öffentlichen Sache jedoch zu Verfügungen und Nutzungen berechtigt, sofern diese die Zweckbestimmung der öffentlichen Sache nicht beeinträchtigen.[671]

2. Arten der öffentlichen Sachen

Herkömmlich werden die öffentlichen Sachen nach den Benutzungsberechtigten in die öffentlichen Sachen im Verwaltungsgebrauch und die öffentlichen Sachen

---

664 Pappermann, JuS 1979, 794 (795); Pappermann/Andriske/Löhr, Recht der öffentlichen Sachen, 2; Wolff/Bachof, Verwaltungsrecht I, § 55, II.a).

665 Salzwedel, in: Erichsen, Allgemeines Verwaltungsrecht, 10. Auflage, § 42, Rdn. 6.

666 Erbguth, VR 1981, 110 (111).

667 Salzwedel, in: Erichsen, Allgemeines Verwaltungsrecht, 10. Auflage, § 42, Rdn. 4; Schmidt-Jortzig, NVwZ 1987, 1025 (1027).

668 Papier, Jura 1979, 93 (94).

669 Erbguth, VR 1981, 152 (153); Papier, Jura 1979, 93 (94); ders., Recht der öffentlichen Sachen, 10; ders., in: Erichsen, Allgemeines Verwaltungsrecht, § 40, Rdn. 18; Pappermann, JuS 1979, 794 (798); Pappermann/Andriske/Löhr, Recht der öffentlichen Sachen, 17; Schmidt-Jortzig, NVwZ 1987, 1025 (1028f.); Wolff/Bachof, Verwaltungsrecht I, § 57, I..

670 Papier, Jura 1979, 93 (94); ders., in: Erichsen, Allgemeines Verwaltungsrecht, § 40, Rdn. 18.

671 Erbguth, VR 1981, 152 (153); Pappermann, JuS 1979, 794 (798); Pappermann/Andriske/Löhr, Recht der öffentlichen Sachen, 19; Schmidt-Jortzig, NVwZ 1987, 1025 (1029); Wolff/Bachof, Verwaltungsrecht I, § 57, II..

im Bürgergebrauch unterteilt. Letztere können sowohl im Gemeingebrauch als auch im Sondergebrauch oder im Anstaltsgebrauch (Einrichtungsgebrauch) stehen.[672]

a. Öffentliche Sachen im Verwaltungsgebrauch

Die Zweckbestimmung der öffentlichen Sachen im Verwaltungsgebrauch ist auf die verwaltungsinterne Nutzung gerichtet.[673] Zu ihnen zählen sächliche Verwaltungsmittel wie Dienstgebäude und ihr Inventar, Fuhrparks der öffentlichen Verwaltung und Polizeiwaffen.[674]
Der zweckentsprechende Gebrauch dieser Sachen durch die Verwaltungsträger dient zwar der öffentlichen Aufgabenerfüllung[675] und damit mittelbar dem Bürger, ein Benutzungsrecht erwirbt dieser jedoch nicht[676]. Dennoch kann eine Benutzung der öffentlichen Sachen im Verwaltungsgebrauch durch den Bürger bei der Erledigung persönlicher Verwaltungsangelegenheiten im Rahmen von Publikumsverkehr in Verwaltungsgebäuden geboten erscheinen[677], beispielsweise wenn sich der Bürger bei der Beantragung eines neuen Personalausweises zur Leistung einer Unterschrift auf dem Antragsformular des Schreibgeräts der Verwaltungsbehörde bedient. Diese Benutzung ist jedoch von der Verfolgung von Verwaltungszwekken abhängig und stellt sich als deren Annex dar.[678]

b. Öffentliche Sachen im Bürgergebrauch

Im Gegensatz zu den verwaltungsintern genutzten öffentlichen Sachen im Verwaltungsgebrauch dienen die öffentlichen Sachen im Bürgergebrauch der exter-

---

672 Erbguth, VR 1981, 110 (111); Pappermann, JuS 1979, 794 (795); Pappermann/Andriske/Löhr, Recht der öffentlichen Sachen, 6.

673 Erbguth, VR 1981, 110 (111); Kromer, Sachenrecht des öffentlichen Rechts, 56; Papier, Jura 1979, 93 (98); ders., Recht der öffentlichen Sachen, 34; Pappermann, JuS 1979, 794 (795); Pappermann/Andriske/Löhr, Recht der öffentlichen Sachen, 6; Wolff/Bachof, Verwaltungsrecht I, § 55, III.a).

674 Papier, Jura 1979, 93 (98); ders., Recht der öffentlichen Sachen, 34; ders., in: Erichsen, Allgemeines Verwaltungsrecht, § 41, Rdn. 45; Pappermann, JuS 1979, 794 (795); Pappermann/Andriske/Löhr, Recht der öffentlichen Sachen, 10.

675 Papier, Jura 1979, 93 (98); ders., Recht der öffentlichen Sachen, 34; Pappermann, JuS 1979, 794 (795).

676 Erbguth, VR 1981, 110 (111); Papier, Jura 1979, 93 (98); ders., Recht der öffentlichen Sachen, 34.

677 Papier, Recht der öffentlichen Sachen, 34.

678 Erbguth, VR 1981, 110 (111); Kromer, Sachenrecht des öffentlichen Rechts, 54; Papier, Recht der öffentlichen Sachen, 34.

nen Nutzung durch die Bürger und werden durch die Verwaltung bereitgestellt.[679] Die Benutzungsberechtigung der Bürger kann sowohl gesetzlich vorgesehen sein als auch auf einem Zulassungsakt des Verwaltungsträgers beruhen.[680]
Der Begriff des Bürgergebrauchs erscheint jedoch problematisch, da er lediglich einen Teil der benutzungsberechtigten Personen betrifft, da es sich bei den Bürgern gemäß §§ 6 Abs. 2 Satz 1 SchlH GO, 6 Abs. 2 Satz 1 SchlH KrO um die zur Gemeindevertretung bzw. zum Kreistag wahlberechtigten Einwohner handelt. Der Gemeingebrauch und der Anstaltsgebrauch können jedoch auch von Personen ausgeübt werden, die nicht das zur Wahl berechtigende Alter erreicht haben. Insofern sollte an dem Begriff des Bürgergebrauchs nicht festgehalten, sondern entweder der Begriff des Zivilgebrauchs verwendet werden, der verdeutlicht, daß Zivilpersonen berechtigt sind, diese öffentlichen Sachen zu benutzen[681], oder der des Einwohnergebrauchs.

aa. Öffentliche Sachen im Gemeingebrauch

Öffentliche Sachen im Gemeingebrauch sind im Rahmen ihrer Zweckbestimmung von jedermann ohne besondere Zulassung benutzbar.[682] Zu ihnen rechnen die öffentlichen Straßen, Wege und Plätze[683] und in ihrer Eigenschaft als Verkehrswege auch Gewässer und der Luftraum.[684]
Der erlaubnisfreie Gemeingebrauch öffentlicher Sachen umfaßt schlichten Gemeingebrauch, der hinsichtlich öffentlicher Straßen gemäß §§ 7 Abs. 1 Satz 1 und 3 FStrG, 20 Abs. 1 SchlH StrWG in der Benutzung nur zum Zwecke des Verkehrs besteht, und Anliegergebrauch als gesteigerten Gemeingebrauch, der dem Straßenanlieger über die jedem Dritten eröffnete Verkehrsbenutzung hinaus das Recht gewährt, die öffentliche Straße in dem Maß in Anspruch zu nehmen, wie es eine angemessene Nutzung seines Grundstücks erfordert[685].[686] Gestattet sind dem Straßenanlieger daher auch geschäftliche Betätigungen an und auf der Straße oder die

---

[679] Erbguth, VR 1981, 110 (111); Pappermann, JuS 1979, 794 (795); Pappermann/Andriske/Löhr, Recht der öffentlichen Sachen, 6.
[680] Pappermann, JuS 1979, 794 (795).
[681] Papier, Recht der öffentlichen Sachen, 17; Wolff/Bachof, Verwaltungsrecht I, § 55, III..
[682] Erbguth, VR 1981, 110 (111); Papier, Jura 1979, 93 (95); ders., Recht der öffentlichen Sachen, 17f.; Pappermann, JuS 1979, 794 (796); Pappermann/Andriske/Löhr, Recht der öffentlichen Sachen, 6f.; Wolff/Bachof, Verwaltungsrecht I, § 58, II.a).
[683] Erbguth, VR 1981, 110 (111); Papier, Jura 1979, 93 (95).
[684] Papier, Jura 1979, 93 (95); ders., Recht der öffentlichen Sachen, 18; Pappermann, JuS 1979, 794 (796).
[685] Papier, Recht der öffentlichen Sachen, 19f.; Pappermann/Andriske/Löhr, Recht der öffentlichen Sachen, 7; Wolff/Bachof, Verwaltungsrecht I, § 58, III.a).
[686] Papier, Jura 1979, 93 (95f.).

mit Renovierungsarbeiten verbundene Aufstellung von Gerüsten und Gerätschaften.[687]
Öffentlichen Sachen im Gemeingebrauch können ferner Gegenstand von Sondernutzungen sein[688], die den Gemeingebrauch hinsichtlich der Benutzungsabsicht oder der Benutzungswirkung überschreiten und eines Zulassungsaktes bedürfen[689].

bb. Öffentliche Sachen im Sondergebrauch

Öffentliche Sachen im Sondergebrauch stellen die Gewässer dar, wenn sie nicht als Verkehrswege benutzt werden, sondern Gegenstand wasserwirtschaftlicher Nutzung sind.[690] Diese kann nach § 3 WHG im Entnehmen oder Ableiten von Wasser, im Entnehmen fester Stoffe aus Gewässern oder im Einbringen und Einleiten von Stoffen in Gewässer bestehen.
Der Sondergebrauch öffentlicher Sachen steht nicht mehr jedermann zulassungsfrei offen[691], es handelt sich vielmehr um eine Sondernutzung[692], die nach § 2 WHG eine Erlaubnis oder Bewilligung im Sinne der §§ 7, 8 WHG erfordert.

cc. Öffentliche Sachen im Anstaltsgebrauch (Einrichtungsgebrauch)

Öffentliche Sachen im Anstaltsgebrauch stehen nur im Rahmen eines obligatorischen Rechtsverhältnisses nach besonderer Zulassung zur Benutzung zur Verfügung[693] und unterscheiden sich dadurch von den öffentlichen Sachen im Gemeingebrauch, die kraft eines dinglichen Rechts benutzt werden[694].
Der Anstaltsbegriff soll dabei nicht nur Anstalten im technischen Sinne wie die zur juristischen Person oder die organisatorisch verselbständigten Einrichtungen in öffentlich-rechtlicher Trägerschaft umfassen. Entscheidend soll die zulassungs-

---

687 Papier, in: Erichsen, Allgemeines Verwaltungsrecht, § 43, Rdn. 21, 25; Pappermann, JuS 1980, 580 (580f.); Wallerath, Allgemeines Verwaltungsrecht, 308.

688 Papier, Jura 1979, 93 (95f.).

689 Papier, in: Erichsen, Allgemeines Verwaltungsrecht, § 44, Rdn. 1, 6.

690 Papier, Jura 1979, 93 (97); Pappermann, JuS 1979, 794 (797); Pappermann/Andriske/Löhr, Recht der öffentlichen Sachen, 8; Salzwedel, in: Erichsen, Allgemeines Verwaltungsrecht, 10. Auflage, § 44, Rdn. 1.

691 Salzwedel, in: Erichsen, Allgemeines Verwaltungsrecht, 10. Auflage, § 44, Rdn. 1.

692 Papier, Jura 1979, 93 (97).

693 Erbguth, VR 1981, 110 (111); Papier, Jura 1979, 93 (97); Pappermann, JuS 1979, 794 (797); Pappermann/Andriske/Löhr, Recht der öffentlichen Sachen, 9.

694 Papier, Jura 1979, 93 (97); Pappermann, JuS 1979, 794 (797); Pappermann/Andriske/Löhr, Recht der öffentlichen Sachen, 9.

gebundene Benutzung öffentlicher Sachen sein.[695] An diesem Vorbehalt wird deutlich, daß der Anstaltsbegriff, wie bereits im Zusammenhang mit den kommunalen öffentlichen Einrichtungen festgestellt worden ist[696], den von ihm tatsächlich behandelten Sachverhalt nicht präzise und vollständig erfaßt.[697] Der Begriff der öffentlichen Sachen im Anstaltsgebrauch beschreibt den Sachverhalt, daß kommunale öffentliche Einrichtungen bestimmte Sachmittel zur Benutzung bereitstellen.[698] Daher sollte er durch den Begriff der öffentlichen Sachen im Einrichtungsgebrauch ersetzt werden.[699] Durch den Verzicht auf den Anstaltsbegriff entfällt auch die problematische Unterscheidung zwischen nutzbaren Anstalten, die öffentliche Sachen im Anstaltsgebrauch bereithalten, und solchen, die keinen Publikumsverkehr haben und deren Sachgegenstände sich folglich in externer Nutzung befinden[700].

3. Vergleichbarkeit der öffentlichen Einrichtungen mit den öffentlichen Sachen

Anhand der Wesensmerkmale der öffentlichen Sachen und der kommunalen öffentlichen Einrichtungen ist nun festzustellen, ob eine Übertragung der sachenrechtlichen Widmung auf das Recht der öffentlichen Einrichtungen entsprechend der herrschenden Meinung gerechtfertigt erscheint.

a. Kriterien

Wesensmerkmale der kommunalen öffentlichen Einrichtungen sind der organisationsrechtlich neutrale Bestand an personellen oder sachlichen Mitteln, die wirtschaftliche, soziale und kulturelle Zweckbestimmung, der allgemeine Benutzungsanspruch der Einwohner und gleichgestellten Personen und der der Benutzung vorangehende Zulassungsakt.[701]

---

[695] Erbguth, VR 1981, 110 (111); Papier, Jura 1979, 93 (97); Pappermann, JuS 1979, 794 (797).

[696] Zweites Kapitel, § 3, C.I.2.b. und c.cc..

[697] Papier, Recht der öffentlichen Sachen, 27f..

[698] Papier, Jura 1979, 93 (97); Pappermann, JuS 1979, 794 (797); Wolff/Bachof, Verwaltungsrecht I, § 55, III.b)1..

[699] Axer, Die Widmung als Schlüsselbegriff, 148, Fn. 59; Mohl, Die kommunalen öffentlichen Einrichtungen, 88, 95; Pappermann/Andriske/Löhr, Recht der öffentlichen Sachen, 9.

[700] Kromer, Sachenrecht des öffentlichen Rechts, 56.

[701] Zweites Kapitel, § 3, A..

aa. Bestand an personellen und sachlichen Mitteln

Den für die kommunalen öffentlichen Einrichtungen charakteristischen Bestand an personellen und sachlichen Mitteln weisen öffentliche Sachen nicht auf. Zwar können öffentliche Einrichtungen wie Plakattafeln für den Anschlag von Wahlplakaten oder Festplätze lediglich aus einem einzelnen Sachgegenstand bestehen, so daß sie sich dann in ihrem Substrat nicht von öffentlichen Sachen unterscheiden. Auch kann eine einheitliche öffentliche Sache aus mehreren Sachgegenständen oder aus einer Sachgesamtheit bestehen[702], aus denen sich kommunale öffentliche Einrichtungen regelmäßig zusammensetzen. Eine als Veranstaltungsraum dienende Stadthalle verfügt beispielsweise über Bestuhlung, eine Bühne, ein Rednerpult, Mikrophone, Lautsprecher und Beleuchtungskörper. Eine Stadtbücherei umfaßt eine Vielzahl einzelner Bücher, Zeitungen und Zeitschriften, Tonträger, audi-visueller Medien und Kinderspiele. Ein Museum besitzt neben den Exponaten Schautafeln und Vitrinen.

Dienstkräfte einer kommunalen öffentlichen Einrichtung wie Bademeister eines Schwimmbades oder Lehrer an den allgemeinbildenden Schulen, Musikschulen und Volkshochschulen, das menschliche Substrat, können aber unzweifelhaft nicht zur öffentlichen Sache bestimmt werden.[703] Da der Widmungsakt daher nicht das gesamte Substrat einer kommunalen öffentlichen Einrichtung erfassen kann, könnten seiner Übertragbarkeit auf das Einrichtungswesen Bedenken entgegenstehen.

Jedoch braucht der Widmungsakt sich nur auf die sachlichen Mittel einer kommunalen öffentlichen Einrichtung zu erstrecken, da deren Personal, Beamte und Angestellte oder Arbeiter im öffentlichen Dienst, von vornherein in anderer Weise als sachliche Mittel auf ihre öffentliche Aufgabe verpflichtet werden. Dies geschieht durch Ernennung zum Beamten[704] bzw. durch Abschluß eines Dienstvertrages[705]. Die unbeeinträchtigte Durchführung von Verwaltungsaufgaben mit Hilfe öffentlicher Sachen, die der Widmungsakt sicherstellen will, kann daher auch dann erfolgen, wenn ein Teil der kommunalen öffentlichen Einrichtung nicht von ihrer Wirkung erfaßt wird.

Die differierenden Wesensmerkmale der öffentlichen Sache und der kommunalen öffentlichen Einrichtung stehen einer Anwendung der sachenrechtlichen Widmung im Rahmen der Schaffung öffentlicher Einrichtungen folglich nicht entgegen.

---

[702] Drittes Kapitel, § 1, D.II.1..

[703] Axer, Die Widmung als Schlüsselbegriff, 149.

[704] Kunig, in: Schmidt-Aßmann, Besonderes Verwaltungsrecht, Sechster Abschnitt, Rdn. 68, 127ff..

[705] Kunig, in: Schmidt-Aßmann, Besonderes Verwaltungsrecht, Sechster Abschnitt, Rdn. 185.

bb. Öffentlicher Zweck

Sowohl die öffentliche Sache, die eine Gemeinwohlfunktion hat, als auch die kommunalen öffentlichen Einrichtungen, die nach §§ 17 Abs. 1 SchlH GO, 17 Abs. 1 SchlH KrO u.a. der wirtschaftlichen, sozialen und kulturellen Betreuung ihrer Einwohner dienen, verfolgen einen öffentlichen Zweck.
Das beiderseits vorhandene Wesensmerkmal der öffentlichen Zweckbestimmung stellt daher ein Argument für eine Übertragbarkeit der sachenrechtlichen Widmung auf das Recht der kommunalen öffentlichen Einrichtungen dar.

cc. Zulassungsanspruch der Einwohner und gleichgestellten Personen

Während die öffentlichen Sachen kraft eines dinglichen Rechts benutzt werden, besteht bezüglich der Benutzung einer kommunalen öffentlichen Einrichtung ein in den Kommunalgesetzen normierter obligatorischer Zulassungsanspruch.[706] Der an einer Sache dinglich Berechtigte kann unmittelbar auf diese zugreifen, während dem nur obligatorisch Benutzungsberechtigten dieser unmittelbare Zugriff nicht gestattet ist, er bedarf zunächst eines Zulassungsaktes.[707] Öffentliche Sachen erweitern damit den Freiheitsspielraum des Bürgers. Öffentliche Einrichtungen verschaffen dem Bürger Leistungen.[708]
Im Rahmen der Schaffung kommunaler öffentlicher Einrichtungen hätte die Widmung folglich eine geringere Reichweite. Jedoch werden öffentliche Sachen und kommunale öffentliche Einrichtungen durch die Widmung ähnlichen öffentlichen Zwecken unterstellt.
Diese Parallele rechtfertigt das Erfordernis des Widmungsaktes im Rahmen des Entstehungstatbestandes einer öffentlichen Einrichtung.

dd. Zulassungsakt

Eine Benutzung nach vorheriger Zulassung durch den Verwaltungsträger ist im öffentlichen Sachenrecht nur im Rahmen von Sondernutzungen an Sachen, die dem Gemeingebrauch unterstehen, sowie hinsichtlich öffentlicher Sachen im Sondergebrauch und öffentlicher Sachen im Anstaltsgebrauch (Einrichtungsgebrauch) vorgesehen.[709] Die Benutzung öffentlicher Sachen im Anstaltsgebrauch

---

[706] Salzwedel, in: Erichsen, Allgemeines Verwaltungsrecht, 10. Auflage, § 40, Rdn. 2; Stober, Kommunalrecht, 233.

[707] Blum, Niedersächsische Gemeindeordnung, § 22, Rdn. 8; Salzwedel, in: Erichsen, Allgemeines Verwaltungsrecht, 10. Auflage, § 40, Rdn. 2.

[708] Salzwedel, in: Erichsen, Allgemeines Verwaltungsrecht, 10. Auflage, § 40, Rdn. 2.

[709] Drittes Kapitel, § 1, D.II.2.b..

entspricht der Benutzung kommunaler öffentlicher Einrichtungen, die ausnahmslos an einen, zumindest konkludenten, Zulassungsakt des Einrichtungsträgers gebunden ist, da bei Ihrer Benutzung der Zugriff auf Sachgegenstände im Vordergrund steht.[710] Das öffentliche Sachenrecht kennt daher den Fall einer Benutzung von Sachen nach vorheriger Zulassung, so daß zwischen öffentlichen Sachen und kommunalen öffentlichen Einrichtungen insofern kein grundsätzlicher Wesensunterschied besteht.
Der Aspekt der Zulassungsbedürftigkeit der Benutzung steht mithin einer Anwendung des Widmungsaktes im Rahmen der Schaffung öffentlicher Einrichtungen nicht entgegen.

b. Zwischenergebnis

Der Vergleich der Wesensmerkmale der öffentlichen Sachen und der kommunalen öffentlichen Einrichtungen zeigt insofern Ähnlichkeiten, als beide Institute über einen Bestand an Sachmitteln verfügen und einem öffentlichen Zweck dienen. Außerdem ist sowohl im öffentlichen Sachenrecht als auch hinsichtlich der Benutzung kommunaler öffentlicher Einrichtungen ein vorhergehender Zulassungsakt vorgesehen.
Unterschiede bestehen darin, daß den kommunalen öffentlichen Einrichtungen auch ein Bestand an personellen Mitteln zuzuordnen und der ihnen gegenüber bestehende Benutzungsanspruch nur obligatorischer Art ist.
In ihrer wesentlichen Struktur, die für die Übertragbarkeit der sachenrechtlichen Widmung auf das Einrichtungswesen maßgebend ist, ähneln sich die öffentlichen Sachen und die kommunalen öffentlichen Einrichtungen indes.

4. Ergebnis

Der Rechtsakt der Widmung kann folglich aus dem öffentlichen Sachenrecht in das Recht der öffentlichen Einrichtungen übertragen werden und bildet ein Element des Entstehungstatbestandes der kommunalen öffentlichen Einrichtungen.

III. Entstehung der öffentlichen Einrichtungen durch den Rechtsakt der sachenrechtlichen Widmung

Nachdem festgestellt worden ist, daß der Widmungsakt ein Element des Entstehungstatbestandes der kommunalen öffentlichen Einrichtungen bildet, ist zu un-

[710] Drittes Kapitel, § 1, D.II.2.b.cc..

tersuchen, in welcher Form die Widmung ergehen kann und an welche formellen und materiellen Voraussetzungen sie gebunden ist.

Die Widmung zur öffentlichen Einrichtung ist ein nicht formalisierter Rechtsakt.[711] Er kann sowohl ausdrücklich durch Satzung[712], Verwaltungsakt[713], schlichten Beschluß der Gemeindevertretung bzw. des Kreistages[714] und tatsächliches administratives Handeln[715] als auch konkludent erfolgen.[716]
Eine konkludente Widmung zur öffentlichen Einrichtung kann bei Vorliegen bestimmter Indizien angenommen werden, beispielsweise wenn die Zulassungspraxis für den Einrichtungscharakter spricht, für die Benutzung eine Gebühr erhoben, die Einrichtung nicht unerheblich durch die Gemeinde oder den Kreis subventioniert oder die Benutzung durch Satzung geregelt wird.[717] Eine konkludente Wid-

---

[711] Badura, JuS 1966, 17 (18); Galette, Gemeindeordnung für Schleswig-Holstein, § 17, Rdn. 18; Hölzl/Hien, Gemeindeordnung für den Freistaat Bayern, Art. 21, Erl. 4.; Horn, VBlBW 1992, 5 (6); Ossenbühl, in: HdbkWPr, Band 1, 382; Pappermann/Andriske/Löhr, Recht der öffentlichen Sachen, 136; Rehn/Cronauge/von Lennep, Gemeindeordnung für das Land Nordrhein-Westfalen, § 9, Erl. I.3.; Schmidt-Aßmann, in: Schmidt-Aßmann, Besonderes Verwaltungsrecht, Erster Abschnitt, Rdn. 107.

[712] Axer, Die Widmung als Schlüsselbegriff, 146; Bracker/Dehn, Gemeindeordnung für Schleswig-Holstein, § 17, Erl. 1. zu Abs. 1; Erbguth, VR 1982, 14 (16); Erichsen, Jura 1986, 148 (151); Galette, Gemeindeordnung für Schleswig-Holstein, § 17, Rdn. 18; Horn, VBlBW 1992, 5 (6); Kunze/Bronner/Katz, Gemeindeordnung für Baden-Württemberg, § 10, Rdn. 15; Mohl, Die kommunalen öffentlichen Einrichtungen, 18; von Mutius/Rentsch, Kommunalverfassungsrecht Schleswig-Holstein, § 17, Rdn. 3; Ossenbühl, DVBl. 1973, 289 (290); ders., in: HdbkWPr, Band 1, 382; Püttner/Lingemann, JA 1984, 121 (122); Rehn/Cronauge/von Lennep, Gemeindeordnung für das Land Nordrhein-Westfalen, § 8, Erl. I.3.; Seewald, in: Steiner, Besonderes Verwaltungsrecht, I, Rdn. 141.

[713] Axer, Die Widmung als Schlüsselbegriff, 146; Erbguth, VR 1982, 14 (16); Erichsen, Jura 1986, 148 (151); Horn, VBlBW 1992, 5 (6); Püttner/Lingemann, JA 1984, 121 (122).

[714] Erbguth, VR 1982, 14 (16); Mohl, Die kommunalen öffentlichen Einrichtungen, 18f.; von Mutius/Rentsch, Kommunalverfassungsrecht Schleswig-Holstein, § 17, Rdn. 3; Ossenbühl, DVBl. 1973, 289 (290).

[715] Erbguth, VR 1982, 14 (16); Galette, Gemeindeordnung für Schleswig-Holstein, § 17, Rdn. 18; Rehn/Cronauge/von Lennep, Gemeindeordnung für das Land Nordrhein-Westfalen, § 8, Erl. I.3.; Schmidt-Aßmann, in: Schmidt-Aßmann, Besonderes Verwaltungsrecht, Erster Abschnitt, Rdn. 107.

[716] OVG Lüneburg, NJW 1985, 2347 (2347); VGH München, BayVBl. 1988, 497 (498); Axer, Die Widmung als Schlüsselbegriff, 145f.; Erbguth, VR 1982, 14 (16); Erichsen, Jura 1986, 148 (151); Hölzl/Hien, Gemeindeordnung für den Freistaat Bayern, Art. 21, Erl. 4.; Horn, VBlBW 1992, 5 (6); Kunze/Bronner/Katz, Gemeindeordnung für Baden-Württemberg, § 10, Rdn. 15; Mohl, Die kommunalen öffentlichen Einrichtungen, 18f.; Ossenbühl, in: HdbkWPr, Band 1, 382; Püttner/Lingemann, JA 1984, 121 (122); a.A. Ehlers, DVBl. 1986, 912 (919), der aus rechtsstaatlichen Erwägungen eine förmliche Widmung voraussetzt, da eine konkludente Widmung keine klare Zweckbestimmung erkennen lasse.

[717] Erbguth, VR 1982, 14 (16); Erichsen, Jura 1986, 148 (151); Galette, Gemeindeordnung für Schleswig-Holstein, § 17, Rdn.18; Hölzl/Hien, Gemeindeordnung für den Freistaat Bayern, Art. 21, Erl. 4.; Ossenbühl, DVBl. 1973, 289 (290).

mung hat den Inhalt, den der Einwohner dem Erklärten zumessen durfte. Maßgebend ist nicht, was die Verwaltung abweichend vom Erklärten tatsächlich zum Ausdruck bringen wollte.[718] Im Fall einer konkludenten Widmung durch die bisherige Nutzungs- und Überlassungspraxis ergeben sich daraus auch die künftigen Benutzungsbedingungen.[719]

Belegen weder ausdrückliche Erklärungen oder Handlungen noch Indizien das Vorliegen einer Widmung zur öffentlichen Einrichtung, soll die Vermutungsregel gelten, daß eine für die Allgemeinheit nutzbare Einrichtung eine öffentliche Einrichtung darstellt.[720] Nach dieser Auffassung kann die Kommune die Vermutung jedoch durch den Nachweis entkräften, daß die Beschränkung der Bereitstellung ergebe, daß die Einrichtung als private Einrichtung betrieben werden solle.[721]
Die Vermutungsregel wird mit der Konstituierungs- und Disziplinierungsfunktion des öffentlichen Rechts begründet, aufgrund derer ein Verwaltungsträger eine ihm durch einen Rechtssatz des öffentlichen Rechts zugewiesene Aufgabe oder Zuständigkeit in der Regel auch im Bereich und mit den Mitteln des öffentlichen Rechts erfüllen wolle.[722] Da den Gemeinden und Kreisen die Schaffung öffentlicher Einrichtungen durch die öffentlich-rechtlichen Regelungen der §§ 17 Abs. 1 SchlH GO, 17 Abs. 1 SchlH KrO u.a. aufgegeben wird, soll folglich angenommen werden, daß kommunale Leistungseinrichtungen als öffentliche Einrichtungen zur Verfügung stehen.
Diesem Ansatz wird entgegengehalten, daß gegenüber kommunalen öffentlichen Einrichtungen, die von einer natürlichen oder juristischen Person des Privatrechts getragen würden, die Vermutungsregel nicht eingreifen könne.[723]
Das bloße Abstellen auf die zivilrechtliche Rechtsform einer Leistungseinrichtung zur Feststellung ihres Trägers genügt jedoch nicht, um die Geltung der Vermu-

---

[718] Erichsen, Jura 1986, 148 (151); Pappermann, VR 1981, 84 (84f.); Pappermann/Andriske/Löhr, Recht der öffentlichen Sachen, 136.

[719] OVG Lüneburg, NJW 1985, 2347 (2347); VGH München, BayVBl. 1988, 497 (498); Hölzl/Hien, Gemeindeordnung für den Freistaat Bayern, Art. 21, Erl. 4..

[720] OVG Münster, DVBl. 1976, 398 (399); Erichsen, Jura 1986, 148 (151); Galette, Gemeindeordnung für Schleswig-Holstein, § 17, Rdn. 20; Hölzl/Hien, Gemeindeordnung für den Freistaat Bayern, Art. 21, Erl. 4. in Verbindung mit Erl. 1.a); Kunze/Bronner/Katz, Gemeindeordnung für Baden-Württemberg, § 10, Rdn. 15; Ossenbühl, DVBl. 1973, 289 (290); ders., in: HdbkWPr, Band 1, 382; Rehn/Cronauge/von Lennep, Gemeindeordnung für das Land Nordrhein-Westfalen, § 8, Erl. I.3.; Schmidt-Aßmann, in: Schmidt-Aßmann, Besonderes Verwaltungsrecht, Erster Abschnitt, Rdn. 107; Seewald, in: Steiner, Besonderes Verwaltungsrecht, I, Rdn. 141; Stober, Kommunalrecht, 233.

[721] Galette, Gemeindeordnung für Schleswig-Holstein, § 17, Rdn. 20; Hölzl/Hien, Gemeindeordnung für den Freistaat Bayern, Art. 21, Erl. 1.a); Kunze/Bronner/Katz, Gemeindeordnung für Baden-Württemberg, § 10, Rdn. 15; Ossenbühl, DVBl. 1973, 289 (290); Schmidt-Aßmann, in: Schmidt-Aßmann, Besonderes Verwaltungsrecht, Erster Abschnitt, Rdn. 107.

[722] Erichsen, Jura 1986, 148 (151).

[723] Erichsen, Jura 1986, 148 (151); Mohl, Die kommunalen öffentlichen Einrichtungen, 23.

tungsregel zu ermitteln, denn entscheidend ist, welchen Einfluß die Kommune auf die Einrichtung ausübt.[724] Ist sie in der Lage, den allgemeinen Benutzungsanspruch der Einwohner gegenüber dem Träger der Einrichtung durchzusetzen, könnte die Vermutungsregel eingreifen und es sich um eine öffentliche Einrichtung im Sinne der §§ 17, 18 SchlH GO und §§ 17, 18 SchlH KrO u.a. handeln.
Als Begründung der Vermutungsregel wird ferner angeführt, daß die Kommunen als Teilglieder des Staates in erster Linie berufen seien, durch die Erfüllung der in ihrem Gebiet anfallenden öffentlichen Aufgaben das Wohl der dort lebenden Personen, insbesondere der Einwohner, zu fördern.[725] Die Tätigkeit der Kommunen soll danach grundsätzlich der Erfüllung öffentlicher Aufgaben dienen. Angesichts der Gemeinwohlverpflichtung der Kommunen hätten auch ihre Leistungseinrichtungen dem Gemeinwohl zu dienen und der Allgemeinheit offenzustehen.[726]
Zu berücksichtigen ist jedoch, daß die Vermutung der Widmung aufgrund des Gemeinwohlauftrages der Gemeinden und Kreise für den Fall, daß eine Leistungseinrichtung geschaffen worden ist, eine Fiktion bedeutet[727], und die fingierte Widmung den Entstehungstatbestand einer kommunalen öffentlichen Einrichtung nicht erfüllt. Die Schaffung öffentlicher Einrichtungen nach §§ 17 Abs. 1 SchlH GO, 17 Abs. 1 SchlH KrO u.a. und deren Widmung sind vor dem Hintergrund der Selbstverwaltungsgarantie der Gemeinden und Kreise nach Art. 28 Abs. 2 GG zu sehen.[728] Danach unterliegt die Schaffung einer öffentlichen Einrichtung grundsätzlich der freien Entscheidung der Gemeinden und Kreise.[729] Hinsichtlich des „Ob" der Schaffung einer öffentlichen Einrichtung bedarf es daher einer ausdrücklichen oder konkludenten Willensäußerung der Kommune.[730] Fehlt es daran, muß angenommen werden, daß die Kommune die Errichtung einer öffentlichen Einrichtung nicht beabsichtigte. Dieser Wille kann nicht im Wege einer Vermutung fingiert und in sein Gegenteil umgekehrt werden.[731]

---

[724] Drittes Kapitel, § 1, A.II.1..
[725] Galette, Gemeindeordnung für Schleswig-Holstein, § 17, Rdn. 20.
[726] Ossenbühl, DVBl. 1973, 289 (290).
[727] Mohl, Die kommunalen öffentlichen Einrichtungen, 24; Ossenbühl, DVBl. 1973, 289 (290).
[728] Mohl, Die kommunalen öffentlichen Einrichtungen, 24.
[729] Drittes Kapitel, § 1, A.II.2.a..
[730] Mohl, Die kommunalen öffentlichen Einrichtungen, 24.
[731] Mohl, Die kommunalen öffentlichen Einrichtungen, 24.

1. Voraussetzungen

a. Formelle Voraussetzungen

Die formellen Voraussetzungen betreffen die Zuständigkeit für die Widmung der öffentlichen Einrichtung, das Widmungsverfahren und die Form des Widmungsaktes.

aa. Zuständigkeit

Hinsichtlich der Frage, welcher Teil der Gemeinde- oder Kreisverwaltung für die ausdrückliche oder konkludente Widmung einer kommunalen öffentlichen Einrichtung zuständig ist, ist gemäß §§ 27 Abs. 1 Satz 1 SchlH GO, 22 Abs. 1 Satz 1 SchlH KrO maßgebend, ob es sich um eine für die Gemeinde bzw. den Kreis wichtige Entscheidung handelt. In diesem Fall läge die Zuständigkeit bei der Gemeindevertretung bzw. dem Kreistag.
Einen Hinweis geben insofern §§ 28 Abs. 1 Nr. 14 SchlH GO, 23 Abs. 1 Nr. 13 SchlH KrO, die in einem Katalog der dem Vertretungsorgan vorbehaltenen und nicht übertragbaren Aufgaben die Errichtung, die wesentliche Erweiterung und die Auflösung von öffentlichen Einrichtungen nennen. §§ 28 Abs. 1 Nr. 14 SchlH GO, 23 Abs. 1 Nr. 13 SchlH KrO beziehen sich jedoch auf öffentliche Einrichtungen im Sinne des § 101 Abs. 2 SchlH GO. Bei diesen Einrichtungen handelt es sich um Unternehmen, zu denen die Gemeinde (und in Verbindung mit § 57 SchlH KrO der Kreis) gesetzlich verpflichtet ist (Nr. 1), um Einrichtungen des Bildungs-, Gesundheits- und Sozialwesens, der Kultur, des Sports, der Erholung, der Abfall- und Abwasserbeseitigung und Einrichtungen ähnlicher Art (Nr. 2) und um Einrichtungen, die als Hilfsbetriebe ausschließlich der Deckung des Eigenbedarfs der Gemeinde (bzw. nach § 57 SchlH KrO des Kreises) dienen (Nr. 3). Da die Widmung ein Element des Entstehungstatbestandes einer kommunalen öffentlichen Einrichtung bildet, könnte diese gemäß §§ 27 Abs. 1 Satz 1, 28 Abs. 1 Nr. 14 SchlH GO und §§ 22 Abs. 1 Satz 1, 23 Abs. 1 Nr. 13 SchlH KrO der Zuständigkeit der Gemeindevertretung bzw. des Kreistages unterliegen. Voraussetzung ist jedoch, daß es sich bei den genannten öffentlichen Einrichtungen auch um öffentliche Einrichtungen im Sinne der §§ 17, 18 SchlH GO und §§ 17, 18 SchlH KrO handelt. Maßgebend ist hier, daß §§ 28 Abs. 1 Nr. 14 SchlH GO, 23 Abs. 1 Nr. 13 SchlH KrO neben den öffentlichen Einrichtungen die Errichtung, die wesentliche Erweiterung und die Auflösung wirtschaftlicher Unternehmen im Sinne des § 101 Abs. 1 SchlH GO betreffen. Der Verweis auf § 101 Abs. 2 SchlH GO soll lediglich erreichen, daß auch Einrichtungen erfaßt werden, die zwar wirtschaftlich geführt werden, aber gemäß § 101 Abs. 2 SchlH GO nicht als wirtschaftliche Unternehmen gelten. Darüber hinaus stimmt der in §§ 28 Abs. 1 Nr. 14 SchlH GO, 23 Abs. 1 Nr. 13 SchlH KrO gewählte Begriff der öffentlichen Ein-

richtung aber mit dem der §§ 17, 18 SchlH GO und §§ 17, 18 SchlH KrO überein.[732] Damit ist Gemeindevertretung bzw. der Kreistag für die Widmung der kommunalen öffentlichen Einrichtungen zuständig.
Zu den Vorbehaltsaufgaben des Vertretungsorgans zählen auch Brandenburg (§§ 35 Abs. 2 Nr. 23 GO, 29 Abs. 2 Nr. 22 LKrO), Hessen (§§ 51 Nr. 11 GO, 30 Nr. 10 KO), Mecklenburg-Vorpommern (§§ 22 Abs. 3 Nr. 11, 104 Abs. 3 Nr. 9 KV), Niedersachsen (§§ 40 Abs. 1 Nr. 10 GO, 36 Abs. 1 Nr. 10 KrO), Nordrhein-Westfalen (§§ 41 Abs. 1 Satz 2k GO, 26 Abs. 1 Satz 2l KrO), Rheinland-Pfalz (§§ 32 Abs. 2 Nr. 14 GemO, 25 Abs. 2 Nr. 14 LKO), das Saarland (§§ 35 Nr. 19, 160 Nr. 16 KSVG) und Sachsen-Anhalt (§§ 44 Abs. 3 Nr. 9 GO, 33 Abs. 3 Nr. 9 LKO) die Errichtung öffentlicher Einrichtungen der Gemeinden und Kreise.
Sofern es in den Kommunalgesetzen der Länder an einer entsprechenden ausdrücklichen Regelung fehlt, wird man diesen Gedanken zwar übertragen können, da die Errichtung öffentlicher Einrichtungen regelmäßig kein Geschäft der laufenden Verwaltung darstellt.[733] Aber der strenge Schluß, daß das Vertretungsorgan die Widmung selber vornehmen muß, kann nicht gezogen werden. Erforderlich ist nur, daß sich die Widmung auf ihren Errichtungsbeschluß zurückführen läßt.[734]

bb. Verfahren und Form

Das Widmungsverfahren und die Form der Widmung bestimmen sich nach dem gewählten Widmungsakt.[735]

(1) Widmung durch Satzung

Bei der Satzung handelt es sich um das typische Regelungsinstrument eines dem Staat als juristische Person des öffentlichen Rechts eingegliederten Verwaltungsträgers.[736] Sie dient der Festlegung seiner inneren Ordnung und der Erfüllung sei-

---

[732] Galette, Gemeindeordnung für Schleswig-Holstein, § 28, Erl. 2.n) zu Abs. 1.

[733] Hölzl/Hien, Gemeindeordnung für den Freistaat Bayern, Art. 21, Erl. 4.; Waechter, Kommunalrecht, Rdn. 537.

[734] Axer, Die Widmung als Schlüsselbegriff, 146.

[735] Axer, Die Widmung als Schlüsselbegriff, 146.

[736] Ossenbühl, in: Erichsen, Allgemeines Verwaltungsrecht, § 6, Rdn. 63; Schmidt-Aßmann, in: Schmidt-Aßmann, Besonderes Verwaltungsrecht, Erster Abschnitt, Rdn. 94; ders., in: HdbkWPr, Band 3, 182; Schmidt-Jortzig, Kommunalrecht, 611; Wolff/Bachof/Stober,Verwaltungsrecht I, § 25, Rdn. 46; Ziegler, Die Verkündung von Satzungen und Rechtsverordnungen der Gemeinden, 28.

ner Aufgaben.[737] Ihr Geltungsbereich erstreckt sich auf die der juristischen Person angehörenden und ihr unterworfenen Menschen.[738]
Da es sich bei Satzungen um abstrakt-generelle Regelungen handelt und sie einen gleichmäßigen Verwaltungsvollzug sichern, eignen sie sich in besonderem Maße zur Gestaltung der Rechtsverhältnisse kommunaler öffentlicher Einrichtungen, die einem breiten Benutzerkreis zur Verfügung stehen.[739]
Die Satzungsbefugnis der Gemeinden und Kreise folgt unmittelbar aus Art. 28 Abs. 2 Satz 1 und 2 GG. Entsprechende Regelungen in den Kommunalgesetzen der Länder wie §§ 4 Abs. 1 SchlH GO, 4 Abs. 1 SchlH KrO haben daher nur deklaratorischen Charakter.[740]
Der Satzungserlaß stellt gemäß §§ 28 Abs. 1 Nr. 2 SchlH GO, 23 Abs. 1 Nr. 2 SchlH KrO eine dem Vertretungsorgan vorbehaltene Aufgabe dar, so daß die Organkompetenz bei der Gemeindevertretung bzw. dem Kreistag liegt.
Da Verfahren und Form des Satzungserlasses in den Kommunalgesetzen nicht vollständig explizit geregelt sind, bestimmen sich diese nach den allgemeinen Vorschriften über die Willensbildung des Vertretungsorgans. Insbesondere gelten die Regelungen der §§ 22, 38, 39, 41 SchlH GO und der §§ 19 Abs. 1 (in Verbindung mit § 22 SchlH GO), 33, 34, 36 SchlH KrO über Befangenheit, Beschlußfähigkeit, Beschlußfassung und die Niederschrift.
Außerdem enthalten die Landesverwaltungsgesetze Normen, die die formellen Anforderungen an den Satzungserlaß regeln, wie §§ 65ff. SchlH LVwG. Zur förmlichen Feststellung der Authentizität[741] und der Legalität[742] sehen §§ 4 Abs. 2 SchlH GO, 4 Abs. 2 SchlH KrO die Ausfertigung der Satzungen durch den Bürgermeister bzw. den Landrat vor. Dieser bezeugt mit öffentlich-rechtlicher Wirkung durch handschriftliche Zeichnung die Übereinstimmung des Satzungstextes mit dem durch die Beschlußfassung zum Ausdruck gekommenen Willen der Gemeindevertretung und die Beachtung des für die Rechtswirksamkeit maßgebenden Verfahrens.[743] Damit die Satzung Rechtsverbindlichkeit erlangt[744], folgt aus landesrechtlichen Bestimmungen wie § 68 SchlH LVwG, jedenfalls aber aus dem

---

737 Ossenbühl, in: Erichsen, Allgemeines Verwaltungsrecht, § 6, Rdn. 64.

738 Schmidt-Jortzig, Kommunalrecht, Rdn. 611; Wolff/Bachof/Stober, Verwaltungsrecht I, § 25, Rdn. 46; Ziegler, Die Verkündung von Satzungen und Rechtsverordnungen der Gemeinden, 28.

739 Schmidt-Aßmann, in: Schmidt-Aßmann, Besonderes Verwaltungsrecht, Erster Abschnitt, Rdn. 94; ders., in: HdbkWPr, Band 3, 183.

740 Schmidt-Aßmann, in: Schmidt-Aßmann, Besonderes Verwaltungsrecht, Erster Abschnitt, Rdn. 95; Schmidt-Jortzig, Kommunalrecht, Rdn. 612f.; Waechter, Kommunalrecht, Rdn. 471.

741 BVerwGE 88, 204 (208f.); VGH Mannheim, NVwZ 1985, 206; VGH München, BayVBl. 1991, 23; Schmidt-Aßmann, in: Schmidt-Aßmann, Besonderes Verwaltungsrecht, Erster Abschnitt, Rdn. 97; Ziegler, DVBl. 1987, 280 (281).

742 Ziegler, DVBl. 1987, 280 (281).

743 Galette, Gemeindeordnung für Schleswig-Holstein, § 4, Rdn. 140; Ziegler, DVBl. 1987, 280 (281f.).

744 BVerwG, NVwZ-RR, 262 (262).

Rechtsstaatsprinzip[745], die Pflicht, diese anschließend förmlich bekanntzumachen. Formen örtlicher Bekanntmachung von Satzungen regeln Landesverordnungen.[746] Danach können Satzungen in der Zeitung, im amtlichen Bekanntmachungsblatt oder durch Aushang bekanntgemacht werden.

(2) Widmung durch Verwaltungsakt

Der Verwaltungsakt stellt gemäß §§ 35 Satz 1 VwVfG, 106 Abs. 1 SchlH LVwG eine Maßnahme einer Behörde zur Regelung eines Einzelfalles auf dem Gebiet des öffentlichen Rechts dar, die auf unmittelbare Rechtswirkung nach außen gerichtet ist. Sofern diese Regelung sich an einen nach allgemeinen Merkmalen bestimmten oder bestimmbaren Personenkreis richtet oder die öffentlich-rechtliche Eigenschaft einer Sache oder ihre Benutzung durch die Allgemeinheit betrifft, handelt es sich nach §§ 35 Satz 2 VwVfG, 106 Abs. 2 SchlH LVwG um einen Verwaltungsakt in der Form der Allgemeinverfügung.
Die Annahme einer Allgemeinverfügung im Sinne der §§ 35 Satz 2, 1. Alt. VwVfG, 106 Abs. 2, 1. Alt. SchlH LVwG[747] kommt nicht in Betracht, da die Widmung kommunaler öffentlicher Einrichtungen in erster Linie über den Status der Einrichtung und Art und Umfang der Benutzung der Einrichtung entscheidet und sich nicht in erster Linie mit Ge- und Verboten an einen Personenkreis richtet wie beispielsweise Demonstrationsauflösungen[748] oder Verkehrsregelungen durch Polizeibeamte[749], die klassische Fälle der §§ 35 Satz 2, 1. Alt. VwVfG, 106 Abs. 2, 1. Alt. SchlH LVwG bilden.
Da zum Substrat einer kommunalen öffentlichen Einrichtung neben Sachgegenständen auch personelle Mittel zählen können[750], erscheint es ebenfalls fraglich, ob in der Widmung einer kommunalen öffentlichen Einrichtung ein Verwaltungsakt im Sinne der §§ 35 Satz 2, 2. und 3. Alt. VwVfG, 106 Abs. 2, 2. und 3. Alt. SchlH LVwG gesehen werden kann, dessen Adressat eine Sache ist.[751] Allerdings ist zu berücksichtigen, daß es hinsichtlich des Personalbestandes einer Einrichtung

---

745 BVerwG, NVwZ-RR, 262 (262); BVerwGE 79, 200 (203); Schmidt-Aßmann, in: Schmidt-Aßmann, Besonderes Verwaltungsrecht, Erster Abschnitt, Rdn. 97.

746 In Schleswig-Holstein bestimmt sie sich nach der Landesverordnung über die örtliche Bekanntmachung und Verkündung vom 12. Juni 1979, GVBl. 1979, 378f..

747 So jedoch Axer, Die Widmung als Schlüsselbegriff, 185f., bezüglich solcher öffentlicher Einrichtungen, zu denen ein Personalbestand gehört; Erichsen, in: Erichsen, Allgemeines Verwaltungsrecht, § 12, Rdn. 52.

748 Stelkens/Bonk/Sachs, VwVfG, § 35, Rdn. 207.

749 Kopp, VwVfG, § 35, Rdn. 64.

750 Axer, Die Widmung als Schlüsselbegriff, 185; Erichsen, Jura 1986, 148 (149); Foerster, VR 1978, 16 (16).

751 Axer, Die Widmung als Schlüsselbegriff, 185; Erichsen, in: Erichsen, Allgemeines Verwaltungsrecht, § 12, Rdn. 52.

keiner Widmung bedarf, die ihn dem öffentlichen Zweck der Einrichtung unterstellt, sondern daß diese sich allein auf den Sachbestand einer Einrichtung bezieht.[752]

Dennoch dürfte die Annahme einer Allgemeinverfügung im Sinne der §§ 35 Satz 2, 2. Alt. VwVfG, 106 Abs. 2, 2. Alt. SchlH LVwG, die die öffentlich-rechtliche Eigenschaft einer Sache regelt, nicht haltbar sein[753], da die Widmung der kommunalen öffentlichen Einrichtungen vornehmlich die Benutzung regelt. Daß der Benutzung besondere Bedeutung zukommt, folgt aus dem Zusammenhang der §§ 17 Abs. 1, 18 SchlH GO und der §§ 17 Abs. 1, 18 SchlH KrO u.a., nach denen die Benutzung öffentlicher Einrichtungen für die wirtschaftliche, soziale und kulturelle Betreuung der Einwohner erforderlich ist.

Die Widmung der öffentlichen Einrichtung könnte daher eine Regelung der Benutzung einer Sache durch die Allgemeinheit im Sinne der dritten Alternative der §§ 35 Satz 2 VwVfG, 106 Abs. 2 SchlH LVwG darstellen.[754] Dazu müßte die Widmung Rechte und Pflichten der Benutzer einer Sache festlegen.[755] Die Widmung einer kommunalen öffentlichen Einrichtung zählt zum Vorgang der Schaffung einer öffentlichen Einrichtung im Sinne der §§ 17 Abs. 1 SchlH GO, 17 Abs. 1 SchlH KrO. Ist dieser abgeschlossen, ist das Substrat entstanden, das den Anspruch der Einwohner und gleichgestellten Personengruppen nach §§ 18 SchlH GO, 18 SchlH KrO u.a. auslöst. Damit begründet die Widmung einer kommunalen öffentlichen Einrichtung Benutzungsrechte, die sie regelmäßig auch präzisiert. Wenn die Widmung einer öffentlichen Einrichtung der Gemeinde oder des Kreises in der Form des Verwaltungsaktes ergeht, handelt es sich daher um eine Allgemeinverfügung gemäß §§ 35 Satz 2, 3. Alt. VwVfG, 106 Abs. 2, 3. Alt. SchlH LVwG.[756]

Die Anforderungen an Verfahren und Form des Erlasses von Verwaltungsakten sind in den Verwaltungsverfahrensgesetzen des Bundes und Länder vollständig normiert. Danach muß der Verwaltungsakt inhaltlich hinreichend bestimmt sein (§§ 37 Abs. 1 VwVfG, 108 Abs. 1 SchlH LVwG). Er kann nach §§ 37 Abs. 2 Satz 1 VwVfG, 108 Abs. 2 Satz 1 SchlH LVwG schriftlich, mündlich oder in anderer Weise erlassen werden. Der schriftliche Verwaltungsakt muß die erlassende Behörde angeben (§§ 37 Abs. 3 Satz 1 VwVfG, 108 Abs. 3 Satz 1, 1. Halbsatz SchlH LVwG) und eine Begründung enthalten (§§ 39 Abs. 1 Satz 1 VwVfG, 109 Abs. 1 Satz 1 SchlH LVwG). Gemäß §§ 41 Abs. 1 Satz 1 VwVfG, 110 Abs. 1 Satz 1 SchlH LVwG ist der Verwaltungsakt dem Adressaten bekanntzugeben. Bei einer Allgemeinverfügung genügt jedoch nach §§ 41 Abs. 3 Satz 2 VwVfG, 110

[752] Drittes Kapitel, § 1, D.II.3.a.aa..

[753] So jedoch Spannowsky, GewArch 1995, 265 (268).

[754] Spannowsky, GewArch 1995, 265 (268); Stelkens/Bonk/Sachs, VwVfG, § 35, Rdn. 228.

[755] Maurer, Allgemeines Verwaltungsrecht, § 9, Rdn. 34.

[756] Gern, Deutsches Kommunalrecht, Rdn. 529.

Abs. 3 Satz 2 SchlH LVwG die öffentliche Bekanntgabe, wenn die Bekanntgabe an die Beteiligten untunlich ist.

(3) Widmung durch schlichten Beschluß des Vertretungsorgans

Erfolgt die Widmung einer kommunalen öffentlichen Einrichtung durch schlichten Beschluß der Gemeindevertretung bzw. des Kreistages, gelten allein die Regelungen der Kommunalgesetze über die Willensbildung des Vertretungsorgans wie §§ 22, 38, 39, 41 SchlH GO und §§ 19 Abs. 1 (in Verbindung mit § 22 SchlH GO), 33, 34, 36 SchlH KrO über Befangenheit, Beschlußfähigkeit, Beschlußfassung und die Niederschrift der Sitzungen.

(4) Widmung durch tatsächliches administratives Handeln

Für den Widmungsakt, der durch tatsächliches administratives Handeln erfolgt, bestehen keine Vorschriften hinsichtlich des Verfahrens und der Form der Widmung. Insbesondere kann sich die Bekanntgabe des Widmungsaktes an der für den Widmungsakt gewählten Form orientieren und bei einer Widmung durch tatsächliches administratives Handeln eine Einweihungsfeier als Bekanntgabeakt genügen.[757]

b. Materielle Voraussetzungen

Hinsichtlich der materiellen Voraussetzungen der Widmung einer öffentlichen Einrichtung ist zu unterscheiden, ob diese im Eigentum der Gemeinde oder des Kreises steht oder ob es sich um eine private Einrichtung handelt. Da die Widmung Verfügungsbefugnis über den zu widmenden Gegenstand voraussetzt, an der es fehlt, wenn sich die Einrichtung in Privateigentum befindet, muß der Berechtigte in diesem Fall der Widmung vertraglich zustimmen.[758]

2. Rechtswirkungen der Widmung

Für den Problemkreis der Rechtswirkungen der Widmung fehlt es an einer gesetzlichen Regelung.

---

[757] Mohl, Die kommunalen öffentlichen Einrichtungen, 19.

[758] Ehlers, DVBl. 1986, 912 (919); Erichsen, Jura 1986, 148 (152); Kromer, Sachenrecht des öffentlichen Rechts, 142; Ossenbühl, DVBl. 1973, 289 (294); Schmidt-Jortzig, NVwZ 1987, 1025 (1030).

Lediglich für den Bereich des Straßen- und Wegerechts bestimmen § 6 Abs. 1 Satz 1 SchlH StrWG, daß die Widmung für den öffentlichen Verkehr erfolgt, und § 6 Abs. 6 SchlH StrWG, daß die Widmung durch privatrechtliche Verfügungen oder durch Verfügungen im Wege der Zwangsvollstreckung über die der Straße dienenden Grundstücke oder Rechte an ihnen nicht berührt wird. Damit bestehen die Rechtswirkungen der Widmung der öffentlichen Sachen darin, die gemeinwohlorientierte Zweckbestimmung des Gegenstandes festzulegen und eine öffentlich-rechtliche Sachherrschaft des zuständigen Verwaltungsträgers auszulösen, die sich in einer öffentlich-rechtlichen Dienstbarkeit an der Sache äußert[759].
Ob auch die Widmung eines Mittelbestandes als öffentliche Einrichtung diese Rechtswirkungen hat, ist in der Literatur jedoch umstritten, sofern dieses Problem überhaupt vertiefend behandelt wird; oftmals findet sich lediglich eine unkritische Gleichsetzung der öffentlichen Einrichtung mit der öffentlichen Sache. Dabei wird angenommen, daß die kommunale öffentliche Einrichtung durch die Widmung den Status einer öffentlichen Sache erlange[760], oder die öffentliche Einrichtung wird als Gesamtheit den öffentlichen Sachen im Anstaltsgebrauch bzw. im Einrichtungsgebrauch zugeordnet[761].
Das Problem, welche Rechtswirkungen die Widmung im Bereich des öffentlichen Einrichtungswesens hervorruft und ob eine Parallele zum öffentlichen Sachenrecht gezogen werden kann, bedarf jedoch näherer Untersuchung. Dabei erscheint es geboten, nach den möglichen Widmungsadressaten zu differenzieren. Denn die Widmung könnte Veränderungen sowohl hinsichtlich des Status‘ der kommunalen öffentlichen Einrichtung als Gesamterscheinung als auch hinsichtlich des Status‘ ihrer personellen[762] und sachlichen Mittel bewirken. Schließlich könnten sich Rechtswirkungen hinsichtlich des Benutzungsanspruchs nach §§ 18 SchlH GO, 18 SchlH KrO u.a. ergeben. Darüber hinaus bedarf es einer Auseinandersetzung mit den Ansichten, die den öffentlich-rechtlichen Charakter der kommunalen öffentlichen Einrichtungen und ihres Sachbestandes nicht mit dem Widmungsakt, sondern mit dem öffentlich-rechtlichen Charakter des Benutzungsverhältnisses begründen.

---

[759] Drittes Kapitel, § 1, D.II.1..

[760] Badura, JuS 1966, 17 (19).

[761] Pappermann/Löhr/Andriske, Recht der öffentlichen Sachen, 9.

[762] Wenn hier von der Widmung des personellen und des sachlichen Bestandes gesprochen wird, geschieht dies, da die öffentliche Einrichtung regelmäßig sowohl Dienstkräfte als auch sachliche Mittel umfaßt. Von der Ansicht, daß die Widmung den personellen Bestand der öffentlichen Einrichtung nicht berührt und in dieser Hinsicht auch nicht notwendig ist, wird dabei nicht abgewichen.

a. Der öffentlich-rechtliche Charakter der kommunalen öffentlichen Einrichtung aufgrund der Widmung

aa. Die kommunale öffentliche Einrichtung als öffentliche Sache

Die Widmung könnte die kommunale öffentliche Einrichtung als Ganzes, als Zusammenfassung der personellen und sachlichen Mittel, berühren.[763] Als Folge dieser Zielrichtung könnte die Einrichtung mit der Widmung den Status einer öffentlichen Sache erlangen.[764]
Dies könnte sachgerecht sein, wenn es sich bei der kommunalen öffentlichen Einrichtung um eine Sache oder eine Sachgesamtheit handelte, wie es bei einer Plakattafel, einem Festplatz, einem Rathausbalkon, einem Kinderspielplatz, einem Unterkunftsverzeichnis oder einer Umweltfibel der Fall ist.[765] Bewirkte die Widmung, daß die öffentliche Einrichtung den Status einer öffentlichen Sache erlangte, erwürben die Benutzer parallel zum öffentlichen Sachenrecht eine dingliche Rechtsstellung. Es wurde jedoch bereits festgestellt, daß die öffentlichen Einrichtungen der Gemeinden und Kreise nur einem durch §§ 18 SchlH GO, 18 SchlH KrO u.a. vermittelten obligatorischen Benutzungsrecht unterliegen. Mit dieser Konstruktion wäre es nicht vereinbar, der öffentlichen Einrichtung den Status einer öffentlichen Sache und den Benutzern eine dingliche Rechtsstellung zuzuerkennen.
Sofern die Existenz einer kommunalen öffentlichen Einrichtung auch personelle Mittel voraussetzt, wie es beispielsweise bei einem Schwimmbad oder einer Musikschule der Fall ist, die Bademeister bzw. Lehr- und Verwaltungskräfte benötigen, erscheint die Annahme, daß eine gewidmete öffentliche Einrichtung eine öffentliche Sache darstelle, aus einem weiteren Grund unzulässig, denn Personen können nicht zur öffentlichen Sache werden[766].[767]
Auch der Gedanke, daß ein Personal- und Sachbestand unter einem einheitlichen Begriff zusammengefaßt werden kann, beispielsweise dem des zivilrechtlichen „eingerichteten und ausgeübten Gewerbebetriebes", der öffentlich-rechtlichen Anstalt oder der öffentlichen Einrichtung, kann den öffentlich-rechtlichen Status der öffentlichen Einrichtung nicht begründen. Denn im Falle der öffentlichen Sa-

---

763 Erichsen, Jura 1986, 148 (149f.), nach dem „die Einrichtung" einen öffentlich-rechtlichen Status erlangt und sich die Widmung „der Personen- und/oder Sachgesamtheit" nicht auch ihren einzelnen Bestandteilen mitteilt; Ossenbühl, DVBl. 1973, 289 (290), nach dem die Widmung „die öffentliche Einrichtung" dem Regime des öffentlichen Rechts unterstellt.

764 Badura, JuS 1966, 17 (19); ähnlich Erichsen, Jura 1986, 148 (149), der annimmt, daß die öffentliche Einrichtung „ebenso wie die öffentliche Sache" einen öffentlich-rechtlichen Status erhält, und Ossenbühl, DVBl. 1973, 289 (290), nach dem die Widmung die öffentliche Einrichtung dem Regime des öffentlichen Rechts unterstellt.

765 Axer, Die Widmung als Schlüsselbegriff, 149.

766 Drittes Kapitel, § 1, D.II.3.a.aa..

767 Axer, Die Widmung als Schlüsselbegriff, 149.

che besteht die Möglichkeit einer einheitlichen Begriffsbildung nur, wenn ein sachliches Substrat vorliegt.[768]
Daher kann die Widmung einer öffentlichen Einrichtung dieser nicht als Gesamterscheinung den Status einer öffentlichen Sache vermitteln.

bb. Die sachlichen Mittel der kommunalen öffentlichen Einrichtung als öffentliche Sachen

(1) Der Status der öffentlichen Sache

Andererseits erscheint es möglich, daß die Widmung zum Substrat der kommunalen öffentlichen Einrichtung vordringt und auch ihre sachlichen Mittel betrifft. Damit begründete die Widmung nicht nur den besonderen Status der öffentlichen Einrichtung, sondern vermittelte den einzelnen zum Mittelbestand der öffentlichen Einrichtung zählenden Sachen den Status öffentlicher Sachen.[769]
Dagegen wird eingewandt, daß die Widmung einheitlich ergehe und sich auf die öffentliche Einrichtung als Gesamterscheinung beziehe. Dadurch unterwerfe die Widmung alle Sachmittel derselben Zweckbestimmung und berücksichtige nicht die unterschiedlichen Funktionen der einzelnen Sachmittel.[770] Als Beispiele werden der Stuhl des Museumswärters, das magazinierte und das ausgestellte Kunstwerk angeführt, die durch die einheitliche Widmung eines Museums zur öffentlichen Einrichtung bei lebensnaher Betrachtung nicht in gleicher Weise zur Benutzung durch die Bürger zur Verfügung gestellt würden.[771] Ob dieser Begründung zugestimmt werden kann, erscheint jedoch fraglich, da die Widmung keinen derart detaillierten Inhalt hat, sondern sich die Zweckbestimmung darauf beschränken kann, daß der Sachbestand, und zwar jede Sache in ihrem Aufgabenbereich, den Einrichtungsbetrieb ermöglichen solle. Danach böte der Stuhl des Museumswärters einen bequemen Platz zum Sitzen und gelegentlichen Ausruhen und erhielte die Leistungsfähigkeit des Museumswärters. Das magazinierte Kunstwerk könnte der Vorbereitung einer Ausstellung dienen, während das ausgestellte

---

[768] Axer, Die Widmung als Schlüsselbegriff, 149.

[769] Erbguth/Becker, Allgemeines Verwaltungsrecht, 60f., die die Widmung auf die der Einrichtung zugehörigen Einzelgegenstände erstrecken, soweit diese für deren Betriebsablauf bedeutsam sind; Kromer, Sachenrecht des öffentlichen Rechts, 66f.; Mohl, Die kommunalen öffentlichen Einrichtungen, 88ff., nach der die für die Funktionsfähigkeit der öffentlichen Einrichtung erforderlichen Gegenstände den Status öffentlicher Sachen erhalten; Salzwedel, in: Erichsen, Allgemeines Verwaltungsrecht, 10. Auflage, § 45, Rdn. 5f., der eine Vermutungsregel begründet, nach der die unmittelbar zum Betrieb der Einrichtung gehörenden und ihre Funktionsfähigkeit bedingenden Sachen gewidmet und damit öffentliche Sachen sind; Wallerath, Allgemeines Verwaltungsrecht, 299; Wolff/Bachof/Stober, Verwaltungsrecht II, § 98, Rdn. 15.

[770] Axer, Die Widmung als Schlüsselbegriff, 150.

[771] Axer, Die Widmung als Schlüsselbegriff, 150.

Kunstwerk den Museumsbesuchern zur Betrachtung zur Verfügung steht. Legt man diese Überlegung zugrunde, kann nicht an der Ansicht festgehalten werden, daß die Widmung den Sachmitteln einer öffentlichen Einrichtung nicht den einheitlichen Status öffentlicher Sachen vermitteln kann.
Gegen die Annahme eines durch die Widmung begründeten öffentlich-rechtlichen Charakters der einzelnen Sachen einer öffentlichen Einrichtung spricht jedoch ein anderer Gedanke: Gewährte man diesen den Status öffentlicher Sachen, erlangten die Benutzer einer öffentlichen Einrichtung der Gemeinde oder des Kreises ein dingliches Recht an den sachlichen Mitteln der Einrichtung.[772] Hinsichtlich der Benutzung öffentlicher Einrichtungen besteht jedoch nur ein obligatorischer Anspruch, und der Benutzer bedarf einer Zulassung durch den Einrichtungsträger, um Zugang zu den öffentlichen Einrichtungen zu erhalten. Daher kann der Zugriff auf den Sachbestand, der regelmäßig mit der Benutzung der öffentlichen Einrichtung als Gesamterscheinung gleichgesetzt werden kann, ebenfalls nur obligatorisch ausgestaltet sein und nicht aufgrund eines dinglichen Rechts der Benutzer erfolgen.
Die Widmung der öffentlichen Einrichtungen der Gemeinden und Kreise kann daher nicht in Einzelwidmungen der Sachmittel aufgespalten werden. Der Sachbestand öffentlicher Einrichtungen erlangt durch die Widmung nicht den Status öffentlicher Sachen, an denen dingliche Benutzungsrechte entstehen.[773] Vielmehr sind die den Sachbestand kommunaler öffentlicher Einrichtungen bildenden Sachen der Kategorie der öffentlichen Sachen im Einrichtungsgebrauch zuzurechnen, die die Besonderheit aufweisen, daß ihre Benutzung aufgrund eines obligatorischen Anspruchs in Verbindung mit einem vorhergehenden Zulassungsakt stattfindet[774].

(2) Das Merkmal der öffentlich-rechtlichen Sachherrschaft

Fraglich ist aber weiterhin, ob auch den öffentlichen Sachen im Einrichtungsgebrauch das den öffentlichen Sachen sonst eigene Merkmal der öffentlich-rechtlichen Sachherrschaft des zuständigen Verwaltungsträgers anhaftet. Die öffentlich-rechtliche Sachherrschaft an den öffentlichen Sachen besteht regelmäßig in einer auf dem privaten Eigentum an der Sache lastenden öffentlich-rechtlichen Dienstbarkeit, die den Eigentümer zur Duldung der widmungsgemäßen Benutzung der Sache verpflichtet und ihm nur im Rahmen einer „Restherrschaft" Verfügungen und Nutzungen gestattet, die die Zweckbestimmung der öffentlichen

[772] A.A. Mohl, Die kommunalen öffentlichen Einrichtungen, 90f., die zwischen dem dinglichen Status der Einrichtungsgegenstände und dem obligatorischen Benutzungsrecht gegenüber den kommunalen öffentlichen Einrichtungen unterscheidet.
[773] Im Ergebnis übereinstimmend Erichsen, Jura 1986, 148 (150).
[774] Drittes Kapitel, § 1, D.II.2.b.cc..

Sache nicht beeinträchtigen.[775] Darüber hinausgehende Verfügungen über den gewidmeten Gegenstand führten daher nicht zu einem gutgläubig lastenfreien Erwerb durch Dritte nach § 936 BGB.[776] Aufgrund der öffentlich-rechtlichen Sachherrschaft könnte der zuständige Verwaltungsträger außerdem die auf der gewidmeten Sache lastende Dienstbarkeit mit öffentlich-rechtlichen Mitteln durchsetzen. Er könnte den Gegenstand durch Inanspruchnahmeverfügung[777] oder aufgrund eines öffentlich-rechtlichen Herausgabeanspruchs aufgrund der in §§ 1027, 1065, 1090 Abs. 2 BGB in Verbindung mit §§ 1004, 985 BGB über den Schutz absoluter Rechte enthaltenen Grundsätze[778] von einem unbefugten Dritten herausverlangen.

Eine aus der Widmung resultierende und das private Eigentum beschränkende öffentlich-rechtliche Sachherrschaft ist an Art. 14 GG[779] und dem Grundsatz des Vorbehalts des Gesetzes[780] zu messen.
Da sich Verwaltungsträger bei der Wahrnehmung öffentlicher Aufgaben nach überwiegender Ansicht nicht auf den Schutz des Art. 14 GG als Grundlage von Privatinitiative, Privatautonomie, Privatnützigkeit und individueller Eigenverantwortung berufen können[781], kommt allerdings der Maßstab des Art. 14 GG nur zur Anwendung, wenn sich die kommunale öffentliche Einrichtung im Eigentum einer natürlichen Person befindet und sie der Kommune beispielsweise im Rahmen eines Mietvertrages zur Verfügung gestellt wird oder wenn sie in einer Rechtsform des Zivilrechts organisiert ist.[782]
Das den Schutz des Art. 14 GG genießende Eigentum wird durch das Grundrecht selbst nicht abschließend definiert. Nach Art. 14 Abs. 1 Satz 2 GG unterliegen Inhalt und Schranken des Eigentums vielmehr der gesetzlichen Ausformung. Die Inhalts- und Schrankenbestimmung des Eigentums ist verfasssungsrechtlich gerechtfertigt, wenn sie auf einem Gesetz im materiellen Sinne beruht und verhältnismäßig ist.[783] Eigentum im Sinne des Art. 14 GG ist jedenfalls das bürgerlich-

---

[775] Drittes Kapitel, § 1, D.II.1..

[776] Frotscher, VerwArch 62 (1971), 153 (154); Papier, Jura 1979, 93 (100); Pappermann/Löhr/-Andriske, Recht der öffentlichen Sachen, 19; Salzwedel, in: Erichsen, Allgemeines Verwaltungsrecht, 10. Auflage, § 42, Rdn. 8; Schmidt-Jortzig, NVwZ 1987, 1025 (1030).

[777] Salzwedel, in: Erichsen, Allgemeines Verwaltungsrecht, 10. Auflage, § 42, Rdn. 10.

[778] Ehlers, Verwaltung in Privatrechtsform, 509; Frotscher, VerwArch 62 (1971), 153 (158ff.).

[779] BVerwG, NJW 1980, 2538 (2540), zu einer enteignend wirkenden Widmung von Sachen im Verwaltungsvermögen; Axer, Die Widmung als Schlüsselbegriff des Rechts der öffentlichen Sachen, 155f.; Ehlers, Verwaltung in Privatrechtsform, 509f..

[780] Axer, Die Widmung als Schlüsselbegriff, 155f.; Erichsen, Jura 1986, 148 (152).

[781] BVerfGE 45, 63 (78ff.); 68, 193 (205ff.); BVerfG, NJW 1990, 1783 (1783); Maunz/Dürig/-Herzog/Scholz, Grundgesetz, Band II, Art. 14, Anm. 204.

[782] Axer, Die Widmung als Schlüsselbegriff, 156.

[783] Jarass/Pieroth, Grundgesetz, Art. 14, Rdn. 29f..

rechtliche Sacheigentum.[784] Daher genießen Grundstücke, Gebäude oder andere zum Sachbestand kommunaler öffentlicher Einrichtungen zählende Sachen von Privatpersonen den Schutz des Art. 14 GG. Einigkeit besteht ferner, daß nicht nur der Bestand des Eigentums den Grundrechtsschutz genießt, sondern auch die Nutzung des Eigentums.[785] Eine durch Widmung begründete öffentlich-rechtliche Sachherrschaft an dem Sachbestand einer kommunalen öffentlichen Einrichtung beschränkt die Eigentumsnutzung, aber sie könnte Gegenstand einer Inhalts- und Schrankenbestimmung im Sinne des Art. 14 Abs. 1 Satz 2 GG sein.[786] Daher stellt sich die Frage, ob die öffentlich-rechtliche Sachherrschaft über eine gesetzliche Grundlage verfügt und verhältnismäßig ist.

Als gesetzliche Grundlage der öffentlich-rechtlichen Sachherrschaft kommt zunächst die Verpflichtung der Gemeinden und Kreise zur Schaffung öffentlicher Einrichtungen nach §§ 17 Abs. 1 SchlH GO, 17 Abs. 1 SchlH KrO u.a. in Betracht.[787] Um als Inhalts- und Schrankenbestimmung im Sinne des Art. 14 Abs. 1 Satz 2 GG zu gelten, müßten diese Normen die Gemeinden und Kreise ermächtigen, durch Widmung eine öffentlich-rechtliche Sachherrschaft zu begründen und das Eigentum Dritter an den gewidmeten Sachen einzuschränken.
Da die Schaffung kommunaler öffentlicher Einrichtungen eines Rechtsaktes in Form der Widmung bedarf[788], könnte man vermuten, daß der Begriff der Schaffung nicht nur den Widmungsakt, sondern auch eine öffentlich-rechtliche Sachherrschaft an den gewidmeten Sachen einschließt. Dagegen spricht jedoch einerseits, daß die Existenz der öffentlich-rechtlichen Sachherrschaft umstritten ist und damit nicht als Tatbestandsmerkmal der Schaffung öffentlicher Einrichtungen vorausgesetzt werden kann. Andererseits genügt eine implizierte Ermächtigung zur Begründung einer öffentlich-rechtlichen Sachherrschaft an dem gewidmeten Sachbestand der kommunalen öffentlichen Einrichtung nicht. Der darin liegende Eingriff in das Eigentumsgrundrecht bedarf aus rechtsstaatlichen Gründen einer inhaltlich bestimmten Ermächtigung.[789]
Die Verpflichtung der Gemeinden und Kreise zur Schaffung öffentlicher Einrichtungen ermächtigt daher nicht gemäß Art. 14 Abs. 1 Satz 2 GG zu einer Wid-

[784] BVerfGE 70, 191 (199); Jarass/Pieroth, Grundgesetz, Art. 14, Rdn. 7; Maunz/Dürig/Herzog/-Scholz, Grundgesetz, Band II, Art. 14, Anm. 56.
[785] BVerfGE 52, 1 (30); 83, 201 (208f.); 88, 366 (377); Jarass/Pieroth, Grundgesetz, Art. 14, Rdn. 13; Maunz/Dürig/Herzog/Scholz, Grundgesetz, Band II, Art. 14, Anm. 8.
[786] Axer, Die Widmung als Schlüsselbegriff, 157, 158f..
[787] Erbguth/Becker, Allgemeines Verwaltungsrecht, 13; Mohl, Die kommunalen öffentlichen Einrichtungen, 89.
[788] Drittes Kapitel, § 1, D. I. und II..
[789] Pieroth/Schlink, Staatsrecht II, Rdn. 312.

mung, die privates Eigentum durch eine öffentlich-rechtliche Sachherrschaft einschränkt.[790]

Inhalts- und Schrankenbestimmungen des Eigentums im Sinne des Art. 14 Abs. 1 Satz 2 GG können grundsätzlich auch in kommunalen Satzungen enthalten sein.[791] Die Rechtsgrundlage der Satzungsbefugnis befindet sich in Art. 28 Abs. 2 Satz 1 und 2 GG, der in §§ 4 Abs. 1 Satz 1 SchlH GO, 4 Abs. 1 Satz 1 SchlH KrO eine einfachgesetzliche Normierung erfahren hat.[792] Danach sind Gemeinden und Kreise befugt, ihre Angelegenheiten durch Satzung zu regeln. Um eigene Angelegenheiten handelt es sich nach der „Rastede"-Entscheidung des BVerfG bei denjenigen Bedürfnissen und Interessen, die in der örtlichen Gemeinschaft wurzeln und auf sie einen spezifischen Bezug haben.[793] Zu den eigenen Angelegenheiten, die durch Satzung geregelt werden können, zählt auch die Ordnung der kommunalen öffentlichen Einrichtungen.[794] Fraglich ist jedoch, ob die Satzungsautonomie die Gemeinden und Kreise auch zu einer Widmung ermächtigt, deren Folge eine öffentlich-rechtliche Sachherrschaft am Sachbestand der öffentlichen Einrichtung ist.
Da sich die Satzungsbefugnis bei öffentlichen Einrichtungen generell auf Nutzungsregelungen beschränkt, von denen Eigentumsbeschränkungen durch eine öffentlich-rechtliche Sachherrschaft zur Gewährleistung des Betriebes der öffentlichen Einrichtung nicht mehr erfaßt werden, bestehen daran Zweifel.[795]
Eingewandt wird ferner, daß es der öffentlich-rechtlichen Sachherrschaft an dem erforderlichen generellen örtlichen Bezug fehle, da die Widmung nicht notwendigerweise Sachgegenstände betreffe, die im Eigentum von Einwohnern stünden.[796] Dieses Argument greift jedoch nicht durch, denn den kommunalen Satzungen sind nicht nur die Einwohner der Gemeinden und Kreise unterworfen, sondern alle der Gebietshoheit unterstehenden Personen. Dazu zählen auch solche, die als Grundstückseigentümer oder Gewerbetreibende in einer besonderen Beziehung zu der Gemeinde oder dem Kreis stehen oder die sich nur vorübergehend in ihrem Gebiet aufhalten.[797] Zumindest Auswärtige, die Eigentümer von Grundstücken sind, auf denen kommunale öffentliche Einrichtungen betrieben werden, werden daher von den Regelungen kommunaler Satzungen erfaßt. Diesen Gedanken wird man aber auch auf auswärtige Eigentümer von Gegenständen übertragen können, die zum

---

790 Axer, Die Widmung als Schlüsselbegriff, 160.
791 Jarass/Pieroth, Grundgesetz, Art. 14, Rdn. 29.
792 Drittes Kapitel, § 1, D.III.1.a.bb.(1).
793 BVerfGE 79, 127 (151f.).
794 Ossenbühl, in: Isensee/Kirchhof, HdbStR, Band III, § 66, Rdn. 5; Schmidt-Aßmann, in: Schmidt-Aßmann, Besonderes Verwaltungsrecht, Erster Abschnitt, Rdn. 94.
795 Axer, Die Widmung als Schlüsselbegriff, 161.
796 Axer, Die Widmung als Schlüsselbegriff, 161.
797 Zweites Kapitel, § 2, A.II.1.a.aa.(2)(b).

Sachbestand kommunaler öffentlicher Einrichtungen gehören, da sie ebenfalls eine besondere Beziehung zur Gemeinde aufweisen.[798]
Entscheidend gegen die Begründung einer öffentlich-rechtlichen Sachherrschaft durch kommunale Satzungen spricht jedoch, daß das Satzungsrecht von Selbstverwaltungskörperschaften dem Gesetzesvorbehalt unterliegt, wenn grundrechtsrelevante Regelungen getroffen werden.[799] Die kommunale Satzungsbefugnis bedeutet allerdings keine Delegation von Rechtssetzungsbefugnissen an die Exekutive, wie sie Art. 80 GG vorsieht, da die Vertretungsorgane der Gemeinden und Kreise gegenüber den Gesetzgebungsorganen in Bund und Ländern gemäß Art. 28 Abs. 1 Satz 2 GG über eine gleichwertige Legitimation verfügen.[800] Außerdem werden Gemeinden und Kreise bei der Satzungsgebung nicht legislativ tätig, sondern sie nehmen Verwaltungsaufgaben wahr.[801] Daher müssen Satzungen nicht die von Art. 80 Abs. 1 Satz 2 GG für den Erlaß von Rechtsverordnungen vorgesehene Bestimmtheit hinsichtlich Inhalt, Zweck und Ausmaß vorweisen.[802] Allerdings dürfen sie diese Anforderungen nicht erheblich unterschreiten[803], denn auch gegenüber dem Satzungsgeber bedarf der Bürger eines gewissen Schutzes[804]. Zur Begründung einer öffentlich-rechtlichen Sachherrschaft bedarf es daher einer speziellen gesetzlichen Ermächtigung. Diese kann nicht in der allgemeinen Satzungsermächtigung der §§ 4 Abs. 1 Satz 1 SchlH GO, 4 Abs. 1 Satz 1 SchlH KrO gesehen werden, da diese nicht hinreichend bestimmt ist.[805] Mithin bildet die kommunale Satzungsbefugnis keine Rechtsgrundlage für eine durch die Widmung einer kommunalen öffentlichen Einrichtung begründete öffentlich-rechtliche Sachherrschaft des zuständigen Verwaltungsträgers.[806] Auch eine gewohnheitsrechtliche Begründung der öffentlichen-rechtlichen Sachherrschaft an dem Sachbestand der gewidmeten öffentlichen Einrichtung kommt nicht in Betracht. Voraussetzungen wären eine langdauernde und allgemeine Übung, die Überzeugung der Beteiligten von der Rechtmäßigkeit der Übung und die Formulierbarkeit der Übung als

---

[798] Vgl. Schmidt-Jortzig, Kommunalrecht, Rdn. 622, der den Geltungsbereich von kommunalen Satzungen grundsätzlich auf Personen erstreckt, die eine längere, dauernde Verbundenheit mit der Kommune vorweisen.

[799] Bethge, NVwZ 1983, 577 (578f.); Ossenbühl, in: Isensee/Kirchhof, HdbStR, Band III, § 66, Rdn. 31; Schmidt-Aßmann, in: HdbkWPr, Band 3, 185; ders., in: Schmidt-Aßmann, Besonderes Verwaltungsrecht, Erster Abschnitt, Rdn. 96; Waechter, Kommunalrecht, Rdn. 471.

[800] Bethge, NVwZ 1983, 577 (579); Schmidt-Jortzig, Kommunalrecht, Rdn. 618; Waechter, Kommunalrecht, Rdn. 473.

[801] Bethge, NVwZ 1983, 577 (579); Schmidt-Aßmann, in: HdbkWPr, Band 3, 184; ders., in: Schmidt-Aßmann, Besonderes Verwaltungsrecht, Erster Abschnitt, Rdn. 95.

[802] Axer, Die Widmung als Schlüsselbegriff, 162; Schmidt-Aßmann, in: HdbkWPr, Band 3, 185.

[803] Axer, Die Widmung als Schlüsselbegriff, 162; Schmidt-Aßmann, in: HdbkWPr, Band 3, 185.

[804] Schmid-Aßmann, in: Schmidt-Aßmann, Besonderes Verwaltungsrecht, Erster Abschnitt, Rdn. 95.

[805] Axer, Die Widmung als Schlüsselbegriff, 161f..

[806] Axer, Die Widmung als Schlüsselbegriff, 162.

Rechtssatz.[807] Da die sachenrechtliche Wirkung der Widmung kommunaler öffentlicher Einrichtungen aber umstritten ist[808], ist weder eine entsprechende langdauernde und allgemeine Übung noch die Überzeugung der Beteiligten von der Rechtmäßigkeit einer solchen Übung zu verzeichnen.

Da eine durch Widmung begründete öffentlich-rechtliche Sachherrschaft des zuständigen Verwaltungsträgers an der kommunalen öffentlichen Einrichtung gesetzlich nicht vorgesehen ist, stellt die öffentlich-rechtliche Sachherrschaft keine Inhalts- und Schrankenbestimmung des Eigentums im Sinne des Art. 14 Abs. 1 Satz 2 GG dar.[809]

Denkbar erscheint auch ein vollständiger Ausschluß der Eigentümerbefugnisse durch die öffentlich-rechtliche Sachherrschaft des Einrichtungsträgers, der eine Enteignung im Sinne des Art. 14 Abs. 3 GG darstellen kann.[810] Während eine Inhalts- und Schrankenbestimmung abstrakt-generell die Rechte und Pflichten des Eigentümers festlegt und keinen Eingriff, sondern eine Ausgestaltung des Eigentums darstellt[811], ist die Enteignung nach der „Naßauskiesungs"-Entscheidung des BVerfG ein gezielter konkret-individueller Zugriff auf das Eigentum, der zu einer vollständigen oder teilweisen Entziehung konkreter subjektiver Eigentumspositionen führt[812]. Als Enteignung wäre die eine öffentlich-rechtliche Sachherrschaft begründende Widmung verfassungsgemäß, wenn sie gemäß Art. 14 Abs. 3 Satz 1 GG zum Wohle der Allgemeinheit und gemäß Art. 14 Abs. 3 Satz 2 GG durch oder aufgrund eines formellen Gesetzes erfolgte, das den Zweck der Enteignung festlegt und das Ausmaß der Entschädigung regelt. Da ein solches Gesetz nicht existiert, verletzt eine als Enteignung wirkende Widmung einer kommunalen öffentlichen Einrichtung Art. 14 GG.[813]

Eine durch die Widmung einer kommunalen öffentlichen Einrichtung begründete öffentlich-rechtliche Sachherrschaft hat daher vor Art. 14 GG keinen Bestand.

Eine mögliche öffentlich-rechtliche Sachherrschaft als Folge der Widmung der öffentlichen Einrichtung ist ferner an dem Grundsatz des Vorbehalts des Gesetzes

---

807 Ossenbühl, in: Isensee/Kirchhof, HdbStR, Band III, § 61, Rdn. 42.

808 Ablehnung erfährt die Konstruktion der öffentlich-rechtlichen Sachherrschaft bei Axer, Die Widmung als Schlüsselbegriff, 155ff.; BVerwG, NJW 1980, 2538 (2540); Ehlers, DVBl. 1986, 912 (919); Hölzl/Hien, Gemeindeordnung für den Freistaat Bayern, Art. 21, Erl. 4..

809 Axer, Die Widmung als Schlüsselbegriff, 164.

810 Axer, Die Widmung als Schlüsselbegriff, 157, 158.

811 BVerfGE 52, 1 (27); 58, 137 (144f.); 72, 66 (76).

812 BVerfGE 52, 1 (27); 70, 191 (199f.); 72, 66 (76); Maunz/Dürig/Herzog/Scholz, Grundgesetz, Band II, Art. 14, Anm. 540.

813 BVerwG, NJW 1980, 2538 (2540); Axer, Die Widmung als Schlüsselbegriff, 164f..

zu messen. Neben dem Vorrang des Gesetzes, der die Bindung der Verwaltung an die bestehenden Gesetze begründet, ist auch der Vorbehalt des Gesetzes Ausdruck der in Art. 20 Abs. 3 GG normierten Gesetzmäßigkeit der Verwaltung und behandelt das Problem, wann die Verwaltung für ihr Handeln einer gesetzlichen Grundlage bedarf.[814] Neben speziellen ausdrücklich normierten Gesetzesvorbehalten besteht ein allgemeiner ungeschriebener Gesetzesvorbehalt[815], der hinsichtlich der Begründung der öffentlich-rechtlichen Sachherrschaft durch die Widmung kommunaler öffentlicher Einrichtungen eingreift. Grundlage des allgemeinen ungeschriebenen Gesetzesvorbehalts sind das Rechtsstaatsprinzip und das Demokratieprinzip.[816] Die rechtsstaatliche Komponente begründet das Erfordernis einer Rechtsgrundlage für Eingriffshandeln der Verwaltung.[817] Da jedoch anerkannt ist, daß nicht nur klassisches Eingriffshandeln den Rechtskreis des Bürgers empfindlich berühren kann, sondern auch politische Leitentscheidungen oder Leistungen der Verwaltung, erlangte die demokratische Komponente in der jüngeren Vergangenheit ein ähnliches Gewicht.[818] Danach obliegen die für den Bürger bedeutsamen Entscheidungen dem vom Volk gewählten und damit unmittelbar demokratisch legitimierten Parlament.[819] Dieser Gedanke bildet den Kern der anschließend vom BVerfG entwickelten Wesentlichkeitstheorie, nach der der Gesetzgeber verpflichtet ist, - losgelöst vom Merkmal des Eingriffs - in grundlegenden normativen Bereichen, zumal im Bereich der Grundrechtsausübung, soweit diese staatlicher Regelung zugänglich ist, alle wesentlichen Entscheidungen selbst zu treffen.[820]

Ein Vergleich mit dem zivilrechtlichen Grundsatz, daß die Sachenrechte abschließend geregelt sind, und dem Straßen- und Wegerecht, das die öffentlich-rechtliche Sachherrschaft ausdrücklich regelt, zeigt, daß es sich bei der Begründung der öffentlich-rechtlichen Sachherrschaft am Sachbestand einer öffentlichen Einrichtung um eine wesentliche Angelegenheit handelt, die einer Entscheidung des Parlaments und damit einer gesetzlichen Grundlage bedarf.[821] Daran fehlt es jedoch, wie durch die Untersuchung der Inhalts- und Schrankenbestimmung und der Enteignung im Rahmen des Art. 14 GG deutlich wurde.

---

[814] Maurer, Allgemeines Verwaltungsrecht, § 6, Rdn. 1ff.; Ossenbühl, in: Erichsen, Allgemeines Verwaltungsrecht, § 9, Rdn. 7.

[815] Ossenbühl, in: Isensee/Kirchhof, HdbStR, Band III, § 62, Rdn. 26ff.; ders., in: Erichsen, Allgemeines Verwaltungsrecht, § 9, Rdn. 9ff..

[816] Ossenbühl, in: Isensee/Kirchhof, HdbStR, Band III, § 62, Rdn. 33.

[817] Ossenbühl, in: Isensee/Kirchhof, HdbStR, Band III, § 62, Rdn. 33.

[818] Ossenbühl, in: Isensee/Kirchhof, HdbStR, Band III, § 62, Rdn. 33f..

[819] Maurer, Allgemeines Verwaltungsrecht, § 6, Rdn. 5.

[820] BVerfGE 49, 89 (126).

[821] BVerwG, NJW 1980, 2538 (2540); Axer, Die Widmung als Schlüsselbegriff, 166f..

Auch die Zustimmung des Eigentümers zur Widmung einer öffentlichen Einrichtung ersetzt die gesetzliche Grundlage für eine öffentlich-rechtliche Sachherrschaft nicht. Der Einzelne kann zwar durch einseitige Erklärung auf seinen Schutz durch Art. 14 GG verzichten, aber der Gesetzesvorbehalt bezweckt nicht nur den Schutz des Bürgers vor staatlichen Eingriffen, sondern eine spezifische Kompetenzverteilung zwischen Legislative und Exekutive[822], die durch die Zustimmung des Eigentümers nicht berührt wird.[823]

Die Widmung kommunaler öffentlicher Einrichtungen bewirkt daher keine öffentlich-rechtliche Sachherrschaft des zuständigen Verwaltungsträgers. Eine Parallele zur Widmung im öffentlichen Sachenrecht kann hinsichtlich der Rechtsfolgen nicht gezogen werden.[824]

b. Der schuldrechtliche Sonderstatus der kommunalen öffentlichen Einrichtung aufgrund der Widmung

Nachdem festgestellt wurde, daß die kommunalen öffentlichen Einrichtungen im Wege der Widmung keinen dinglich wirkenden öffentlich-rechtlichen Charakter erhalten, ist die Aufmerksamkeit den Auffassungen zuzuwenden, die einen schuldrechtlichen Sonderstatus der gewidmeten kommunalen öffentlichen Einrichtung annehmen.
Da es an einer spezialgesetzlichen Ermächtigungsgrundlage für die Belastung der Sachen einer kommunalen öffentlichen Einrichtung mit einer sachenrechtlichen Dienstbarkeit fehle, verneint *Ehlers* die dingliche Wirkung der Widmung und nimmt einen schuldrechtlichen Sonderstatus an[825], der der Zurechnung dieser Sachen zu den öffentlichen Sachen im Rechtssinne jedoch nicht entgegenstehen soll[826].
Gegen die dingliche Wirkung der Widmung wendet sich auch *Papier*. Den Widmungsakt rechnet er zwar neben der Gemeinwohlfunktion und der Indienststellung der Sache zu den Entstehungsvoraussetzungen der öffentlichen Sache. Er verlangt jedoch nicht nur, daß die Sache öffentlichen Zwecken dient und für das Gemeinwesen und seine Bürger bedeutsame Funktionen besitzt, sondern daß sich ihre Rechtsverhältnisse nach öffentlichem Recht bestimmen.[827] Die Benutzung

---

[822] Bethge, NVwZ 1983, 577 (579).

[823] Axer, Die Widmung als Schlüsselbegriff, 167f..

[824] BVerwG, NJW 1980, 2538 (2540); Axer, Die Widmung als Schlüsselbegriff, 168; ders., NVwZ 1996, 114 (116); Ehlers, DVBl. 1986, 912 (919); Hölzl/Hien, Gemeindeordnung für den Freistaat Bayern, Art. 21, Erl. 4..

[825] Ehlers, DVBl. 1986, 912 (919); ders., Verwaltung in Privatrechtsform, 509f..

[826] Ehlers, Verwaltung in Privatrechtsform, 510, Fn. 491.

[827] Papier, Recht der öffentlichen Sachen, 3.

der kommunalen öffentlichen Einrichtungen erfolgt nach *Papier* nicht aufgrund eines dinglichen Rechts, sondern aufgrund des in den Kommunalgesetzen vorgesehenen relativen öffentlichen Rechts auf Zulassung zur Benutzung.[828] Parallel zu dem zivilrechtlichen Grundsatz, daß der Kreis der Sachenrechte abschließend bestimmt sei, bedürfe auch im öffentlichen Recht das Entstehen von dinglichen Rechten oder Dienstbarkeiten einer gesetzlichen Grundlage, die nur im Straßen- und Wegerecht und im Wasserrecht vorliege.[829] Der gesetzlichen Grundlage bedürfe die Begründung eines dinglichen Rechts an den Sachmitteln insbesondere, wenn diese durch den Verwaltungsträger lediglich aufgrund eines Vertragsverhältnisses mit dem Eigentümer genutzt würden und das dingliche Recht damit das Privateigentum belaste.[830] Die Annahme eines zusätzlichen dinglichen Rechts an den Sachmitteln der kommunalen öffentlichen Einrichtung betrachtet *Papier* außerdem als lebensfremde Fiktion.[831] Daher begründet er den öffentlich-rechtlichen Status des Sachbestandes kommunaler öffentlicher Einrichtungen nicht mit einem der Einrichtungsbenutzung zugrundeliegenden dinglichen Recht. Er betrachtet als öffentliche Sachen die Sachen, deren Rechtsbeziehung zu den Benutzern öffentlich-rechtlich geregelt ist.[832] Entscheidendes und ausreichendes Charakteristikum einer öffentlichen Sache soll daher die öffentlich-rechtliche Natur des Benutzungsverhältnisses sein.[833] Danach könnten öffentliche Einrichtungen, deren Rechtsverhältnisse zu den Benutzern privatrechtlich geregelt seien, keinen öffentlich-rechtlichen Rechtsstatus erlangen.
Am Erfordernis einer gesetzlichen Ermächtigung für die Begründung einer öffentlich-rechtlichen Sachherrschaft aufgrund Art. 14 GG setzt auch *Merli* an und stellt ebenfalls fest, daß es daran außerhalb des Straßen- und Wegerechts und des Wasserrechts fehle. Mangels allgemein geltender gesetzlicher Grundlagen für eine solche Sachherrschaft entstehe mithin keine generelle dingliche Rechtsmacht von Verwaltungsträgern an öffentlichen Sachen.[834] Öffentliche Sachen sollen nach seiner Auffassung daher durch ein anderes Merkmal bestimmt sein. *Merli* stellt darauf ab, ob ein öffentlich-rechtlicher Anspruch auf den Gebrauch der Sache besteht bzw. ob sie einem selbständigen öffentlichen Nutzungsrecht unterliegt.[835] Öffentlich-rechtlich sei das Nutzungsrecht, wenn es die Verwaltung berechtige, gegenüber der Verwaltung bestehe oder zumindest von der Verwaltung garantiert und kontrolliert werde[836], und selbständig, wenn es einen originären Anspruch

[828] Papier, Recht der öffentlichen Sachen, 13.
[829] Papier, Recht der öffentlichen Sachen, 15.
[830] Papier, Recht der öffentlichen Sachen, 15.
[831] Papier, Recht der öffentlichen Sachen, 15.
[832] Papier, Recht der öffentlichen Sachen, 16.
[833] Papier, Recht der öffentlichen Sachen, 16.
[834] Merli, Die Verwaltung 22 (1989), 445 (452ff.).
[835] Merli, Die Verwaltung 22 (1989), 445 (462).
[836] Merli, Die Verwaltung 22 (1989), 445 (465).

begründe[837]. Aus der solchermaßen eingegrenzten Kategorie der öffentlichen Sachen scheidet der Teil der herkömmlich als öffentliche Sachen im Anstaltsgebrauch (Einrichtungsgebrauch) bezeichneten Sachen aus, deren Benutzung privatrechtlich ausgestaltet ist und folglich einen privatrechtlichen Vertragsschluß voraussetzt[838], da sich der kommunalrechtliche Anspruch auf Zulassung zur Benutzung in diesem Fall nicht als selbständig erweist.[839]

Die Ansichten *Papiers* und *Merlis'* begegnen insofern Kritik, als sie den Status öffentlicher Sachen den Gegenständen derjenigen kommunalen öffentlichen Einrichtungen verwehren, deren Benutzungsverhältnisse privatrechtlich ausgestaltet sind, denn die Entscheidung über die Rechtsform der Benutzung kommunaler öffentlicher Einrichtungen ist von anderen Aspekten bestimmt als denen, den Sachmitteln den Status öffentlicher Sachen zu gewähren. Maßgebend für die Wahl der Rechtsform sind organisatorische, abgaben- oder haushaltsrechtliche Gründe.[840] Eine Differenzierung nach der Rechtsform der Benutzungsverhältnisse erscheint auch insofern unsachgemäß, als kommunale öffentliche Einrichtungen unabhängig von der Ausgestaltung ihrer Benutzungsverhältnisse nach §§ 18 SchlH GO, 18 SchlH KrO u.a. dem Anspruch auf Zulassung zur Benutzung unterliegen. Da ihre Pflichtenstellung unabhängig von der Rechtsform der Benutzung ist, sollte auch hinsichtlich des Status' ihrer sachlichen Mittel, die ebenfalls von dieser Pflichtenstellung betroffen sind, kein Unterschied bestehen.
Gegen den von *Papier* und *Merli* eingeführten schuldrechtlichen Sonderstatus des Sachbestandes kommunaler öffentlicher Einrichtungen ist ferner einzuwenden, daß diesem offenbar derselbe Inhalt wie der dinglichen öffentlich-rechtlichen Sachherrschaft zugemessen wird.[841] Damit unterliegt der schuldrechtliche Sonderstatus auch denselben Voraussetzungen und muß insbesondere auf einer gesetzlichen Grundlage beruhen.[842] Da diese nicht besteht, erweist sich auch der auf das öffentlich-rechtliche Nutzungsverhältnis gestützte Status der öffentlichen Sache als unrechtmäßig.

---

837 Merli, Die Verwaltung 22 (1989), 445 (463).

838 Merli, Die Verwaltung 22 (1989), 445 (466).

839 Merli, Die Verwaltung 22 (1989), 445 (466).

840 Axer, Die Widmung als Schlüsselbegriff, 154.

841 Merli, Die Verwaltung 22 (1989), 445 (467ff.), löst öffentliche Sachen in eine Kombination von öffentlichen Nutzungsrechten der Bürger und der Verwaltung auf, neben der er privatrechtliche Befugnisse bestehen läßt; Papier, Recht der öffentlichen Sachen, 16, überträgt den für öffentliche Sachen charakteristischen Sonderrechtsstatus.

842 Axer, Die Widmung als Schlüsselbegriff, 155; Erichsen, Jura 1986, 148 (152).

c. Die Begründung des Benutzungsanspruchs gegenüber der kommunalen öffentlichen Einrichtung aufgrund der Widmung

Nachdem festgestellt worden ist, daß der Widmungsakt weder der kommunalen öffentlichen Einrichtung noch deren Sachbestand den Charakter öffentlicher Sachen oder einen schuldrechtlichen Sonderstatus vermittelt, ist weiterhin offen, ob und welche Rechtsfolgen die Widmung kommunaler öffentlicher Einrichtungen begründet. Geklärt ist lediglich, daß sie ein Element des Entstehungstatbestandes bildet.[843]

Durch die Widmung wird mithin eine kommunale öffentliche Einrichtung im Sinne der §§ 17 Abs. 1 SchlH GO, 17 Abs. 1 SchlH KrO u.a. geschaffen. Da damit zugleich das Bezugsobjekt der §§ 18 SchlH GO, 18 SchlH KrO u.a. geschaffen wird, löst sie außerdem den Benutzungsanspruch der Einwohner und gleichgestellten Personen aus. Jedenfalls in der Begründung dieses Anspruchs besteht also die Rechtswirkung der Widmung einer kommunalen öffentlichen Einrichtung.

d. Weitere Rechtswirkungen hinsichtlich des Benutzungsanspruchs

Hinsichtlich des Anspruchs auf Benutzung kommunaler öffentlicher Einrichtungen kommen jedoch weitere Rechtswirkungen der Widmung in Betracht.

aa. Die Widmung als Konkretisierung des Benutzungsanspruchs

Da die Widmung zum Entstehungstatbestand einer öffentlichen Einrichtung im Sinne der §§ 17, 18 SchlH GO und §§ 17, 18 SchlH KrO u.a. zählt und einen Sach- und Personalbestand in eine öffentliche Einrichtung verwandelt, begründet sie auch den Öffentlichkeitsstatus der Einrichtung.[844] Die Öffentlichkeit der Einrichtung besteht in der Benutzbarkeit durch den in §§ 18 SchlH GO, 18 SchlH KrO u.a. bestimmten, allgemeinen Personenkreis.[845]

Die Widmung bestimmt außerdem den Zweck, dem die kommunale öffentliche Einrichtung dienen soll.[846] In diesem Zusammenhang legt sie den benutzungsbe-

---

843 Drittes Kapitel, § 1, D.II..

844 Ehlers, DVBl. 1986, 912 (919); Erichsen, Jura 1986, 148 (149); Galette, Gemeindeordnung für Schleswig-Holstein, § 17, Rdn. 18; Gern, Deutsches Kommunalrecht, Rdn. 529; Ossenbühl, DVBl. 1973, 289 (289f.); ders., in: HdbkWPr, Band 1, 382; Seewald, in: Steiner, Besonderes Verwaltungsrecht, I, Rdn. 141; Stober, JA 1975, 737 (737).

845 Stober, JA 1975, 737 (737).

846 OVG Münster, DVBl. 1976, 398 (399); Blum, Niedersächsische Gemeindeordnung, § 22, Rdn. 4; Böttcher, Kommunalrecht, Rdn. 978; Bracker/Dehn, Gemeindeordnung für Schleswig-Holstein, § 17, Erl. 1. zu Abs. 1; Ehlers, DVBl. 1986, 912 (919); Erichsen, Jura 1986, 148 (149); Galette, Gemeindeordnung für Schleswig-Holstein, § 17, Rdn. 18; Gern, Deutsches Kommunalrecht, Rdn.

rechtigten Personenkreis, die zugelassenen Benutzungsarten, den Inhalt und den Umfang der Benutzung fest[847] und konkretisiert dadurch den in §§ 18 SchlH GO, 18 SchlH KrO u.a. begründeten Benutzungsanspruch[848].
Ebenso wie die Kommune den Zweck der öffentlichen Einrichtung aufgrund ihres Selbstverwaltungsrechts grundsätzlich frei bestimmen kann[849], kann sie die Widmung nachträglich erweitern oder beschränken, sofern dies durch sachliche Erwägungen wie die Berücksichtigung einer verringerten finanziellen Leistungsfähigkeit gerechtfertigt erscheint[850]. Aufgrund der Selbstverwaltungsgarantie der Gemeinden und Kreise sind an die Rechtfertigung der nachträglichen Widmungsänderung keine zu strengen Anforderungen zu stellen.[851] Einzelfallentscheidungen begründen allerdings noch keine Widmungsänderung, es sei denn, sie leiten erkennbar ein neues, künftig bindendes System ein.[852] Nachträgliche Widmungsänderungen sind außerdem nur für die Zukunft möglich. Wenn sie von dem Bestreben getragen sind, unliebsame Anträge ablehnen zu können, sind Anträge auf Benutzung der kommunalen öffentlichen Einrichtung daher nach der im Zeitpunkt der Antragstellung geltenden Widmung zu bescheiden.[853]

bb. Die Widmung als Grundlage des Benutzungsanspruchs

Nach der Auffassung *Axers* bildet die Widmung außerdem die Grundlage des Anspruchs auf Benutzung der kommunalen öffentlichen Einrichtungen. Die herkömmlich als Anspruchsgrundlagen herangezogenen §§ 18 SchlH GO, 18 SchlH KrO u.a. betrachtet er als entbehrlich.[854] Bei der Bestimmung des Benutzerkreises einer kommunalen öffentlichen Einrichtung sollen sie nach der Auffassung *Axers* allerdings dahingehend ermessensbeschränkend wirken, daß gerade den Einwohnern der Gemeinden und Kreise die Benutzung ermöglicht werden muß.[855]

529; Ossenbühl, DVBl. 1973, 289 (290); ders., in: HdbkWPr, Band 1, 382; Pappermann/Löhr/-Andriske, Recht der öffentlichen Sachen, 136; Seewald, in: Steiner, Besonderes Verwaltungsrecht, I, Rdn. 141; Stober, Kommunalrecht, 232f.; Waechter, Kommunalrecht, Rdn. 537.

[847] Axer, Die Widmung als Schlüsselbegriff, 147; Ehlers, DVBl. 1986, 912 (919); Hölzl/Hien, Gemeindeordnung für den Freistaat Bayern, Art. 21, Erl. 4..

[848] Waechter, Kommunalrecht, Rdn. 537.

[849] Gassner, VerwArch 1994, 533 (536).

[850] Gassner, VerwArch 1994, 533 (539).

[851] Gassner, VerwArch 1994, 533 (539).

[852] Blum, Niedersächsische Gemeindeordnung, § 22, Rdn. 20; Gassner, VerwArch 1994, 533 (540); Hölzl/Hien, Gemeindeordnung für den Freistaat Bayern, Art. 21, Erl. 4..

[853] BVerwGE 31, 368 (370); Axer, Die Widmung als Schlüsselbegriff, 179; Gassner, VerwArch 1994, 533 (539); Hölzl/Hien, Gemeindeordnung für den Freistaat Bayern, Art. 21, Erl. 4.; Ossenbühl, DVBl. 1973, 289 (296); Helmut Roth, Die kommunalen öffentlichen Einrichtungen, 138.

[854] Axer, Die Widmung als Schlüsselbegriff, 176ff.; ders., NVwZ 1996, 114 (114ff.).

[855] Axer, Die Widmung als Schlüsselbegriff, 179; ders., NVwZ 1996, 114 (116).

In Übereinstimmung mit der herrschenden Meinung verlangt *Axer*, daß die Widmung präzise Bestimmungen über die Art und Weise der Benutzung der kommunalen öffentlichen Einrichtungen enthält, zu denen der Benutzerkreis, die Benutzungsart, der Benutzungszweck und Besonderheiten wie ein vorhergehender Zulassungsakt zählten.[856] Mit der in der Widmung enthaltenen Zweckbestimmung binde sich die Kommune jedoch, und mit dieser Selbstbindung korrespondiere die Verpflichtung, den in der Widmung bestimmten Benutzungsberechtigten die widmungsgemäße Benutzung der öffentlichen Einrichtung zu ermöglichen.[857]
Ausgangspunkt dieser Argumentation ist die Regelung der §§ 18 SchlH GO, 18 SchlH KrO u.a.. Nach der Auffassung *Axers* ist sie unzureichend, da sie die mannigfaltigen öffentlich-rechtlichen und zivilrechtlichen Rechtsformen der Benutzung öffentlicher Einrichtungen nicht erfasse und daraus erwachsende Fragen - die Rechtsnatur des Benutzungsanspruchs, das Erfordernis eines vorhergehenden Zulassungsaktes, den benutzungsberechtigten Personenkreis, die Person des Anspruchsverpflichteten und das Bestehen eines zweistufigen oder einheitlichen Benutzungsverhältnisses - nicht befriedigend beantworten könne.[858]
Demgegenüber seien auf der Grundlage einer präzisen Widmung sowohl die benutzungsberechtigten Personen als auch die Benutzungsmodalitäten unschwer zu ermitteln.[859] Außerdem könne der Benutzungsanspruch unabhängig davon, in welcher Rechtsform die öffentliche Einrichtung organisiert und das Benutzungsverhältnis ausgestaltet seien, als einheitlich öffentlich-rechtlich qualifiziert werden. Wenn die Widmung als Anspruchsgrundlage für die Benutzung der kommunalen öffentlichen Einrichtung angesehen werde, beruhe der Benutzungsanspruch auf öffentlichem Recht, was auf das Benutzungsverhältnis durchschlage. Bei einer in einer Rechtsform des Zivilrechts organisierten öffentlichen Einrichtung, deren Benutzungsverhältnis zwingend zivilrechtlich ausgestaltet sei, bestehe beispielsweise zwischen der Kommune und dem Einrichtungsträger ein Vertrag, der die Zweckbestimmung der Einrichtung enthalte und in dem der Einrichtungsträger sein Einverständnis mit den vorgesehenen Benutzungsmodalitäten erkläre. Damit enthalte der Vertrag eine Widmung zugunsten Dritter, die den Benutzungsbewerbern einen Anspruch analog § 328 BGB gegen den privaten Einrichtungsträger einräume.[860]
Die Richtigkeit der Anspruchsbegründung durch die Widmung zeige sich vor allem dann, wenn es an einem gesetzlichen Benutzungsanspruch fehle wie im Fall der öffentlichen Einrichtungen des Bundes und der Länder. Bildete hier nicht die Widmung die Grundlage des Benutzungsanspruchs, bestünde ein Wertungswider-

---

[856] Axer, Die Widmung als Schlüsselbegriff, 179f.; ders., NVwZ 1996, 114 (116).
[857] Axer, Die Widmung als Schlüsselbegriff, 177; ders., NVwZ 1996, 114 (116).
[858] Axer, Die Widmung als Schlüsselbegriff, 168ff.; ders., NVwZ 1996, 114 (114f.).
[859] Axer, Die Widmung als Schlüsselbegriff, 178ff..
[860] Axer, Die Widmung als Schlüsselbegriff, 181ff.; ders., NVwZ 1996, 114 (117).

spruch zwischen der Benutzung kommunaler öffentlicher Einrichtungen und öffentlicher Einrichtungen des Bundes und der Länder.[861]

Der von *Axer* beschrittene Weg, den gesetzlichen Anspruch auf Benutzung der öffentlichen Einrichtungen der Gemeinden und Kreise, wie ihn §§ 18 SchlH GO, 18 SchlH KrO u.a. gewähren, im Hinblick auf die detailliertere Regelung der Widmung der kommunalen öffentlichen Einrichtungen zu negieren, bedarf der Überprüfung. Als Ansatzpunkt kommt die Rechtsqualität der Widmung in Betracht, denn es erscheint fraglich, ob diese die Voraussetzungen einer Anspruchsgrundlage, eines subjektiven öffentlichen Rechts, erfüllt. Um ein subjektives öffentliches Recht handelt es sich, wenn einem Rechtssubjekt ein bestimmtes Interesse zur eigenen Wahrnehmung durch einen Rechtssatz des öffentlichen Rechts zugewiesen wird.[862] Diese Voraussetzungen erfüllen sowohl §§ 18 SchlH GO, 18 SchlH KrO u.a. als auch die Rechtsformen der Satzung, des Verwaltungsaktes und des schlichten Beschlusses des Vertretungsorgans, in denen die Widmung einer kommunalen öffentlichen Einrichtung erlassen werden kann[863]. Liegt die Widmung der kommunalen öffentlichen Einrichtung lediglich in tatsächlichem administrativen Handeln oder ergeht sie konkludent, fehlt es jedoch an einem Rechtssatz des öffentlichen Rechts - einer Regelung, die ein subjektives öffentliches Recht begründen könnte.
In ihrer Allgemeinheit kann dem Verständnis *Axers* von der Widmung als Grundlage des Anspruchs auf Benutzung der kommunalen öffentlichen Einrichtungen daher nicht zugestimmt werden.[864]
Gegen die Auffassung *Axers* spricht ferner, daß die Anspruchsbegründung mit der Widmung die Rangfolge des innerstaatlichen Rechts mißachtet, das sich in Bundesrecht, Landesrecht und autonomes Recht gliedert.[865] Bundesrecht und Landesrecht gehen als staatliches Recht dem autonomen Recht vor, das sich lediglich von staatlicher Rechtssetzungsgewalt ableitet.[866] §§ 18 SchlH GO, 18 SchlH KrO u.a. nehmen als förmliches Landesgesetz einen höheren Rang ein als die Rechtsformen, in denen die Widmung der kommunalen öffentlichen Einrichtung erlassen werden kann und die sämtlich dem autonomen Recht der Gemeinden und Kreise zuzuordnen sind.[867]
Daher kann an der Ansicht *Axers* nicht festgehalten werden. Den Anspruch auf Benutzung der kommunalen öffentlichen Einrichtungen begründet nicht die Wid-

---

[861] Axer, Die Widmung als Schlüsselbegriff, 178; ders., NVwZ 1996, 114 (116).
[862] Erichsen, in: Erichsen, Allgemeines Verwaltungsrecht, § 11, Rdn. 405.
[863] Drittes Kapitel, § 1, D.III..
[864] Erlenkämper, NVwZ 1997, 546 (559).
[865] Ossenbühl, in: Erichsen, Allgemeines Verwaltungsrecht, § 7, Rdn. 8f..
[866] Ossenbühl, in: Erichsen, Allgemeines Verwaltungsrecht, § 7, Rdn. 8.
[867] Vgl. Ossenbühl, in: Erichsen, Allgemeines Verwaltungsrecht, § 7, Rdn. 9.

mung, sondern das Gesetz gemäß §§ 18 SchlH GO, 18 SchlH KrO u.a., der anschließend durch die Widmung eingegrenzt oder ausgedehnt werden kann.[868]

E. Kommunalrechtliche und sachenrechtliche Aspekte der Schaffung öffentlicher Einrichtungen als Grundlage der Benutzung öffentlicher Einrichtungen

Der Tatbestand der Schaffung öffentlicher Einrichtungen der Gemeinden und Kreise wird zugleich durch kommunalrechtliche Normen und sachenrechtliche Grundsätze bestimmt.

§§ 17 Abs. 1 SchlH GO, 17 Abs. 1 SchlH KrO u.a. verpflichten die Gemeinden und Kreise, in den Grenzen ihrer Leistungsfähigkeit die für das wirtschaftliche, soziale und kulturelle Wohl ihrer Einwohner erforderlichen öffentlichen Einrichtungen zu schaffen. Diese entscheiden angesichts der Selbstverwaltungsgarantie nach Art. 28 Abs. 2 GG nach pflichtgemäßem Ermessen über den Umfang ihrer Leistungen im Bereich des Einrichtungswesens.
Neben der Verpflichtung zur Schaffung öffentlicher Einrichtungen kann ein Bürgerentscheid oder Bürgerbegehren Grundlage der Errichtung einer öffentlichen Einrichtung sein. Diese Möglichkeit ist in den Kommunalgesetzen wie §§ 16g Abs. 1 Satz 1 und 2 Nr. 2, Abs. 3 Satz 1 SchlH GO u.a. entweder ausdrücklich vorgesehen oder sie folgt aus der Befugnis zur Durchführung eines Bürgerentscheids oder Bürgerbegehrens über eine Gemeindeangelegenheit.

Der sachenrechtliche Aspekt der Schaffung öffentlicher Einrichtungen korrespondiert mit der Notwendigkeit einer Widmung für den Entstehungsvorgang öffentlicher Einrichtungen.
Die Widmung ist ein nicht formalisierter Rechtsakt, sie kann sowohl ausdrücklich durch Satzung, Verwaltungsakt, schlichten Beschluß oder tatsächliches administratives Handeln als auch konkludent ergehen. Die Zuständigkeit für die Widmung liegt beim kommunalen Vertretungsorgan. Das Widmungsverfahren und die Form der Widmung bestimmen sich nach der gewählten Rechtsform. In materieller Hinsicht erfordert die Widmung Verfügungsbefugnis über den betroffenen Gegenstand.
Anders als im Recht der öffentlichen Straßen, Wege, Plätze und Gewässer begründet die Widmung einer kommunalen öffentlichen Einrichtung kein dingliches Recht des Benutzers am Sachbestand der Einrichtung, sondern nur einen obligatorischen Benutzungsanspruch, der an eine vorhergehende Zulassung geknüpft ist. Auch begründet die Widmung an den öffentlichen Sachen im Einrichtungsge-

[868] Erlenkämper, NVwZ 1997, 546 (559).

brauch keine öffentlich-rechtliche Sachherrschaft des zuständigen Verwaltungsträgers, die während der Dauer der Widmung auf dem Gegenstand lastet.
Durch die Widmung legen die Kommunen nur den Zweck der öffentlichen Einrichtungen fest. Sie bestimmt, welchem Personenkreis die öffentliche Einrichtung zur Benutzung zur Verfügung steht, welche Benutzungsarten zugelassen sind und in welchem Umfang die Benutzung stattfinden kann.

Danach erfolgt das Zusammenwirken der Rechtsmaterien dergestalt, daß die Gemeinden und Kreise durch die Verpflichtung nach §§ 17 Abs. 1 SchlH GO, 17 Abs. 1 SchlH KrO u.a. determiniert die Entscheidung über die Schaffung einer konkreten öffentlichen Einrichtung treffen und diese Entscheidung durch den sachenrechtlichen Akt der Widmung umsetzen. Damit vollzieht sich die Entstehung der konkreten öffentlichen Einrichtung allerdings nicht in zwei Schritten, sondern es handelt es sich um einen einheitlichen Tatbestand, der den kommunalrechtlich-organisatorischen und den sachenrechtlichen Akt in sich vereinigt.
Für die rechtliche Ordnung der Benutzung öffentlicher Einrichtungen stellt der Entstehungstatbestand, der zugleich kommunalrechtliche und sachenrechtliche Aspekt, ein wesentliches Element dar, da die Widmung den Zweck der öffentlichen Einrichtungen festlegt und so den Umfang der Benutzung bestimmt.

§ 2 Die Zulassung zur Benutzung kommunaler öffentlicher Einrichtungen

Nachdem Klarheit über den Vorgang der Entstehung der kommunalen öffentlichen Einrichtungen gewonnen und festgestellt wurde, daß der Rechtsakt der Widmung den in den Kommunalgesetzen normierten Benutzungsanspruch hinsichtlich des berechtigten Personenkreises, der zugelassenen Benutzungsart und des Umfangs der Benutzung konkretisiert, ist im Rahmen der Untersuchung der rechtlichen Ordnung der Benutzung kommunaler öffentlicher Einrichtungen der Blick nun auf den logisch folgenden Akt der Zulassung zur Benutzung zu richten.
Die Zulassung zur Benutzung der kommunalen öffentlichen Einrichtungen bestimmt sich vornehmlich nach dem Kommunalrecht der Länder. Hinter der im Untertitel dieser Arbeit genannten Kategorie steht daher neben der Verpflichtung der Gemeinden und Kreise zur Schaffung öffentlicher Einrichtungen die Zulassung zur Benutzung.

A. Die Zulassung zur Benutzung der kommunalen öffentlichen Einrichtungen aufgrund des Anspruchs aus §§ 18 SchlH GO, 18 SchlH KrO u.a.

Grundlage der Zulassung zur Benutzung der kommunalen öffentlichen Einrichtungen sind §§ 18 SchlH GO, 18 SchlH KrO u.a., die Einwohner und gleichge-

stellte Personen zur Benutzung der öffentlichen Einrichtungen der Gemeinden und Kreise im Rahmen der bestehenden Vorschriften berechtigen.
Gegenstand der Untersuchung der Zulassung zur Benutzung der kommunalen öffentlichen Einrichtungen sind die Probleme des benutzungsberechtigten Personenkreises, der zur Zulassung verpflichteten Person, der Rechtsnatur des Anspruchs, des Inhalts und der Grenzen des Anspruchs.

I. Die benutzungsberechtigten Personen

1. Die nach dem Wortlaut der §§ 18 SchlH GO, 18 SchlH KrO u.a. benutzungsberechtigten Personen

Über den zur Benutzung der kommunalen öffentlichen Einrichtungen berechtigten Personenkreis geben §§ 18 SchlH GO, 18 SchlH KrO und ihre Äquivalente in den Kommunalgesetzen der anderen Bundesländer[869] ersten Aufschluß.
§§ 18 SchlH GO, 18 SchlH KrO berechtigen nach Abs. 1 alle Einwohner, die öffentlichen Einrichtungen der Gemeinden und Kreise zu benutzen, und nach Abs. 2 Grundbesitzer und Gewerbetreibende, die nicht in der Gemeinde bzw. im Kreis wohnen, die öffentlichen Einrichtungen zu benutzen, die in der Gemeinde und im Kreis für Grundbesitzer und Gewerbetreibende bestehen. Nach Abs. 3 gelten diese Regelungen entsprechend für juristische Personen und Personenvereinigungen.

a. Einwohner im Sinne der §§ 18 Abs. 1 Satz 1 SchlH GO, 18 Abs. 1 Satz 1 SchlH KrO u.a.

Die nach §§ 18 Abs. 1 Satz 1 SchlH GO, 18 Abs. 1 Satz 1 SchlH KrO u.a. zur Benutzung der kommunalen öffentlichen Einrichtungen berechtigten Einwohner sind nach §§ 6 Abs. 1 SchlH GO, 6 Abs. 1 SchlH KrO dadurch gekennzeichnet, daß sie in der Gemeinde bzw. in den kreisangehörigen Gemeinden wohnen. Nach dem hier maßgebenden öffentlichen Wohnsitzbegriff[870], der auf § 5 Erste DVO zur DGO zurückgeht[871], wohnt eine Person in der Gemeinde oder im Kreis, wenn sie nach objektiver Betrachtungsweise in ihr eine Wohnung unter Umständen innehat, die darauf schließen lassen, daß sie die Wohnung beibehalten und benutzen wird.[872] Der Begriff der Wohnung stimmt mit dem der §§ 11 Abs. 4 MRRG, 13

[869] Zweites Kapitel, § 2, B.II..
[870] Kunze/Bronner/Katz, Gemeindeordnung für Baden-Württemberg, § 10, Rdn. 2; Schlempp/-Schlempp, Kommentar zur Hessischen Gemeindeordnung, § 8, Erl. II..
[871] Hölzl/Hien, Gemeindeordnung für den Freistaat Bayern, Art. 15, Erl. 1..
[872] Hölzl/Hien, Gemeindeordnung für den Freistaat Bayern, Art. 15, Erl. 1; Kunze/Bronner/Katz, Gemeindeordnung für Baden-Württemberg, § 10, Rdn. 2.

Satz 1 SchlH MG überein. Um eine Wohnung handelt es sich daher bei einem umschlossenen Raum, der zum Wohnen, zum Schlafen oder zum Aufenthalt benutzt wird.[873] Eine Wohnung hat inne, wer über sie tatsächlich oder rechtlich verfügungsbefugt ist.[874]

Die Benutzungsberechtigung erstreckt sich daher über den Kreis der Bürger hinaus, bei denen es sich gemäß §§ 6 Abs. 2 Satz 1 SchlH GO, 6 Abs. 2 Satz 1 SchlH KrO um die wahlberechtigten Einwohner der Gemeinden und Kreise handelt, und beschränkt sich auch nicht auf Deutsche im Sinne des Art. 116 GG.

Nicht zur Benutzung der kommunalen öffentlichen Einrichtungen nach §§ 18 Abs. 1 Satz 1 SchlH GO, 18 Abs. 1 Satz 1 SchlH KrO u.a. berechtigt sind hingegen Insassen von Strafvollzugsanstalten. Sie sind keine Einwohner, da sie gemäß § 18 Abs. 1 Nr. 3 SchlH MG nicht der durch den Bezug einer Wohnung ausgelösten allgemeinen Meldepflicht unterliegen und damit zu unterstellen ist, daß sie keinen Wohnsitz im Sinne der §§ 6 Abs. 1 SchlH GO, 6 Abs. 1 SchlH KrO begründen.[875] Ferner haben Strafgefangene im Hinblick auf § 35 StVollzG nicht die Möglichkeit, an der örtlichen Gemeinschaft teilzunehmen, die eine weitere Voraussetzung der Gemeinde- und Kreiszugehörigkeit bildet.[876]

Dem Wortlaut nach sind Personen, die nicht in der Gemeinde oder im Kreis wohnen, nicht von dem durch §§ 18 Abs. 1 Satz 1 SchlH GO, 18 Abs. 1 Satz 1 SchlH KrO u.a. gewährten Anspruch erfaßt, was jedoch nicht bedeutet, daß sie nicht zur Benutzung der öffentlichen Einrichtungen nach Ermessen der Gemeinden und Kreise zugelassen werden können[877]. Ob die als „Einwohnerprivileg"[878] bezeichnete Benutzungsberechtigung in §§ 18 Abs. 1 Satz 1 SchlH GO, 18 Abs. 1 Satz 1 SchlH KrO u.a. in der kommunalen Zulassungspraxis allerdings Bestand haben kann, wird noch zu untersuchen sein.

b. Forensen im Sinne der §§ 18 Abs. 2 Satz 1 SchlH GO, 18 Abs. 2 Satz 1 SchlH KrO u.a.

Die Grundstücksbesitzer und Gewerbetreibenden, die nach §§ 18 Abs. 2 Satz 1 SchlH GO, 18 Abs. 2 Satz 1 SchlH KrO u.a. zur Benutzung der öffentlichen Ein-

[873] Galette, Gemeindeordnung für Schleswig-Holstein, § 6, Erl. 1. zu Abs. 1; Rehn/Cronauge/von Lennep, Gemeindeordnung für das Land Nordrhein-Westfalen, § 21, Erl. I..

[874] Kunze/Bronner/Katz, Gemeindeordnung für Baden-Württemberg, § 10, Rdn. 4.

[875] VGH München, BayVBl. 1983, 374; Galette, Gemeindeordnung für Schleswig-Holstein, § 18, Rdn. 1; Kunze/Bronner/Katz, Gemeindeordnung für Baden-Württemberg, § 10, Rdn. 4.

[876] VGH München, BayVBl. 1983, 374; Püttner/Lingemann, JA 1984, 121 (124).

[877] OVG Lüneburg, NJW 1985, 2347 (2348); Thiele, Niedersächsische Gemeindeordnung, § 22, Erl. 2..

[878] Axer, Die Widmung als Schlüsselbegriff, 171ff.; ders., NVwZ 1996, 114 (114f.); Fastenrath, NWVBl. 1992, 51 (52); Ossenbühl, DVBl. 1973, 289 (295); Püttner/Lingemann, JA 1984, 121 (122f.).

richtungen berechtigt sind, die für sie in den Gemeinden und Kreisen bestehen, werden auch als Forensen bezeichnet.[879]

Der Begriff des Grundstücksbesitzers verdeutlicht, daß §§ 18 Abs. 2 Satz 1 SchlH GO, 18 Abs. 2 Satz 1 SchlH KrO u.a. nicht nur Grundstückseigentümer zur Benutzung der kommunalen öffentlichen Einrichtungen berechtigen, sondern auch die Inhaber der tatsächlichen Sachherrschaft.[880] Explizit bringen dies §§ 14 Abs. 3, 99 Abs. 3 MV KV zum Ausdruck, die neben den Grundstücksbesitzern die nicht in der Gemeinde oder im Kreis wohnenden Nutzer von Grundstücken zur Benutzung der kommunalen öffentlichen Einrichtungen berechtigen.

Die Benutzungsberechtigung der Grundbesitzer und Gewerbetreibenden besteht unabhängig davon, ob es sich um natürliche oder juristische Personen handelt, ob sie im In- oder im Ausland leben, welcher Nationalität sie angehören und welcher Art ihr Grundstückseigentum bzw. -besitz oder ihr Gewerbe ist.[881]

Zu den für Grundbesitzer und Gewerbetreibende im Gebiet der Gemeinden und Kreise bestehenden öffentlichen Einrichtungen rechnen insbesondere Anlagen der Wasser- und der Energieversorgung, der Kanalisation und der Abfallentsorgung.[882]

c. Juristische Personen und Personenvereinigungen im Sinne der §§ 18 Abs. 3 SchlH GO, 18 Abs. 3 SchlH KrO u.a.

§§ 18 Abs. 3 SchlH GO, 18 Abs. 3 SchlH KrO u.a., die juristische Personen und Personenvereinigungen zur Benutzung der öffentlichen Einrichtungen der Gemeinden und Kreise berechtigen, gelten sowohl für öffentlich-rechtliche als auch für privatrechtliche Verbindungen.[883] Zu den benutzungsberechtigten juristischen Personen zählen daher solche des Privatrechts wie eingetragene Vereine, Stiftungen, Aktiengesellschaften und Gesellschaften mit beschränkter Haftung oder Kör-

---

879 Blum, Niedersächsische Gemeindeordnung, § 22, Rdn. 12; Hölzl/Hien, Gemeindeordnung für den Freistaat Bayern, Art. 21, Erl. 5.a); Ossenbühl, in: HdbkWPr, Band 1, 382f.; Pappermann, VR 1981, 84 (88); Rehn/Cronauge/von Lennep, Gemeindeordnung für das Land Nordrhein-Westfalen, § 8, Erl. IV.; Schlempp/Schlempp, Kommentar zur Hessischen Gemeindeordnung, § 20, Erl. I.3.; Schmidt-Aßmann, in: Schmidt-Aßmann, Besonderes Verwaltungsrecht, Erster Abschnitt, Rdn. 108; Seewald, in: Steiner, Besonderes Verwaltungsrecht, I, Rdn. 148; Stober, Kommunalrecht, 238.

880 Galette, Gemeindeordnung für Schleswig-Holstein, § 18, Rdn. 79; Kunze/Bronner/Katz, Gemeindeordnung für Baden-Württemberg, § 10, Rdn. 25.

881 Kunze/Bronner/Katz, Gemeindeordnung für Baden-Württemberg, § 10, Rdn. 25.

882 Blum, Niedersächsische Gemeindeordnung, § 22, Rdn. 12; Kunze/Bronner/Katz, Gemeindeordnung für Baden-Württemberg, § 10, Rdn. 25; Rehn/Cronauge/von Lennep, Gemeindeordnung für das Land Nordrhein-Westfalen, 38, Erl. IV.; Thieme, Niedersächsische Gemeindeordnung, § 22, Rdn. 11.

883 Rehn/Cronauge/von Lennep, Gemeindeordnung für das Land Nordrhein-Westfalen, 38, Erl. V..

perschaften, Anstalten und Stiftungen des öffentlichen Rechts.[884] Als Personenvereinigungen kommen nichtrechtsfähige Verbindungen wie die Gesellschaften des bürgerlichen Rechts und die nicht eingetragenen Vereine in Betracht, insbesondere die Parteien.[885]
Da §§ 18 Abs. 3 SchlH GO, 18 Abs. 3 SchlH KrO u.a. entsprechend gelten, ist es entscheidend, ob die juristischen Personen und Personenvereinigungen ihren Sitz in der Gemeinde oder im Kreis haben. In diesem Fall kommt der Anspruch nach §§ 18 Abs. 1 Satz 1 SchlH GO, 18 Abs. 1 Satz 1 SchlH KrO u.a. in Betracht.[886] Allerdings ist weiterhin erforderlich, daß die juristischen Personen und Personenvereinigungen neben ihrem Sitz den räumlichen Schwerpunkt ihrer Tätigkeit im Gebiet der Gemeinde oder des Kreises haben[887] bzw. dort wurzeln[888]. Sind sie hingegen auswärts ansässig, haben sie einen Anspruch nach §§ 18 Abs. 2 Satz 1 SchlH GO, 18 Abs. 2 Satz 1 SchlH KrO u.a., wenn deren Voraussetzungen erfüllt sind.[889] Außerdem können auch die juristischen Personen und Personenvereinigungen nach Ermessen entgegen dem „Einwohnerprivileg" zugelassen werden.[890]

Anwendungsfall der §§ 18 Abs. 3 SchlH GO, 18 Abs. 3 SchlH KrO u.a. und Gegenstand zahlreicher Rechtsstreitigkeiten ist der Antrag einer politischen Partei, zur Durchführung von Parteitagen oder Wahlkampfkundgebungen Zugang zu den kommunalen Veranstaltungsräumen zu erhalten oder zur Benutzung der Anschlagtafeln zugelassen zu werden, um Wahlwerbung zu betreiben. Sofern es sich bei der antragstellenden Partei um eine extreme oder für verfassungsfeindlich gehaltene Vereinigung handelte, gaben die Kommunen dem Zulassungsbegehren regelmäßig nicht statt, um nicht mit der politischen Auffassung der Partei in Verbindung gebracht zu werden. Dem traten die von den Parteien angerufenen Verwaltungsgerichte entgegen und betonten den in Art. 21 Abs. 1, 3 Abs. 1 GG fest-

---

884 Galette, Gemeindeordnung für Schleswig-Holstein, § 18, Rdn. 80; Kunze/Bronner/Katz, Gemeindeordnung für Baden-Württemberg, § 10, Rdn. 26; Pappermann, VR 1981, 84 (88); Rehn/Cronauge/von Lennep, Gemeindeordnung für das Land Nordrhein-Westfalen, 38, Erl. V..

885 Kunze/Bronner/Katz, Gemeindeordnung für Baden-Württemberg, § 10, Rdn. 26.

886 VGH Mannheim, DÖV 1968, 179 (179); ders., NJW 1987, 2697 (2697); VGH Kassel, NJW 1993, 2331 (2331); Blum, Niedersächsische Gemeindeordnung, § 22, Rdn. 13; Galette, Gemeindeordnung für Schleswig-Holstein, § 18, Rdn. 80; Kunze/Bronner/Katz, Gemeindeordnung für Baden-Württemberg, § 10, Rdn. 26; Rehn/Cronauge/von Lennep, Gemeindeordnung für das Land Nordrhein-Westfalen, 38, Erl. V.; Thieme, Niedersächsische Gemeindeordnung, § 22, Rdn. 12; Zundel, JuS 1991, 472 (472).

887 VGH Mannheim, VBlBW 1992, 180 (182); Gern, Deutsches Kommunalrecht, Rdn. 538; Kunze/Bronner/Katz, Gemeindeordnung für Baden-Württemberg, § 10, Rdn. 26; Zundel, JuS 1991, 472 (472).

888 Von Mutius/Rentsch, Kommunalverfassungsrecht Schleswig-Holstein, § 18, Rdn. 4.

889 Blum, Niedersächsische Gemeindeordnung, § 22, Rdn. 13; Galette, Gemeindeordnung für Schleswig-Holstein, § 18, Rdn. 80; Rehn/Cronauge/von Lennep, Gemeindeordnung für das Land Nordrhein-Westfalen, 38, Erl. V.; Thieme, Niedersächsische Gemeindeordnung, § 22, Rdn. 12.

890 OVG Lüneburg, NJW 1985, 2347 (2348).

gelegten Grundsatz der Chancengleichheit, den § 5 Abs. 1 Satz 1 PartG für den Fall der Gewährung öffentlicher Leistungen durch einen Träger öffentlicher Gewalt konkretisiert. Danach seien die Kommunen gegenüber den Parteien zu strikt neutralem Verhalten verpflichtet, und es sei ihnen verboten, die Zulassungsentscheidung auf der Grundlage einer politischen Bewertung der Partei zu treffen.[891]
Die politische Bewertung der Parteien obliegt gemäß Art. 21 Abs. 2 Satz 2 GG dem BVerfG. Solange dieses über die Verfassungswidrigkeit der antragstellenden Partei aber nicht entschieden hat, ist sie gegenüber anderen Parteien gleich zu behandeln.[892] Daran ändern auch eine allgemeine Auffassung von der Verfassungswidrigkeit der Partei, deren tatsächliche Verfassungswidrigkeit oder deren Erwähnung in den Verfassungsschutzberichten der Länder nichts.[893]
Art. 21, 3 Abs. 1 GG und § 5 Abs. 1 PartG verbieten bei der Zulassung zu den öffentlichen Einrichtungen der Gemeinden und Kreise ferner eine Differenzierung zwischen den dem kommunalen Vertretungsorgan angehörenden Parteien und solchen Gruppierungen, die dort nicht vertreten sind.[894]
Da die entsprechende Anwendung der §§ 18 Abs. 1 Satz 1 SchlH GO, 18 Abs. 1 Satz 1 SchlH KrO u.a. auf Personenvereinigungen nach §§ 18 Abs. 3 SchlH GO, 18 Abs. 3 SchlH KrO u.a. voraussetzt, daß diese ihren Sitz im Gebiet der Gemeinde bzw. des Kreises haben[895], sind die Parteien zur Durchführung von politischen Veranstaltungen in den kommunalen öffentlichen Einrichtungen nur durch ihre Gemeinde- oder Kreisorganisationen berechtigt. Lediglich in Wahlkampfzeiten gelten Ausnahmen. Dann stehen die kommunalen Veranstaltungsräume auch den Bundes- oder Landesorganisationen der Parteien zur Verfügung.[896] Für den Fall, daß eine Partei am Ort ihrer geplanten Veranstaltung nicht über einen Ortsverband verfügt, gewähren jedoch Art. 21, 3 Abs. 1 GG und § 5 Abs. 1 Satz 1

---

891 VGH München, BayVBl. 1988, 497ff.; BVerwG, NJW 1990, 134 (135); VGH Mannheim, NVwZ-RR 1996, 681ff..

892 OVG Lüneburg, NJW 1985, 2347 (2348); VGH München, BayVBl. 1988, 497 (498); BVerwG, NJW 1990, 134 (135); VGH Mannheim, NJW 1990, 136 (136f.); dass., NVwZ-RR 1996, 681 (681f.); Blum, Niedersächsische Gemeindeordnung, § 22, Rdn. 17; Galette, Gemeindeordnung für Schleswig-Holstein, § 18, Rdn. 82; Meyer, Kommunales Parteien- und Fraktionenrecht, 85.

893 VGH München, BayVBl. 1988, 497 (498); Thieme, Niedersächsische Gemeindeordnung, § 22, Rdn. 9.

894 Kunze/Bronner/Katz, Gemeindeordnung für Baden-Württemberg, § 10, Rdn. 26; Pappermann/Löhr, JuS 1981, 269 (270); Pappermann/Löhr/Andriske, Recht der öffentlichen Sachen, 144.

895 Drittes Kapitel, § 2, A.I.1.c..

896 Von Mutius/Rentsch, Kommunalverfassungsrecht Schleswig-Holstein, § 18, Rdn. 4; Ossenbühl, DVBl. 1973, 289 (296); a.A. Vollmer, DVBl. 1989, 1087 (1089), die es im Hinblick auf die Lastentragung als entscheidend ansieht, daß die Benutzung kommunaler öffentlicher Einrichtungen unmittelbar den Anspruchsberechtigten zugute kommt, im Fall einer Wahlkampfveranstaltung also dem Ortsverband einer Partei.

PartG der Partei einen Anspruch auf Zulassung zur Benutzung der kommunalen öffentlichen Einrichtung.[897]

Um über einen Zulassungsanspruch entsprechend §§ 18 Abs. 1 Satz 1 SchlH GO, 18 Abs. 1 Satz 1 SchlH KrO u.a. zu verfügen, müssen sich die juristischen Personen und Personenvereinigungen mit ihrer begehrten Benutzung außerdem an die örtliche oder überörtliche Gemeinschaft richten.[898]

Der angesprochene Grundsatz der Chancengleichheit der Parteien wird durch § 5 Abs. 1 Satz 2 PartG modifiziert. Er gestattet eine nach der Bedeutung der Parteien, die sich gemäß § 5 Abs. 1 Satz 3 PartG insbesondere nach den Ergebnissen vorausgegangener Wahlen bemißt, abgestufte Gewährung öffentlicher Leistungen. Da er den Parteien jedoch einen Anspruch auf das erforderliche Mindestmaß an Leistungen gewährt, muß ihnen eine wirksame Wahlpropaganda möglich bleiben.[899] § 5 Abs. 1 Satz 2 PartG hat damit die Funktion eines Verteilerschlüssels, der eine gerechte und sachangemessene Vergabe öffentlicher Mittel an Parteien gewährleisten soll.[900] Hintergrund dieser Regelung ist, daß eine rein formale Chancengleichheit der Parteien im Wahlkampf den Anschein des gleichen Gewichts der Parteien erweckte und eine Verfälschung der tatsächlichen Gegebenheiten und gewissermaßen eine Ungleichbehandlung mit sich brächte.[901] Da dem Bürger eine ausgewogene Wahlentscheidung zu ermöglichen ist, dürfen die Parteien also grundsätzlich nur mit formal gleichen Chancen für sich werben.[902] Der Grundsatz formaler Chancengleichheit dient außerdem der Vorbeugung der Aufsplitterung der Wählerstimmen und Parteien.[903]

Dennoch darf der status quo des Stärkeverhältnisses der Parteien nicht zum unbedingten Festhalten am Grundsatz formaler Chancengleichheit führen.[904] Eine nach der Bedeutung der Parteien abgestufte Leistungsgewährung kann vielmehr nur aus besonders wichtigem Grund zulässig sein.[905] Um einen solchen Grund handelt es sich bei der beschränkten Kapazität einer kommunalen öffentlichen Einrichtung, die als Zurverfügungstellen von Einrichtungen im Sinne des § 5 Abs. 1 Satz 1 PartG zu bewerten ist[906].[907] Der Grundsatz der abgestuften Chancengleichheit

---

897 OVG Koblenz, DÖV 1986, 153 (153); Evertz, Die Bedeutung der Grundrechte, 112; Galette, Gemeindeordnung für Schleswig-Holstein, § 18, Rdn. 81; Ossenbühl, DVBl. 1973, 289 (296); ders., in: HdbkWPr, Band 1, 383; Pappermann/Löhr, JuS 1981, 269 (270); Pappermann/Löhr/Andriske, Recht der öffentlichen Sachen, 144; Püttner/Lingemann, JA 1984, 121 (124); Seewald, in: Steiner, Besonderes Verwaltungsrecht, I, Rdn. 150.

898 Kunze/Bronner/Katz, Gemeindeordnung für Baden-Württemberg, § 10, Rdn. 26.

899 BVerwGE 47, 280 (291).

900 BVerwGE 47, 280 (287); BVerwG, NVwZ 1992, 263 (263f.).

901 BVerwGE 47, 280 (289).

902 VGH München, BayVBl. 1992, 116 (116).

903 BVerwGE 47, 280 (290).

904 BVerwGE 47, 280 (290).

905 BVerwGE 47, 280 (290ff.); VGH München, BayVBl. 1992, 116 (116).

906 BVerwG, NJW 1990, 134 (135).

erstreckt sich daher auf die Entscheidung über die Zulassung zur Benutzung kommunaler öffentlicher Einrichtungen.[908] Dabei umfaßt das den Parteien nach § 5 Abs. 1 Satz 2 PartG zustehende Mindestmaß an Leistungen jedenfalls die Möglichkeit der Benutzung von Veranstaltungsräumen einmal während eines Wahlkampfes oder einmal im Jahr[909] und die Möglichkeit der Benutzung von fünf Prozent der zur Verfügung gestellten Anschlagtafeln, da die Parteien erst bei dieser Quote in das Kommunalparlament einziehen[910].

2. Anspruchsberechtigung bei angestrebter Ausnutzung im Gegensatz zur Benutzung der kommunalen öffentlichen Einrichtung

Der Fall, daß der Anspruchsteller die kommunale öffentliche Einrichtung nicht unmittelbar selbst benutzen, sondern für eigene Zwecke ausnutzen will, wirft die Frage nach den von §§ 18 SchlH GO, 18 SchlH KrO u.a. bei den Anspruchsberechtigten vorausgesetzten Motiven auf, wenn sie die Zulassung zur Benutzung der öffentlichen Einrichtungen der Gemeinden und Kreise begehren. Praktische Relevanz haben diese Überlegungen beispielsweise für den Fall, daß eine als solche nach §§ 18 SchlH GO, 18 SchlH KrO u.a. zur Benutzung berechtigte Person als Veranstalter von politisch motivierten Volksbefragungen, Revüen oder ähnlichem die Zulassung zu Schulen, Theatern, Sportstätten oder anderen kommunalen Veranstaltungsräumen begehrt. Dem Anspruchsteller geht es hier nicht um die unmittelbare Benutzung in eigener Person, sondern um die Instrumentalisierung der kommunalen öffentlichen Einrichtung oder gar um ihren Einbezug als Produktionsfaktor in das eigene Unternehmen.[911]

---

907 VGH München, BayVBl. 1992, 116 (116); ähnlich BVerwG, NVwZ 1992, 263 (263f.).

908 VGH Mannheim, ESVGH 23, 26 (30); Knies, BayVBl. 1968, 230 (231); Gassner, VerwArch 1994, 533 (546ff.); Gern, Deutsches Kommunalrecht, Rdn. 538; Kunze/Bronner/Katz, Gemeindeordnung für Baden-Württemberg, § 10, Rdn. 26; a.A. Mohl, Die kommunalen öffentlichen Einrichtungen, 169ff., die die Gesetzgebungskompetenz des Bundes zur Beschränkung kommunalrechtlicher Ansprüche verneint und die Möglichkeit der abgestuften Leistungsgewährung nach § 5 Abs. 1 Satz 2 PartG nur auf die Gewährungen öffentlicher Leistungen im Sinne des § 5 Abs. 1 Satz 1, 2. Alt. PartG und nicht auf die Zurverfügungstellung von Einrichtungen durch einen Träger öffentlicher Gewalt im Sinne des § 5 Abs. 1 Satz 1, 1. Alt. PartG bezieht; Ossenbühl, DVBl. 1973, 289 (298f.), der § 5 Abs. 1 Satz 2 PartG für unanwendbar hält, da diese Norm für die unentgeltliche Gewährung öffentlicher Leistungen gelte und den Zweck verfolge, durch ein nivellierendes Leistungsangebot die vorgefundene Wettbewerbslage zwischen den Parteien nicht zu verfälschen. Bei entgeltlicher Benutzung eines kommunalen Veranstaltungsraumes durch eine Partei käme jedoch eine die Wettbewerbslage verfälschende Nivellierung nicht in Betracht.

909 Gassner, VerwArch 1994, 533 (548f.).

910 BVerwGE 47, 280 (291f.).

911 Ossenbühl, DVBl. 1973, 289 (299f.); ders., in: HdbkWPr, Band 1, 383.

Dieser Sachverhalt wird auch als „aufgepfropfte Benutzung“ bezeichnet.[912] Um eine aufgepropfte Benutzung soll es sich handeln, wenn sie ihren eigentlichen Sinn erst daraus erhalte, daß eine Veranstaltung, für die die Kommune ihre Einrichtungen zur Verfügung gestellt habe, von einem Dritten für ein an diese Veranstaltung angehängtes oder auf diese Veranstaltung bezogenes eigenes Vorhaben ausgenutzt werden solle.[913] Die gegen diese Begriffswahl erhobenen Bedenken, die Differenzierung zwischen zulässigem Benutzen und mißbräuchlichem Ausnutzen einer öffentlichen Einrichtung sei nur eine graduelle Unterscheidung und keine, die sich an dem Zweck der öffentlichen Einrichtung orientiere, und die Grenzen zwischen zulässigem Benutzen und mißbräuchlichem Ausnutzen seien fließend[914], können nicht geteilt werden.
Für einen Anspruch von Veranstaltern, die die öffentliche Einrichtung als Rahmen für kommerzielle Zwecke benutzen wollen, könnte sprechen, daß die kommunalen öffentlichen Einrichtungen gemäß §§ 17 Abs. 1 SchlH GO, 17 Abs. 1 SchlH KrO u.a. auch der wirtschaftlichen Betreuung der Einwohner der Gemeinden und Kreise zu dienen bestimmt sind.[915] Die Verpflichtung zur wirtschaftlichen Betreuung der Einwohner könnte die Unterstützung von Gewerbetreibenden durch ihre Zulassung zur Benutzung der öffentlichen Einrichtungen der Gemeinden und Kreise erfordern. Jedoch bezwecken §§ 17 Abs. 1 SchlH GO, 17 Abs. 1 SchlH KrO u.a. die Förderung vornehmlich des Wohls der gesamten Einwohnerschaft, was auch an den tatsächlich betriebenen öffentlichen Einrichtungen mit wirtschaftlicher Schwerpunktsetzung[916] deutlich wird. Den Anlagen der Wasser- und Energieversorgung, Abfallentsorgungsanlagen und Verkehrs- und Wohnungsbauunternehmen ist gemeinsam, daß sie primär dem Wohl der Einwohner dienen. Hingegen begünstigt die Vergabe kommunaler Veranstaltungsräume an Gewerbetreibende in erster Linie den Gewerbetreibenden selber und erst in zweiter Linie die Einwohner. Die in §§ 17 Abs. 1 SchlH GO, 17 Abs. 1 SchlH KrO u.a. begründete Verpflichtung der Gemeinden und Kreise, die für die wirtschaftliche, soziale und kulturelle Betreuung ihrer Einwohner erforderlichen öffentlichen Einrichtungen zu schaffen, eröffnet „aufgepropften Benutzungen“ daher keinen Anspruch aus §§ 18 SchlH GO, 18 SchlH KrO u.a..
Auch der Anspruch der Gewerbetreibenden auf Zulassung zur Benutzung der für sie bestehenden öffentlichen Einrichtungen der Gemeinden und Kreise schließt die kommerzielle Nutzung der öffentlichen Einrichtungen nicht ein[917], da er sich

---

912 OVG Münster, DÖV 1984, 946 (946); von Mutius/Rentsch, Kommunalverfassungsrecht Schleswig-Holstein, § 18, Rdn. 1; Rehn/Cronauge/von Lennep, Gemeindeordnung für das Land Nordrhein-Westfalen, § 8, Erl. II.5.; Wolff/Bachof/Stober, Verwaltungsrecht II, § 99, Rdn. 11.

913 OVG Münster, DÖV 1984, 946 (946).

914 Helmut Roth, Die kommunalen öffentlichen Einrichtungen, 176.

915 Ehlers, NWVBl. 1990, 80 (81f.).

916 Vgl. Drittes Kapitel, § 1, A.II.2.b..

917 So jedoch Helmut Roth, Die kommunalen öffentlichen Einrichtungen, 175f..

vornehmlich auf Einrichtungen der Wasser- und Energieversorgung, der Kanalisation und der Abfallentsorgung erstreckt[918].
Anspruchsteller, die eine kommunale öffentliche Einrichtung für eigene Zwecke ausnutzen wollen, könnten jedoch deshalb als durch §§ 18 SchlH GO, 18 SchlH KrO u.a. berechtigt angesehen werden, weil sie wie die Besucher ihrer Veranstaltung einer vorhergehenden Zulassung der Gemeinden und Kreise bedürfen.[919] Angesichts des unterschiedlichen Benutzungsvorganges kann diese Parallele jedoch nicht gezogen werden. Während der unzweifelhaft von §§ 18 SchlH GO, 18 SchlH KrO u.a. erfaßte Einwohner, der ein Buch aus einer Stadtbibliothek entleiht oder der ein städtisches Hallenbad zum Schwimmen aufsucht, selbst in unmittelbaren Kontakt zu der kommunalen öffentlichen Einrichtung treten muß, ist derjenige, der in einer Stadthalle beispielsweise eine Modenschau veranstaltet, darauf nicht angewiesen. Er kann der kommunalen öffentlichen Einrichtung sogar fernbleiben und die Veranstaltung über sein Büro abwickeln.[920] Außerdem erfährt Ersterer unmittelbar den Zweck der Einrichtung - der Bibliotheksbenutzer das kulturelle Erlebnis und der Hallenbadbesucher die sportliche und gesundheitliche Betätigung -, während der kommerzielle Veranstalter den Einrichtungszweck - die Versammlung mit Gleichgesinnten - lediglich an andere weitervermittelt.
Für die Benutzungsberechtigung eines kommerziellen Veranstalters spricht auch nicht, daß seine Einrichtungsbenutzung jedenfalls dem Publikum zugute kommt, indem es sich an seinem Programm erfreuen kann[921], denn in diesem Fall benutzt das Publikum die öffentliche Einrichtung nicht unmittelbar, sondern nur durch den Veranstalter vermittelt.
Veranstalter, die die kommunale öffentliche Einrichtung nicht unmittelbar selber benutzen, sondern im Rahmen eines eigenen Vorhabens ausnutzen wollen, können daher aus §§ 18 Abs. 1 SchlH GO, 18 Abs. 1 SchlH KrO u.a. keinen Benutzungsanspruch ableiten.[922] Allerdings sind die Gemeinden und Kreise nicht gehindert, diese Bewerber nach ihrem Ermessen zur Benutzung zuzulassen.[923]

---

918 Drittes Kapitel, § 2, A.I.1.b..
919 Püttner/Lingemann, JA 1984, 121 (122).
920 Ossenbühl, DVBl. 1973, 289 (299).
921 Ehlers, NWVBl. 1990, 80 (82).
922 Ossenbühl, DVBl. 1973, 289 (299f.); ders., in: HdbkWPr, Band 1, 383; von Mutius/Rentsch, Kommunalverfassungsrecht Schleswig-Holstein, § 18, Rdn. 1; Rehn/Cronauge/von Lennep, Gemeindeordnung für das Land Nordrhein-Westfalen, § 8, Erl. II.5.; Wolff/Bachof/Stober, Verwaltungsrecht II, § 99, Rdn. 11; a. A. unter Hinweis darauf, daß der Wortlaut der Anspruchsnorm keine Anhaltspunkte für eine Differenzierung enthalte, Blum, Niedersächsische Gemeindeordnung, § 22, Rdn. 18.
923 OVG Münster, DÖV 1984, 946 (947); Ossenbühl, in: HdbkWPr, Band 1, 383.

3. Die Zulassung von nicht durch §§ 18 SchlH GO, 18 SchlH KrO u.a. erfaßten Bewerbern

Bisher konnte die Gruppe der nach §§ 18 SchlH GO, 18 SchlH KrO u.a. zur Benutzung der kommunalen öffentlichen Einrichtungen Berechtigten dahingehend eingegrenzt werden, daß es sich um Einwohner oder um auswärts wohnende Personen handeln muß, die in der Gemeinde oder im Kreis über Grundstücksbesitz verfügen oder ein Gewerbe betreiben, oder um juristische Personen bzw. Personenvereinigungen mit Sitz in der Gemeinde bzw. im Kreis. Weiterhin muß es ihnen um die Benutzung der kommunalen öffentlichen Einrichtungen unmittelbar in eigener Person gehen.
Als nicht anspruchsberechtigt haben sich hingegen Personen und Personenvereinigungen erwiesen, die nicht ihren Wohnsitz oder ihren Sitz im Gebiet der Gemeinde oder des Kreises haben oder diesen nicht sachverbunden sind.[924]
Ob die Privilegierung der Einwohner gerechtfertigt ist, bedarf allerdings der Überprüfung.

4. Die Berechtigung des „Einwohnerprivilegs“

Gerechtfertigt ist die Privilegierung der Einwohner bei der Zulassung zur Benutzung der kommunalen öffentlichen Einrichtungen, wenn die Regelungen der §§ 18 Abs. 1 Satz 1 SchlH GO, 18 Abs. 1 Satz 1 SchlH KrO u.a., mit denen das Einwohnerprivileg begründet wird, eine Auslegung, die einen Anspruch auswärtiger Benutzungsbewerber einschließt, nicht gestatten und ein anderes Zulassungsverfahren auch nicht zweckmäßig erscheint.

a. Kriterien für die Zulassungsentscheidung

Kriterien, die für diese Untersuchung maßgebend sind, sind der gesetzlich festgelegte Zweck der kommunalen öffentlichen Einrichtungen, die von §§ 18 Abs. 1 Satz 2, 18 Abs. 2 Satz 2 SchlH GO und §§ 18 Abs. 1 Satz 2, 18 Abs. 2 Satz 2 SchlH KrO u.a. begründete Verpflichtung zur Lastentragung, die Einbindung der Gemeinden in ein zentralörtliches System, das von den Kommunen tatsächlich gewählte Zulassungsverfahren und die Rentabilität der öffentlichen Einrichtungen.

[924] Drittes Kapitel, § 2, A.I.1..

aa. Der gesetzliche Zweck der öffentlichen Einrichtungen

Eine Bevorzugung der Einwohner bei der Zulassung zur Benutzung der öffentlichen Einrichtungen könnte durch den Zweck, der hinter der Verpflichtung der Gemeinden und Kreise zur Schaffung öffentlicher Einrichtungen steht, gerechtfertigt sein.[925] Da öffentliche Einrichtungen nach §§ 17 Abs. 1 SchlH GO, 17 Abs. 1 SchlH KrO u.a. der wirtschaftlichen, sozialen und kulturellen Betreuung der Einwohner dienen, besteht ihr Zweck im Wohl der Einwohner. Dem muß eine auf die Einwohner beschränkte Benutzungsberechtigung korrespondieren.[926]

Allerdings bestehen nicht in allen Ländern explizite Verpflichtungen der Gemeinden und Kreise zur Schaffung öffentlicher Einrichtungen zur wirtschaftlichen, sozialen und kulturellen Betreuung der Einwohner. So enthält das rheinland-pfälzische Kommunalrecht in §§ 2 Abs. 1 Satz 1 GemO, 2 Abs. 1 Satz 1 LKO lediglich eine einfachgesetzliche Ausprägung der Selbstverwaltungsgarantie der Gemeinden und Kreise nach Art. 28 Abs. 2 Satz 1 und 2 GG.

Demgegenüber benennt § 2 Abs. 2 MeVo KV zwar nur Aufgabenbereiche, ohne die Gemeinden zur Schaffung öffentlicher Einrichtungen explizit zu verpflichten. Diese Aufgabenbereiche - die Gewährleistung des örtlichen öffentlichen Personennahverkehrs, die Versorgung mit Energie und Wasser, die Abwasserbeseitigung und -reinigung, die Sicherung und Förderung eines bedarfsgerechten öffentlichen Angebotes an Bildungs- und Kinderbetreuungseinrichtungen, die Entwicklung der Freizeit- und Erholungseinrichtungen sowie des kulturellen Lebens, der öffentliche Wohnungsbau und die gesundheitliche und soziale Betreuung - sind aber sämtlich dadurch gekennzeichnet, daß ihre Erfüllung dem Wohl der Gemeindeeinwohner dient. Entsprechend verpflichtet § 89 Abs. 2 Satz 2 MeVo KV auch den Kreis zur Förderung der wirtschaftlichen, ökologischen, sozialen und kulturellen Entwicklung seines Gebiets zum Wohle der Einwohner. Ähnliche Regelungen enthalten §§ 3 Abs. 2 Bran GO, 2 Abs. 1 Satz 3 Bran LKrO und §§ 2 Abs. 2, 86 Abs. 1 Thü KO.

Nach § 5 Abs. 2 Satz 1, 1. Halbsatz Saarl KSVG sind die Gemeinden schließlich nur zur Förderung des sozialen, kulturellen und wirtschaftlichen Wohls ihrer Einwohner verpflichtet.

Zwar stellen damit nicht alle Kommunalgesetze die Schaffung öffentlicher Einrichtungen ausdrücklich in einen Zusammenhang mit dem Wohl der Einwohner. Aber auch den Aufgabenbestimmungen der Kommunalgesetze Brandenburgs, Mecklenburg-Vorpommerns, Rheinland-Pfalz‘, Thüringens und des Saarlandes kann die Verpflichtung der Gemeinden und Kreise auf das Wohl der Einwohner nachgewiesen werden. Daher erscheint eine Bevorzugung der Gemeinde- und

---

[925] Püttner/Lingemann, JA 1984, 121 (123); Helmut Roth, Die kommunalen öffentlichen Einrichtungen, 132.

[926] Püttner/Lingemann, JA 1984, 121 (123); Helmut Roth, Die kommunalen öffentlichen Einrichtungen, 132.

Kreiseinwohner bei der Zulassung zur Benutzung der öffentlichen Einrichtungen aufgrund des gesetzlichen Zwecks der öffentlichen Einrichtungen gerechtfertigt. Für diese Privilegierung spricht ferner, daß die Kommunalgesetze Brandenburgs, Mecklenburg-Vorpommerns, Rheinland-Pfalz', Thüringens und des Saarlandes von der Existenz öffentlicher Einrichtungen ausgehen, da sie den Einwohnern und anderen den Gemeinden und Kreisen sachverbundenen Personen einen Anspruch gewähren.[927] Dadurch deuten sie die Orientierung der kommunalen öffentlichen Einrichtungen am Wohl der Einwohner zumindest an.
Die öffentlichen Einrichtungen der Gemeinden und Kreise sind daher dem Wohl der Einwohner verpflichtet. Wenn das aber der Fall ist, muß in erster Linie dieser Personengruppe ein Benutzungsrecht zustehen. Insofern erscheint eine Privilegierung der Einwohner bei der Zulassung zur Benutzung der kommunalen öffentlichen Einrichtungen gerechtfertigt.

bb. Die Lastentragung durch die Einwohner

Für eine Bevorzugung der Einwohner könnten ferner §§ 18 Abs. 1 Satz 2, 18 Abs. 2 Satz 2 SchlH GO und §§ 18 Abs. 1 Satz 2, 18 Abs. 2 Satz 2 SchlH KrO u.a. sprechen, da diese im Zusammenhang mit dem Anspruch auf Benutzung der kommunalen öffentlichen Einrichtungen betonen, daß die Einwohner verpflichtet sind, die Lasten zu tragen, die sich aus ihrer Zugehörigkeit zu der Gemeinde oder zum Kreis ergeben, bzw., daß die Grundbesitzer und Gewerbetreibenden verpflichtet sind, für ihren Grundbesitz oder Gewerbebetrieb zu den Gemeinde- oder Kreislasten beizutragen.[928] Diese Bestimmungen verdeutlichen, daß zwischen dem Benutzungsrecht und den finanziellen Belastungen der Einwohner, die durch die Schaffung und Unterhaltung der kommunalen öffentlichen Einrichtungen hervorgerufen werden, ein Zusammenhang besteht.[929]
Bei den angesprochenen Lasten handelt es sich vornehmlich um finanzielle Lasten wie die Pflicht zur Zahlung von Kommunalabgaben.[930] Neben den Realsteuern im Sinne des Art. 106 Abs. 6 GG - der Grund- und der Gewerbesteuer - und den den Gemeinden nach Art. 106 Abs. 5 GG zufließenden Anteilen an der Lohn- und Einkommensteuer zählen dazu Gebühren und Beiträge.[931]

---

[927] Drittes Kapitel, § 1, A.I..

[928] Galette, Gemeindeordnung für Schleswig-Holstein, § 18, Rdn. 2; Meyer, Kommunales Parteien- und Fraktionenrecht, 78; Pagenkopf, Kommunalrecht, Band 1, 155f.; Püttner/Lingemann, JA 1984, 121 (123); Helmut Roth, Die kommunalen öffentlichen Einrichtungen, 132; H.-J. Schmidt, DÖV 1963, 217 (217); Zundel, JuS 1991, 472 (472).

[929] Galette, Gemeindeordnung für Schleswig-Holstein, § 18, Rdn. 2.

[930] Bracker/Dehn, Gemeindeordnung für Schleswig-Holstein, Erl. 4. zu Abs. 1; von Mutius/Rentsch, Kommunalverfassungsrecht Schleswig-Holstein, § 18, Rdn. 2; Pappermann/Löhr, JuS 1981, 269 (270).

[931] Galette, Gemeindeordnung für Schleswig-Holstein, § 18, Rdn. 72.

Aus der Lastentragungspflicht kann jedoch nicht der Schluß gezogen werden, daß allein die Einwohner zur Benutzung der kommunalen öffentlichen Einrichtungen berechtigt sind, denn das für die Gemeinden und Kreise vorausgesetzte Prinzip der Lastengemeinschaft[932] gilt nur noch eingeschränkt. Die kommunalen öffentlichen Einrichtungen werden auch durch die für die Benutzung erhobenen Gebühren oder privatrechtlichen Entgelte getragen und durch Zuschüsse des Bundes in Form von Finanzhilfen nach Art. 104a Abs. 4 GG oder Sonderzuweisungen nach Art. 106 Abs. 8 GG und durch Zuschüsse der Länder im Wege des kommunalen Finanzausgleichs durch allgemeine Zuweisungen oder Zweckzuweisungen finanziert.[933]
Unter Berücksichtigung dieser Umstände kann die Lastentragungspflicht als Begründung für eine Bevorzugung der Einwohner bei der Zulassung zur Benutzung der kommunalen öffentlichen Einrichtungen nicht herangezogen werden.[934]

cc. Die Einbindung der Gemeinden in ein zentralörtliches System

Einer Privilegierung der Einwohner könnte ferner die zentralörtliche Gliederung der Gemeinden entgegenstehen.[935] Dieses im Rahmen der kommunalen Gebietsreform in den 70er Jahren entwickelte Konzept bindet die einzelne Gemeinden in ein Netz von Gemeinden abgestufter Größe und Daseinsvorsorgefunktionen ein und unterscheidet ländliche Zentralorte, Unter-, Mittel- und Oberzentren. Das zentralörtliche Gliederungsprinzip will das bei der Versorgung mit kommunalen Leistungen für Bürger kleinerer Gemeinden entstehende Defizit dadurch decken, daß benachbarte Gemeinden der nächsten Größenordnungen mit ihren „Mehr-Leistungen“ nicht nur ihre eigenen, sondern auch die Einwohner ihres Einzugsbereichs versorgen.[936] Es verfolgt daher den Zweck, daß auch den Einwohnern kleinerer Gemeinden in angemessener Entfernung Leistungen angeboten werden, mit deren Erbringung die eigene Gemeinde überfordert wäre.[937]
In Schleswig-Holstein beruht die zentralörtliche Gliederung auf den Regelungen der §§ 9ff. des Landesentwicklungsgrundsätzegesetzes, das die neben den Vorgaben des § 2 Abs. 1 ROG für die Landesplanung maßgebenden Grundsätze zur

932 Grawert, in: Selbstverwaltung im Staat der Industriegesellschaft, Festgabe von Unruh, 587 (591f.).
933 Axer, Die Widmung als Schlüsselbegriff, 172; ders., NVwZ 1996, 114 (115); Seewald, in: Steiner, Besonderes Verwaltungsrecht, I, Rdn. 148.
934 Ossenbühl, in: HdbkWPr, Band 1, 386f.; Pappermann/Löhr/Andriske, Recht der öffentlichen Sachen, 143; Seewald, in: Steiner, Besonderes Verwaltungsrecht, I, Rdn. 148.
935 Axer, Die Widmung als Schlüsselbegriff, 172; ders., NVwZ 1996, 114 (114f.); Fastenrath, NWVBl. 1992, 51 (52f.); Ossenbühl, in: HdbkWPr, Band 1, 386; Pappermann/Löhr, JuS 1981, 269 (270).
936 Seewald, in: Steiner, Besonderes Verwaltungsrecht, I, Rdn. 125.
937 Seewald, in: Steiner, Besonderes Verwaltungsrecht, I, Rdn. 62.

Entwicklung des Landes bestimmt und in Ausführung des § 2 des Landesplanungsgesetzes ergangen ist. Ländliche Zentralorte und Unterzentren dienen gemäß § 10 Abs. 1 Satz 1 SchlH LEntwGrG überwiegend der Grundversorgung eines Nahbereichs. Mittel- und Oberzentren haben gemäß § 11 Abs. 1 LEntwGrG über den Nahbereich und über die Grundversorgung hinausgehende Versorgungsfunktionen und Zentralitätsbedeutung. Dabei sollen Mittelzentren für die Verflechtungsbereiche mehrerer Unterzentren oder ländlicher Zentralorte oder Teilen von diesen differenzierte Versorgungsmöglichkeiten zur Deckung des gehobenen (längerfristigen) Bedarfs und Ansätze für die Ausbildung eines Industriegefüges bieten. Oberzentren sollen für Verflechtungsbereiche mehrerer Mittelzentren oder Teilen von diesen Einrichtungen zur Deckung des spezialisierten höheren Bedarfs und ein starkes, differenziertes Industriegefüge bieten, dessen Wachstum anzustreben ist.

Durch die zentralörtliche Gliederung haben die einzelnen Gemeinden ihre von der Nachbarschaft unabhängige, autonome Stellung verloren und sind verpflichtet worden, Aufgaben für das Umland wahrzunehmen, wofür sie außerdem finanzielle Mittel erhalten. Daraufhin könnte es als zweckmäßig erachtet werden, den Einwohnern der Nachbargemeinden einen Benutzungsanspruch gegenüber den öffentlichen Einrichtungen zu gewähren, mit denen die Gemeinde zentralörtliche Funktionen für das Umland wahrnimmt.[938]

Dafür, daß sich der Benutzungsanspruch auf den der zentralörtlichen Gliederung entsprechenden Einzugsbereich erstreckt, könnte ferner sprechen, daß das Gliederungsprinzip die vormalige Einheit der in der Gemeinde entstehenden Bedürfnisse und der gemeindlichen Aufgaben sprengt und ein Wandel von der Einwohnergemeinde zum kommunalen Leistungsträger stattfindet, in dem sich das korporative Element verflüchtigt.[939]

Auch könnte man annehmen, daß die Kommunen bei der Widmung ihrer öffentlichen Einrichtungen mit überörtlicher Funktion an landesplanerische Vorgaben gebunden sind und ihre öffentlichen Einrichtungen einem über die Einwohner hinausgehenden Benutzerkreis zur Verfügung stellen müssen.[940]

Allerdings läßt sich ein Benutzungsanspruch der Einwohner der Nachbargemeinden nicht mit dem Gesetzeswortlaut in Einklang bringen.[941] Gemäß §§ 18 Abs. 1 Satz 1 SchlH GO, 18 Abs. 1 Satz 1 SchlH KrO u.a. sind lediglich die Einwohner der Gemeinden und Kreise zur Benutzung der öffentlichen Einrichtungen berechtigt. Da der Begriff des Einwohners in §§ 6 Abs. 1 SchlH GO, 6 Abs. 1 SchlH KrO hinreichend klar definiert wird, kommt auch eine - möglicherweise erwei-

---

[938] Fastenrath, NWVBl. 1992, 51 (52); Schmidt-Aßmann, in: Schmidt-Aßmann, Besonderes Verwaltungsrecht, Erster Abschnitt, Rdn. 108; Seewald, in: Steiner, Besonderes Verwaltungsrecht, I, Rdn. 148; Stober, Kommunalrecht, 240; Wolff/Bachof/Stober, Verwaltungsrecht II, § 99, Rdn. 11.

[939] Ossenbühl, DVBl. 1973, 289 (296); ders., in: HdbkWPr, Band 1, 386.

[940] Fastenrath, NWVBl. 1992, 51 (53).

[941] Blum, Niedersächsische Gemeindeordnung, § 22, Rdn. 11.

ternde - Auslegung nicht in Betracht.[942] Denn jede Auslegung eines Gesetzestextes beginnt mit dem Wortsinn eines Ausdrucks[943], und dieser bildet zugleich die Grenze der Auslegung[944]. Ist der Wortsinn des Einwohnerbegriffes mithin eindeutig, verbietet sich eine weitere Auslegung. Angesichts des klaren Gesetzeswortlauts kann ein Anspruch Auswärtiger auf Benutzung der kommunalen öffentlichen Einrichtungen auch nicht damit begründet werden, er erwachse aus der Förderung eines zentralen Orts aus öffentlichen Mitteln mit der Bedingung, daß die Einrichtung auch den Einwohnern des Einzugsbereichs zur Verfügung stehen müsse. Diese hat insofern lediglich Reflexwirkung.[945]
Das zentralörtliche Gliederungsprinzip steht daher einer Bevorzugung der Einwohner bei der Zulassung zur Benutzung der kommunalen öffentlichen Einrichtungen nicht entgegen.[946] Gleichwohl erscheint eine Gesetzesänderung geboten, die den Kreis der zur Benutzung der kommunalen öffentlichen Einrichtungen berechtigten Personen mit dem zentralörtlichen Gliederungsprinzip abstimmt.

dd. Die Zulassungspraxis

Das von den Kommunen in der Praxis betriebene Zulassungsverfahren stellt sich allerdings regelmäßig als gegenläufig dar. Beim Betreten eines gemeindlichen Schwimmbades wird beispielsweise nicht kontrolliert, ob der einzelne Besucher Einwohner der Gemeinde ist.
Dennoch vermag eine tatsächliche Übung nicht einen gesetzlichen Anspruch zu erweitern. Allerdings binden die Verwaltungen der Gemeinden und Kreise ihr Ermessen für die Zukunft, wenn sie über ihre gesetzliche Verpflichtung nach §§ 18 Abs. 1 Satz 1 SchlH GO, 18 Abs. 1 Satz 1 SchlH KrO u.a. hinaus auch auswärtige Bewerber zur Benutzung der öffentlichen Einrichtungen zulassen.[947]

---

942 So jedoch Fastenrath, NWVBl. 1992, 51 (53).
943 Larenz, Methodenlehre der Rechtswissenschaft, 320.
944 Larenz, Methodenlehre der Rechtswissenschaft, 324.
945 Kunze/Bronner/Katz, Gemeindeordnung für Baden-Württemberg, § 10, Rdn. 21.
946 Mohl, Die kommunalen öffentlichen Einrichtungen, 163; Pappermann, VR 1981, 84 (87f.); Pappermann/Löhr, JuS 1981, 269 (270); Pappermann/Löhr/Andriske, Recht der öffentlichen Sachen, 143f., die aus Gründen der Rechtsklarheit an der Anspruchsberechtigung lediglich der Einwohner festhalten und Auswärtige auf einen privatrechtlichen Kontrahierungszwang verweisen.
947 OVG Lüneburg, NJW 1985, 2347 (2348); Ehlers, NWVBl. 1990. 80 (81); Kunze/Bronner/-Katz, Gemeindeordnung für Baden-Württemberg, § 10, Rdn. 21; Helmut Roth, Die kommunalen öffentlichen Einrichtungen, 132f.; Thiele, Niedersächsische Gemeindeordnung, § 22, Erl. 2..

ee. Die Rentabilität der kommunalen öffentlichen Einrichtungen

Auch die mangelnde Rentabilität mancher kommunaler öffentlicher Einrichtungen wie Schwimmbäder oder Theater, die eine Zulassung auch auswärtiger Benutzungsbewerber zweckmäßig erscheinen läßt[948], kann nicht zur Erweiterung des gesetzlichen Anspruchs über den gemäß §§ 18 Abs. 1 Satz 1 SchlH GO, 18 Abs. 1 Satz 1 SchlH KrO u.a. zur Benutzung der öffentlichen Einrichtungen der Gemeinden und Kreise berechtigten Personenkreis hinaus führen.[949]

b. Ergebnis

Aufgrund des zentralörtlichen Gliederungsprinzips, das die Gemeinden mit abgestuften Daseinsvorsorgefunktionen ausstattet, erscheint es zwar zweckmäßig, den Einwohnern des danach vorgesehenen Einzugsbereichs einer öffentlichen Einrichtung und nicht lediglich den Einwohnern der Standortgemeinde einen Anspruch auf Zulassung zur Benutzung der öffentlichen Einrichtung zu gewähren. Diesen Erwägungen stehen jedoch sowohl der Zweck als auch der eindeutige Wortlaut der §§ 18 Abs. 1 Satz 1 SchlH GO, 18 Abs. 1 Satz 1 SchlH KrO u.a. entgegen, die lediglich die Einwohner zur Benutzung der öffentlichen Einrichtungen berechtigen.
Das Einwohnerprivileg ist daher gerechtfertigt und unter der Geltung der derzeitigen Gesetze bei der Prüfung der Anspruchsberechtigung eines Benutzungsbewerbers zu berücksichtigen.

II. Der gemäß §§ 18 SchlH GO, 18 SchlH KrO u.a. Anspruchsverpflichtete

Nachdem der durch §§ 18 SchlH GO, 18 SchlH KrO u.a. zur Benutzung der öffentlichen Einrichtungen berechtigte Personenkreis dargestellt worden ist, richtet sich der Blick nun auf den zur Erfüllung des Anspruchs Verpflichteten. Der Wortlaut der §§ 18 Abs. 1 Satz 1 SchlH GO, 18 Abs. 1 Satz 1 SchlH KrO u.a., die die Einwohner berechtigen, die öffentlichen Einrichtungen „der Gemeinde“ und „des Kreises“ zu benutzen, legt den Gedanken nahe, daß die kommunale Gebietskörperschaft selber zur Erfüllung des Anspruchs verpflichtet ist.[950] Nach allgemeiner Ansicht sind daher die Kommunen Anspruchsverpflichtete.[951]

---

[948] Axer, NVwZ 1996, 114 (114).

[949] A.A. Galette, Gemeindeordnung für Schleswig-Holstein, § 18, Rdn. 27.

[950] Axer, Die Widmung als Schlüsselbegriff, 174; Galette, Gemeindeordnung für Schleswig-Holstein, § 18, Rdn. 40; Knies, BayVBl. 1968, 230 (232).

[951] Ehlers, Verwaltung in Privatrechtsform, 247; Frotscher, in: HdbkWPr, Band 3, 150f.; Galette, Gemeindeordnung für Schleswig-Holstein, § 18, Rdn. 40; Knies, BayVBl. 1968, 230 (232); von

Da die öffentlichen Einrichtungen jedoch auch in der Rechtsform einer gegenüber der Kommune rechtlich verselbständigten juristischen Person des öffentlichen Rechts oder des Zivilrechts betrieben werden können[952], ist eine differenzierte Betrachtung der Person des Anspruchsverpflichteten geboten.

1. Der Anspruchsverpflichtete bei öffentlichen Einrichtungen in kommunaler Trägerschaft

Hinsichtlich der öffentlichen Einrichtungen, die sich in kommunaler Trägerschaft befinden, kann an der Ansicht festgehalten werden, daß die Gemeinden und Kreise selber zur Erfüllung des Anspruchs aus §§ 18 SchlH GO, 18 SchlH KrO u.a. verpflichtet sind.[953] Dem Anspruch auf Zulassung zur Benutzung der kommunalen öffentlichen Einrichtungen korrespondiert daher eine Verpflichtung der Kommune, das Zulassungsbegehren des Anspruchstellers zu verwirklichen.[954]
Nur die Gemeinden und Kreise sind auch rechtlich und tatsächlich in der Lage, die Einrichtungsleistungen zu erbringen. Die Organkompetenz liegt in den Gemeinden und Städten beim Bürgermeister, der gemäß §§ 50 Abs. 1, 55 Abs. 1 und 70 Abs. 1 SchlH GO für die sachliche Erledigung der Aufgaben, den Geschäftsgang der Verwaltung und die Geschäfte der laufenden Verwaltung verantwortlich ist. In den Kreisen liegt sie beim Landrat, der gemäß § 52 Abs. 1 SchlH KrO den Geschäftsgang der Verwaltung leitet und beaufsichtigt und für die sachliche Erledigung der Aufgaben verantwortlich ist.
Öffentliche Einrichtungen, die von den Gemeinden und Kreisen getragen werden, sind als nichtrechtsfähige Einheiten organisiert und kommen, wie dargestellt[955], nur in den öffentlich-rechtlichen Rechtsformen des Regiebetriebs und des Eigenbetriebs in Betracht, die ihrerseits als nichtrechtsfähige Anstalten des öffentlichen Rechts organisiert sind. Während der Regiebetrieb in die Gemeindeverwaltung eingegliedert ist, ist der Eigenbetrieb organisatorisch stärker verselbständigt, da er mit der Werkleitung und dem Werksausschuß über eigene Organe verfügt. Richtet sich das Zulassungsbegehren eines Benutzungsinteressenten gegen eine kommunale öffentliche Einrichtung in der Rechtsform des Eigenbetriebs, wird die Werkleitung, der die laufende Betriebsführung des Eigenbetriebs obliegt, anstelle des Bürgermeisters oder des Landrats verpflichtet.

Mutius, Kommunalrecht, Rdn. 630; Pappermann/Löhr/Andriske, Recht der öffentlichen Sachen, 142; Rehn/Cronauge/von Lennep, Gemeindeordnung für das Land Nordrhein-Westfalen, § 8, Erl. II.1.; Schmidt-Aßmann, in: Schmidt-Aßmann, Besonderes Verwaltungsrecht, Erster Abschnitt, Rdn. 109.

[952] Zweites Kapitel, § 3, B..

[953] Herdegen, DÖV 1986, 906 (907f.); Mohl, Die kommunalen öffentlichen Einrichtungen, 133.

[954] Galette, Gemeindeordnung für Schleswig-Holstein, § 18, Rdn. 40.

[955] Zweites Kapitel, § 3, B.II.2. und III..

2. Der Anspruchsverpflichtete bei öffentlichen Einrichtungen in der Trägerschaft einer rechtlich verselbständigten Person

Öffentliche Einrichtungen, die sich in der Trägerschaft einer gegenüber der Kommune rechtlich verselbständigten Person befinden, sind hinsichtlich ihrer Rechtsform in juristische Personen des öffentlichen Rechts und juristische Personen des Zivilrechts zu unterscheiden. Insbesondere letztere kommen als Rechtsformen öffentlicher Einrichtungen, die gegenüber der Gemeinde oder dem Kreis rechtlich verselbständigt sind, in Betracht.[956]

Die Rechtsbeziehungen dieser öffentlichen Einrichtungen zu ihren Benutzern weisen die Besonderheit auf, daß sie nicht unmittelbar durch die Gemeinde oder den Kreis zur Verfügung gestellt werden. Der Benutzer tritt vielmehr in unmittelbare Rechtsbeziehungen zur der Aktiengesellschaft (AG), der Gesellschaft mit beschränkter Haftung (GmbH) oder einer anderen juristischen Person.

Das Rechtsstaatsprinzip verpflichtet die Kommunen gemäß Art. 20 Abs. 3 GG in Verbindung mit Art. 1 Abs. 3 GG jedoch zur Erfüllung ihrer in §§ 17 Abs. 1, 18 SchlH GO und §§ 17 Abs. 1, 18 SchlH KrO u.a. festgelegten Aufgaben und begründet eine Garantenstellung hinsichtlich des Anspruchs auf Zulassung zur Benutzung ihrer öffentlichen Einrichtungen.[957] Entscheidend ist ferner, daß die Kommunen erst dadurch, daß sie sich hinreichenden Einfluß auf die in externer Trägerschaft befindlichen Einrichtungen sichern, öffentliche Einrichtungen im Sinne der §§ 17 Abs. 1, 18 Abs. 1 Satz 1 SchlH GO und der §§ 17 Abs. 1, 18 Abs. 1 Satz 1 SchlH KrO u.a. zur Verfügung stellen.[958] Die Gemeinden und Kreise sind daher an den durch die Benutzung kommunaler öffentlicher Einrichtungen entstehenden Rechtsbeziehungen als vermittelnde Glieder beteiligt. Sie haben auf den Einrichtungsträger dahingehend einzuwirken, daß dieser ihrer Verpflichtung aus §§ 18 SchlH GO, 18 SchlH KrO u.a. nachkommt.[959]

Daher wird vertreten, daß sich der Anspruch der Einwohner und der anderen der Kommune sachverbundenen Personen auf Zulassung zur Benutzung der kommunalen öffentlichen Einrichtungen in einen „Verschaffungsanspruch" bzw. in einen „Einwirkungsanspruch" gegenüber der Kommune verwandelt.[960] Er soll darauf

---

[956] Vgl. Zweites Kapitel, § 3, B.III..

[957] Ossenbühl, DVBl. 1973, 289 (294); Püttner/Lingemann, JA 1984, 274 (275).

[958] Pappermann, JZ 1969, 485 (489); Pappermann/Löhr, JuS 1981, 269 (269); Pappermann/Löhr/Andriske, Recht der öffentlichen Sachen, 142; Helmut Roth, Die kommunalen öffentlichen Einrichtungen, 153.

[959] Ehlers, in: Erichsen, Allgemeines Verwaltungsrecht, § 2, Rdn. 83; Herdegen, DÖV 1986, 906 (908); Püttner, DVBl. 1975, 353 (354).

[960] BVerwG, NJW 1990, 134 (135); dass., NVwZ 1991, 59 (59); Blum, Niedersächsische Gemeindeordnung, § 22, Rdn. 9; Erbguth, VR 1982, 14 (18); Hölzl/Hien, Gemeindeordnung für den Freistaat Bayern, Art. 21, Erl. 3.e); Mohl, Die kommunalen öffentlichen Einrichtungen, 156; von Mutius/Rentsch, Kommunalverfassungsrecht Schleswig-Holstein, § 18, Rdn. 1; Pappermann/Löhr, JuS 1981, 269 (269); Pappermann/Löhr/Andriske, Recht der öffentlichen Sachen, 142; Püttner,

gerichtet sein, daß die Kommune den Anspruch auf Zulassung zur Benutzung der öffentlichen Einrichtungen zu angemessenen Bedingungen durch Einwirkung auf den Einrichtungsträger mit geeigneten Mitteln sicherstellt.[961] Durch die Annahme eines Verschaffungs- oder Einwirkungsanspruchs bliebe die Kommune, in der die öffentliche Einrichtung belegen ist, durch §§ 18 SchlH GO, 18 SchlH KrO u.a. verpflichtet.[962] Die rechtliche Verselbständigung der öffentlichen Einrichtung insbesondere zu einer juristischen Person des Privatrechts bewirkte daher weder den Untergang des öffentlich-rechtlichen Benutzungsanspruchs gegen die Kommune noch einen Austausch des Anspruchsgegners.[963]
Nach anderer Auffassung stellt sich der gegen die Kommune gerichtete Anspruch des Benutzungsbewerbers lediglich als mittelbarer Anspruch dar, der durch einen unmittelbaren Anspruch gegen den Einrichtungsträger ergänzt werden müsse.[964] Durch den zusätzlichen unmittelbaren Leistungsanspruch sei der nach §§ 18 SchlH GO, 18 SchlH KrO u.a. Berechtigte wirksamer geschützt. Außerdem habe ein unmittelbarer Leistungsanspruch den Vorteil, daß die oftmals schwierige Feststellung entfalle, ob und inwieweit die Kommune mit Hilfe hoheitlicher oder gesellschaftsrechtlicher Mittel in der Lage sei, gegenüber dem Einrichtungsträger das Benutzungsrecht zu realisieren.[965] Das Bestehen eines unmittelbaren Anspruchs gegen den gegenüber der Kommune rechtlich verselbständigten Einrichtungsträger beruhe auf der Widmung der öffentlichen Einrichtung, die eine entsprechende Duldungspflicht seitens des Einrichtungsträgers erzeuge.[966]
Diese Auffassung verkennt jedoch, daß die Widmung ein Element des Entstehungstatbestandes kommunaler öffentlicher Einrichtungen bildet und das Bezugsobjekt der §§ 18 SchlH GO, 18 SchlH KrO u.a. hervorbringt. Zusammen mit anderen Tatbestandsmerkmalen begründet die Widmung daher den Anspruch auf Zulassung zur Benutzung gegenüber einer konkreten öffentlichen Einrichtung.[967] Rechtswirkungen erzeugt die Widmung mithin nur im Verhältnis zwischen dem nach §§ 18 SchlH GO, 18 SchlH KrO u.a. Anspruchsberechtigten und der Kom-

---

DVBl. 1975, 353 (354); Püttner/Lingemann, JA 1984, 274 (275); Helmut Roth, Die kommunalen öffentlichen Einrichtungen, 152; Seewald, in: Steiner, Besonderes Verwaltungsrecht, I, Rdn. 146; Rehn/Cronauge/von Lennep, Gemeindeordnung für das Land Nordrhein-Westfalen, § 8, Erl. II.1.; Waechter, Kommunalrecht, Rdn. 563.

[961] Pappermann/Löhr, JuS 1981, 269 (269); Rehn/Cronauge/von Lennep, Gemeindeordnung für das Land Nordrhein-Westfalen, § 8, Erl. II.1.; Helmut Roth, Die kommunalen öffentlichen Einrichtungen, 152.

[962] Ehlers, in: Erichsen, Allgemeines Verwaltungsrecht, § 2, Rdn. 83; Frotscher, in: HdbkWPr, Band 3, 150f.; Knies, BayVBl. 1968, 230 (232); Mohl, Die kommunalen öffentlichen Einrichtungen, 133f.; Wolff, AfK 1963, 149 (173).

[963] Frotscher, in: HdbkWPr, Band 3, 150f..

[964] Ossenbühl, DVBl. 1973, 289 (293f.).

[965] Ossenbühl, DVBl. 1973, 289 (294).

[966] Ossenbühl, DVBl. 1973, 289 (294).

[967] Drittes Kapitel, § 1, D.II.2.c..

mune, in der die öffentliche Einrichtung belegen ist. Sie begründet indes keine Verpflichtung des externen Einrichtungsträgers.[968]
Außerdem erweist sich ein Abstellen auf die Widmung als unzweckmäßig, da diese konkludent ergehen kann[969] und dann wie die materiell erforderliche Zustimmung des externen Einrichtungsträgers zur Widmung[970] schwer nachzuweisen ist.[971]
Entscheidend gegen das Erfordernis eines zusätzlichen, gegen den externen Einrichtungsträger gerichteten Anspruchs sprechen jedoch die rechtsstaatlichen Bindungen der Gemeinden und Kreise. Danach haben sie ihre in §§ 17, 18 SchlH GO und §§ 17, 18 SchlH KrO u.a. normierten Aufgaben zu erfüllen und, sofern die öffentliche Einrichtung von einem gegenüber der Kommune rechtlich verselbständigten Träger betrieben wird, durch Einwirkung auf den Träger sicherzustellen, daß die öffentliche Einrichtung den Berechtigten zur Benutzung offensteht. Da auch zu unterstellen ist, daß sich Träger öffentlicher Verwaltung gemäß Art. 20 Abs. 3 GG in Verbindung mit Art. 1 Abs. 3 GG rechtmäßig verhalten, ist anzunehmen, daß die Kommunen ihren Verpflichtungen nach §§ 17, 18 SchlH GO und §§ 17, 18 SchlH KrO u.a. nachkommen. Unter diesen Umständen erweisen sich der gegen die Kommune gerichtete Anspruch auf Zulassung zur Benutzung der kommunalen öffentlichen Einrichtungen und der Verschaffungs- oder Einwirkungsanspruch gegen die Kommune aber als qualitativ gleichwertig. Daher ist die Erfüllung des Anspruchs der Einwohner und der anderen der Kommune sachverbundenen Personen auf Zulassung zur Benutzung der kommunalen öffentlichen Einrichtungen durch einen Verschaffungs- oder Einwirkungsanspruch bereits hinreichend gesichert, so daß die Versagung eines direkt gegen den externen Einrichtungsträger gerichteten Anspruchs keine Verkürzung ihrer Rechtsposition bedeutet.[972]
Ein unmittelbarer Anspruch der Benutzungsinteressenten gegen den gegenüber der Kommune rechtlich verselbständigten Einrichtungsträger kann lediglich dann angenommen werden, wenn die öffentliche Einrichtung auf der Grundlage eines mit der Kommune geschlossenen öffentlich-rechtlichen Vertrages zur Verfügung gestellt wird. In dem Fall läge ein drittbegünstigender Vertrag vor, aufgrund dessen der Einrichtungsträger zur Erfüllung des Anspruchs aus §§ 18 SchlH GO, 18 SchlH KrO u.a. verpflichtet wäre.[973]

---

[968] Erbguth, VR 1982, 14 (18); Herdegen, DÖV 1986, 906 (908).
[969] Drittes Kapitel, § 1, D.III..
[970] Püttner/Lingemann, JA 1984, 274 (275f.).
[971] Püttner, DVBl. 1975, 353 (353f.).
[972] Herdegen, DÖV 1986, 906 (908).
[973] Erichsen, Jura 1986, 196 (197).

III. Rechtsnatur des Anspruchs

Angesichts der Möglichkeit, daß als Träger der kommunalen öffentlichen Einrichtungen auch juristische Personen des Zivilrechts in Betracht kommen[974], die nur in den Rechtsformen des Zivilrechts agieren können[975], verlangt auch die Frage nach der Rechtsnatur des durch §§ 18 SchlH GO, 18 SchlH KrO u.a. gewährten Anspruchs nach einer differenzierten Betrachtung.

1. Subjektives öffentliches Recht

Der durch §§ 18 SchlH GO, 18 SchlH KrO u.a. gewährte Anspruch könnte öffentlich-rechtlichen Charakter haben und sich als subjektives öffentliches Recht der Einwohner, Forensen und der in der Kommune ansässigen juristischen Personen und Personenvereinigungen darstellen.
Zur Bestimmung des öffentlich-rechtlichen Charakters einer Norm werden regelmäßig die Interessentheorie, die Subordinationstheorie und die Subjektstheorie herangezogen.[976]
Nach der Interessentheorie handelt es sich um einen öffentlich-rechtlichen Rechtssatz, wenn dieser dem öffentlichen Interesse oder dem Allgemeininteresse dient.[977] Die Schwierigkeiten, die die Anwendung der Interessentheorie mit sich bringt, werden jedoch bereits bei der Qualifizierung des Anspruchs auf Zulassung zur Benutzung der kommunalen öffentlichen Einrichtungen offenbar: Öffentliche Interessen lassen sich nicht hinreichend präzise definieren, da öffentliche und private Interessen nicht zwingend einen Gegensatz bilden.[978] So bringt der Zusammenhang der §§ 17 Abs. 1 SchlH GO, 17 Abs. 1 SchlH KrO u.a. und der §§ 18 SchlH GO, 18 SchlH KrO u.a. sowohl zum Ausdruck, daß die Benutzung der öffentlichen Einrichtungen der Gemeinden und Kreise dem Wohl der Einwohner und daher privaten Interessen dient, als auch, daß die Benutzung einem öffentlichen Zweck dient, da das Benutzungsrecht der Allgemeinheit eingeräumt wird. Die Interessentheorie ermöglicht daher die öffentliche-rechtliche Qualifizierung des Anspruchs nicht.
Nach der Subordinationstheorie handelt es sich um eine öffentlich-rechtliche Norm, wenn diese das Verhältnis von Trägern öffentlicher Verwaltung und Bürgern als solches der Überordnung einerseits und der Unterordnung andererseits

[974] Zweites Kapitel, § 3, B.I..
[975] Drittes Kapitel, § 3, A.II..
[976] Ehlers, in: Erichsen, Allgemeines Verwaltungsrecht, § 2, Rdn. 14; Ipsen/Koch, JuS 1992, 809 (810ff.).
[977] Ehlers, in: Erichsen, Allgemeines Verwaltungsrecht, § 2, Rdn. 15.
[978] Ehlers, in: Erichsen, Allgemeines Verwaltungsrecht, § 2, Rdn. 15.

ausgestaltet.[979] Zur Annahme des öffentlich-rechtlichen Charakters gelangt man auf diese Weise insbesondere, wenn die fragliche Norm Pflichten des Bürgers gegenüber der Verwaltung begründet. Hingegen erweist sich die Subordinationstheorie als ungeeignet gegenüber Vorschriften, die die Verwaltungsorganisation, den Abschluß von Verwaltungsverträgen und die Vornahme exekutiver Realakte betreffen, obwohl diese ohne Zweifel dem öffentlichen Recht angehören.[980] Sie vermag auch nicht den öffentlich-rechtlichen Charakter des Anspruchs der Einwohner, Forensen und der in der Gemeinde und im Kreis ansässigen juristischen Personen und Personenvereinigungen zur Benutzung der öffentlichen Einrichtungen zu begründen, da §§ 18 SchlH GO, 18 SchlH KrO u.a. eine Leistungsbeziehung regeln und gerade kein Verhältnis der Über- und der Unterordnung erkennen lassen.[981]

Nach der Subjektstheorie beruht der öffentlich-rechtliche Charakter einer Norm schließlich darauf, daß diese einen Träger öffentlicher Gewalt einseitig berechtigt oder verpflichtet.[982] Da §§ 18 SchlH GO, 18 SchlH KrO u.a. einseitig die Gemeinden und Kreise verpflichten, den Einwohnern, Forensen und den in der Kommune ansässigen juristischen Personen und Personenvereinigungen die Benutzung der öffentlichen Einrichtungen zu gestatten, handelt es sich bei dem Zuordnungssubjekt dieser Normen ausschließlich um Träger öffentlicher Gewalt. Nach der Subjektstheorie stellt sich der Anspruch daher als öffentlich-rechtlicher Anspruch bzw. als subjektives öffentliches Recht dar.[983]

Mithin begründen §§ 18 SchlH GO, 18 SchlH KrO u.a. ein subjektives öffentliches Recht.[984]

Der öffentlich-rechtliche Charakter besteht unabhängig von der gewählten Rechtsform der öffentlichen Einrichtung[985], denn auch in dem Fall, daß die öffentliche

---

[979] Ehlers, in: Erichsen, Allgemeines Verwaltungsrecht, § 2, Rdn. 16; Ipsen/Koch, JuS 1992, 809 (811).

[980] Ehlers, in: Erichsen, Allgemeines Verwaltungsrecht, § 2, Rdn. 16; Ipsen/Koch, JuS 1992, 809 (812).

[981] A.A. Axer, Die Widmung als Schlüsselbegriff, 169.

[982] Wolff/Bachof, Verwaltungsrecht I, 9. Auflage, 99.

[983] Axer, Die Widmung als Schlüsselbegriff, 169; Erichsen, Jura 1986, 196 (196); Frotscher, in: HdbkWPr, Band 3, 150.

[984] Erbguth, VR 1982, 14 (18); Galette, Gemeindeordnung für Schleswig-Holstein, § 18, Rdn. 28, 31; Gern, Deutsches Kommunalrecht, Rdn. 537; Hölzl/Hien, Gemeindeordnung für den Freistaat Bayern, Art. 21, Erl. 5.a); Knemeyer, Die öffentlichen Einrichtungen der Gemeinden, 17; Knies, BayVBl. 1968, 230 (231); Kunze/Bronner/Katz, Gemeindeordnung für Baden-Württemberg, § 21, Rdn. 17; Mohl, die kommunalen öffentlichen Einrichtungen, 154; von Mutius/Rentsch, Kommunalverfassungsrecht Schleswig-Holstein, § 18, Rdn. 1; Vollmer, DVBl. 1989, 1087 (1088); Waechter, Kommunalrecht, Rdn. 562f.; Wolff, AfK 1963, 149 (159).

[985] Galette, Gemeindeordnung für Schleswig-Holstein, § 18, Rdn. 28, 31; Knemeyer, Die öffentlichen Einrichtungen der Gemeinden, 18; Knies, BayVBl. 1968, 230 (232); Mohl, Die kommunalen öffentlichen Einrichtungen, 134f.; von Mutius/Rentsch, Kommunalverfassungsrecht Schleswig-Holstein, § 18, Rdn. 1.

Einrichtung durch einen gegenüber der Kommune rechtlich verselbständigten Träger den nach §§ 18 SchlH GO, 18 SchlH KrO u.a. Anspruchsberechtigten zur Verfügung gestellt wird, ist die Kommune anspruchsverpflichtet.[986] Der gegen sie gerichtete Anspruch verwandelt sich allerdings in einen Verschaffungs- oder Einwirkungsanspruch mit einem geänderten Inhalt.[987]
Aufgrund des öffentlich-rechtlichen Charakters des in §§ 18 SchlH GO, 18 SchlH KrO u.a. gewährten Anspruchs wäre bei Rechtsstreitigkeiten über die Benutzung der kommunalen öffentlichen Einrichtungen der Verwaltungsrechtsweg im Sinne des § 40 Abs. 1 Satz 1 VwGO eröffnet. Dieser böte dem Kläger gemäß § 86 Abs. 1 Satz 1 VwGO den Vorteil des Untersuchungsgrundsatzes, bei dem das Verwaltungsgericht den Sachverhalt von Amts wegen ermittelt. Wird hingegen der ordentliche Rechtsweg beschritten, gilt der Verhandlungsgrundsatz[988], der den Parteien die Verantwortung überträgt, die tatsächlichen Urteilsgrundlagen in der mündlichen Verhandlung beizubringen[989].

2. Privatrechtlicher Anspruch

Der Anspruch erhält daher keinen zivilrechtlichen Charakter, wenn die öffentliche Einrichtung von einer juristischen Person des Zivilrechts betrieben wird.
Zwar muß die Benutzung in diesem Fall durch ein zivilrechtliches Instrument, regelmäßig einen zwischen der öffentlichen Einrichtung und dem Benutzer geschlossenen Vertrag, begründet und näher geregelt werden, da diese Einrichtungen mit ihren Benutzern nur zivilrechtliche Rechtsbeziehungen eingehen können[990]. Auch richtet sich der durch §§ 18 SchlH GO, 18 SchlH KrO u.a. begründete Anspruch gegen den gegenüber der Kommune rechtlich verselbständigten Einrichtungsträger, gewissermaßen die Ausführung des öffentlich-rechtlichen Verschaffungs- oder Einwirkungsanspruchs, insofern auf Abschluß eines zivilrechtlichen Vertrages[991]. Entsprechend ermöglicht das Wahlrecht, das den Benutzungsberechtigten hinsichtlich des Rechtsweges gewährt wird[992], vor dem Zivilgericht nur die Durchsetzung dieses Anspruchs.
Selbst wenn die öffentliche Einrichtung durch einen gegenüber der Kommune rechtlich verselbständigten privaten Träger zur Verfügung gestellt wird, handelt es sich bei dem Anspruch aus §§ 18 SchlH GO, 18 SchlH KrO u.a. aber um einen

---

986 Drittes Kapitel, § 2, A.II.2..
987 Drittes Kapitel, § 2, A.II.2..
988 Jauernig, Zivilprozeßrecht, 80.
989 Jauernig, Zivilprozeßrecht, 80.
990 Drittes Kapitel, § 3, A.II..
991 Galette, Gemeindeordnung für Schleswig-Holstein, § 18, Rdn. 31.
992 BVerwG, NVwZ 1991, 59 (59); Gern, Deutsches Kommunalrecht, Rdn. 537.

vor dem Verwaltungsgericht zu verfolgenden öffentlich-rechtlichen Anspruch, da Verpflichteter des Anspruchs in jedem Fall die Kommune ist.[993]
Richtete sich der öffentlich-rechtliche oder zivilrechtliche Charakter des Anspruchs aus §§ 18 SchlH GO, 18 SchlH KrO u.a. nach der Rechtsform, in welcher der Träger der öffentlichen Einrichtung organisiert wäre bzw. nach der rechtlichen Ausgestaltung des Benutzungsverhältnisses, stünde die Rechtsnatur des gesetzlichen Anspruchs zur Disposition der Kommune.[994] Dieses Ergebnis ist jedoch nicht haltbar.
Ein zivilrechtlicher Charakter des Anspruchs auf Benutzung der kommunalen öffentlichen Einrichtungen läßt sich daher nicht begründen.

IV. Anspruchsinhalt

Nach dem Wortlaut der §§ 18 SchlH GO, 18 SchlH KrO u.a. richtet sich der Anspruch der Einwohner und der anderen der Kommune sachverbundenen Personen auf unmittelbare Benutzung der kommunalen öffentlichen Einrichtungen.
Bei der Ermittlung des Anspruchsinhalts ist jedoch zu berücksichtigen, daß die Benutzung der kommunalen öffentlichen Einrichtungen in der Praxis oftmals von einer Zustimmung der Einrichtungsbediensteten abhängt.

1. Unmittelbarer Anspruch auf Benutzung der öffentlichen Einrichtungen

Die Ermittlung des Anspruchsinhalts sollte nach den Grundsätzen der juristischen Methodenlehre am Wortsinn der anspruchsbegründenden Norm ansetzen und berücksichtigen, daß eine mit dem Wortsinn der Norm unvereinbare Auslegung keine Geltung beanspruchen kann.[995]
Da §§ 18 Abs. 1 Satz 1 und Abs. 2 Satz 1 SchlH GO, 18 Abs. 1 Satz 1 und Abs. 2 Satz 1 SchlH KrO u.a. ausdrücklich dazu berechtigen, die öffentlichen Einrichtungen der Gemeinden und Kreise zu benutzen, ist zu vermuten, daß sich der Anspruch der Einwohner, Forensen und der in der Kommune ansässigen juristischen Personen und Personenvereinigungen auf unmittelbare Benutzung der öffentlichen Einrichtungen richtet und nicht auf die Zulassung zur Benutzung.[996]
Damit diese am Wortlaut der Norm orientierte Auslegung Bestand haben kann, muß diese jedoch den konkreten Normvorstellungen des historischen Gesetzge-

---

[993] Erbguth, VR 1982, 14 (18); Erichsen, Jura 1986, 196 (196); Galette, Gemeindeordnung für Schleswig-Holstein, § 18, Rdn. 32.
[994] Axer, Die Widmung als Schlüsselbegriff, 170.
[995] Vgl. Larenz, Methodenlehre der Rechtswissenschaft, 320ff..
[996] Axer, Die Widmung als Schlüsselbegriff, 170f.; ders., NVwZ 1996, 115 (115); Frotscher, in: HdbkWPr, Band 3, 150.

bers entsprechen.[997] Da das Gesetz der Bewältigung von Rechtsproblemen dient, die die jeweilige Zeit hervorbringt, muß es allerdings auch neueren Rechtsentwicklungen zugänglich sein und gegebenenfalls zeitgemäß ausgelegt werden.[998]
§§ 18 SchlH GO, 18 SchlH KrO u.a. gehen auf eine entsprechende Regelung in § 17 DGO vom 30. Januar 1935 zurück. Zu der Zeit war das Instrument des Verwaltungsaktes, in dessen Form der Akt der Zulassung zur Benutzung der kommunalen öffentlichen Einrichtungen regelmäßig ergeht[999], bereits bekannt.[1000] So nahm *Otto Mayer* in der ersten, 1895 erschienenen Auflage seines „Deutschen Verwaltungsrechts" eine Definition des Verwaltungsaktes vor, der danach einen der Verwaltung zugehörigen obrigkeitlichen Ausspruch darstellte, „der dem Unterthanen gegenüber im Einzelfall bestimmt, was für ihn Rechtens sein soll".[1001] Daher ist denkbar, daß § 17 DGO und die sich daran orientierenden Regelungen der §§ 18 SchlH GO, 18 SchlH KrO u.a. einen Akt der Zulassung zur Benutzung der öffentlichen Einrichtungen voraussetzen und der dort normierte Anspruch nicht unmittelbar auf die Benutzung der öffentlichen Einrichtungen gerichtet war. Mithin könnte die Auffassung, der in §§ 18 SchlH GO, 18 SchlH KrO u.a. begründete Anspruch richte sich auf die Zulassung zur Benutzung der öffentlichen Einrichtungen der Gemeinden und Kreise, den konkreten Normvorstellungen des historischen Gesetzgebers durchaus gerecht werden.
Zwingend könnte diese Auslegung unter Berücksichtigung der neueren Rechtsentwicklung sein. Da die Kapazitäten der kommunalen öffentlichen Einrichtungen begrenzt sind und nicht jede begehrte Benutzungsart dem in der Widmung festgelegten Zweck der öffentlichen Einrichtung entspricht, haben Gemeinden und Kreise ein Interesse daran, einzelnen Benutzungsbewerbern den Zugang zu ihren öffentlichen Einrichtungen verweigern zu können. Ein städtisches Theater kann nicht mehr Besucher einlassen, als es Sitz- und Stehplätze zur Verfügung stellt, und ihre Plakattafeln für den Anschlag von Wahl- und Veranstaltungsplakaten stellt die Gemeinde gemäß ihrer Widmung weder den in der Gemeinde ansässigen Unternehmen als Werbefläche zur Verfügung noch Parteien und Wählervereinigungen, die im Wege des Verfahrens nach Art. 21 Abs. 2 Satz 2 GG in Verbindung mit §§ 13 Nr. 2, 43ff. BVerfGG vom BVerfG verboten und nach § 32 PartG aufgelöst wurden.
Die Versagung des Zugangs zu einer öffentlichen Einrichtung muß sich aus rechtsstaatlichen Gründen in jedem Fall in einem justitiablen Nichtzulassungsakt

---

[997] Larenz, Methodenlehre der Rechtswissenschaft, 318.
[998] Larenz, Methodenlehre der Rechtswissenschaft, 318.
[999] Badura, JuS 1966, 17 (19); Galette, Gemeindeordnung für Schleswig-Holstein, § 18, Rdn. 32; Knemeyer, Die öffentlichen Einrichtungen der Gemeinden, 20; Knies, BayVBl. 1968, 230 (231); Kunze/Bronner/Katz, Gemeindeordnung für Baden-Württemberg, § 21, Rdn. 17; Schlempp/Schlempp, Kommentar zur Hessischen Gemeindeordnung, § 20, Erl. I.1..
[1000] Erichsen, in: Erichsen, Allgemeines Verwaltungsrecht, § 12, Rdn. 1ff..
[1001] Mayer, Deutsches Verwaltungsrecht, Band I, 64f., 95.

der Gemeinde oder des Kreises manifestieren. Nach dem actus contrarius-Gedanken muß es dann aber auch einen Zulassungsakt geben.[1002]
Daher erweist sich ein am Wortlaut haftendes Verständnis des Begriffes als nicht sachgemäß. Der Begriff der Benutzung im Sinne der §§ 18 Abs. 1 Satz 1 SchlH GO, 18 Abs. 1 Satz 1 SchlH KrO u.a. ist nicht als ein Tun zu interpretieren, nicht als die unmittelbare Inanspruchnahme der öffentlichen Einrichtung, sondern als Zulassung durch den Betreiber der öffentlichen Einrichtung, die ihre Inanspruchnahme gestattet.
Wenn der Annahme, daß ein besonderer Zulassungsakt der Gemeinde oder des Kreises der Benutzung der öffentlichen Einrichtungen notwendig vorgeschaltet sei, entgegengehalten wird, sie sei wirklichkeitsfremd, insbesondere, wenn die öffentliche Einrichtung die Rechtsform einer juristischen Person des Zivilrechts habe[1003], kann dem nicht gefolgt werden. Das Erfordernis eines Zulassungsaktes der Kommune beruht darauf, daß sich der von §§ 18 SchlH GO, 18 SchlH KrO u.a. gewährte Anspruch auch in dem Fall gegen die Gemeinde richtet, daß sich die öffentliche Einrichtung in externer Trägerschaft befindet. Diese Konstruktion mag sich mit dem undifferenziert erscheinenden praktischen Benutzungsvorgang schwer vereinbaren lassen, er ist aber, was entscheidend ist, juristisch begründet.
Die Möglichkeit, daß der Zulassungsakt konkludent ergehen kann[1004], erleichtert die Bewertung des tatsächlichen Geschehensablaufs. Allerdings wird daran kritisiert, daß die Annahme eines konkludenten Zulassungsaktes oftmals eine bloße Fiktion bedeute.[1005] Diese Fiktion beruht jedoch auf verständlichen Zweckmäßigkeitserwägungen der Verwaltung. Bei Sachverhalten, bei denen die Zulassung zur Benutzung der öffentlichen Einrichtungen der Gemeinden und Kreise konkludent ergeht wie beispielsweise bei dem Betreten eines Kinderspielplatzes, besteht regelmäßig kein Bedürfnis danach, daß die Zulassungsentscheidung für jeden einzelnen Benutzungsbewerber gesondert getroffen wird, da die Kapazitätsgrenzen regelmäßig nicht erreicht oder von den Benutzern aus freien Stücken berücksichtigt werden - der Benutzer eines Spielplatzes wartet, bis ein freier Platz auf der Schaukel zur Verfügung steht, und räumt diesen nach angemessener Zeit, wenn andere ein Benutzungsinteresse bekunden - oder da der Zweck der öffentlichen Einrichtung weit gefaßt ist - auf einem Spielplatz kann man auf einer Bank Platz nehmen und verweilen, die Spielgeräte benutzen und zahlreichen anderen Tätigkeiten nachgehen.
Daher richtet sich der durch §§ 18 SchlH GO, 18 SchlH KrO u.a. vermittelte Anspruch nicht auf die unmittelbare Benutzung der öffentlichen Einrichtungen der

---

[1002] Püttner/Lingemann, JA 1984, 274 (275).
[1003] Frotscher, in: HdbkWPr, Band 3, 149; Ossenbühl, in: HdbkWPr, Band 1, 388; Helmut Roth, Die kommunalen öffentlichen Einrichtungen, 118.
[1004] Frotscher, in: HdbkWPr, Band 3, 149; Hölzl/Hien, Gemeindeordnung für den Freistaat Bayern, Art. 21, Erl. 5.a).
[1005] Axer, Die Widmung als Schlüsselbegriff, 171; ders., NVwZ 1996, 114 (115).

Gemeinden und Kreise. Es unterliegt auch nicht der Entscheidung der Kommunen, ob für die Benutzung einer öffentlichen Einrichtung nur die tatsächliche Inanspruchnahme erforderlich ist oder ob es neben der Widmung eines besonderen Zulassungsaktes bedarf[1006].

2. Anspruch auf Zulassung zur Benutzung der öffentlichen Einrichtungen

Der von §§ 18 SchlH GO, 18 SchlH KrO u.a. gewährte Anspruch ist grundsätzlich auf die Zulassung zur Benutzung der öffentlichen Einrichtungen der Gemeinden und Kreise gerichtet[1007], die damit die Voraussetzung der Benutzung bildet.[1008] Dem Bedürfnis der Gemeinden und Kreise nach einer Auswahl der Benutzer ihrer öffentlichen Einrichtungen entsprechend gewährleistet der Zulassungsakt, daß eine den Kapazitäten angemessene Nutzung der öffentlichen Einrichtungen erfolgt und der im Rahmen der Widmung festgelegte Zweck umgesetzt wird.[1009] Regelmäßig erfolgt der Akt der Zulassung als formloser Verwaltungsakt.[1010] Darüber hinaus kann die Entscheidung über die Zulassung zur Benutzung der öffentlichen Einrichtungen auch Gegenstand eines öffentlich-rechtlichen Vertrages sein[1011] oder konkludent ergehen[1012].

[1006] So aber Frotscher, in: HdbkWPr, Band 3, 149.

[1007] Badura, JuS 1966, 17 (19); Bracker/Dehn, Gemeindeordnung für Schleswig-Holstein, § 18, Erl. 3. zu Abs. 1; Erichsen, Jura 1986, 196 (196); Galette, Gemeindeordnung für Schleswig-Holstein, § 18, Rdn. 31; Herbig, Die öffentlichen Einrichtungen, 183, Fn. 1; Hölzl/Hien, Gemeindeordnung für den Freistaat Bayern, Art. 21, Erl. 5.a); Knemeyer, Die öffentlichen Einrichtungen der Gemeinden, 17; Knies, BayVBl. 1968, 230 (231); Kunze/Bronner/Katz, Gemeindeordnung für Baden-Württemberg, § 21, Rdn. 17; Mohl, Die kommunalen öffentlichen Einrichtungen, 154ff.; Pappermann, VR 1981, 84 (86); Rehn/Cronauge/von Lennep, Gemeindeordnung für das Land Nordrhein-Westfalen, § 8, Erl. II.1.; Stober, Kommunalrecht, 240; Thiele, Niedersächsische Gemeindeordnung, § 22, Erl. 2.; Thieme, Niedersächsische Gemeindeordnung, § 22, Rdn. 5; Vollmer, DVBl. 1989, 1087 (1088); Wolff, AfK 1963, 149 (159).

[1008] Badura, JuS 1966, 17 (19); Herbig, Die öffentlichen Einrichtungen, 183, Fn. 1; Hölzl/Hien, Gemeindeordnung für den Freistaat Bayern, Art. 21, Erl. 5.a); Pappermann, VR 1981, 84 (86); Schlempp/Schlempp, Kommentar zur Hessischen Gemeindeordnung, § 20, Erl. I.1.; Vollmer, DVBl. 1989, 1087 (1088).

[1009] Vollmer, DVBl. 1989, 1087 (1088).

[1010] Badura, JuS 1966, 17 (19); Galette, Gemeindeordnung für Schleswig-Holstein, § 18, Rdn. 32; Knemeyer, Die öffentlichen Einrichtungen der Gemeinden, 20; Knies, BayVBl. 1968, 230 (231); Kunze/Bronner/Katz, Gemeindeordnung für Baden-Württemberg, § 21, Rdn. 17; Mohl, Die kommunalen öffentlichen Einrichtungen, 157; Schlempp/Schlempp, Kommentar zur Hessischen Gemeindeordnung, § 20, Erl. I.1..

[1011] Gern, Deutsches Kommunalrecht, Rdn. 537; Knemeyer, Die öffentlichen Einrichtungen der Gemeinden, 20.

[1012] Frotscher, in: HdbkWPr, Band 3, 149; Hölzl/Hien, Gemeindeordnung für den Freistaat Bayern, Art. 21, Erl. 5.a).

Das Erfordernis eines der Benutzung der kommunalen öffentlichen Einrichtungen vorgeschalteten Zulassungsaktes erweist sich für den Benutzungsbewerber auch als vorteilhaft, denn dieser bietet ihm zusätzlichen Verwaltungsrechtsschutz. Der Benutzungsbewerber kann gegen den Versagungsakt gerichtlich vorgehen.[1013]
Für die Verwaltung ergibt sich aus dem Erfordernis außerdem die Möglichkeit der flexiblen Regelung des Benutzungsverhältnisses. Sie kann nach dem in öffentlich-rechtlichen Rechtsformen ergehenden Zulassungsakt die eigentliche Benutzung öffentlich-rechtlich oder zivilrechtlich ausgestalten. Diese Wahl wäre der Verwaltung hingegen versagt, wenn man den durch §§ 18 SchlH GO, 18 SchlH KrO u.a. vermittelten Anspruch als bereits auf unmittelbare Benutzung der öffentlichen Einrichtungen der Gemeinden und Kreise betrachtete, die dann lediglich öffentlich-rechtlich geregelt werden könnte.[1014]

V. Anspruchsgrenzen

Der generell als Zulassung zur Benutzung der öffentlichen Einrichtungen der Gemeinden und Kreise bezeichnete Anspruchsinhalt kann im konkreten Fall begrenzt sein. Unzweifelhaft kann der Anspruch nur im Rahmen des tatsächlich und rechtlich Möglichen bestehen.[1015] Darauf deuten auch §§ 18 Abs. 1 Satz 1 SchlH GO, 18 Abs. 1 Satz 1 SchlH KrO u.a. hin, indem sie den Anspruch „im Rahmen der bestehenden Vorschriften" gewähren. Neben solchen die Benutzung öffentlicher Einrichtungen betreffenden Normen ergeben sich Anspruchsgrenzen, wie bereits dargestellt[1016], aus der Widmung der öffentlichen Einrichtung und ihrer Kapazität. In den besonderen Fällen gefahren- oder schadengeneigter Veranstaltungen kann der Anspruch auf Zulassung zur Benutzung der öffentlichen Einrichtungen an die Pflicht zur Haftungsübernahme geknüpft sein.

1. Die bestehenden Vorschriften im Sinne der §§ 18 Abs. 1 Satz 1 SchlH GO, 18 Abs. 1 Satz 1 SchlH KrO u.a.

Der gesetzliche Rahmen, der den Anspruch auf Zulassung zur Benutzung der öffentlichen Einrichtungen der Gemeinden und Kreise begrenzt und bereits in den anspruchsbegründenden Normen angelegt ist, hat in den Kommunalgesetzen der Länder überwiegend die Formulierung „im Rahmen der bestehenden Vorschrif-

---

[1013] Püttner/Lingemann, JA 1984, 274 (275).
[1014] Püttner/Lingemann, JA 1984, 274 (275).
[1015] Böttcher, Kommunalrecht, Rdn. 1002; Gern, Deutsches Kommunalrecht, Rdn. 539; Helmut Roth, Die kommunalen öffentlichen Einrichtungen, 163.
[1016] Drittes Kapitel, § 1, D.III.2.d.aa..

ten" erhalten.[1017] Daneben finden sich die Formulierungen „im Rahmen des geltenden Rechts"[1018] und „nach den bestehenden allgemeinen Vorschriften"[1019].
Die Bezeichnung als geltendes Recht[1020] und der Verweis auf das Erfordernis der Allgemeinverbindlichkeit verdeutlichen, daß als anspruchsbegrenzend keine Normen in Betracht kommen, die eine Einzelfallregelung für den Benutzungsbewerber enthalten[1021] oder lediglich verwaltungsintern gelten.[1022] Der Anspruch auf Zulassung zur Benutzung der kommunalen öffentlichen Einrichtungen kann daher sowohl durch höherrangiges Recht[1023] als auch durch Ortsrecht[1024] begrenzt werden, sofern es sich um Gesetze, Verordnungen oder Satzungen handelt.[1025]
Als anspruchsbegrenzende Gesetze und Verordnungen kommen insbesondere Art. 3 GG[1026] und ordnungsrechtliche Bestimmungen in Betracht.[1027] Anspruchsbegrenzende Normen in der Rechtsform der Satzung stellen vornehmlich die Benutzungsordnungen der öffentlichen Einrichtungen dar.[1028] Andere benutzungsspezifische Normen des Ortsrechts, die anspruchsbegrenzend wirken, sind die Widmungsakte.[1029]
Sofern es sich um untergesetzliche Bestimmungen handelt, sind die anspruchsbegrenzenden Normen jedoch vor dem Hintergrund der §§ 18 SchlH GO, 18 SchlH KrO u.a. zu interpretieren[1030] und es ist zu berücksichtigen, daß diese den An-

---

[1017] So nur in Hessen gemäß §§ 20 Abs. 1 GO, 17 Abs. 1 KO, in Mecklenburg-Vorpommern gemäß §§ 14 Abs. 2, 99 Abs. 2 KV, in Niedersachsen gemäß §§ 22 Abs. 1 GO, 17 Abs. 2 Satz 2 KrO, im Saarland gemäß §§ 19 Abs. 1, 152 Satz 1 KSVG, in Sachsen gemäß §§ 10 Abs. 2 GO, 9 Abs. 2 KrO, in Sachsen-Anhalt gemäß §§ 22 Abs. 1 GO, 16 Abs. 1 LKO, in Schleswig-Holstein gemäß §§ 18 Abs. 1 Satz 1 GO, 18 Abs. 1 Satz 1 KrO und in Thüringen gemäß §§ 14 Abs. 1, 96 Abs. 1 KO.

[1018] In Baden-Württemberg in §§ 10 Abs. 2 Satz 2 GemO, 16 Abs. 1 Satz 2 KrO, in Brandenburg in §§ 14 Abs. 1 GO, 13 Abs. 1 LKrO, in Nordrhein-Westfalen in §§ 8 Abs. 2 GO, 6 Abs. 2 KrO und in Rheinland-Pfalz in §§ 14 Abs. 2 GemO, 10 Abs. 2 LKO.

[1019] In Art. 21 Abs. 1 Bay GO, 15 Abs. 1 Bay LKrO.

[1020] Galette, Gemeindeordnung für Schleswig-Holstein, § 18, Rdn. 33.

[1021] Galette, Gemeindeordnung für Schleswig-Holstein, § 18, Rdn. 33.

[1022] Galette, Gemeindeordnung für Schleswig-Holstein, § 18, Rdn. 33.

[1023] Kunze/Bronner/Katz, Gemeindeordnung für Baden-Württemberg, § 10, Rdn. 18.

[1024] Erichsen, Jura 1986, 196 (197); Kunze/Bronner/Katz, Gemeindeordnung für Baden-Württemberg, § 10, Rdn. 18.

[1025] Bracker/Dehn, Gemeindeordnung für Schleswig-Holstein, § 18, Erl. 2. zu Abs. 1.

[1026] Erbguth, VR 1982, 14 (19); Kunze/Bronner/Katz, Gemeindeordnung für Baden-Württemberg, § 10, Rdn. 18.

[1027] Stober, Kommunalrecht, 152.

[1028] Bracker/Dehn, Gemeindeordnung für Schleswig-Holstein, § 18, Erl. 2. zu Abs. 1.

[1029] VGH Mannheim, VBlBW 1992, 180 (182); VGH Kassel, NJW 1993, 2331 (2331f.); Bracker/Dehn, Gemeindeordnung für Schleswig-Holstein, § 18, Erl. 2. zu Abs. 1; Galette, Gemeindeordnung für Schleswig-Holstein, § 18, Rdn. 33; Kunze/Bronner/Katz, Gemeindeordnung für Baden-Württemberg, § 10, Rdn. 18.

[1030] Erbguth, VR 1982, 14 (19).

spruch auf Zulassung zur Benutzung der öffentlichen Einrichtungen der Gemeinden und Kreise einem weit gefaßten Personenkreis gewähren.

2. Die Widmung der öffentlichen Einrichtung

Besondere Bedeutung kommt der Widmung für die Begrenzung des Anspruchs auf Zulassung zur Benutzung der öffentlichen Einrichtungen der Gemeinden und Kreise zu. Zwar kann sie zu den „bestehenden Vorschriften" im Sinne der §§ 18 Abs. 1 Satz 1 SchlH GO, 18 Abs. 1 Satz 1 SchlH KrO u.a. zählen und bereits in dieser Eigenschaft anspruchsbegrenzend wirken.

Diese Möglichkeit kommt jedoch nicht in Betracht, wenn die Widmung, die einen nicht formalisierten Rechtsakt darstellt, als schlichter Beschluß der Gemeindevertretung beziehungsweise des Kreistages, durch tatsächliches administratives Handeln oder konkludent ergeht.[1031]

Da die Widmung jedoch den Zweck der öffentlichen Einrichtungen und in diesem Zusammenhang den benutzungsberechtigten Personenkreis, die zugelassenen Benutzungsarten und Inhalt und Umfang der Benutzung bestimmt[1032], legt sie zugleich die Grenzen des Anspruchs auf Zulassung zur Benutzung der öffentlichen Einrichtungen fest. Jedenfalls in dieser Eigenschaft wirkt die Widmung der öffentlichen Einrichtung anspruchsbegrenzend. [1033]

Mithin besteht der Anspruch auf Zulassung zur Benutzung der öffentlichen Einrichtungen nur im Rahmen der durch die Widmung festgelegten Zweckbestimmung.[1034]

[1031] Drittes Kapitel, § 1, D.III..

[1032] Drittes Kapitel, § 1, D.III.2.d.aa..

[1033] Böttcher, Kommunalrecht, Rdn. 1001; Erbguth, VR 1982, 14 (19); Pappermann, VR 1981, 84 (86).

[1034] VGH München, BayVBl. 1982, 656 (657); ders., BayVBl. 1997, 694 (695); VGH Mannheim, VBlBW 1992, 180 (182); Blum, Niedersächsische Gemeindeordnung, § 22, Rdn. 15; Bracker/-Dehn, Gemeindeordnung für Schleswig-Holstein, § 18, Erl. 2. zu Abs. 1; Galette, Gemeindeordnung für Schleswig-Holstein, § 18, Rdn. 34; Gern, Deutsches Kommunalrecht, Rdn. 539; Hölzl/-Hien, Gemeindeordnung für den Freistaat Bayern, Art. 21, Erl. 5.a); Knies, BayVBl. 1968, 230 (230); von Mutius/Rentsch, Kommunalverfassungsrecht Schleswig-Holstein, § 18, Rdn. 1; Ossenbühl, in: HdbkWPr, Band 1, 384; Rehn/Cronauge/von Lennep, Gemeindeordnung für das Land Nordrhein-Westfalen, § 8, Erl. II.1.; Schmidt-Aßmann, in: Schmidt-Aßmann, Besonderes Verwaltungsrecht, Erster Abschnitt, Rdn. 108; Seewald, in: Steiner, Besonderes Verwaltungsrecht, I, Rdn. 154; Stober, Kommunalrecht, 240; Vollmer, DVBl. 1989, 1087 (1090); Waechter, Kommunalrecht, Rdn. 564; Zundel, JuS 1991, 472 (473).

3. Die Kapazität der öffentlichen Einrichtung

a. Begrenzung des Anspruchs durch die Kapazität der öffentlichen Einrichtung

Aus der Aussage, der Anspruch auf Zulassung zur Benutzung der kommunalen öffentlichen Einrichtungen bestehe nur im Rahmen des rechtlich und tatsächlich Möglichen, ergeben sich weitere Begrenzungen des Anspruchs. Zum einen muß die öffentliche Einrichtung - beispielsweise eine Stadthalle - tatsächlich verfügbar und darf an dem fraglichen Tag nicht einem anderen Bewerber überlassen sein[1035] und zum anderen muß ihre Kapazität die Benutzung durch den jeweiligen Bewerber gestatten. Beispielsweise dürfen für eine Theatervorstellung nicht bereits alle Karten vergeben sein.

Der Anspruch auf Zulassung zur Benutzung der öffentlichen Einrichtungen ist daher durch die Kapazität der Einrichtung beschränkt.[1036] Die Erschöpfung der Kapazität kann zum Ausschluß des Anspruchs führen.[1037]

Im Falle der Erschöpfung der Kapazität der kommunalen öffentlichen Einrichtung tritt jedoch an die Stelle des Anspruchs auf Zulassung zur Benutzung ein Anspruch auf ermessensfehlerfreie Entscheidung über die Zulassung.[1038]

Bei der Bewertung der Kapazität der öffentlichen Einrichtung ist von der tatsächlichen und nicht von einer „fiktiven" Kapazität auszugehen.[1039]

[1035] Rehn/Cronauge/von Lennep, Gemeindeordnung für das Land Nordrhein-Westfalen, § 8, Erl. II.1..

[1036] VGH München, BayVBl. 1982, 656 (657); ders., BayVBl. 1997, 694 (695); OVG Münster, NVwZ-RR 1993, 318 (318); Blum, Niedersächsische Gemeindeordnung, § 22, Rdn. 22; Brakker/Dehn, Gemeindeordnung für Schleswig-Holstein, § 18, Erl. 2. zu Abs. 1; Erichsen, Jura 1986, 196 (197); ders., in: Erichsen, Allgemeines Verwaltungsrecht, § 29, Rdn. 34; Evertz, Die Bedeutung der Grundrechte, 124; Galette, Gemeindeordnung für Schleswig-Holstein, § 18, Rdn. 34; Gern, Deutsches Kommunalrecht, Rdn. 540; Hölzl/Hien, Gemeindeordnung für den Freistaat Bayern, Art. 21, Erl. 5.a); von Mutius/Rentsch, Kommunalverfassungsrecht Schleswig-Holstein, § 18, Rdn. 1; Ossenbühl, DVBl. 1973, 289 (296); ders., in: HdbkWPr, Band 1, 384; Pappermann/Löhr, JuS 1981, 117 (121); Pappermann/Löhr/Andriske, Recht der öffentlichen Sachen, 139f.; Rehn/-Cronauge/von Lennep, Gemeindeordnung für das Land Nordrhein-Westfalen, § 8, Erl. II.1.; Schmidt-Aßmann, in: Schmidt-Aßmann, Besonderes Verwaltungsrecht, Erster Abschnitt, Rdn. 108; Seewald, in: Steiner, Besonderes Verwaltungsrecht, I, Rdn. 154; Stober, Kommunalrecht, 240.

[1037] Erbguth, VR 1982, 14 (19); Kunze/Bronner/Katz, Gemeindeordnung für Baden-Württemberg, § 10, Rdn. 18; Pappermann, VR 1981, 84 (86); Stober, Kommunalrecht, 240; Vollmer, DVBl. 1989, 1087 (1089); Waechter, Kommunalrecht, Rdn. 564.

[1038] BVerwG, NVwZ 1984, 585 (586); Blum, Niedersächsische Gemeindeordnung, § 22, Rdn. 23; Erichsen, in: Erichsen, Allgemeines Verwaltungsrecht, § 29, Rdn. 34; Helmut Roth, Die kommunalen öffentlichen Einrichtungen, 163.

[1039] Hölzl/Hien, Gemeindeordnung für den Freistaat Bayern, Art. 21, Erl. 5.a).

b. Kriterien für das Auswahlverfahren bei Erschöpfung der Kapazität der öffentlichen Einrichtung

Für den Fall, daß die Anzahl der Benutzungsbewerber die Anzahl der zur Verfügung stehenden Benutzungseinheiten übersteigt, die Kapazität der kommunalen öffentlichen Einrichtung mithin erschöpft ist, könnten die Kommunen mit den Benutzungsbewerbern Absprachen treffen, die ein Ausweichen einzelner auf einen anderen Termin vorsehen.[1040] Wenn die Art der begehrten Benutzung es andererseits ermöglicht, den Leistungsumfang für alle Bewerber anteilig zu kürzen und dadurch jeden zum Zuge kommen zu lassen, sollten die Kommunen diesen Weg beschreiten.[1041] Die Rationierung der Benutzung kommt insbesondere in zeitlicher Hinsicht, nach der Dauer der Benutzung und der Benutzungshäufigkeit, in Betracht.[1042]

Andernfalls bedarf es einer zwischen den Benutzungsbewerbern getroffenen Auswahlentscheidung der Kommunen. Diese muß mit Art. 3 Abs. 1 GG vereinbar sein[1043], was bedeutet, daß wesentlich gleiche Bewerber gleichbehandelt werden müssen[1044] bzw. ihre Auswahl durch vernünftige, sachlich einleuchtende Gründe bestimmt sein muß[1045].

Da ihre Person regelmäßig keine Differenzierung erlauben wird, sondern die Benutzungsbewerber ex ante vollkommen gleichstehen werden, muß es der Auswahlentscheidung um eine möglichst umfassende Verwirklichung des Widmungszwecks der kommunalen öffentlichen Einrichtung gehen.[1046]

Bei der Verteilung der begrenzten Kapazitäten der kommunalen öffentlichen Einrichtungen kommen unterschiedliche Auswahlverfahren in Betracht: Auswahlverfahren nach dem Kriterium „bekannt und bewährt“[1047], nach der Attraktivität des

---

[1040] Ossenbühl, DVBl. 1973, 289 (296).

[1041] Evertz, Die Bedeutung der Grundrechte, 127; Püttner/Lingemann, JA 1984, 121 (127).

[1042] Evertz, Die Bedeutung der Grundrechte, 127; Ossenbühl, in: HdbkWPr, Band 1, 384.

[1043] VGH München, BayVBl. 1982, 656 (657); ders., BayVBl. 1997, 694 (695); Blum, Niedersächsische Gemeindeordnung, § 22, Rdn. 23; Erichsen, Jura 1986, 196 (197); ders., in: Erichsen, Allgemeines Verwaltungsrecht, § 29, Rdn. 34; Frotscher, in: HdbkWPr, Band 3, 152; Jarass/Pieroth, Grundgesetz, Art. 3, Rdn. 23; Püttner/Lingemann, JA 1984, 121 (127); Schmidt-Aßmann, in: Schmidt-Aßmann, Besonderes Verwaltungsrecht, Erster Abschnitt, Rdn. 108; Waechter, Kommunalrecht, Rdn. 564; Widera, VR 1986, 17 (19).

[1044] Jarass/Pieroth, Grundgesetz, Art. 3, Rdn. 1, 5.

[1045] Jarass/Pieroth, Grundgesetz, Art. 3, Rdn. 12, 23.

[1046] Püttner/Lingemann, JA 1984, 121 (128).

[1047] BVerwG, NVwZ 1982, 194 (194f.); VGH München, BayVBl. 1982, 656 (657); Blum, Niedersächsische Gemeindeordnung, § 22, Rdn. 27; Erichsen, Jura 1986, 196 (197); Gern, Deutsches Kommunalrecht, Rdn. 540; Reichel, BayVBl. 1988, 97 (100); Widera, VR 1986, 17 (20).

Bewerbers[1048] oder nach dem Kriterium „neu vor alt“[1049], das Prioritätsprinzip[1050], das rollierende System[1051], das Losverfahren[1052] und eine Entscheidung anhand der Nähe zum Widmungszweck[1053]. Die einzelnen Verfahren sollen im folgenden dargestellt und auf ihre Rechtmäßigkeit untersucht werden.

Auswahlverfahren nach dem Kriterium „bekannt und bewährt“, nach der Attraktivität des Bewerbers, nach dem Kriterium „neu vor alt“ und nach dem rollierenden System und das Losverfahren kommen dabei im Rahmen solcher öffentlichen Einrichtungen in Betracht, die nicht dauerhaft bestehen und über einen festen Personalbestand verfügen, sondern in regelmäßigen Abständen stattfinden und jeweils einer neuen personellen Ausstattung bedürfen. Sie finden sich daher insbesondere bei der Vergabe von Standplätzen auf Veranstaltungen im Sinne der §§ 64ff. GewO und Volksfesten im Sinne des § 60b GewO, die von den Kommunen ausgerichtet werden.[1054] Für diesen Fall enthält § 70 Abs. 3 GewO eine spezielle Regelung, nach der der Veranstalter aus sachlich gerechtfertigten Gründen Anbieter ausschließen kann, insbesondere wenn der zur Verfügung stehende Platz nicht ausreicht. Die Anwendung dieser Kriterien setzt auch voraus, daß der Widmungszweck der öffentlichen Einrichtung der Kommune eine entsprechende Ausgestaltungsbefugnis einräumt.[1055] Öffentliche Einrichtungen, deren Vergabeentscheidungen in erster Linie nach der Attraktivität des Bewerbers getroffen werden, weisen zusätzlich die Besonderheit auf, daß sie sich an ein Publikum wenden, dessen Resonanz für den wirtschaftlichen Erfolg der öffentlichen Einrichtung wesentlich ist. Für diese öffentlichen Einrichtungen ist also charakteristisch, daß

[1048] VG Gelsenkirchen, NVwZ-RR 1988, 73 (74); Blum, Niedersächsische Gemeindeordnung, § 22, Rdn. 27; Erichsen, Jura 1986, 196 (197); Püttner/Lingemann, JA 1984, 121 (128); Hans-Achim Roth, WiVerw 1985, 46 (54).

[1049] Püttner/Lingemann, JA 1984, 121 (129); Hans-Achim Roth, WiVerw 1985, 46 (54).

[1050] Erichsen, in: Erichsen, Allgemeines Verwaltungsrecht, § 29, Rdn. 34; Gern, Deutsches Kommunalrecht, Rdn. 540; Ossenbühl, in: HdbkWPr, Band 1, 384; Pappermann/Löhr, JuS 1981, 117 (121); Pappermann/Löhr/Andriske, Recht der öffentlichen Sachen, 140; Rehn/Cronauge/von Lennep, Gemeindeordnung für das Land Nordrhein-Westfalen, § 8, Erl. II.1.; Reichel, BayVBl. 1988, 97 (100).

[1051] Blum, Niedersächsische Gemeindeordnung, § 22, Rdn. 27; Gern, Deutsches Kommunalrecht, Rdn. 540; Püttner/Lingemann, JA 1984, 121 (129); Reichel, BayVBl. 1988, 97 (100); Widera, VR 1986, 17 (20).

[1052] Erichsen, Jura 1986, 196 (197); ders., in: Erichsen, Allgemeines Verwaltungsrecht, § 29, Rdn. 34; Gern, Deutsches Kommunalrecht, Rdn. 540.

[1053] Blum, Niedersächsische Gemeindeordnung, § 22, Rdn. 25; Ossenbühl, DVBl. 1973, 289 (296f.); ders., in: HdbkWPr, Band 1, 384; Pappermann/Löhr, JuS 1981, 117 (121); Pappermann/-Löhr/Andriske, Recht der öffentlichen Sachen, 140.

[1054] Daß Veranstaltungen im Sinne der §§ 64ff. GewO und Volksfeste im Sinne des § 60b GewO kommunale öffentliche Einrichtungen darstellen können, wird im Einklang mit der herrschenden Meinung an dieser Stelle vorausgesetzt. Die Begründung erfolgt in einem späteren Zusammenhang im dritten Kapitel, § 2, B.II.2.b).

[1055] Für das Kriterium „bekannt und bewährt“ VGH München, BayVBl. 1997, 694 (695).

sich hier zwei Benutzergruppen diametral gegenüberstehen und die Auswahl der einen sich an den Interessen der anderen orientieren muß.[1056]
Die anwendbaren Kriterien für das Auswahlverfahren lassen sich in formelle und materielle unterscheiden. Zu den Entscheidungen, denen formelle Kriterien zugrundeliegen, rechnen die nach dem Prinzip „neu vor alt", nach dem Prioritätsprinzip, nach dem rollierenden System und nach dem Losverfahren getroffenen Entscheidungen, zu den materiell begründeten Entscheidungen die auf die Bekanntheit und Bewährtheit, auf die Attraktivität des Bewerbers und die auf die Nähe zum Widmungszweck abstellenden.
Jedes dieser Auswahlverfahren hat zu berücksichtigen, daß es unzulässig ist, einen geeigneten Bewerber durch das Zulassungsverfahren auf Dauer gänzlich auszuschließen.[1057]

aa. Das Prinzip „bekannt und bewährt"

Das an der Bekanntheit und Bewährtheit orientierte Auswahlverfahren bevorzugt Bewerber, die der Kommune dadurch bekannt sind, daß sie in der Vergangenheit bereits an der entsprechenden Veranstaltung teilgenommen haben, und die sich dadurch bewährt haben, daß sie im Rahmen ihres Betriebes einen störungsfreien Veranstaltungsverlauf gewährleisten konnten.
Das Auswahlverfahren begegnet jedoch Bedenken, da es Neubewerbern auf unabsehbare Zeit den Zugang zu den kommunalen Veranstaltungen versperren kann. Damit verstieße es nicht nur gegen Art. 3 Abs. 1 GG[1058], sondern begründete auch eine objektive Berufszulassungsregelung im Sinne der vom BVerfG zu Art. 12 Abs. 1 GG entwickelten Stufenlehre[1059], die nur zum Schutz besonders wichtiger Gemeinschaftsgüter zulässig ist[1060].[1061] Außerdem verstieße es gegen den in § 70 Abs. 1 GewO angelegten Grundsatz der Marktfreiheit, der den dauerhaften Ausschluß der Bewerber vom Zugang zu den kommunalen Veranstaltungen verbietet.[1062] Das Auswahlverfahren muß daher berücksichtigen, daß Neubewerber nicht schon prinzipiell wegen ihrer mangelnden Bekanntheit und Bewährtheit von der kommunalen Veranstaltung ausgeschlossen werden[1063], sondern ihnen eine reelle

---

1056 Püttner/Lingemann, JA 1984, 121 (129).
1057 Gern, Deutsches Kommunalrecht, Rdn. 540; Waechter, Kommunalrecht, Rdn. 564.
1058 Jarass/Pieroth, Grundgesetz, Art. 3, Rdn. 8.
1059 BVerfGE 7, 377 (399ff.).
1060 BVerfGE 7, 377 (405); 25, 1 (11); 44, 105 (117); 63, 266 (286).
1061 Püttner/Lingemann, JA 1984, 121 (128).
1062 Widera, VR 1986, 17 (20).
1063 VGH München, BayVBl. 1982, 656 (657); ders., BayVBl. 1997, 694 (695); Püttner/-Lingemann, JA 1984, 121 (128); Widera, VR 1986, 17 (20).

Zugangschance einräumen.[1064] Dieser Verpflichtung wird die Kommune beispielsweise gerecht, wenn sie zwar den Großteil der Standplätze nach dem Kriterium „bekannt und bewährt“ vergibt, aber einen angemessenen kleineren Anteil den Neubewerbern vorbehält.[1065]

Darüber hinaus könnte für die Zulässigkeit des Auswahlverfahrens sprechen, daß durch die Zulassung bekannter und bewährter Bewerber ein konstantes Qualitätsniveau, die technische und hygienische Sicherheit und der störungsfreie Ablauf der Veranstaltung möglicherweise eher gewährleistet werden als durch Zulassung unbekannter Bewerber.[1066] Da diese Aspekte wesentlich zum Gelingen der Veranstaltung beitragen, könnten sie auch ein den Ausschluß unbekannter Bewerber sachlich rechtfertigendes Unterscheidungskriterium darstellen.[1067] Dagegen ist jedoch einzuwenden, daß sich die Bevorzugung bekannter und bewährter Anbieter auf eine bloße Vermutung gründet.[1068] Es nicht gewährleistet, daß sich ein Bewerber auch auf zukünftigen Veranstaltungen bewährt.[1069] Demgegenüber mögen unbekannte Bewerber in der Lage sein, sich in ähnlicher Weise wie Altbewerber zu bewähren.[1070] Fragwürdig ist schließlich, daß Veranstaltern, die sich in Nachbarorten als bekannt und bewährt erwiesen haben, dieses Prädikat außerhalb nicht zuerkannt wird.[1071] Zur Schaffung eines konstanten Qualitätsniveaus bedarf es daher nicht notwendig eines Rückgriffs auf bekannte und bewährte Bewerber.[1072]

Für die Zulässigkeit des Auswahlverfahrens könnte ferner der gegenüber anderen Verfahren geringere Verwaltungsaufwand sprechen.[1073] Es bedarf lediglich der Einsichtnahme in die über die bisherigen Veranstaltungen geführten Akten, um die bekannten und bewährten Teilnehmer und damit den zuzulassenden Bewerberkreis zu ermitteln. Das Abstellen auf den geringeren Verwaltungsaufwand des an dem Kriterium „bekannt und bewährt“ orientierten Auswahlverfahrens verletzt aber sowohl Art. 3 Abs. 1 GG, da der geringere Verwaltungsaufwand nicht unmittelbar mit der Person des Bewerbers verknüpft ist[1074], als auch den in § 70 Abs. 1 GewO angelegten Grundsatz der Marktfreiheit.[1075]

Für die Sachangemessenheit der auf die Bekanntheit und Bewährtheit der Bewerber gestützten Vergabeentscheidungen wird schließlich angeführt, daß die Besu-

---

[1064] Blum, Niedersächsische Gemeindeordnung, § 22, Rdn. 27; Widera, VR 1986, 17 (20).

[1065] Püttner/Lingemann, JA 1984, 121 (128); Widera, VR 1986, 17 (20).

[1066] VGH München, BayVBl. 1982, 656 (657); Widera, VR 1986, 17 (20).

[1067] Püttner/Lingemann, JA 1984, 121 (128).

[1068] Hans-Achim Roth, WiVerw 1985, 46 (54f.).

[1069] Hans-Achim Roth, WiVerw 1985, 46 (55).

[1070] Hans-Achim Roth, WiVerw 1985, 46 (55).

[1071] Hans-Achim Roth, WiVerw 1985, 46 (54f.).

[1072] Hans-Achim Roth, WiVerw 1985, 46 (55).

[1073] VGH München, BayVBl. 1982, 656 (657); Widera, VR 1986, 17 (20).

[1074] Püttner/Lingemann, JA 1984, 121 (128).

[1075] Hans-Achim Roth, WiVerw 1985, 46 (54f.).

cher an einer traditionellen Ausgestaltung „ihrer" Veranstaltung interessiert seien und es daher wichtig sei, daß sie beliebte und bekannte Attraktionen immer wieder am gewohnten Ort vorfänden.[1076] Ein der Tradition verpflichtetes Veranstaltungskonzept begegnet jedoch insofern Bedenken[1077], als es hauptsächlich an die Bekanntheit eines Bewerbers anknüpft, die nicht nur in seiner Person und der Qualität seines Betriebes, sondern in der wiederholten Berücksichtigung durch die Zulassungsbehörde begründet ist. Diese stellt jedoch kein mit Art. 3 Abs. 1 GG vereinbares Unterscheidungskriterium dar.
Als alleinige Grundlage der Vergabeentscheidung kommen daher die Bekanntheit und Bewährtheit der Bewerber nicht in Betracht. Die Kriterien können in dem Auswahlverfahren jedoch mitberücksichtigt werden.

bb. Die Attraktivität des Bewerbers

Das Kriterium der Attraktivität des Bewerbers, das vornehmlich in Betracht kommt, wenn das Angebot der öffentlichen Einrichtung an ein Publikum gerichtet ist, erscheint als in hohem Maße sachgerecht, da sich allein nach dem Empfinden des Publikums die Attraktivität des Bewerbers bestimmt.[1078] Dies gilt insbesondere für Volksfeste, deren Zweck in erster Linie in der Unterhaltung der Volksfestbesucher zu erblicken ist.[1079]
Aufgrund der Abhängigkeit vom Urteil des Publikums erweist sich das Kriterium andererseits als problematisch, denn die Bewertung der Attraktivität des Bewerbers trifft der Veranstalter, der in nicht unerheblichem Maße von seinen eigenen subjektiven Vorstellungen geleitet wird.[1080] Möglicherweise sollte die Entscheidung aber der Gesamtheit der Veranstaltungsbesucher obliegen, um ausgewogen zu sein.
Auch die Attraktivität des Bewerbers vermag die Vergabeentscheidung daher nicht allein zu tragen.

cc. Das Kriterium „neu vor alt"

Die Zulassung „neuer" vor „alten" Bewerbern zur Benutzung der kommunalen öffentlichen Einrichtungen bedeutet, daß in der Vergangenheit auf der Veranstaltung noch nicht vertretene Anbieter gegenüber Anbietern bevorzugt werden, die auf der Veranstaltung bereits gewerblich tätig waren.

[1076] VGH München, BayVBl. 1982, 656 (657); Widera, VR 1986, 17 (20).
[1077] Im Ergebnis übereinstimmend Hans-Achim Roth, WiVerw 1985, 46 (56).
[1078] Hans-Achim Roth, WiVerw 1985, 46 (54).
[1079] VG Gelsenkirchen, NVwZ-RR 1988, 73 (74); Püttner/Lingemann, JA 1984, 121 (128).
[1080] Hans-Achim Roth, WiVerw 1985, 46 (54).

Die unbedingte Geltung des Grundsatzes „neu vor alt" kann jedoch dazu führen, daß Bewerber zu der Veranstaltung Zugang erhalten, deren Angebot gegenüber dem Angebot bewährter Altbewerber qualitativ geringerwertig ist, so daß die Entscheidung über die Vergabe von Standplätzen nicht mit Art. 3 Abs. 1 GG vereinbar ist.[1081]
Daher muß das Verfahren in der Weise modifiziert werden, daß bewährte Altbewerber nur partiell von der Veranstaltung ausgeschlossen werden.[1082]

dd. Das Prioritätsprinzip

Das sich nach dem Prioritätsprinzip bestimmende Vergabeverfahren berücksichtigt die Bewerber nach der Reihenfolge des Eingangs ihrer Zulassungsanträge bei der zuständigen Kommunalbehörde. Es kommt vornehmlich gegenüber öffentlichen Einrichtungen in Betracht, die vor der Aufnahme eines Bewerbers keine dezidierte Prüfung der persönlichen Verhältnisse vornehmen wie beispielsweise Altenheime, sondern deren Benutzerkreis offen definiert ist[1083] wie im Fall von Schwimmbädern, Theatern und Verkehrsbetrieben[1084]. Unter diesen Voraussetzungen erscheint es sachgerecht, die bis zum Zeitpunkt der Kapazitätserschöpfung erschienenen Bewerber vor den später erschienenen zur Benutzung zuzulassen.
Um die Chancengleichheit der Bewerber sicherzustellen, muß jedoch verlangt werden, daß die Kommunen für den Beginn der Bewerbungsfrist einen Stichtag festlegen.[1085]
Die Vorteile des Prioritätsprinzips liegen in dem mit ihm verbundenen vergleichsweise geringen Verwaltungsaufwand. Vor ihrer Vergabeentscheidung brauchen die Kommunen keine nähere sachliche Prüfung des Bewerbers durchzuführen. Sie müssen lediglich einen Blick auf den Eingangsstempel des Zulassungsantrags richten.[1086]
Ein Vergabeverfahren, das materielle Gesichtspunkte wie die Zuverlässigkeit und die Attraktivität der Bewerber unberücksichtigt läßt, kann jedoch einen Verstoß gegen Art. 3 Abs. 1 GG bewirken[1087], da es sich bei qualitativ unterschiedlichen Angeboten von Bewerbern für Standplätze auf Veranstaltungen im Sinne der §§ 64ff., 60b GewO um wesentlich ungleiche Sachverhalte handelt[1088], die nach

---

1081 Jarass/Pieroth, Grundgesetz, Art. 3, Rdn. 8.
1082 Püttner/Lingemann, JA 1984, 121 (129); Hans-Achim Roth, WiVerw 1985, 46 (54).
1083 Püttner/Lingemann, JA 1984, 121 (129).
1084 Erichsen, Jura 1986, 196 (197).
1085 Widera, VR 1986, 17 (20).
1086 Widera, VR 1986, 17 (20).
1087 Hans-Achim Roth, WiVerw 1985, 46 (53); Spannowsky, GewArch 1995, 265 (271).
1088 Hans-Achim Roth, WiVerw 1985, 46 (53).

dem Gleichheitsgrundsatz unterschiedlich zu behandeln sind[1089]. Ein ausschließlich am Prioritätsprinzip orientiertes Auswahlverfahren kann, je nach Stärke des Eingriffs, außerdem gegen Grundrechte der Bewerber verstoßen. Deren Wertungen müssen daher gegebenenfalls in die Auswahlentscheidung einfließen.[1090]
Als Kriterium für die Entscheidung über den Zugang zu den kommunalen öffentlichen Einrichtungen ist das Prioritätsprinzip daher ebenfalls nur eingeschränkt zulässig.

ee. Das rollierende System

Merkmal des rollierenden Systems ist die abwechselnde Zulassung der jeweiligen Bewerber mit der Maßgabe, daß, über einen längeren Zeitraum betrachtet, alle Bewerber unter Berücksichtigung der Anzahl der Bewerbungen mit der gleichen Häufigkeit zugelassen werden.[1091]
Auch für das nach dem rollierenden System verlaufende Auswahlverfahren gilt, daß jeder Bewerber zumindest eine Chance auf spätere Zulassung zu der begehrten Veranstaltung haben muß.[1092] Daher muß das rollierende System von der jeweiligen Kommune über einen längeren Zeitraum angewandt werden und es muß eine gewisse Quote der zu vergebenden Standplätze Neubewerbern vorbehalten bleiben.[1093] Außerdem darf das rollierende System nur zwischen Bewerbern mit einem gleichartigem Angebot durchgeführt werden, damit die Veranstaltungen über ein ausgewogenes Angebot verfügen.[1094] Unter diesen Voraussetzungen handelt es sich um ein gerechtes Verfahren, denn alle Bewerber werden vollkommen gleichbehandelt.[1095]
Es begegnet aber den gleichen Bedenken wie die anderen streng an formellen Kriterien orientierten Verfahren, da es materielle Aspekte wie die unterschiedliche Attraktivität der Bewerber und damit das Gebot des Art. 3 Abs. 1 GG, wesentlich Ungleiches ungleich zu behandeln, unberücksichtigt läßt.[1096]

[1089] BVerfGE 72, 141 (150); 84, 133 (158).
[1090] Vollmer, DVBl. 1989, 1087 (1089).
[1091] Püttner/Lingemann, JA 1984, 121 (129).
[1092] Widera, VR 1986, 17 (20).
[1093] Widera, VR 1986, 17 (20).
[1094] Püttner/Lingemann, JA 1984, 121 (129).
[1095] Püttner/Lingemann, JA 1984, 121 (129).
[1096] Hans-Achim Roth, WiVerw 1985, 46 (53).

ff. Das Losverfahren

Das Losverfahren ermittelt die zur Benutzung der kommunalen öffentlichen Einrichtung zuzulassenden Bewerber ohne Berücksichtigung materieller Kriterien durch das Los.
Dabei gebietet Art. 3 Abs. 1 GG, daß das Losverfahren nur zwischen Bewerbern mit einem gleichartigen Angebot, beispielsweise zwischen Getränkeständen oder Waffel- und Crêpesbäckereien, angewandt wird.[1097]
Das Losverfahren erweist sich einerseits als das sach- und wertneutralste Verfahren und eröffnet den Bewerber vollkommen gleiche Zulassungschancen. Andererseits nivelliert es die zwischen den Angeboten der Bewerber bestehenden Qualitätsunterschiede und verstößt insofern gegen das durch Art. 3 Abs. 1 GG begründete Gebot, wesentlich Ungleiches ungleich zu behandeln.[1098] In eine ähnliche Richtung zielen die Bedenken, daß das Angebot der Veranstaltung bei einer durch Los getroffenen Vergabeentscheidung zufällig zusammengestellt ist und den Erfolg der kommunalen Veranstaltung gefährden kann.[1099]

gg. Die Nähe zum Widmungszweck

Das an der Nähe zum Widmungszweck orientierte Auswahlverfahren bevorzugt Bewerber, die eine Art der Benutzung der kommunalen öffentlichen Einrichtung anstreben, die dem Widmungszweck unmittelbar entspricht oder, wenn kein Bewerber diese Voraussetzung erfüllt, ihm nähersteht als andere Benutzungswünsche. Darüber hinaus soll die Auswahlentscheidung der Kommune unterliegen und sich nach dem Maß der kommunalpolitischen Relevanz der konkurrierenden Veranstaltungen vollziehen.[1100]
Die freien Kapazitäten einer öffentlichen Einrichtung nach der Nähe zum Widmungszweck an die Bewerber zu vergeben, ist rechtmäßig.[1101] Da sich der von den Kommunen festgelegte Widmungszweck bereits als Begrenzung des Anspruchs nach §§ 18 SchlH GO, 18 SchlH KrO u.a. erwiesen hat[1102], muß den Kommunen auch ein entsprechender Vollzug des Widmungsaktes gestattet sein.[1103]

1097 Püttner/Lingemann, JA 1984, 121 (129).

1098 Hans-Achim Roth, WiVerw 1985, 46 (53); Spannowsky, GewArch 1995, 265 (271).

1099 Hans-Achim Roth, WiVerw 1985, 46 (53).

1100 Ossenbühl, DVBl. 1973, 289 (296f.); ders., in: HdbkWPr, Band 1, 384; Pappermann/Löhr/-Andriske, Recht der öffentlichen Sachen, 140.

1101 Blum, Niedersächsische Gemeindeordnung, § 22, Rdn. 25; Ossenbühl, DVBl. 1973, 289 (296f.); Pappermann/Löhr/Andriske, Recht der öffentlichen Sachen, 140.

1102 Drittes Kapitel, § 1, A.V.2..

1103 Ähnlich OVG Münster, NVwZ 1987, 518 (518).

Aus diesem Grund sind die Kommunen auch zur Beurteilung der kommunalpolitischen Relevanz der Benutzungswünsche und zu einer darauf gestützten Auswahl unter den konkurrierenden Bewerbern berechtigt.

hh. Ergebnis

Damit weist jedes der Kriterien, die im Falle der Kapazitätserschöpfung zur Auswahl der sich um den Zugang zu einer kommunalen öffentlichen Einrichtung bewerbenden Personen anwendbar sind, punktuelle Vorzüge auf. Werden die einzelnen Kriterien hingegen ausschließlich selbständig zur Begründung der Auswahlentscheidung herangezogen, kommt es regelmäßig zu einem Verstoß gegen Art. 3 Abs. 1 GG. Erst in ihrer Gesamtheit führen sie daher zu einer rechtmäßigen Bewerberauswahl und zur Verwirklichung des Zwecks der kommunalen öffentlichen Einrichtung[1104]. Als sachgerecht stellt sich mithin nur ein kriterienpluraler, ausgewogener Verteilungsmaßstab dar. [1105]

4. Die Verpflichtung zur Haftungsübernahme bei gefahren- oder schadengeneigten Veranstaltungen

In dem besonderen Fall gefahren- oder schadengeneigter Veranstaltungen[1106] findet schließlich eine Begrenzung des Anspruchs nach §§ 18 SchlH GO, 18 SchlH KrO u.a. in der Weise statt, daß die Gemeinden und Kreise die Zulassung zur Benutzung der öffentlichen Einrichtungen an die Bedingung knüpfen, daß der Veranstalter die Haftung für Schäden übernimmt, die während der Veranstaltung durch Ausschreitungen an oder in der öffentlichen Einrichtung entstehen. Dadurch umgehen die Kommunen die Schwierigkeiten, den Verantwortlichen nach ordnungsrechtlichen Bestimmungen ausfindig zu machen und bei ihm für den Schaden Rückgriff zu nehmen, und übertragen diese den Veranstaltern gefahren- oder schadengeneigter Veranstaltungen.
Als gefahren- oder schadengeneigte Veranstaltungen werden solche Veranstaltungen qualifiziert, die aufgrund des Veranstaltungszwecks, des Veranstaltungsthemas oder der Zusammensetzung der gewünschten oder - gerade auch - der uner-

[1104] Pitschas, BayVBl. 1982, 641 (645).

[1105] Evertz, Die Bedeutung der Grundrechte, 131f.; Pitschas, BayVBl. 1982, 641 (645); Hans-Achim Roth, WiVerw 1985, 46 (56).

[1106] Den Begriff verwenden VGH Mannheim, NJW 1987, 2697 (2697); ders., DÖV 1990, 792 (792); ders., NVwZ-RR 1996, 681 (682); Ossenbühl, DVBl. 1973, 289 (298); ders., in: HdbkWPr, Band 1, 384; Rehn/Cronauge/von Lennep, Gemeindeordnung für das Land Nordrhein-Westfalen, § 8, Erl. II.4.; Seewald, in: Steiner, Besonderes Verwaltungsrecht, I, Rdn. 154; Zundel, JuS 1991, 472 (475).

wünschten Teilnehmer in hohem Grade das Risiko in sich tragen, zu Schäden zu führen, die niemand mehr - die Polizei eingeschlossen - abwenden kann.[1107]
Um gefahren- oder schadengeneigte Veranstaltungen handelt es sich in der Praxis insbesondere bei Versammlungen von extremistischen oder am Rand des politischen Spektrums angesiedelten Parteien, die regelmäßig von Gegendemonstrationen, Ausschreitungen und Tätlichkeiten begleitet werden.
Ob das Interesse der Kommunen daran, sich gegenüber möglichen Schäden wirtschaftlich abzusichern und von den Bewerbern vor Erteilung der Zulassung zur Benutzung der öffentlichen Einrichtung die Übernahme der Haftung zu verlangen, und eine entsprechende Begrenzung des Anspruchs nach §§ 18 SchlH GO, 18 SchlH KrO u.a. rechtmäßig sind, bedarf jedoch der näheren Untersuchung.

a. Die Verpflichtung zur Haftungsübernahme in verfahrensrechtlicher Hinsicht

Gemäß §§ 36 VwVfG, 107 SchlH LVwG könnten die Kommunen in verfahrensrechtlicher Hinsicht berechtigt sein, ihre als Verwaltungsakt ergehende Zulassung zur Benutzung der öffentlichen Einrichtungen mit Nebenbestimmungen zu versehen.[1108]
Da der in §§ 18 SchlH GO, 18 SchlH KrO u.a. begründete Anspruch auf Zulassung zur Benutzung der öffentlichen Einrichtungen der Gemeinden und Kreise ein gebundener Anspruch ist[1109], richtet sich die Zulässigkeit von Nebenbestimmungen in diesem Fall nach §§ 36 Abs. 1 VwVfG, 107 Abs. 1 SchlH LVwG. Danach darf die Zulassung nur mit einer Nebenbestimmung versehen werden, wenn sie durch Rechtsvorschrift zugelassen ist oder sicherstellen soll, daß die gesetzlichen Voraussetzungen der Zulassung erfüllt werden. Da bereits das Zulassungsverfahren nicht gesetzlich geregelt ist, besteht auch keine Ermächtigung der Kommunen, die Zulassung zu ihren öffentlichen Einrichtungen mit einer Nebenbestimmung zu versehen. Eine Nebenbestimmung kommt daher nur in Betracht, wenn die mit der Zulassung verknüpfte Bedingung, daß der Benutzer der öffentlichen Einrichtung zum Zwecke einer gefahren- oder schadengeneigten Veranstaltung die Haftung für Schäden übernimmt, gemäß §§ 36 Abs. 1, 2. Alt. VwVfG, 107 Abs. 1, 2. Alt. SchlH LVwG die gesetzlichen Voraussetzungen der Zulassung sicherstellt. Die gesetzlichen Voraussetzungen der Zulassung bestehen in der Anspruchsberechtigung des Benutzungsbewerbers aufgrund seiner Eigenschaft als Einwohner, Forense oder in der Kommune ansässige juristische Person oder Personenvereinigung, der Anspruchsverpflichtung der Kommune dadurch, daß es sich bei der

[1107] Ossenbühl, DVBl. 1973, 289 (298); ders., in: HdbkWPr, Band 1, 384f..
[1108] Generell zur Zulässigkeit von Nebenbestimmungen Helmut Roth, Die kommunalen öffentlichen Einrichtungen, 123ff..
[1109] Helmut Roth, Die kommunalen öffentlichen Einrichtungen, 124, 131.

betroffenen Einrichtung um eine öffentliche Einrichtung der Gemeinde oder des Kreises im Sinne der §§ 18 Abs. 1 Satz 1 und Abs. 2 Satz 1 SchlH GO, 18 Abs. 1 Satz 1 und Abs. 2 Satz 1 SchlH KrO u.a. handelt und diese sowohl hinsichtlich ihrer Widmung als auch hinsichtlich ihrer Kapazität dem Benutzungsbewerber offensteht, und der Einhaltung der bestehenden Vorschriften. Da die Verpflichtung der Veranstalter zur Übernahme der Haftung für Schäden während gefahren- oder schadengeneigter Veranstaltungen in den Benutzungsordnungen festgelegt sein dürfte, handelt es sich um einen Bestandteil der bestehenden Vorschriften im Sinne der §§ 18 Abs. 1 Satz 1 SchlH GO, 18 Abs. 1 Satz 1 SchlH KrO u.a.. Eine Nebenbestimmung mit diesem Inhalt stellt daher die Erfüllung der gesetzlichen Voraussetzungen der Zulassung sicher und ist gemäß §§ 36 Abs. 1 VwVfG, 107 Abs. 1 SchlH LVwG zulässig.
Arten von Nebenbestimmungen, die in diesem Fall in Betracht kommen, sind (aufschiebende) Bedingungen im Sinne der §§ 36 Abs. 2 Nr. 2 VwVfG, 107 Abs. 2 Nr. 2 SchlH LVwG und Auflagen im Sinne der §§ 36 Abs. 2 Nr. 4 VwVfG, 107 Abs. 2 Nr. 4 SchlH LVwG. Nach der Legaldefinition handelt es sich bei der Bedingung um eine Bestimmung, nach der der Eintritt oder Wegfall einer Begünstigung oder Belastung von dem ungewissen Eintritt eines zukünftigen Ereignisses abhängt. Die Bedingung wird nach §§ 36 Abs. 2 Nr. 2 VwVfG, 107 Abs. 2 Nr. 2 SchlH LVwG mit dem Verwaltungsakt erlassen, was bedeutet, daß sie einen integrierenden, unselbständigen Bestandteil des Verwaltungsaktes bildet[1110]. Die Auflage schreibt dem Adressaten ein Tun, Dulden oder Unterlassen vor und bildet einen selbständigen Verwaltungsakt[1111], was §§ 36 Abs. 2 Nr. 4 VwVfG, 107 Abs. 2 Nr. 4 SchlH LVwG dadurch andeuten, daß sie bestimmen, daß die Auflage mit dem Verwaltungsakt verbunden wird. Die Nebenbestimmungen unterscheiden sich dadurch, daß der aufschiebend bedingte Verwaltungsakt erst mit Bedingungseintritt wirksam wird, während der mit einer Auflage verbundene Verwaltungsakt unabhängig von der Erfüllung der Auflage sofort wirksam wird.[1112]
Wird die Zulassung zur Benutzung öffentlicher Einrichtungen zum Zwecke gefahren- oder schadengeneigter Veranstaltungen mit der Verpflichtung des Veranstalters verknüpft, die Haftung für Schäden zu übernehmen, handelte es sich daher um eine Auflage, wenn die Zulassung unabhängig von der Haftungsübernahme durch den Veranstalter wirksam werden soll, und um eine (aufschiebende) Bedingung, wenn die Kommune die innere Wirksamkeit des Zulassungsaktes von dem aufgegebenen Verhalten abhängig machen wollte[1113]. Nach der Interessenlage dürfte die Verpflichtung des Veranstalters, die Haftung für Schäden zu übernehmen, regelmäßig als Bedingung im Sinne der §§ 36 Abs. 2 Nr. 2 VwVfG, 107

[1110] Maurer, Allgemeines Verwaltungsrecht, § 12, Rdn. 8.
[1111] Maurer, Allgemeines Verwaltungsrecht, § 12, Rdn. 9.
[1112] Maurer, Allgemeines Verwaltungsrecht, § 12, Rdn. 11.
[1113] Erichsen, in: Erichsen, Allgemeines Verwaltungsrecht, § 14, Rdn. 7.

Abs. 2 Nr. 2 SchlH LVwG zu qualifizieren sein.[1114] Dadurch, daß die Kommune entgegen dem üblichen Verfahren bei der Benutzung öffentlicher Einrichtungen die Zulassung zur Benutzung ihres Veranstaltungsraums an eine Haftungsübernahme knüpft und regelmäßig hohe Sicherheiten verlangt[1115], bringt sie ihre starken Vorbehalte gegenüber der Durchführung gefahren- oder schadengeneigter Veranstaltungen in ihren öffentlichen Einrichtungen zum Ausdruck. Den Vorbehalten begegnet sie aber am nachhaltigsten, wenn sie das Wirksamwerden des Zulassungsaktes von der erfolgten Haftungsübernahme durch den Veranstalter abhängig macht.
Erfolgt die Zulassung von Bewerbern zur Benutzung der öffentlichen Einrichtungen durch Abschluß eines öffentlich-rechtlichen Vertrages im Sinne der §§ 54 Satz 2 VwVfG, 121 Satz 2 SchlH LVwG, haben die Kommunen verfahrensrechtlich ebenfalls die Möglichkeit, von dem Benutzer im Falle einer gefahren- oder schadengeneigten Veranstaltung die Übernahme der Haftung für Schäden zu verlangen. Da auf den Zulassungsakt der Kommune gemäß §§ 18 SchlH GO, 18 SchlH KrO u.a. ein Anspruch besteht, bestimmt sich die Zulässigkeit einer Verpflichtung des Veranstalters zur Übernahme der Haftung für Schäden während der gefahren- oder schadengeneigten Veranstaltung nach §§ 56 Abs. 2 VwVfG, 123 Abs. 2 SchlH LVwG. Danach muß eine solche Gegenleistung bei Erlaß eines Verwaltungsaktes Inhalt einer Nebenbestimmung nach §§ 36 VwVfG, 107 SchlH LVwG sein können. Dies wurde für die Bedingung im Sinne der §§ 36 Abs. 2 Nr. 2 VwVfG, 107 Abs. 2 Nr. 2 SchlH LVwG bewiesen.
In verfahrensrechtlicher Hinsicht bestehen daher gegen die Verpflichtung der Veranstalter zur Haftungsübernahme bei gefahren- oder schadengeneigten Veranstaltungen keine Bedenken.

b. Die Verpflichtung zur Haftungsübernahme in materieller Hinsicht

Erforderlich ist ferner, daß die mit der Zulassung zur öffentlichen Einrichtung verbundene Verpflichtung der Veranstalter zur Haftungsübernahme sich als materiell rechtmäßig erweist.
Hier ist zu differenzieren, ob die Kommune dem Veranstalter aufgibt, die Haftung für Schäden zu übernehmen, die an oder in der öffentlichen Einrichtung, auch durch Dritte, verursacht werden, oder ob sich die Haftung zusätzlich auf Schäden

[1114] Im Ergebnis übereinstimmend Gern, Deutsches Kommunalrecht, Rdn. 541.

[1115] In einem Fall des VGH Mannheim, NVwZ-RR 1996, 681ff., verlangte die beklagte Stadt Mannheim für die Benutzung ihrer Festhalle durch eine gefahrgeneigte Veranstaltung die Übernahme der Haftung für alle an der Festhalle innen oder außen sowie im die Halle umgebenden Park während der Dauer und im Zusammenhang mit der Veranstaltung auch durch Dritte verursachte Schäden bzw. im Falle einer erforderlichen Sperrung des Parks für die Öffentlichkeit hierdurch hervorgerufene Einnahmeausfälle und den Nachweis einer Versicherung, Kaution oder Bankbürgschaft in Höhe von 50.000 Mark.

erstrecken soll, die anläßlich der gefahren- oder schadengeneigten Veranstaltung außerhalb der öffentlichen Einrichtung entstehen.

aa. Die Haftung für Schäden an oder in der öffentlichen Einrichtung

Um Schäden, die während der gefahren- oder schadengeneigten Veranstaltung von Veranstaltungsteilnehmern oder Dritten an oder in der öffentlichen Einrichtung verursacht werden, handelt es sich beispielsweise bei eingeworfenen Fensterscheiben, besprühten Wänden und zertrümmertem Mobiliar.
Nach herrschender Meinung sind die Kommunen berechtigt, die Veranstalter nur unter der Bedingung zu ihren öffentlichen Einrichtungen zuzulassen, daß diese die Haftung für Schäden dieser Art übernehmen, selbst wenn diese durch Dritte verursacht werden.[1116] Die Grenze der Forderung nach einer Sicherheitsleistung wird dort angesiedelt, wo der Anspruch auf Zulassung zur Benutzung der kommunalen öffentlichen Einrichtungen faktisch ausgehöhlt wird.[1117] Um geeignete Sicherungsmittel soll es sich bei einer Bürgschaft, einer Kaution und dem Nachweis einer Haftpflichtversicherung handeln.[1118] In welcher Höhe die Sicherheitsleistung zu erbringen ist, soll sich nach der Art und Ausstrahlungswirkung der Veranstaltung, dem Wert der öffentlichen Einrichtung und dem Umfang des erwarteten Schadens bestimmen.[1119] Unter Berücksichtigung der Verhältnismäßigkeit wird die Wahl der Sicherungsform dem Veranstalter zugestanden, sofern eine ausreichende Risikoabdeckung gewährleistet ist.[1120]
Ob dieser Auffassung zu folgen ist, bedarf jedoch der Überprüfung. Die Rechtmäßigkeit der Verpflichtung des Veranstalters zur Haftungsübernahme könnte bereits die Überlegung begründen, daß es nicht haltbar erscheint, daß die Kommune, der die Veranstaltung gewissermaßen aufgedrängt ist[1121], da sie gemäß

1116 BVerwGE 32, 333 (337); OVG Lüneburg, NJW 1985, 2347 (2349); VGH Mannheim, NJW 1987, 2697 (2697f.); ders., DÖV 1990, 792 (792); ders., NVwZ-RR 1996, 681 (683); Galette, Gemeindeordnung für Schleswig-Holstein, § 18, Rdn. 82; Gern, Deutsches Kommunalrecht, Rdn. 541; Hölzl/Hien, Gemeindeordnung für den Freistaat Bayern, Art. 21, Erl. 5.b); Kunze/Bronner/-Katz, Gemeindeordnung für Baden-Württemberg, § 10, Rdn. 26; Rehn/Cronauge/von Lennep, Gemeindeordnung für das Land Nordrhein-Westfalen, § 8, Erl. II.4.; Seewald, in: Steiner, Besonderes Verwaltungsrecht, I, Rdn. 154; Thieme, Niedersächsische Gemeindeordnung, § 22, Rdn. 9; Zundel, JuS 1991, 472 (475).

1117 VGH Mannheim, NJW 1987, 2697 (2698); Blum, Niedersächsische Gemeindeordnung, § 22, Rdn. 31; Hölzl/Hien, Gemeindeordnung für den Freistaat Bayern, Art. 21, Erl. 5.b); Kunze/Bronner/Katz, Gemeindeordnung für Baden-Württemberg, § 10, Rdn. 26; Ossenbühl, DVBl. 1973, 289 (298); Seewald, in: Steiner, Besonderes Verwaltungsrecht, I, Rdn. 154.

1118 Ossenbühl, DVBl. 1973, 289 (298); Zundel, JuS 1991, 472 (475).

1119 VGH Mannheim, DÖV 1990, 792 (793); Thieme, Niedersächsische Gemeindeordnung, § 22, Rdn. 9.

1120 Ossenbühl, DVBl. 1973, 289 (298); Zundel, JuS 1991, 472 (475).

1121 VGH Mannheim, DÖV 1990, 792 (792).

§§ 18 SchlH GO, 18 SchlH KrO u.a. zur Zulassung gefahren- oder schadengeneigter Veranstaltungen verpflichtet ist, sofern der Widmungszweck und die Kapazität der öffentlichen Einrichtung nicht entgegenstehen, auch noch den Schaden tragen muß, der der öffentlichen Einrichtung zugefügt wird.[1122] Zwar mögen derartige Erwägungen einem gesunden Rechtsempfinden entspringen. In rechtlich relevanter Weise begründen sie die materielle Rechtmäßigkeit der Haftungsübernahme als Bedingung der Zulassung gefahren- oder schadengeneigter Veranstaltungen zu den öffentlichen Einrichtungen der Kommunen aber nicht. Vielmehr zeigt die Tatsache, daß die Zulassung zur Benutzung der öffentlichen Einrichtungen den Kommunen gemäß §§ 18 SchlH GO, 18 SchlH KrO u.a. zur Pflicht gemacht worden ist, welchen hohen Stellenwert diese besitzt. Dem müssen die Kommunen genügen und bei ihrer Zulassungsentscheidung wirtschaftliche Erwägungen zurückstellen.[1123]

Die Kommunen könnten jedoch befugt sein, die Haftungsübernahme zur Bedingung der Zulassung gefahren- oder schadengeneigter Veranstaltungen zu machen, da sie gemäß §§ 89 Abs. 2 Satz 1 SchlH GO, 57 SchlH KrO verpflichtet sind, ihre Vermögensgegenstände wirtschaftlich und pfleglich zu verwalten.[1124] Vermögen in diesem Sinne sind sämtliche Sachen und Rechte, die der Kommune zustehen.[1125] Es umfaßt daher auch das sachliche Substrat ihrer öffentlichen Einrichtungen, so daß §§ 89 Abs. 2 Satz 1 SchlH GO, 57 SchlH KrO auf diese anwendbar sind. Allerdings bedeutet pflegliche Verwaltung der Vermögensgegenstände nur dauerhafte Erhaltung in einem voll funktionsfähigen Zustand[1126], mithin regelmäßige Unterhaltung und gegebenenfalls Instandsetzung[1127]. §§ 89 Abs. 2 Satz 1 SchlH GO, 57 SchlH KrO begründen regelmäßig weder eine Pflicht der Gemeinden und Kreise, ihre Vermögensgegenstände zu versichern, noch eine Pflicht der Veranstalter, die ihnen anvertrauten öffentlichen Einrichtungen zu versichern.[1128] Auch begründen haushaltsrechtliche Normen keine Ansprüche der Kommunen gegen die Benutzer ihrer öffentlichen Einrichtungen, sondern binden nur ihre Organe im Innenverhältnis.[1129]

1122 VGH Mannheim, DÖV 1990, 792 (792); Ossenbühl, DVBl. 1973, 289 (298).

1123 Gassner, VerwArch 85 (1994), 533 (564).

1124 BVerwGE 32, 333 (337); OVG Lüneburg, NJW 1985, 2347 (2349); VGH Mannheim, NJW 1987, 2697 (2697); ders., DÖV 1990, 792 (792); Gern, Deutsches Kommunalrecht, Rdn. 541; Helmut Roth, Die kommunalen öffentlichen Einrichtungen, 137; Stober, Kommunalrecht, 241.

1125 Galette, Gemeindeordnung für Schleswig-Holstein, § 89, Rdn. 2.

1126 Galette, Gemeindeordnung für Schleswig-Holstein, § 89, Rdn. 14.

1127 Galette, Gemeindeordnung für Schleswig-Holstein, § 89, Rdn. 15; Gassner, VerwArch 85 (1994), 533 (561f.).

1128 Gassner, VerwArch 85 (1994), 533 (562); Kunze/Bronner/Katz, Gemeindeordnung für Baden-Württemberg, § 91, Rdn. 42.

1129 Gassner, VerwArch 85 (1994), 533 (562); Kunze/Bronner/Katz, Gemeindeordnung für Baden-Württemberg, § 91, Rdn. 2.

Die Rechtmäßigkeit der Verpflichtung der Veranstalter zur Haftungsübernahme für Schäden anläßlich gefahren- oder schadengeneigter Veranstaltungen könnte sich jedoch im Rahmen einer Betrachtung der Verantwortungssphären nachweisen lassen. Da die Kommunen ihre öffentlichen Einrichtungen nach §§ 18 SchlH GO, 18 SchlH KrO u.a. gefahren- oder schadengeneigten Veranstaltungen zur Verfügung stellen muß und sie daher keinen Einfluß auf das Benutzerprofil nehmen kann, könnten die Schadensrisiken ihrer Sphäre entzogen und der des Veranstalters zuzurechnen sein.[1130] Sie könnten ferner in den Verantwortungsbereich des Veranstalters fallen, weil ihr Ursprung in dem Charakter der gefahren- oder schadengeneigten Veranstaltungen gesehen und als ihnen immanent betrachtet werden könnte.[1131] Dagegen spricht nicht, daß die Kommune es unterlassen hat, den Widmungszweck entsprechend zu begrenzen.[1132] Ob die Kommune den Widmungszweck auf Veranstaltungen nicht gefahren- oder schadengeneigter Art beschränkt oder ob sie die Zulassung der Veranstalter von einer Haftungsübernahme abhängig macht, bedeutet keinen Unterschied, der es rechtfertigte, die Schadensrisiken dem Verantwortungsbereich der Kommunen zuzurechnen. In jedem Fall gibt die Kommune zu erkennen, daß sie nicht für Schäden zu haften bereit ist, die anläßlich gefahren- oder schadengeneigter Veranstaltungen der öffentlichen Einrichtung zugefügt werden. Der Einwand, die Kommunen seien als Teil der mittelbaren Staatsverwaltung näher an den Schadensrisiken als der Veranstalter, da diese sich realisierten, wenn ordnungsrechtliche Mittel gegen Ausschreitungen keinen Erfolg hätten[1133], geht ebenfalls fehl. Bei der Bestimmung der Verantwortungssphären sind allein der Charakter der gefahren- oder schadengeneigten Veranstaltung und die Zurverfügungstellung öffentlicher Einrichtungen durch die Kommunen gemäß §§ 18 SchlH GO, 18 SchlH KrO u.a. für diese Veranstaltungen zu berücksichtigen. Die zusätzlichen ordnungsrechtlichen Aufgaben der Kommunen, die regelmäßig deren Verantwortlichkeit begründen, dürfen nicht in die Argumentation einfließen. Da jedoch die Gefahren nicht von der Veranstaltung selber ausgehen, sondern von außen an sie herangetragen[1134], ihr von dem politischen Gegner oder anderen Demonstranten aufgezwungen werden[1135], können gewaltsame Gegenaktionen gegen rechtmäßig stattfindende Veranstaltungen weder der Verantwortungssphäre der Kommunen noch der der Veranstalter zugerechnet werden.[1136] Es handelt sich vielmehr um einen gesellschaftlichen Miß-

---

[1130] VGH Mannheim, NJW 1987, 2697 (2697); Zundel, JuS 1991, 472 (475).

[1131] Ossenbühl, DVBl. 1973, 289 (298); ders., in: Püttner, in: HdbkWPr, Band 1, 385; Zundel, JuS 1991, 472 (475).

[1132] So aber Gassner, VerwArch 85 (1994), 533 (562f.).

[1133] Gassner, VerwArch 85 (1994), 533 (563).

[1134] Meyer, Kommunales Parteien- und Fraktionenrecht, 89; Vollmer, DVBl. 1989, 1087 (1093).

[1135] Meyer, Kommunales Parteien- und Fraktionenrecht, 89; von Mutius/Rentsch, Kommunalverfassungsrecht Schleswig-Holstein, § 18, Rdn. 5.

[1136] Vollmer, DVBl. 1989, 1087 (1093).

stand, dem alle an der Veranstaltung Beteiligten oder Dritte gleichermaßen ausgesetzt sind.[1137] Daher darf der Charakter der gefahren- oder schadengeneigten Veranstaltung nicht als Differenzierungskriterium dienen[1138] und der Veranstalter darf nicht allein zur Haftungsübernahme verpflichtet werden[1139]. Die Untersuchung der Verantwortungssphären im Falle gefahren- oder schadengeneigter Veranstaltungen ergibt daher, daß entgegen der herrschenden Meinung die Zulassung der Veranstalter zu den öffentlichen Einrichtungen von den Kommunen nicht an die Bedingung der Haftungsübernahme geknüpft werden darf.

Sofern die gefahren- oder schadengeneigten Veranstaltungen von politischen Parteien ausgerichtet werden, begründet ferner ihre besondere durch Art. 21 GG vermittelte Stellung die Rechtswidrigkeit einer solchen Zulassungspraxis.[1140] Sofern es sich um Versammlungen anderer Gruppen handelt, kommen zusätzlich die in Art. 5 Abs. 1, 8 Abs. 1 GG verkörperten Wertentscheidungen zum Tragen.[1141]

Die Zulassung politischer Parteien zu den öffentlichen Einrichtungen unter der Bedingung der Haftungsübernahme stellt eine unzulässige Ungleichbehandlung der am Rand des politischen Spektrums angesiedelten Parteien gegenüber anderen dar, bei deren Veranstaltungen typischerweise keine gewaltsamen Gegenaktionen erwartet werden, denn dieser stehen der Grundsatz der Chancengleichheit der Parteien und die Neutralitätspflicht der Kommunen nach Art. 21 GG in Verbindung mit Art. 3 Abs. 1 GG und § 5 Abs. 1 Satz 1 PartG entgegen, sofern die antragstellende Partei nicht durch das BVerfG in dem Verfahren nach Art. 21 Abs. 2 Satz 2 GG für verfassungswidrig erklärt worden ist.[1142]

Die Richtigkeit dieses Ergebnisses wird noch durch den Gedanken unterstrichen, daß die Differenzierung nach den politischen Zielen der Partei nicht nur die Zulassungsbedingungen betrifft, sondern angesichts der von den Kommunen geforderten hohen Sicherheiten faktisch auch die Zulassung selber, was Art. 21 GG in Verbindung mit Art. 3 Abs. 1 GG und § 5 Abs. 1 Satz 1 PartG erst recht verbieten.[1143] Im Falle von Veranstaltungen politischer Parteien wäre es daher nur rechtmäßig, entweder gegenüber keinem Veranstalter die Zulassung an die Bedingung der Haftungsübernahme zu knüpfen oder jeden Veranstalter mit dieser Verpflichtung zu belegen[1144], da durchaus auch Veranstaltungen der regierenden Par-

---

[1137] Vollmer, DVBl. 1989, 1087 (1093).

[1138] Vollmer, DVBl. 1989, 1087 (1093).

[1139] Gassner, VerwArch 85 (1994), 533 (563).

[1140] Gassner, VerwArch 85 (1994), 533 (563).

[1141] Gassner, VerwArch 85 (1994), 533 (563f.).

[1142] Gassner, VerwArch 85 (1994), 533 (563); Meyer, Kommunales Parteien- und Fraktionenrecht, 88f.; Vollmer, DVBl. 1989, 1089 (1092f.).

[1143] Gassner, VerwArch 85 (1994), 533 (564f.).

[1144] Evertz, Die Bedeutung der Grundrechte, 166; a.A. Gassner, VerwArch 85 (1994), 533 (565), und Meyer, Kommunales Parteien- und Fraktionenrecht, 89.

teien Gegenaktionen hervorrufen[1145]. Nur Parteien, die typischerweise gefahren- oder schadengeneigte Veranstaltungen ausrichten, zur Haftungsübernahme zu verpflichten, ist hingegen rechtswidrig.
Die Kommunen verstoßen ferner, wenn sie die Zulassung gefahren- oder schadengeneigter Veranstaltungen zu den öffentlichen Einrichtungen an die Bedingung der Haftungsübernahme knüpfen, gegen den zivilrechtlichen Grundsatz der verschuldensabhängigen Haftung.[1146] Durch die Verpflichtung des Veranstalters zur Haftungsübernahme auch gegenüber Schäden, die Dritte der öffentlichen Einrichtung zugefügt haben, würde eine verschuldensunabhängige Gefährdungshaftung begründet, die einer gesetzlichen Grundlage bedürfte[1147]. Nach anderer Ansicht gilt das Verschuldensprinzip für die Rechtsbeziehungen zwischen den Kommunen und den Benutzern ihrer öffentlichen Einrichtungen nicht, da sich diese von den zivilrechtlichen Rechtsbeziehungen unterschieden. Sie seien nicht durch den zivilrechtlichen Grundsatz der Vertragsfreiheit geprägt, sondern durch die gesetzliche Verpflichtung der Kommunen zur Zulassung der Benutzungsbewerber nach §§ 18 SchlH GO, 18 SchlH KrO u.a. ohne Rücksicht auf die Art und das Ausmaß der Gefahrenquellen, die durch ihre Veranstaltungen hervorgerufen würden.[1148] Diese besondere Pflichtenstellung der Kommunen ist jedoch intendiert und läßt ihren hohen Stellenwert erkennen. Daraus kann daher keine haftungsrechtliche Privilegierung der Kommunen abgeleitet werden.[1149]
Aufgrund des Verstoßes gegen das zivilrechtliche Verschuldensprinzip könnten die Kommunen bei einer formularmäßigen Verwendung der Haftungsklausel auch gegen § 9 Abs. 2 Nr. 1 AGBG als allgemeinen Rechtsgedanken verstoßen. Danach wären Vergabebedingungen unwirksam, die den Veranstalter entgegen den Geboten von Treu und Glauben dadurch unangemessen benachteiligen, daß sie mit wesentlichen Grundgedanken der gesetzlichen Regelung, von der sie abweichen, nicht zu vereinbaren sind. Zu einer analogen Anwendung des § 9 Abs. 2 Nr. 1 AGBG gelangte man nicht, wenn sich die von ihm vorausgesetzte Interessenlage von der zwischen den Kommunen und den Benutzern ihrer öffentlichen Einrichtungen bestehenden erheblich unterschiede.[1150] Die Schutzbedürftigkeit des Veranstalters gefahren- oder schadengeneigter Veranstaltungen ist jedoch nicht geringer als die einer Partei eines zivilrechtlichen Vertrages im Sinne des § 1 Abs. 1 AGBG zu bewerten. Im Gegenteil ist zu befürchten, daß die von dem Veranstalter geforderte hohe Sicherheitsleistung den Anspruch auf Zulassung zur Be-

---

[1145] Vollmer, DVBl. 1989, 1087 (1093).
[1146] Gassner, VerwArch 85 (1994), 533 (565); Tiemann, VerwArch 65 (1974), 381 (419); Vollmer, DVBl. 1989, 1087 (1093).
[1147] BGHZ 34, 332 (337).
[1148] VGH Mannheim, DÖV 1990, 792 (792).
[1149] Gassner, VerwArch 85 (1994), 533 (565).
[1150] Vollmer, DVBl. 1989, 1087 (1093).

nutzung der kommunalen öffentlichen Einrichtungen faktisch vereitelt.[1151] Daher ist § 9 Abs. 2 Nr. 1 AGBG auch auf die öffentlich-rechtliche Rechtsbeziehung zwischen den Kommunen und den Benutzern ihrer öffentlichen Einrichtungen anwendbar. Wesentliche Grundgedanken der gesetzlichen Regelung im Sinne des § 9 Abs. 2 Nr. 1 AGBG sind der Zweck der Regelung und die in ihr getroffenen Wertentscheidungen, die bestimmte Interessen in einem Kernbereich schützen wollen.[1152] Mit der Verpflichtung zur Haftungsübernahme zu Lasten des Veranstalters gefahren- oder schadengeneigter Veranstaltungen berühren die Kommunen den zivilrechtlichen Grundsatz der verschuldensabhängigen Haftung. Auch ein solcher allgemeiner Rechtsgrundsatz stellt eine gesetzliche Regelung im Sinne des § 9 Abs. 2 Nr. 1 AGBG dar.[1153] Durch die Begründung einer verschuldensunabhängigen Haftung weichen die Kommunen ohne Zweifel von wesentlichen Grundsätzen der relevanten gesetzlichen Regelung ab.[1154] Gemäß § 9 Abs. 2 Nr. 1 AGBG ist ihnen daher die formularmäßige Verwendung dieser Haftungsklausel untersagt.[1155] Es käme auch zu einem widersprüchlichen Verhalten, wenn der Staat solche Haftungsklauseln einerseits durch § 9 Abs. 2 AGBG als unzulässig qualifiziert, die Kommunen als Glieder des Staates diese aber zu ihren Gunsten verwendeten.[1156]

Die Kommunen handeln daher materiell rechtswidrig, wenn sie im Falle einer gefahren- oder schadengeneigten Veranstaltung die Zulassung zur Benutzung einer öffentlichen Einrichtung von der Haftungsübernahme durch den Veranstalter gegenüber Schäden an oder in der öffentlichen Einrichtung abhängig machen.

Um dennoch die wirtschaftliche Absicherung der Kommunen zu ermöglichen, wird erwogen, daß sie eine umfassende Tumultschadenversicherung abschließen und die Versicherungsprämie auf die Benutzungsgebühren abwälzen kann.[1157] Auch hier muß jedoch gelten, daß es ungerechtfertigt erschiene, Schadensrisiken, die der einzelne Veranstaltungsteilnehmer nicht zu verantworten hat und die möglicherweise von außen an die Veranstaltung herangetragen werden, auf Unbeteiligte umzuschlagen.[1158]

1151 Vollmer, DVBl. 1989, 1087 (1093).

1152 Wolf/Horn/Lindacher, AGB-Gesetz, § 9, Rdn. 70.

1153 BGH, NJW 1991, 1886 (1887); Ulmer/Brandner/Hensen/Schmidt, AGB-Gesetz, § 9, Rdn. 137.

1154 BGH, NJW 1991, 1886 (1887); Ulmer/Brandner/Hensen/Schmidt, AGB-Gesetz, § 9, Rdn. 138; Wolf/Horn/Lindacher, AGB-Gesetz, § 9, H 2.

1155 Helmut Roth, Die kommunalen öffentlichen Einrichtungen 213; Vollmer, DVBl. 1989, 1087 (1093); a.A. ohne Begründung Zundel, JuS 1991, 472 (475).

1156 Vollmer, DVBl. 1989, 1087 (1093).

1157 Ossenbühl, DVBl. 1973, 289 (298); ders., in: HdbkWPr, Band 1, 385.

1158 Gassner, VerwArch 85 (1994), 533 (565); Ossenbühl, DVBl. 1973, 289 (298); ders., in: HdbkWPr, Band 1, 385.

bb. Die Haftung für Schäden außerhalb der öffentlichen Einrichtung

Nachdem die Rechtswidrigkeit von Vergabebedingungen nachgewiesen worden ist, in denen die Kommunen die Zulassung gefahren- oder schadengeneigter Veranstaltungen zu ihren öffentlichen Einrichtungen von der Übernahme der Haftung für Schäden an oder in der öffentlichen Einrichtung durch den Veranstalter abhängig machen, kann erst recht eine Haftungsklausel, die auch außerhalb der öffentlichen Einrichtung verursachte Schäden einbezieht, nicht rechtmäßig sein. Außerdem mangelt es in diesen Schadensfällen an einem sachlichen Zusammenhang mit dem Anspruch auf Zulassung zur Benutzung der öffentlichen Einrichtungen nach §§ 18 SchlH GO, 18 SchlH KrO u.a..[1159]
Für Schäden, die Dritte anläßlich der gefahren- oder schadengeneigten Veranstaltung außerhalb der öffentlichen Einrichtung verursacht haben, muß der Veranstalter gegenüber der Kommune daher nicht einstehen.[1160]

B. Die Sonderbenutzung kommunaler öffentlicher Einrichtungen

Der durch §§ 18 SchlH GO, 18 SchlH KrO u.a. gewährte Anspruch auf Zulassung zur Benutzung der kommunalen öffentlichen Einrichtungen beschränkt sich auf die ordentliche Benutzung. Begünstigt sind nur Personen, denen die öffentliche Einrichtung zu dienen bestimmt ist (Benutzungsdestinatäre), und nur eine Art der Benutzung, die der Zweckbestimmung der öffentlichen Einrichtung entspricht.[1161]
Neben der ordentlichen Benutzung kommen jedoch auch Sonderbenutzungen der kommunalen öffentlichen Einrichtungen in Betracht, die sich nicht mehr im Rahmen des Anspruchs nach §§ 18 SchlH GO, 18 SchlH KrO u.a. halten, sondern über die Widmung der öffentlichen Einrichtungen hinausgehen.[1162]
Sonderbenutzungen lassen sich in der Weise charakterisieren, daß sie die ordentliche Benutzung erheblich übersteigen oder die Benutzung anderer erheblich beeinträchtigen.[1163] Beispiele bilden Sondergrabstätten und Erbbegräbnisse auf den

[1159] VGH Mannheim, NJW 1987, 2697 (2698); ders., DÖV 1990, 792 (793); Blum, Niedersächsische Gemeindeordnung, § 22, Rdn. 31; Hölzl/Hien, Gemeindeordnung für den Freistaat Bayern, Art. 21, Erl. 5.b); Meyer, Kommunales Parteien- und Fraktionenrecht, 90; Zundel, JuS 1991, 472 (475).

[1160] VGH Mannheim, NJW 1987, 2697 (2698); ders., DÖV 1990, 792 (793); ders., NVwZ-RR 1996, 681 (683); Galette, Gemeindeordnung für Schleswig-Holstein, § 18, Rdn. 82; Hölzl/Hien, Gemeindeordnung für den Freistaat Bayern, Art. 21, Erl. 5.b); Kunze/Bronner/Katz, Gemeindeordnung für Baden-Württemberg, § 10, Rdn. 26; Meyer, Kommunales Parteien- und Fraktionenrecht, 89f.; Zundel, JuS 1991, 472 (475).

[1161] Pappermann/Löhr/Andriske, Recht der öffentlichen Sachen, 135.

[1162] Axer, Die Widmung als Schlüsselbegriff, 186; Erbguth, VR 1982, 42 (42); Evertz, Die Bedeutung der Grundrechte, 116.

[1163] Erbguth, VR 1982, 42 (42); Papier, Recht der öffentlichen Sachen, 33.

kommunalen Friedhöfen, die Benutzung einer Badeanstalt durch einen Verein für Freikörperkultur und die Zuteilung von Trainingszeiten an einen Schwimmverein sowie besondere Benutzungskapazitäten von Großunternehmen gegenüber den kommunalen Strom-, Gas- und Wasserversorgungseinrichtungen.[1164] Um Sonderbenutzungen handelt es sich ferner, wenn die kommunalen öffentlichen Einrichtungen von Personen benutzt werden, die nicht der Gruppe der Benutzungsberechtigten angehören, oder wenn die Art der Benutzung außerhalb des Widmungszwecks der öffentlichen Einrichtung liegt.[1165] Darunter fällt beispielsweise die Betätigung eines Handel mit Schiffsausrüstungsgegenständen vornehmenden Gewerbebetriebes auf dem Gelände einer Schleusenanlage.[1166]
Für eine differenziertere Begriffsbildung tritt *Helmut Roth* ein, der die Sonderbenutzung in die Sonderbenutzung im engeren Sinne und die Sonderbenutzung im weiteren Sinne unterscheidet. Um eine Sonderbenutzung im engeren Sinne soll es sich handeln, wenn eine öffentliche Einrichtung erstmals für einen der Widmung nicht entsprechenden Zweck zur Verfügung gestellt wird, und um eine Sonderbenutzung im weiteren Sinne, wenn Benutzungen außerhalb des Widmungszwecks der öffentlichen Einrichtung kraft Vergabepraxis regelmäßig zugelassen werden.[1167]
Ihre Berechtigung hat die Unterscheidung der Sonderbenutzung im engeren und im weiteren Sinne insbesondere im Hinblick auf die Frage, ob der Benutzungsbewerber Zulassung für eine dem Widmungszweck der kommunalen öffentlichen Einrichtung nicht entsprechende Benutzung begehren kann. Die Berufung auf §§ 18 SchlH GO, 18 SchlH KrO u.a. ist ihm in diesem Fall versagt.[1168] Unter der Voraussetzung, daß andere Sonderbenutzungen durch den Träger der kommunalen öffentlichen Einrichtung zugelassen wurden, steht ihm aber gemäß Art. 3 Abs. 1 GG jedenfalls ein Anspruch auf ermessensfehlerfreie Entscheidung zu.[1169]

Grundsätzlich ist für den Fall der Sonderbenutzung jedoch umstritten, ob dem Antragsteller neben dem Anspruch auf Zulassung zur Benutzung der kommunalen öffentlichen Einrichtung auch ein Anspruch auf ermessensfehlerfreie Entscheidung über die Zulassung versagt ist.

[1164] Papier, Recht der öffentlichen Sachen, 33; Helmut Roth, Die kommunalen öffentlichen Einrichtungen, 172, 176ff..

[1165] Papier, Recht der öffentlichen Sachen, 33; Pappermann/Löhr/Andriske, Recht der öffentlichen Sachen, 135.

[1166] Battis, Allgemeines Verwaltungsrecht, Rdn. 321; Papier, Recht der öffentlichen Sachen, 33.

[1167] Helmut Roth, Die kommunalen öffentlichen Einrichtungen, 171.

[1168] Papier, Recht der öffentlichen Sachen, 33f.; Pappermann/Löhr, JuS 1981, 117 (120); Pappermann/Löhr/Andriske, Recht der öffentlichen Sachen, 135.

[1169] Erichsen, VerwArch 64 (1973), 299 (304); Evertz, Die Bedeutung der Grundrechte, 123; Randelzhofer, BayVBl. 1975, 607 (609); Helmut Roth, Die kommunalen öffentlichen Einrichtungen, 171.

Hier ist entscheidend, ob eine Rechtsnorm existiert, die dem Einzelnen einen Anspruch auf ermessensfehlerfreie Entscheidung gewährt.
Da §§ 18 SchlH GO, 18 SchlH KrO u.a. das Begehren, die kommunalen öffentlichen Einrichtungen außerhalb ihres Widmungszwecks zu benutzen, nicht erfassen, könnte auch das Bestehen eines Anspruchs auf ermessensfehlerfreie Entscheidung über den Antrag auf Sonderbenutzung zu verneinen sein.[1170]
Diese Ansicht berücksichtigt jedoch nicht die Funktion der Grundrechte, die ebenfalls als subjektive öffentliche Rechte in Betracht kommen.[1171] Der Anspruch auf ermessensfehlerfreie Entscheidung über einen Antrag auf Sonderbenutzung einer kommunalen öffentlichen Einrichtung ergibt sich daher aus dem Grundrecht, das durch die Zulassungsverweigerung aufgrund ermessensfehlerhafter Entscheidung verletzt würde.[1172]
Insbesondere folgt ein solcher Anspruch aus Art. 3 Abs. 1 GG. Gegenüber anderen Antragstellern, deren Begehren von der speziellen Anspruchsgrundlage ebenfalls nicht erfaßt wird, denen aber eine ermessensfehlerfreie Bescheidung zuteil wird, würde der Bewerber, über dessen Antrag ermessensfehlerhaft entschieden würde, willkürlich ungleichbehandelt.[1173] Damit erübrigt sich in jedem Fall der ermessensfehlherhaften Entscheidung wie generell in jedem Fall der rechtswidrigen Behandlung durch die Verwaltung der Nachweis eines verletzten speziellen subjektiven öffentlichen Rechts des Bürgers.[1174] Aufgrund dieser Betrachtungsweise erwächst aus Art. 3 Abs. 1 GG ein Recht des Bürgers auf rechtmäßige Behandlung durch die Verwaltung und damit zugleich ein Recht auf Vermeidung von Ermessensfehlern bei allen Ermessensentscheidungen, die ihn betreffen.[1175] Art. 3 Abs. 1 GG erweist sich damit als eine umfassende Subjektivierung des objektiv-rechtlichen Grundsatzes des Vorrangs des Gesetzes.[1176]

C. Sondergesetzlich begründete Ansprüche auf Benutzung der kommunalen öffentlichen Einrichtungen

Neben §§ 18 SchlH GO, 18 SchlH KrO u.a. kommen auch bundesrechtliche Anspruchsgrundlagen für die Benutzung der öffentlichen Einrichtungen der Gemein-

---

1170 BVerwGE 39, 235 (237f.); Papier, Recht der öffentlichen Sachen, 33f.; Pappermann/Löhr, JuS 1981, 117 (120); Pappermann/Löhr/Andriske, Recht der öffentlichen Sachen, 135.
1171 Battis, Allgemeines Verwaltungsrecht, 321; Randelzhofer, BayVBl. 1975, 607 (608).
1172 Randelzhofer, BayVBl. 1975, 607 (609); ähnlich Axer, Die Widmung als Schlüsselbegriff, 187.
1173 Hoffmann-Becking, DVBl. 1970, 850 (856f.); ders., JuS 1973, 615 (619).
1174 Hoffmann-Becking, DVBl. 1970, 850 (856).
1175 Hoffmann-Becking, DVBl. 1970, 850 (856, 857); ders., JuS 1973, 615 (617).
1176 Hoffmann-Becking, DVBl. 1970, 850 (856); ders., JuS 1973, 615 (619).

den und Kreise in Betracht wie §§ 5 Abs. 1 PartG, 70 Abs. 1 GewO, 22 PBefG und 6 EnWG.
Diese Bestimmungen konkurrieren mit dem kommunalrechtlichen Anspruch oder ergänzen diesen, wenn sie von unterschiedlicher Reichweite sind.[1177]

I. Der Anspruch nach § 5 Abs. 1 Satz 1 PartG

§ 5 Abs. 1 Satz 1 PartG kommt als Grundlage eines Anspruchs der politischen Parteien auf Zulassung zur Benutzung der kommunalen öffentlichen Einrichtungen, insbesondere der Veranstaltungsräume, in Betracht, da er bestimmt, daß alle Parteien gleichbehandelt werden sollen, wenn ein Träger öffentlicher Gewalt den Parteien Einrichtungen zur Verfügung stellt oder andere öffentliche Leistungen gewährt.
Damit umfaßt er zwar den Fall, daß die Kommunen ihre öffentlichen Einrichtungen kraft Widmung den politischen Parteien zur Verfügung stellen.[1178] § 5 Abs. 1 Satz 1 PartG ist aber in der Weise zu verstehen, daß er voraussetzt, daß ein Träger öffentlicher Gewalt den Parteien Einrichtungen zur Verfügung stellt.[1179] Der Anspruch auf Gewährung öffentlicher Leistungen muß daher durch andere Vorschriften begründet sein, aus § 5 Abs. 1 Satz 1 PartG folgt eine solche Verpflichtung der Kommunen nicht.[1180] Den Anspruch auf Zulassung zur Benutzung der kommunalen Veranstaltungsräume und anderen öffentlichen Einrichtungen können die Parteien daher ausschließlich aus §§ 18 Abs. 3 SchlH GO, 18 Abs. 3 SchlH KrO u.a. ableiten.[1181]
§ 5 Abs. 1 PartG regelt lediglich die Anwendung des Gleichheitssatzes für den Fall, daß Parteien nach anderen Vorschriften einen Anspruch auf Gewährung von öffentlichen Leistungen haben[1182], und bestimmt im einzelnen, daß die Parteien unter diesen Umständen gleich zu behandeln sind, wie der Umfang der Gewährung nach der Bedeutung der Parteien abgestuft werden kann und daß während

---

1177 Püttner/Lingemann, JA 1984, 121 (126).

1178 Drittes Kapitel, § 2, A.I.1.c..

1179 BVerwGE 32, 333 (336); Mohl, Die kommunalen öffentlichen Einrichtungen, 165.

1180 BVerwGE 32, 333 (336); VGH Mannheim, NJW 1987, 2697 (2697); Erbguth, VR 1982, 14 (18); Hölzl/Hien, Gemeindeordnung für den Freistaat Bayern, Art. 21, Erl. 5.b); Mohl, Die kommunalen öffentlichen Einrichtungen, 165f.; Helmut Roth, Die kommunalen öffentlichen Einrichtungen, 145; Zundel, JuS 1991, 472 (472).

1181 Frotscher, in: HdbkWPr, Band 3, 151; Mohl, Die kommunalen öffentlichen Einrichtungen, 166.

1182 BVerwGE 32, 333 (336); VGH Mannheim, NJW 1987, 2697 (2697); Hölzl/Hien, Gemeindeordnung für den Freistaat Bayern, Art. 21, Erl. 5.b); Mohl, Die kommunalen öffentlichen Einrichtungen, 165f.; Waechter, Kommunalrecht, Rdn. 565; Zundel, JuS 1991, 472 (472); Püttner/-Lingemann, JA 1984, 121 (126), vertreten die Ansicht, daß der kommunalrechtliche Anspruch insoweit vom parteirechtlichen Anspruch verdrängt werde.

eines Wahlkampfes Parteien unberücksichtigt bleiben können, die selber keine Wahlvorschläge eingereicht haben.

II. Der Anspruch nach § 70 Abs. 1 GewO

Denkbar erscheint auch, daß § 70 Abs. 1 GewO einen Anspruch auf Zulassung zur Benutzung kommunaler öffentlicher Einrichtungen begründet. Er berechtigt jedermann, der dem Teilnehmerkreis einer festgesetzten Veranstaltung angehört, zur Teilnahme an der Veranstaltung nach Maßgabe der für alle Veranstaltungsteilnehmer geltenden Bestimmungen.
Damit manifestiert sich in § 70 Abs. 1 GewO das Prinzip der Marktfreiheit[1183], das die wirtschaftsbelebende Funktion von Veranstaltungen in diesem Sinne sicherstellen soll[1184].
Dem Anspruch sind allerdings durch § 70 Abs. 2 und 3 GewO Grenzen gesetzt. Aus sachlich gerechtfertigten Gründen kommt die Beschränkung der Veranstaltung auf bestimmte Aussteller, Anbieter und Besucher und deren Ausschluß bei Erschöpfung der Kapazitäten in Betracht.
Um Veranstaltungen, die festgesetzt werden, handelt es sich gemäß § 69 Abs. 1 Satz 1 GewO bei Messen, Ausstellungen und Märkten im Sinne der §§ 64ff. GewO und gemäß § 60b GewO bei Volksfesten. Während Volksfeste durch § 60b GewO als im allgemeinen regelmäßig wiederkehrende, zeitlich begrenzte Veranstaltungen qualifiziert werden, auf denen eine Vielzahl von Anbietern unterhaltende Tätigkeiten ausübt und Waren feilbietet, die üblicherweise auf Veranstaltungen dieser Art angeboten werden, sind Veranstaltungen im Sinne der §§ 64ff. GewO durch die Merkmale des Verkaufs, des Vertriebs und der Information geprägt.[1185]
Wenn Gemeinden und Kreise zum einen zur Durchführung dieser Art von Veranstaltungen befugt sind und diese zum anderen öffentliche Einrichtungen im Sinne der §§ 18 Abs. 1 Satz 1 und Abs. 2 Satz 1 SchlH GO, 18 Abs. 1 Satz 1 und Abs. 2 Satz 1 SchlH KrO u.a. darstellen, treten § 70 Abs. 1 GewO und §§ 18 SchlH GO, 18 SchlH KrO u.a. in Konkurrenz zueinander. Diese Frage wird in einem späteren Zusammenhang näher untersucht.[1186]

[1183] Fastenrath, NWVBl. 1992, 51 (51); Hans-Achim Roth, WiVerw 1985, 46 (47); Helmut Roth, Die kommunalen öffentlichen Einrichtungen, 138f.; Spannowsky, GewArch 1995, 265 (267); Stober, Besonderes Wirtschaftsverwaltungsrecht, 51; Wagner, in: Friauf, Kommentar zur Gewerbeordnung, § 70, Rdn. 12; Widera, VR 1986, 17 (18).

[1184] R. Schmidt, Öffentliches Wirtschaftsrecht, Besonderer Teil 1, 91; Stober, Besonderes Wirtschaftsverwaltungsrecht, 51f..

[1185] R. Schmidt, Öffentliches Wirtschaftsrecht, Besonderer Teil 1, 98.

[1186] Drittes Kapitel, § 2, B.II.2.a. und b..

1. Die Festsetzung im Sinne des § 70 Abs. 1 GewO

Das zentrale Element in den durch § 70 Abs. 1 GewO begründeten Rechtsbeziehungen ist die Festsetzung. Sie bezeichnet die Ermächtigung zur Abhaltung einer Veranstaltung.[1187] Die Festsetzung erfolgt auf Antrag des Veranstalters (§ 69 Abs. 1 Satz 1 GewO) und verpflichtet diesen zur anschließenden Durchführung der Veranstaltung (§ 69 Abs. 2 GewO). Sie bestimmt zugleich den Gegenstand, die Öffnungszeit, die Dauer und den Platz der Veranstaltung (§ 69 Abs. 1 Satz 1 GewO).
Durch die Festsetzung einer Veranstaltung erlangen Gewerbetreibende, die zum Teilnehmerkreis der Veranstaltung gehören, den in § 70 Abs. 1 GewO normierten Anspruch. Die Festsetzung bringt die Veranstaltungsteilnehmer ferner in den Genuß der Marktprivilegien[1188] und befreit diese von der Reisegewerbekartenpflicht, von den Verboten des § 56 GewO und den Ladenschlußzeiten des Ladenschlußgesetzes[1189]. Das Entstehen des Anspruchs aus § 70 Abs. 1 GewO ist jedoch lediglich eine Folge der Festsetzung, sie begründet nicht unmittelbar Rechte der Veranstaltungsteilnehmer.[1190]

Sofern sie gegenüber einem privaten Veranstalter ergeht, stellt sich die Festsetzung als Verwaltungsakt im Sinne der §§ 35 Satz 1 VwVfG, 106 Abs. 1 SchlH LVwG dar[1191], da sie den Veranstalter zur Durchführung der festgesetzten Veranstaltung berechtigt und verpflichtet und damit insbesondere auf unmittelbare

1187 Stober, Besonderes Wirtschaftsverwaltungsrecht, 56.

1188 Ehlers, in: Achterberg/Püttner, Besonderes Verwaltungsrecht, Band I, Kapitel 1, Rdn. 244; Fastenrath, NWVBl. 1992, 51 (51); Landmann/Rohmer, Gewerbeordnung, § 69, Rdn. 13; Pitschas, BayVBl. 1982, 641 (643); Püttner/Lingemann, JA 1984, 121 (126); Hans-Achim Roth, BayVBl. 1982, 46 (48f.); Helmut Roth, Die kommunalen öffentlichen Einrichtungen, 139; R. Schmidt, Öffentliches Wirtschaftsrecht, Besonderer Teil 1, 103; Spannowsky, GewArch 1995, 265 (267); Wagner, in: Friauf, Kommentar zur Gewerbeordnung, § 69, Rdn. 41; Widera, VR 1986, 17 (18).

1189 Pitschas, BayVBl. 1982, 641 (643); Püttner/Lingemann, JA 1984, 121 (126); Helmut Roth, Die kommunalen öffentlichen Einrichtungen, 139; R. Schmidt, Öffentliches Wirtschaftsrecht, Besonderer Teil 1, 103; Stober, Besonderes Wirtschaftsverwaltungsrecht, 55.

1190 Ehlers, in: Achterberg/Püttner, Besonderes Verwaltungsrecht, Band I, Kapitel 1, Rdn. 239; Landmann/Rohmer, Gewerbeordnung, § 69, Rdn. 11; R. Schmidt, Besonderes Wirtschaftsverwaltungsrecht, Teil 1, 99f.; a.A. Wagner, in: Friauf, Kommentar zur Gewerbeordnung, § 69, Rdn. 36.

1191 Ehlers, in: Achterberg/Püttner, Besonderes Verwaltungsrecht, Band I, Kapitel 1, Rdn. 239; Hösch, GewArch 1996, 402 (403); Pitschas, BayVBl. 1982, 641 (643); Püttner/Lingemann, JA 1984, 121 (126); Hans-Achim Roth, WiVerw 1985, 46 (47); Helmut Roth, Die kommunalen öffentlichen Einrichtungen, 142; R. Schmidt, Öffentliches Wirtschaftsrecht, Besonderer Teil 1, 99; Stober, Besonderes Wirtschaftsverwaltungsrecht, 56; Widera, VR 1986, 17 (18).

Rechtswirkung nach außen gerichtet ist[1192]. Es handelt sich um einen Verwaltungsakt in der klassischen Form der gewerberechtlichen Erlaubnis.[1193]

2. Identität von Festsetzungbehörde und Veranstalter

Besonderheiten könnten gelten, wenn eine Kommune eine eigene Veranstaltung festsetzt.

Daß es sich bei der für die Festsetzung der Veranstaltung zuständigen Behörde im Sinne des § 69 Abs. 1 Satz 1 GewO um eine Kommune handelt, die zugleich als Veranstalterin auftritt, ist in Schleswig-Holstein nach § 1 Abs. 1 in Verbindung mit Nr. 3.1.6. und 3.5.4. des als Anlage beigefügten Zuständigkeitsverzeichnisses der Landesverordnung zur Bestimmung der zuständigen Behörden nach der Gewerbeordnung in der Fassung der Bekanntmachung vom 26. März 1971[1194] möglich.

Von praktischer Relevanz sind in diesem Zusammenhang insbesondere Volksfeste wie das Münchener Oktoberfest, der Hamburger Dom oder der Bremer Freimarkt.[1195]

a. Rechtsform der Festsetzung

Besonderheiten könnten zunächst bei der Rechtsform der Festsetzung gelten, wenn eine Kommune eine eigene Veranstaltung festsetzt.

Wenn die festsetzende Behörde und der Veranstalter identisch sind, bestehen keine Außenrechtsbeziehungen und ein Verwaltungsakt im Sinne der §§ 35 Satz 1 VwVfG, 106 Abs. 1 SchlH LVwG kommt als Rechtsform der Festsetzung nicht in Betracht.[1196] Auch ein als Alternative erwogener Verwaltungsakt in der Form ei-

---

1192 R. Schmidt, Besonderes Wirtschaftsverwaltungsrecht, Teil 1, 99.

1193 Ehlers, in: Achterberg/Püttner, Besonderes Verwaltungsrecht, Band I, Kapitel 1, Rdn. 243; Pitschas, BayVBl. 1982, 641 (643); Hans-Achim Roth, WiVerw 1985, 46 (47); Helmut Roth, Die kommunalen öffentlichen Einrichtungen, 142; a.A. Wagner, in: Friauf, Kommentar zur Gewerbeordnung, § 69, Rdn. 35, der darauf abstellt, daß Veranstaltungen im Sinne der §§ 64ff., 60b GewO auch ohne Festsetzung durchgeführt werden können, und die Festsetzung als neben der gewerberechtlichen Erlaubnis, Gestattung, Genehmigung oder Konzession eigenständiges Rechtsinstitut betrachtet.

1194 GVBl. 1971, 132ff..

1195 R. Schmidt, Öffentliches Wirtschaftsrecht, Besonderer Teil 1, 98.

1196 Ehlers, in: Achterberg/Püttner, Besonderes Verwaltungsrecht, Band I, Kapitel 1, Rdn. 240; Evertz, Die Bedeutung der Grundrechte, 97, Fn. 1; Hösch, GewArch 1996, 402 (403); Landmann/Rohmer, Gewerbeordnung, § 69, Rdn. 12; Hans-Achim Roth, WiVerw 1985, 46 (47); Helmut Roth, Die kommunalen öffentlichen Einrichtungen, 142.

ner Allgemeinverfügung nach §§ 35 Satz 2 VwVfG, 106 Abs. 2 SchlH LVwG[1197] entfällt. Die Festsetzung richtet sich nicht an einen nach allgemeinen Merkmalen bestimmten oder bestimmbaren Personenkreis (1. Alt.), indem sie Gewerbetreibende, die dem Teilnehmerkreis der festgesetzten Veranstaltung angehören, berechtigte, sondern sie begünstigt den antragstellenden Veranstalter, der außerdem grundsätzlich nach eigenem Ermessen über die Zulassung der Veranstaltungsteilnehmer entscheiden kann[1198]. Die Festsetzung betrifft auch nicht die öffentlich-rechtliche Eigenschaft einer Sache (2. Alt.), da sie die Veranstaltung nicht einem öffentlich-rechtlichen Regime unterwirft[1199], sondern primär die Ermächtigung des Veranstalters zur Abhaltung einer Veranstaltung bezeichnet. Eine Regelung der Benutzung durch die Allgemeinheit (3. Alt.) kommt ebenfalls nicht in Betracht, da die Festsetzung unmittelbar nur den Veranstalter berechtigt und verpflichtet.

Da die von § 70 Abs. 1 GewO für die Festsetzung vorgesehene Rechtsform des Verwaltungsaktes nicht zur Verfügung steht, wird angenommen, daß den Kommunen die Festsetzung eigener Veranstaltungen verwehrt sei.[1200]

Die Untersagung der Festsetzung eigener Veranstaltungen hinderte die Kommunen aber nicht daran, nicht festgesetzte Veranstaltungen durchzuführen, die nicht an die Bestimmungen des § 70 Abs. 1 GewO gebunden wären. Die Kommunen hätten lediglich Art. 3 Abs. 1 GG zu beachten.[1201] Dann stünde zu befürchten, daß die Kommunen, anstatt die von einem Veranstalter beantragte Festsetzung zu treffen, die Veranstaltung selber ausrichteten und den in ihrem Gebiet ansässigen Gewerbetreibenden bevorzugt Zugang gewährten, da sie nicht an den Grundsatz der Marktfreiheit nach § 70 Abs. 1 GewO gebunden wären. Unter Berücksichtigung der Interessen der auf Veranstaltungen im Sinne der §§ 64ff. und 60b GewO tätigen Gewerbetreibenden kann dieses Ergebnis jedoch nicht befriedigen.

Da die Festsetzung den jedermann zustehenden Anspruch nach § 70 Abs. 1 GewO auslöst, muß es dem Staat außerdem verwehrt sein, sich von der Bindung an den in § 70 Abs. 1 GewO festgelegten Grundsatz der Marktfreiheit zu befreien, indem er durch Kompetenzregelungen die Möglichkeit der Festsetzung eigener Veranstaltungen der Kommunen ausschließt.[1202]

Schließlich erscheint es nicht haltbar, den kommunalen Veranstaltern und Teilnehmern die Marktprivilegien zu versagen.[1203]

1197 R. Schmidt, Öffentliches Wirtschaftsrecht, Besonderer Teil 1, 100.

1198 Hösch, GewArch. 1996, 402 (403).

1199 So aber Wagner, in: Friauf, Kommentar zur Gewerbeordnung, § 69, Rdn. 36, der eine Allgemeinverfügung im Sinne der §§ 35 Satz 2, 2. Alt. VwVfG, 106 Abs. 2, 2. Alt. SchlH LVwG annimmt.

1200 Evertz, Die Bedeutung der Grundrechte, 97.

1201 Fastenrath, NWVBl. 1992, 51 (52).

1202 Pitschas, BayVBl. 1992, 641 (643).

1203 Ehlers, in: Achterberg/Püttner, Besonderes Verwaltungsrecht, Band I, Kapitel 1, Fn. 175.

Die Kommunen sind daher zur Festsetzung eigener Veranstaltungen befugt.[1204] Der Rechtsform nach soll es sich bei dieser Festsetzung um einen verwaltungsinternen Organisationsakt handeln.[1205] Eine Festsetzung im gewerberechtlichen Sinne wird allerdings erst angenommen, wenn sich anhand objektiver Kriterien ein entsprechender Wille der Kommune ermitteln läßt, der insbesondere erkennen läßt, daß die Veranstaltung mit den Marktprivilegien ausgestattet wird.[1206] Die schlichte Veröffentlichung von Anmelde- und Teilnahmebedingungen oder Betriebsvorschriften der durchzuführenden Veranstaltung soll nicht genügen.[1207]
Der Annahme eines verwaltungsinternen Organisationsaktes wird entgegengehalten, daß diese Form den Anforderungen des § 70 Abs. 1 GewO an die Festsetzung nicht genüge und daher nicht in der Lage sei, den Veranstalter zur Durchführung der Veranstaltung zu berechtigen.[1208] Der Einwand kann jedoch dadurch entkräftet werden, daß die Festsetzung eigener Veranstaltungen der Kommunen auch die durch § 70 Abs. 1 GewO normativ geschützte Rechtsstellung der potentiellen Veranstaltungsteilnehmer berührt. Damit wirkt sie nicht lediglich im verwaltungsinternen Bereich, sondern stellt insofern einen Verwaltungsakt dar. Dadurch genügt sie den Anforderungen des § 70 Abs. 1 GewO an die Festsetzung.[1209]
Das Argument, die Kommunen könnten sich nicht selber privilegieren[1210], ist ebenfalls nicht haltbar, da die Kommunen durchaus Entscheidungsbefugnis in eigener Sache haben.[1211]
Auch der Hinweis, die Festsetzung liege jedenfalls in der als Verwaltungsakt ergehenden Widmung einer Veranstaltung zur kommunalen öffentlichen Einrichtung einbeschlossen[1212], kann nicht durchgreifen. Die Widmung ergeht nicht zwingend in der Rechtsform des Verwaltungsaktes, sondern stellt vielmehr einen nicht formalisierten Rechtsakt dar.[1213] Die Annahme einer konkludenten Festsetzung scheitert ferner am Fehlen des nach § 69 Abs. 1 Satz 1 GewO erforderlichen

---

[1204] Im Ergebnis übereinstimmend Spannowsky, GewArch 1995, 265 (268).

[1205] Ehlers, in: Achterberg/Püttner, Besonderes Verwaltungsrecht, Band I, Kapitel 1, Rdn. 240; Hösch, GewArch 1996, 402 (403); Landmann/Rohmer, Gewerbeordnung, § 69, Rdn. 12; Püttner/Lingemann, JA 1984, 121 (126); Helmut Roth, Die kommunalen öffentlichen Einrichtungen, 142; Spannowsky, GewArch 1995, 265 (268); Widera, VR 1986, 17 (18).

[1206] Ehlers, in: Achterberg/Püttner, Besonderes Verwaltungsrecht, Band I, Kapitel 1, Rdn. 240; Hösch, GewArch 1996, 402 (403); Widera, VR 1986, 17 (18).

[1207] VGH München, BayVBl. 1982, 656 (656); Widera, VR 1986, 17 (18).

[1208] Pitschas, BayVBl. 1982, 641 (643).

[1209] Pitschas, BayVBl. 1982, 641 (644); im Ergebnis übereinstimmend Hans-Achim Roth, BayVBl. 1982, 46 (47f.).

[1210] Pitschas, BayVBl. 1982, 641 (643).

[1211] Ehlers, in: Achterberg/Püttner, Besonderes Verwaltungsrecht, Band I, Kapitel 1, Fn. 175; Hans-Achim Roth, BayVBl. 1982, 46 (48).

[1212] Pitschas, BayVBl. 1982, 641 (644).

[1213] Drittes Kapitel, § 1, D.III..

Antrags auf Festsetzung der Veranstaltung.[1214] Schließlich verfügen der Widmungsakt und der Akt der Festsetzung über unterschiedliche Adressaten, die eine Gleichsetzung verbieten. Während sich die Widmung als teilnehmerbezogen darstellt, richtet sich die Festsetzung an den Veranstalter.[1215]
Die Kommunen sind daher zur Festsetzung eigener Veranstaltungen im Sinne der §§ 64ff., 60b GewO gemäß § 70 Abs. 1 GewO in der Form eines verwaltungsinternen Organisationsaktes befugt.

b. Geltung des § 70 Abs. 1 GewO gegenüber Veranstaltungen mit dem Charakter öffentlicher Einrichtungen

Setzen die Kommunen gemäß § 70 Abs. 1 GewO eigene Veranstaltungen fest, könnten die Regelungen des Gewerberechts und die der §§ 18 SchlH GO, 18 SchlH KrO u.a. hinsichtlich der Frage in Konkurrenz treten, ob dem Grundsatz der Marktfreiheit oder dem Einwohnerprivileg Vorrang einzuräumen ist.
Damit dieser Fall eintritt, müßten die nach § 70 Abs. 1 GewO festgesetzten Veranstaltungen der Gemeinden und Kreise gegenüber den Gewerbetreibenden aber öffentliche Einrichtungen im Sinne der §§ 18 Abs. 1 Satz 1 und Abs. 2 Satz 1 SchlH GO, 18 Abs. 1 Satz 1 und Abs. 2 Satz 1 SchlH KrO u.a. darstellen.
Um kommunale öffentliche Einrichtungen handelt es sich, unabhängig von ihrer Organisationsform, bei einem Bestand an Personal- oder Sachmitteln in der Trägerschaft der Gemeinde oder des Kreises, der wirtschaftlichen, sozialen und kulturellen Zwecken gewidmet ist und entsprechende örtliche Verwaltungsaufgaben erfüllt. Öffentliche Einrichtungen dienen der allgemeinen Benutzung durch Einwohner und gleichgestellte Personen und Personenvereinigungen nach vorhergehender Zulassung.[1216]
Eine Veranstaltung der Kommunen im Sinne der §§ 64ff., 60b GewO könnte während der Dauer der Veranstaltung insofern eine öffentliche Einrichtung darstellen, als man sie als Gesamtheit des Veranstaltungsgeländes und seiner Versorgungseinrichtungen betrachtet und sich diese in kommunaler Trägerschaft befindet, die Gewerbetreibenden benutzungsberechtigt sind und die Kommunen über die Vergabe der Standplätze entscheiden.[1217] Gegen den Durchgriff auf das Veranstaltungsgelände und seine Versorgungseinrichtungen wird aber zutreffend eingewandt, daß diese eine eigenständige kommunale öffentliche Einrichtung darstellten und in dieser Eigenschaft von den Veranstaltungen benutzt würden.[1218] Zu-

1214 Hans-Achim Roth, BayVBl. 1982, 46 (47).
1215 Hans-Achim Roth, BayVBl. 1982, 46 (47).
1216 Zweites Kapitel, § 3, A..
1217 Mohl, Die kommunalen öffentlichen Einrichtungen, 160f.; ähnlich Spannowsky, GewArch 1995, 265 (268).
1218 Fastenrath, NWVBl. 1992, 51 (54).

gleich beraubte die Auflösung der Veranstaltung in ihre Bestandteile sie ihres Sinnes als öffentliche Einrichtung.[1219] Gegen den Durchgriff auf das Veranstaltungsgelände und seine Versorgungseinrichtungen spricht ferner, daß diese nur Hilfsmittel darstellen, die die Ausrichtung einer Veranstaltung erst ermöglichen. Sachangemessener erscheint es daher, für die Frage nach dem Bestehen einer kommunalen öffentlichen Einrichtung den Charakter der Veranstaltung zu untersuchen.[1220] Unter diesen Umständen müßten allerdings auch die Gewerbetreibenden als Bestandteil der Veranstaltung angesehen werden, so daß sie nicht als deren Benutzer in Betracht kämen.[1221] Damit wäre eine Konkurrenz des § 70 Abs. 1 GewO und der §§ 18 SchlH GO, 18 SchlH KrO u.a. ausgeschlossen.

Dennoch können Veranstaltungen nach §§ 64ff. GewO und Volksfeste als öffentliche Einrichtungen im Sinne der §§ 18 Abs. 1 Satz 1 und Abs. 2 Satz 1 SchlH GO, 18 Abs. 1 Satz 1 und Abs. 2 Satz 1 SchlH KrO u.a. qualifiziert werden. Es handelt sich bei ihnen um einen Bestand an Personal- oder Sachmitteln, der entweder durch die Kommunen zugelassen wird (Gewerbetreibende) oder sich in kommunaler Trägerschaft befindet (Veranstaltungsgelände und Versorgungseinrichtungen) und der im Fall von Veranstaltungen im Sinne der §§ 64ff. GewO dem wirtschaftlichen Zweck der Wirtschaftsförderung[1222] bzw. im Fall von Volksfesten dem kulturellen Zweck, die örtliche Einwohnerschaft zu versammeln, zu unterhalten und zu belustigen[1223], dient. Außerdem sind die Veranstaltungen der Allgemeinheit aufgrund eines Zulassungsaktes zugänglich. Trotz der Qualifizierung der Veranstaltung als öffentliche Einrichtung könnte der Benutzungsberechtigung der Gewerbetreibenden jedoch der Gedanke entgegenstehen, daß Gewerbetreibende einen Bestandteil der Veranstaltung bilden.

In dieser Frage ist zwischen Veranstaltungen im Sinne der §§ 64ff. GewO und Volksfesten im Sinne des § 60b GewO zu differenzieren. Handelt es sich bei den festgesetzten Veranstaltungen um Messen, Ausstellungen oder Märkte, erweist sich die Benutzerstellung der Gewerbetreibenden als unproblematisch, da Veranstaltungen im Sinne der §§ 64ff. GewO zum Zweck der Wirtschaftsförderung durchgeführt werden. Sie liegen vornehmlich im Interesse der Gewerbetreibenden, die dort auf sich und ihre Produkte aufmerksam machen können.[1224] An der Benutzerstellung der Gewerbetreibenden bestehen jedoch Zweifel, wenn es sich bei den festgesetzten Veranstaltungen um Volksfeste im Sinne des § 60b GewO

[1219] Fastenrath, NWVBl. 1992, 51 (54).

[1220] Fastenrath, NWVBl. 1992, 51 (54); im Ergebnis übereinstimmend Wagner, in: Friauf, Kommentar zur Gewerbeordnung, § 70, Rdn. 10; H.-J. Schmidt, DÖV 1963, 217 (218).

[1221] Fastenrath, NWVBl. 1992, 51 (54); Hösch, GewArch 1996, 402 (406).

[1222] Hösch, GewArch 1996, 402 (406).

[1223] Fastenrath, NWVBl. 1992, 51 (54); Hösch, GewArch 1996, 402 (406); Mohl, Die kommunalen öffentlichen Einrichtungen, 160.

[1224] Hösch, GewArch 1996, 402 (406).

handelt, denn diese dienen der Unterhaltung und Belustigung der Besucher[1225]. Nach zutreffender Ansicht werden jedoch auch die Gewerbetreibenden neben den primär berechtigten Besuchern als widmungsgemäße Benutzer angesehen.[1226] Dabei ist allerdings nicht maßgebend, daß ein Volksfest nicht ohne Schausteller und andere Gewerbetreibende stattfinden kann und diese einen unmittelbaren Bezug zu der öffentlichen Einrichtung haben.[1227] Denn diese Einschätzung macht die Beschicker der Veranstaltungen nicht notwendig zu Berechtigten im Sinne der §§ 18 SchlH GO, 18 SchlH KrO[1228], sondern würde nur begründen, daß sie als Bestandteile der Veranstaltungen zu betrachten sind. Da Volksfeste ähnlich wie Veranstaltungen im Sinne der §§ 64ff. GewO nicht nur das Publikum ansprechen, sondern auch das berufliche Betätigungsfeld einer bestimmten Gruppe von Gewerbetreibenden ist, erscheint eine Gleichbehandlung der Veranstaltungstypen geboten. Außerdem muß die Bedeutung der Volksfeste für die Beschicker berücksichtigt werden. Sie sind sowohl in ihrer Grundrechtsausübung hinsichtlich Art. 12 Abs. 1 GG betroffen als auch in starkem Maße auf ihre Betätigung auf Volksfesten angewiesen. Daher muß der Widmungszweck der kommunalen Volksfeste auch die Betätigung der Schausteller umfassen. Man könnte ihn gewissermaßen als zweigliedrig, als auf die Unterhaltung des Publikums und auf die der Förderung der Gewerbetreibenden gerichtet, betrachten.

Gegenüber den Gewerbetreibenden stellen sich die von den Gemeinden und Kreisen im Sinne des § 70 Abs. 1 GewO festgesetzten eigenen Messen, Ausstellungen, Märkte und Volksfeste daher als öffentliche Einrichtungen dar, und sie zählen zu den benutzungsberechtigten Personen, so daß § 70 Abs. 1 GewO mit §§ 18 SchlH GO, 18 SchlH KrO u.a. in ein Konkurrenzverhältnis tritt.

Darauf ist Art. 31 GG anwendbar mit der Folge, daß das Gewerberecht den Regelungen der §§ 18 SchlH GO, 18 SchlH KrO u.a. vorgeht.[1229] Wegen der gemäß § 70 Abs. 1 GewO für festgesetzte Veranstaltungen eingeräumten Marktfreiheit haben daher auch auswärtige Veranstalter, die keine Forensen im Sinne der §§ 18 Abs. 2 Satz 1 SchlH GO, 18 Abs. 2 Satz 1 SchlH KrO u.a. sind, einen Anspruch auf Zulassung zu den kommunalen Messen, Ausstellungen, Märkten und Volksfesten.[1230] Das „Einwohnerprivileg" ist folglich nicht anwendbar.

1225 Fastenrath, NWVBl. 1992, 51 (54); Hösch, GewArch 1996, 402 (406); Mohl, Die kommunalen öffentlichen Einrichtungen, 160.

1226 VGH München, BayVBl. 1982, 656 (656f.); Lässig, NVwZ 1983, 18 (19); im Ergebnis übereinstimmend H.-J. Schmidt, DÖV 1963, 217 (218); a.A. Hözl/Hien, Gemeindeordnung für den Freistaat Bayern, Art. 21, Erl. 5.c).

1227 VGH München, BayVBl. 1982, 656 (656f.).

1228 Hölzl/Hien, Gemeindeordnung für den Freistaat Bayern, Art. 21, Erl. 5.c).

1229 Hösch, GewArch 1996, 402 (406).

1230 Fastenrath, NWVBl. 1992, 51 (52); Mohl, Die kommunalen öffentlichen Einrichtungen, 163; Pitschas, BayVBl. 1982, 641 (644f.); Püttner/Lingemann, JA 1984, 121 (126); Hans-Achim Roth, BayVBl. 1982, 46 (49f.); H.-J. Schmidt, DÖV 1963, 217 (218); Spannowsky, GewArch 1995, 265 (268, 271); Wagner, in: Friauf, Kommentar zur Gewerbeordnung, § 70, Rdn. 11.

3. Nicht festgesetzte Veranstaltungen im Sinne der §§ 64ff., 60b GewO

Gegenüber Veranstaltungen, die nicht festgesetzt worden sind, könnte an der Anwendbarkeit des § 70 Abs. 1 GewO gezweifelt werden, da es an einer Anspruchsvoraussetzung fehlt. Sofern es sich um eine Veranstaltung einer Gemeinde oder eines Kreises handelt, die eine öffentliche Einrichtung darstellt, könnte lediglich ein Anspruch nach §§ 18 SchlH GO, 18 SchlH KrO u.a. bestehen.[1231]
Allerdings wird man den in § 70 Abs. 1 GewO festgelegten Grundsatz der Marktfreiheit unter Berücksichtigung seiner Bedeutung für die Grundrechtsausübung der Gewerbetreibenden, die in hohem Maße auf die Teilnahme an Marktveranstaltungen angewiesen sind, eine höhere Wertigkeit zuerkennen und ihn auch gegenüber nicht festgesetzten Veranstaltungen zur Geltung bringen müssen.[1232]

III. Der Anspruch nach § 22 PBefG

§ 22 PBefG verpflichtet den Unternehmer, der entgeltliche oder geschäftsmäßige Beförderung von Personen mit Straßenbahnen, Obussen und Kraftfahrzeugen betreibt, unter den Bedingungen der Nr. 1 bis 3 zur Beförderung. Daraus erwächst dem an einer Beförderung Interessierten ein Anspruch auf Beförderung gegen den Unternehmer.
Da die von den Kommunen betriebenen Verkehrsunternehmen öffentliche Einrichtungen darstellen[1233], ist § 22 PBefG auch auf diese anwendbar[1234] und setzt sich gemäß Art. 31 GG über die Regelungen der §§ 18 SchlH GO, 18 SchlH KrO u.a. hinweg. Als Benutzer der kommunalen Verkehrsbetriebe kommen daher nicht allein die Einwohner der Gemeinden und Kreise in Betracht, sondern auch Auswärtige unabhängig davon, ob sie die Voraussetzungen der §§ 18 Abs. 2 Satz 1 SchlH GO, 18 Abs. 2 Satz 1 SchlH KrO u.a. erfüllen.

IV. Der Anspruch nach § 6 Abs. 1 EnWG

Der in § 6 Abs. 1 EnWG begründeten Anschluß- und Versorgungspflicht der ein bestimmtes Gebiet versorgenden Energieversorgungsunternehmen korrespondiert der Anspruch eines jeden, zu den allgemeinen Bedingungen und Tarifpreisen an

---

1231 Lässig, NVwZ 1983, 18 (19); Widera, VR 1986, 17 (18).
1232 Hans-Achim Roth, BayVBl. 1982, 46 (49f.); a.A. Evertz, Die Bedeutung der Grundrechte, 97f.; Helmut Roth, Die kommunalen öffentlichen Einrichtungen, 141.
1233 Galette, Gemeindeordnung für Schleswig-Holstein, § 17, Rdn. 10; Ossenbühl, in: HdbkWPr, Band 3, 381.
1234 H.-J. Schmidt, DÖV 1963, 217 (218).

das Versorgungsnetz des Energieversorgungsunternehmens angeschlossen und versorgt zu werden.
Da der Anspruch nach § 6 Abs. 1 EnWG voraussetzt, daß der Anspruchsteller im Gebiet des Energieversorgungsunternehmens ansässig ist, werden sich in der Praxis keine Unterschiede zu den Regelungen der §§ 18 SchlH GO, 18 SchlH KrO u.a. ergeben, die ihrerseits verlangen, daß der Anspruchsteller Einwohner oder der Kommune auf andere Weise sachverbunden ist.

D. Kommunalrechtliche und sachenrechtliche Aspekte der Benutzung öffentlicher Einrichtungen

Im Rahmen der Zulassung zur Benutzung der kommunalen öffentlichen Einrichtungen werden vornehmlich die kommunalrechtlichen Regelungen der §§ 18 SchlH GO, 18 SchlH KrO u.a. relevant. Sie sind maßgebend für die Bestimmung der benutzungsberechtigten Personengruppe, der zur Erfüllung des Anspruchs verpflichteten Person, der Rechtsnatur des Anspruchs und des Anspruchsinhalts. Der Regelungsgehalt der §§ 18 SchlH GO, 18 SchlH KrO u.a. umfaßt den Sachbereich der Zulassung zur Benutzung der kommunalen öffentlichen Einrichtungen daher fast vollständig.
Indes erfahren die Anspruchsgrenzen keine detaillierte Regelung. §§ 18 SchlH GO, 18 SchlH KrO u.a. gewähren den Anspruch lediglich im Rahmen der bestehenden Vorschriften. Durch diesen Vorbehalt gelangen, sofern die öffentliche Einrichtung durch einen Rechtssatz gewidmet wurde, die sachenrechtlichen Grundlagen der Einrichtungsbenutzung zur Anwendung. Genügt der Widmungsakt dieser Form nicht, ist sie gleichwohl für die Bestimmung der Anspruchsgrenzen maßgebend, denn nach der Widmung richtet sich, in welchem Umfang eine öffentliche Einrichtung gemäß §§ 18 SchlH GO, 18 SchlH KrO u.a. zur Verfügung steht.

§ 3 Die rechtliche Ordnung der Benutzung öffentlicher Einrichtungen im engeren Sinne

Nachdem sich die Untersuchung der rechtlichen Ordnung der Benutzung kommunaler öffentlicher Einrichtungen zunächst dem Vorgang der Schaffung und der Zulassung als Voraussetzungen der Benutzung öffentlicher Einrichtungen gewidmet hat, ist nun die Benutzung der öffentlichen Einrichtungen der Gemeinden und Kreise im engeren Sinne zu behandeln.
Unter der Benutzung im engeren Sinne ist die der Zweckbestimmung entsprechende oder als Sonderbenutzung gestattete Inanspruchnahme der öffentlichen Einrichtungen zu verstehen. Sie entspricht dem durch §§ 18 Abs. 1 Satz 1, Abs. 2

Satz 1, Abs. 3 SchlH GO, 18 Abs. 1 Satz 1, Abs. 2 Satz 1, Abs. 3 SchlH KrO u.a. gewährten Anspruch.
Zu dem Themenkreis der Benutzung öffentlicher Einrichtungen im engeren Sinne rechnen Probleme der rechtlichen Gestaltung der Rechtsbeziehungen zwischen dem Einrichtungsträger und dem Benutzer, der in §§ 17 Abs. 2, 3 SchlH GO, 17 Abs. 2 SchlH KrO u.a. vorgesehenen Möglichkeit des Anschluß- und Benutzungszwanges, der Erhebung von Entgelten für die Benutzung, der Regelung der ordnungsgemäßen Benutzung und der Haftung der Einrichtungsträger für Schädigungen der Benutzer anläßlich der Einrichtungsbenutzung.

A. Geltungsbereich des Anstaltsrechts

Sofern die konkrete öffentliche Einrichtung durch die Kommune als Anstalt des öffentlichen Rechts, beispielsweise als Regie- oder Eigenbetrieb[1235], organisiert worden ist, entspricht der Themenkreis der Benutzung der öffentlichen Einrichtungen im engeren Sinne dem Geltungsbereich des herkömmlich im Zusammenhang mit dem kommunalen Einrichtungswesen angeführten, jedoch nicht normierten Anstaltsrechts.
Denn unter Berücksichtigung der Regelung des § 45 SchlH LVwG sind Gegenstand des Anstaltsrechts insbesondere die Voraussetzungen der Benutzung der Anstalt und die Pflichten und Rechte der Benutzer gegenüber der Anstalt. § 45 SchlH LVwG ermächtigt Verwaltungsträger, die eine nichtrechtsfähige Anstalt des öffentlichen Rechts verwalten, Gegenstand und Umfang der von der Anstalt zu erbringenden Leistung sowie bei nutzbaren Anstalten die Voraussetzungen der Benutzung und die Pflichten und Rechte der Benutzer gegenüber der Anstalt durch Satzung zu regeln.
Öffentliche Einrichtungen der Gemeinden und Kreise werden zwar regelmäßig in der Rechtsform der Anstalt des öffentlichen Rechts betrieben, insbesondere als Regie- oder Eigenbetriebe wie Schulen, Kindergärten, Bibliotheken und Archive, Schwimmbäder, Theater und Museen oder die als wirtschaftliche Unternehmen im Sinne des § 101 SchlH GO geführten Verkehrs- und Versorgungsbetriebe. Da auch andere öffentlich-rechtliche oder zivilrechtliche Rechtsformen öffentlicher Einrichtungen in Betracht kommen, deckt der Begriff der öffentlichen Anstalt aber nur einen Teilbereich der Erscheinungsformen öffentlicher Einrichtungen ab.[1236]
Die Untersuchung der Benutzung der öffentlichen Einrichtungen im engeren Sinne als einer kommunalrechtlichen Fragestellung orientiert sich daher in erster Linie an den Regelungen des Kommunalrechts und anderen Normen. Lediglich in

[1235] Vgl. Zweites Kapitel, § 3, B.II.2..
[1236] Zweites Kapitel, § 3, C.I..

dem Teilbereich der inneren Ordnung der öffentlichen Einrichtungen kommt ein Rückgriff auf das ungeschriebene Anstaltsrecht in Betracht.

B. Die rechtliche Gestaltung des Benutzungsverhältnisses

Die Benutzung der öffentlichen Einrichtungen der Gemeinden und Kreise vollzieht sich nicht allein auf der Grundlage der Widmung, die den Anspruch auf Zulassung zur Benutzung der öffentlichen Einrichtungen nach §§ 18 SchlH GO, 18 SchlH KrO u.a. begründet und konkretisiert[1237]. Die Modalitäten der Benutzung der öffentlichen Einrichtungen wie Öffnungszeiten, Benutzungsentgelte und Verhaltensanforderungen werden vielmehr durch Benutzungsordnungen unterschiedlichster Rechtsform näher bestimmt.

In materieller Hinsicht regeln Benutzungsordnungen grundsätzlich alle Fragen, die zur Gewährleistung einer ordnungsgemäßen Benutzung der öffentlichen Einrichtung und zur Aufrechterhaltung der Funktionsfähigkeit der Einrichtung notwendig sind.[1238]

Beispielsweise verpflichten Benutzungsordnungen von Bibliotheken die Benutzer zum sorgfältigen Umgang mit den entliehenen Medien[1239] und zu einem Verhalten, das den ungestörten Aufenthalt und das ruhige Arbeiten aller sicherstellt[1240], und verbieten das Rauchen, den Verzehr von Speisen und Getränken und die Ablage von Garderobe auf Tischen und Stühlen[1241]. Benutzungsordnungen von Badeanstalten verpflichten die Schwimmer oftmals zum Tragen einer Badekappe[1242] und sehen nach Geschlechtern getrennte Badezeiten vor[1243], die abweichende ethische Vorstellungen fremder Kulturkreise berücksichtigen.

Dabei steht die inhaltliche Ausgestaltung des Benutzungsverhältnisses ebenso wie die Entscheidung über das „Ob“ des Betriebes einer öffentlichen Einrichtung

---

1237 Drittes Kapitel, § 1, D.III.2.c. und d.aa..

1238 Galette, Gemeindeordnung für Schleswig-Holstein, § 18, Rdn. 52; Stober, JA 1975, 737 (740).

1239 Zum Beispiel bestimmt § 4 Abs. 1 der Benutzungs- und Gebührensatzung der Stadtbücherei der Landeshauptstadt Kiel vom 12. Juni 1995: „Der/Die Benutzer/in ist verpflichtet, die Medien sorgfältig zu behandeln, sie vor Veränderung, Beschmutzung, Beschädigung zu bewahren sowie Anstreichungen und Randbemerkungen zu unterlassen.“

1240 Gemäß § 6 Abs. 2 der Benutzungs- und Gebührensatzung der Stadtbücherei der Landeshauptstadt Kiel.

1241 Gemäß § 6 Abs. 3 der Benutzungs- und Gebührensatzung der Stadtbücherei der Landeshauptstadt Kiel.

1242 VGH Mannheim, DÖV 1978, 569 (571).

1243 Galette, Gemeindeordnung für Schleswig-Holstein, § 18, Rdn. 52.

grundsätzlich im Ermessen der Kommune[1244], Begrenzungen des Benutzungsrechts müssen aber in jedem Fall vom Zweck der öffentlichen Einrichtung getragen sein.[1245] Gegenstand der Regelungen der Benutzungsordnungen können außerdem nur Fragen sein, die mit der Benutzung der öffentlichen Einrichtung in unmittelbarem Zusammenhang stehen.[1246]
Da die formelle Ausgestaltung des Benutzungsverhältnisses durch die Organisationsform der öffentlichen Einrichtung mitbestimmt wird, wird ihre Darstellung nach öffentlich-rechtlicher und privatrechtlicher Organisation der öffentlichen Einrichtung gegliedert.

I. Die rechtliche Gestaltung des Benutzungsverhältnisses bei öffentlich-rechtlicher Organisation der öffentlichen Einrichtung

Öffentliche Einrichtungen der Gemeinden und Kreise, die in Rechtsformen des öffentlichen Rechts organisiert sind, kommen als rechtsfähige Körperschaften, Anstalten und Stiftungen des öffentlichen Rechts in Betracht, und als nichtrechtsfähige Regiebetriebe und Eigenbetriebe, die ihrerseits als nichtrechtsfähige öffentliche Anstalten organisiert sind und von der Gemeinde oder dem Kreis getragen werden.[1247]

1. Wahlfreiheit

Wenn die kommunale öffentliche Einrichtung von einer Körperschaft, Anstalt oder Stiftung des öffentlichen Rechts, insbesondere von einer Kommune getragen wird, nimmt die herrschende Ansicht an, daß der Einrichtungsträger hinsichtlich der rechtlichen Gestaltung des Benutzungsverhältnisses der öffentlichen Einrichtung Wahlfreiheit genieße und das Benutzungsverhältnis sowohl öffentlich-rechtlich als auch privatrechtlich regeln könne.[1248]

[1244] VGH Mannheim, NVwZ 1999, 565 (565f.); Hölzl/Hien, Gemeindeordnung für den Freistaat Bayern, Art. 21, Erl. 3.d).

[1245] VGH Mannheim, DÖV 1978, 569 (571); ders., NVwZ 1999, 565 (565f.); VGH München, BayVBl. 1985, 366 (367); Hölzl/Hien, Gemeindeordnung für den Freistaat Bayern, Art. 21, Erl. 3.d).

[1246] Schlempp/Schlempp, Kommentar zur Hessischen Gemeindeordnung, § 19, Erl. VIII..

[1247] Zweites Kapitel, § 3, B..

[1248] BGH, BayVBl. 1985, 27 (28); OVG Lüneburg, NJW 1977, 450 (450); BayVerfGH, NVwZ 1998, 727 (728); VGH Mannheim, DÖV 1978, 569 (570); Böttcher, Kommunalrecht, Rdn. 989, 991; Bracker/Dehn, Gemeindeordnung für Schleswig-Holstein, § 18, Erl. 3. zu Abs. 1.; Ehlers, DVBl. 1986, 912 (917); ders., in: Erichsen, Allgemeines Verwaltungsrecht, § 2, Rdn. 44; Erbguth, VR 1982, 14 (16); Erbguth/Stollmann, DÖV 1993, 798 (799); Erichsen, Jura 1986, 196 (198); ders., in: Erichsen, Allgemeines Verwaltungsrecht, § 29, Rdn. 33; Fischedick, Die Wahl der Be-

Die Wahlfreiheit hinsichtlich der rechtlichen Gestaltung des Benutzungsverhältnisses kann bereits anhand des Gesetzesrechts begründet werden: Nach §§ 4 Abs. 1 Satz 1 SchlH GO, 4 Abs. 1 Satz 1 SchlH KrO u.a. sind die Gemeinden und Kreise, soweit die Gesetze nichts anderes bestimmen, berechtigt, aber nicht verpflichtet, ihre Angelegenheiten durch Satzung und damit öffentlich-rechtlich zu regeln.[1249]
§ 14 SchlH KAG vom 29. Januar 1990[1250], der die Vollstreckung privatrechtlicher Entgelte regelt, die von den Gemeinden und Kreisen für die Benutzung einer im öffentlichen Interesse unterhaltenen Einrichtung erhoben werden, eröffnen den Gemeinden und Kreisen die Möglichkeit, anstelle öffentlich-rechtlicher Gebühren für die Benutzung der öffentlichen Einrichtungen ein privatrechtliches Entgelt zu verlangen.[1251] § 6 Abs. 1 Satz 1 SchlH KAG, der die Erhebung von Benutzungsgebühren fordert, wenn die Benutzung einer öffentlichen Einrichtung dem Vorteil einzelner oder Gruppen von Personen dient, soweit der Vorteil nicht auf andere Weise ausgeglichen wird, ist daher dahingehend zu verstehen, daß auch er die Erhebung öffentlich-rechtlicher Gebühren und privatrechtlicher Entgelte nebeneinander gestattet.[1252]
Für die Begründung der Wahlfreiheit hinsichtlich der rechtlichen Gestaltung des Benutzungsverhältnisses gelten ferner die Aussagen zur Wahlfreiheit der Gemeinden und Kreise hinsichtlich der Organisationsformen ihrer öffentlichen Einrichtungen[1253]: Aufgrund ihrer als Bestandteil der Selbstverwaltungsgarantie nach Art. 28 Abs. 2 Satz 1 und 2 GG gewährten Organisationshoheit in Verbindung mit dem Grundsatz der Formenfreiheit der leistenden Verwaltung sind sie zugleich

---

nutzungsform kommunaler Einrichtungen, 14; Frotscher, in: HdbkWPr, Band 3, 155; Gern, Deutsches Kommunalrecht, Rdn. 535; Hölzl/Hien, Gemeindeordnung für den Freistaat Bayern, Art. 21, Erl. 3.a); Hurst, DVBl. 1965, 523 (525); Jauernig, NJW 1972, 1 (1); Knemeyer, Die öffentlichen Einrichtungen der Gemeinden, 19; Knies, BayVBl. 1968, 230 (231); Kunze/Bronner/Katz, Gemeindeordnung für Baden-Württemberg, § 10, Rdn. 20; von Mutius/Rentsch, Kommunalverfassungsrecht Schleswig-Holstein, § 17, Rdn. 5; Pappermann, VR 1981, 84 (87); Rehn/Cronauge/von Lennep, Gemeindeordnung für das Land Nordrhein-Westfalen, § 8, Erl. II.1.; Helmut Roth, Die kommunalen öffentlichen Einrichtungen, 33ff.; Schmidt-Aßmann, in: Schmidt-Aßmann, Besonderes Verwaltungsrecht, Erster Abschnitt, Rdn. 112; Schmidt-Jortzig, Kommunalrecht, Rdn. 658f.; Stober, JA 1975, 737 (738); ders., Kommunalrecht, 241; Waechter, Kommunalrecht, Rdn. 568f..

1249 Ehlers, Verwaltung in Privatrechtsform, 175f.; ders., in: Erichsen, Allgemeines Verwaltungsrecht, § 2, Rdn. 44; Fischedick, Die Wahl der Benutzungsform kommunaler Einrichtungen, 12; Hölzl/Hien, Gemeindeordnung für den Freistaat Bayern, Art. 21, Erl. 3.a).

1250 GVBl. 1990, 51ff..

1251 Fischedick, Die Wahl der Benutzungsform kommunaler Einrichtungen, 12f.; Hölzl/Hien, Gemeindeordnung für den Freistaat Bayern, Art. 21, Erl. 3.a).

1252 OVG Lüneburg, NJW 1977, 450 (451); Thiem/Böttcher, Kommunalabgabengesetz Schleswig-Holstein, § 6, Erl. 19; im Ergebnis übereinstimmend Ehlers, Verwaltung in Privatrechtsform, 176.

1253 Zweites Kapitel, § 3, B.I..

zur Wahl zwischen der öffentlich-rechtlichen und der privatrechtlichen Ausgestaltung der Benutzungsverhältnisse ihrer öffentlichen Einrichtungen berechtigt.[1254]
Für die Möglichkeit der privatrechtlichen Gestaltung der Benutzungsverhältnisse öffentlicher Einrichtung spricht ferner die größere Affinität ihrer Leistungen zum Privatrechtsverkehr, da die Inanspruchnahme der Leistungen öffentlicher Einrichtungen dem privatrechtlichen Austausch von Sach- und Dienstleistungen gegen Zahlung einer Geldsumme ähneln.[1255]
Wahlfreiheit hinsichtlich der Ausgestaltung der Benutzungsverhältnisse wird den Kommunen außerdem nach dem Grundsatz a maiore ad minus zugestanden, da es bereits ihrer freien Entscheidung unterliege, ob sie überhaupt öffentliche Einrichtungen zur Verfügung stellten.[1256]
Den Gemeinden und Kreisen steht die rechtliche Gestaltung der Benutzungsverhältnisse ihrer öffentlichen Einrichtungen damit grundsätzlich frei.
Besonderheiten können sich allenfalls dann ergeben, wenn die öffentliche Einrichtung dem Anschluß- und Benutzungszwang unterliegt. Dieses Problem soll jedoch im Zusammenhang mit dem Instrument des Anschluß- und Benutzungszwangs[1257] untersucht werden.

Aus Gründen der Rechtssicherheit umfaßt die Wahlfreiheit der Kommunen nicht das Recht, das Benutzungsverhältnis zu einer bestimmten öffentlichen Einrichtung jenseits der Zulassungsgrenze in Teilbereichen öffentlich-rechtlich und in Teilbereichen privatrechtlich zu gestalten und insoweit auf die jeweils günstigeren Regeln zurückzugreifen.[1258]
Das Aufspaltungsverbot steht jedoch nicht gemischten Benutzungsverhältnissen entgegen, deren Besonderheit darin besteht, daß das Benutzungsverhältnis einer bestimmten öffentlichen Einrichtung gegenüber einem Teil der Benutzer öffentlich-rechtlich und gegenüber einem anderen Teil privatrechtlich geregelt ist. Gemischte Benutzungsverhältnisse kommen bei öffentlichen Einrichtungen, deren Einzugsbereich sich über das Gemeindegebiet hinaus erstreckt, und bei öffentlichen Einrichtungen in Betracht, die auch von Großabnehmern benutzt werden.[1259]

Korrespondierend mit §§ 4 Abs. 1 Satz 1 SchlH GO, 4 Abs. 1 Satz 1 SchlH KrO u.a., die die Gemeinden und Kreise berechtigen, ihre Angelegenheiten öffentlich-

---

[1254] OVG Lüneburg, NJW 1977, 450 (450); Frotscher, in: HdbkWPr, Band 3, 155; Hölzl/Hien, Gemeindeordnung für den Freistaat Bayern, Art. 21, Erl. 3.a); von Mutius/Rentsch, Kommunalverfassungsrecht Schleswig-Holstein, § 17, Rdn. 5; Schmidt-Jortzig, Kommunalrecht, Rdn. 658f..
[1255] Frotscher, Die Ausgestaltung kommunaler Nutzungsverhältnisse, 15.
[1256] Helmut Roth, Die kommunalen öffentlichen Einrichtungen, 33ff..
[1257] Drittes Kapitel, § 3, B..
[1258] Fischedick, Die Wahl der Benutzungsform kommunaler Einrichtungen, 13.
[1259] Schlempp/Schlempp, Kommentar zur Hessischen Gemeindeordnung, § 19, Erl. X..

rechtlich zu regeln, sofern Gesetze nichts anderes bestimmen, gilt die Wahlfreiheit der Gemeinden und Kreise hinsichtlich der rechtlichen Gestaltung der Benutzungsverhältnisse ihrer öffentlichen Einrichtungen gleichwohl nur im Rahmen bestehender Gesetze.[1260]

Gesetzliche Regelungen, die die Wahlfreiheit begrenzen und die öffentlich-rechtliche Rechtsform der Benutzungsverhältnisse öffentlicher Einrichtungen vorgeben[1261], finden sich beispielsweise in § 31 Abs. 1 SchlH SchulG vom 2. August 1990[1262], nach dem durch Aufnahme des Schülers in eine öffentliche Schule ein öffentlich-rechtliches Schulverhältnis begründet wird, und in § 5 SchlH AbfWG vom 6. Dezember 1991[1263]. § 5 SchlH AbfWG bestimmt in Abs. 1 Satz 1, daß die entsorgungspflichtigen Körperschaften die Entsorgung der Abfälle durch Satzung und damit öffentlich-rechtlich regeln. Dem Satzungsvorbehalt unterliegt auch die Regelung der Benutzungsverhältnisse der öffentlichen Einrichtungen, denn nach Satz 3 hat die Satzung insbesondere Bestimmungen über die Benutzungsmodalitäten wie die Weise, den Ort und die Zeit der Abfallüberlassung zu enthalten.[1264]

Ein weiteres Indiz für die öffentlich-rechtliche Gestaltung der Benutzungsverhältnisse der kommunalen Abfallentsorgungseinrichtungen enthält Abs. 2, der bestimmt, daß die entsorgungspflichtigen Körperschaften Gebühren nach dem SchlH KAG erheben, da Gebühren gemäß §§ 2 Abs. 1 Satz 1, 4 Abs. 1 SchlH KAG öffentlich-rechtliche Gegenleistungen für die Inanspruchnahme von Leistungen der Behörden oder die Inanspruchnahme öffentlicher Einrichtungen sind, die auf der Grundlage einer Satzung erhoben werden.

Demgegenüber gestattet beispielsweise § 31 Abs. 4 SchlH WasserG vom 7. Februar 1992[1265] den Gemeinden, die Benutzungsverhältnisse ihrer Abwasserbeseitigungseinrichtungen wahlweise öffentlich-rechtlich oder privatrechtlich zu gestalten. Zwar verpflichtet Satz 1 des § 31 Abs. 4 SchlH WasserG die Gemeinden, die Abwasserbeseitigung durch Satzung zu regeln. Satz 2 sieht aber vor, daß für die Benutzung ihrer Abwasserbeseitigungsanlagen sowohl Gebühren als auch Entgelte nach den Vorschriften des SchlH KAG erhoben werden, die einerseits eine öffentlich-rechtliche und andererseits eine privatrechtliche Ausgestaltung des Benutzungsverhältnisses voraussetzen.

Auf andere Art konstruiert *von Danwitz* die Grenzen der Wahlfreiheit. Er qualifiziert die Ausübung der Wahlfreiheit als Ermessensentscheidung über die zur Erreichung einer vorgegebenen Zielsetzung am besten geeignete Handlungsform im

---

1260 Fischedick, Die Wahl der Benutzungsform kommunaler Einrichtungen, 15.

1261 Siehe die Aufstellung bei Fischedick, Die Wahl der Benutzungsform kommunaler Einrichtungen, 15ff..

1262 GVBl. 1990, 451 (462).

1263 GVBl. 1991, 640 (642f.).

1264 Fischedick, Die Wahl der Benutzungsform kommunaler Einrichtungen, 18f..

1265 GVBl. 1992, 81 (90f.).

Sinne des § 10 VwVfG.[1266] Damit werden gemäß § 40 VwVfG Ermessensgrenzen relevant, die die Zuordnung des Benutzungsverhältnisses vereinfachen und die Ermessensentscheidung über die Wahl der Benutzungsform der kommunalen öffentlichen Einrichtung gerichtlicher Kontrolle unterstellen.
Die Anbindung der Rechtsformenwahl an sachliche Ermessenskriterien, die der gerichtlichen Kontrolle unterlägen, wirke disziplinierend, da sie der Wahlfreiheit das Odium verwaltungsseitiger Beliebigkeit nehme und durch rationale Entscheidungserfordernisse ersetze, die ein hohes Maß an Rechtssicherheit verbürgten.[1267]
Zu den Ermessensgrenzen rechnet *von Danwitz* das kommunale Satzungsrecht als äußere Ermessensgrenze, den Einrichtungszweck, der die optimale Verwirklichung der jeweiligen Verwaltungsaufgabe und die bestmögliche Gewährleistung der Rechtsstellung der Benutzer gebiete, und das Übermaßverbot.[1268]

Die Ausübung des Wahlrechts zwischen der öffentlich-rechtlichen und der privatrechtlichen Gestaltung des Benutzungsverhältnisses ist an keine bestimmten Formen gebunden.[1269]
Dadurch wird die Bestimmung der Rechtsform des Benutzungsverhältnisses erschwert, und es sprechen gegebenenfalls lediglich Indizien für eine öffentlich-rechtliche oder privatrechtliche Gestaltung des Benutzungsverhältnisses.[1270] Aufschluß geben insbesondere die gewählten Handlungsformen, die Art der Gegenleistung, die Art und äußere Form, in der die Benutzungsordnung aufgestellt wurde, die Form der Veröffentlichung, der systematische Zusammenhang der Regelungen, die Art der Entscheidungsbefugnisse des Einrichtungsträgers und die zugestandenen Rechtsmittel.[1271]
In diesem Zusammenhang gewinnt auch der Vorschlag *von Danwitz'* an Bedeutung. Sofern Unklarheit über die Rechtsform des Benutzungsverhältnisses einer kommunalen öffentlichen Einrichtung besteht, könnte die Überlegung Rückschlüsse erlauben, welche Wahl den Ermessensgrenzen gerecht würde.

Fehlt es an Indizien, gilt nach herrschender Ansicht eine Vermutung zugunsten der öffentlich-rechtlichen Gestaltung des Benutzungsverhältnisses einer in öffent-

---

[1266] Von Danwitz, JuS 1995, 1 (5).
[1267] Von Danwitz, JuS 1995, 1 (6).
[1268] Von Danwitz, JuS 1995, 1 (5f.).
[1269] Fischedick, Die Wahl der Benutzungsform kommunaler Einrichtungen, 22.
[1270] Erbguth, VR 1982, 14 (17); Erichsen, in: Erichsen, Allgemeines Verwaltungsrecht, § 29, Rdn. 33; Frotscher, in: HdbkWPr, Band 3, 157; Gern, Deutsches Kommunalrecht, Rdn. 535; Kunze/-Bronner/Katz, Gemeindeordnung für Baden-Württemberg, § 10, Rdn. 20; Pappermann/Löhr/Andriske, Recht der öffentlichen Sachen, 131.
[1271] Gern, Deutsches Kommunalrecht, Rdn. 535.

lich-rechtlicher Rechtsform organisierten öffentlichen Einrichtung.[1272] Daß das Benutzungsverhältnis einer öffentlichen Einrichtung privatrechtlich gestaltet worden ist, kann danach nur angenommen werden, wenn der Einrichtungsträger einen entsprechenden Willen eindeutig zum Ausdruck gebracht hat.[1273]
Als Begründung für die Vermutungsregel wird angeführt, daß die Kommunen beim Betrieb öffentlicher Einrichtungen öffentliche Aufgaben wahrnähmen und sich zur Erfüllung öffentlicher Aufgaben auch der Handlungs- und Organisationsformen des öffentlichen Rechts bedienten.[1274]
Nach anderer Ansicht kann eine öffentlich-rechtliche Gestaltung der Benutzungsverhältnisse nur angenommen werden, wenn die Kommunen eine Satzung erlassen haben.[1275] Als Begründung wird angeführt, daß an den Nachweis öffentlich-rechtlicher Instrumente höhere Anforderungen als an den Nachweis zivilrechtlicher Rechtsformen zu stellen seien.[1276] Eine Satzungsregelung wird ferner verlangt, da den Kommunen einerseits die Wahl zwischen einer öffentlich-rechtlichen und einer privatrechtlichen Gestaltung der Benutzungsverhältnisse ihrer öffentlichen Einrichtungen offenstehe, ihnen aber andererseits die Befugnis zur Regelung durch Satzung eingeräumt sei.[1277]
Die Vermutung, die Kommunen bedienten sich zur Gestaltung der Benutzungsverhältnisse ihrer öffentlichen Einrichtungen öffentlich-rechtlicher Rechtsformen, erscheint insofern zweifelhaft, als die Kommunen sowohl hinsichtlich der Organi-

---

[1272] VGH Mannheim, DÖV 1978, 569 (570); Böttcher, Kommunalrecht, Rdn. 994; Erichsen, in: Erichsen, Allgemeines Verwaltungsrecht, § 29, Rdn. 33; Frotscher, in: HdbkWPr, Band 3, 157; Galette, Gemeindeordnung für Schleswig-Holstein, § 18, Rdn. 48; Gern, Deutsches Kommunalrecht, Rdn. 535; Kunze/Bronner/Katz, Gemeindeordnung für Baden-Württemberg, § 10, Rdn. 20; Pappermann, VR 1981, 84 (87); Helmut Roth, Die kommunalen öffentlichen Einrichtungen, 215; Schlempp/Schlempp, Kommentar zur Hessischen Gemeindeordnung, § 19, Erl. VIII.; Schmidt-Aßmann, in: Schmidt-Aßmann, Besonderes Verwaltungsrecht, Erster Abschnitt, Rdn. 112; Waechter, Kommunalrecht, Rdn. 569; Zundel, JuS 1991, 472 (473).

[1273] VGH Mannheim, DÖV 1978, 569 (569); von Danwitz, JuS 1995, 1 (6); Galette, Gemeindeordnung für Schleswig-Holstein, § 18, Rdn. 48; Kunze/Bronner/Katz, Gemeindeordnung für Baden-Württemberg, § 10, Rdn. 20; Schlempp/Schlempp, Kommentar zur Hessischen Gemeindeordnung, § 19, Erl. VIII.; Schmidt-Aßmann, in: Schmidt-Aßmann, Besonderes Verwaltungsrecht, Erster Abschnitt, Rdn. 112; Stober, Kommunalrecht, 241; Zundel, JuS 1991, 472 (473).

[1274] VGH Mannheim, DÖV 1978, 569 (570); Erichsen, Jura 1986, 196 (200); ders., in: Erichsen, Allgemeines Verwaltungsrecht, § 29, Rdn. 33; Helmut Roth, Die kommunalen öffentlichen Einrichtungen, 215.

[1275] Ehlers, Verwaltung in Privatrechtsform, 181f.; Hölzl/Hien, Gemeindeordnung für den Freistaat Bayern, Art. 21, Erl. 3.b), die sich gegen die Entscheidung des VGH Mannheim, DÖV 1978, 569 (570), wenden, in der der Kommune entgegen ihrem ausdrücklich geäußerten Willen, das Benutzungsverhältnis privatrechtlich zu gestalten, aufgrund der Vermutungsregel ein öffentlich-rechtliches Benutzungsverhältnis unterstellt wird, da sie die Benutzungsordnung nicht eindeutig privatrechtlich gestaltet hat.

[1276] Ehlers, Verwaltung in Privatrechtsform, 181.

[1277] Ehlers, Verwaltung in Privatrechtsform, 181f..

sationsformen als auch hinsichtlich der Benutzungsverhältnisse ihrer öffentlichen Einrichtungen Wahlfreiheit genießen. Folglich erfüllen sie die öffentliche Aufgabe des kommunalen Einrichtungswesens nicht zwingend in öffentlich-rechtlichen Rechtsformen. Die Vermutungsregel mag lediglich vor dem Hintergrund gerechtfertigt erscheinen, daß die öffentlich-rechtlichen Rechtsformen in der Vergangenheit stärker genutzt wurden. Zukünftig dürfte die Vermutungsregel aber zunehmend an Relevanz verlieren.
In Übereinstimmung mit der Gegenansicht ist für den Nachweis öffentlich-rechtlicher Rechtsbeziehungen zwischen der öffentlichen Einrichtung und ihren Benutzern aber stärkeres Gewicht auf das Vorliegen einer Satzungsregelung zu legen, da dieses Instrument sowohl in den Kommunalgesetzen hervorgehoben als auch in der Praxis besonders gebräuchlich ist[1278].

Zu den kommunalen öffentlichen Einrichtungen, deren Benutzungsverhältnis eine öffentlich-rechtliche Regelung erfahren hat, gehören regelmäßig Schulen und Einrichtungen der Wasserversorgung, Kanalisation, Müllabfuhr und der Straßenreinigung.[1279] Dagegen verfügen Einrichtungen der Energieversorgung, kulturelle Einrichtungen und Verkehrseinrichtungen regelmäßig über privatrechtliche Benutzungsverhältnisse.[1280] Sowohl öffentlich-rechtliche als auch privatrechtliche Benutzungsregelungen kommen bei Sportanlagen in Betracht.[1281]

2. Öffentlich-rechtliches Benutzungsverhältnis

Entscheidet sich die Kommune für eine öffentlich-rechtliche Gestaltung des Benutzungsverhältnisses einer öffentlichen Einrichtung, hat sie die Möglichkeit, die Benutzungsordnung zur Regelung der Benutzungsbedingungen in den Formen der Satzung[1282], des öffentlich-rechtlichen Vertrages[1283] oder der Allgemeinverfügung[1284] zu erlassen.

[1278] Vgl. Drittes Kapitel, § 3, A.I.2..

[1279] Galette, Gemeindeordnung für Schleswig-Holstein, § 17, Rdn. 26; Schlempp/Schlempp, Kommentar zur Hessischen Gemeindeordnung, § 19, Erl. VII.4..

[1280] Galette, Gemeindeordnung für Schleswig-Holstein, § 17, Rdn. 26; Schlempp/Schlempp, Kommentar zur Hessischen Gemeindeordnung, § 19, Erl. VII.4..

[1281] Galette, Gemeindeordnung für Schleswig-Holstein, § 17, Rdn. 26; Schlempp/Schlempp, Kommentar zur Hessischen Gemeindeordnung, § 19, Erl. VII.4..

[1282] Blum, Niedersächsische Gemeindeordnung, § 22, Rdn. 35; Ehlers, Verwaltung in Privatrechtsform, 178; Erichsen, in: Erichsen, Allgemeines Verwaltungsrecht, § 29, Rdn. 33; Galette, Gemeindeordnung für Schleswig-Holstein, § 18, Rdn. 46; Hölzl/Hien, Gemeindeordnung für den Freistaat Bayern, Art. 21, Erl. 3.b); Knemeyer, Die öffentlichen Einrichtungen der Gemeinden, 21; Kunze/Bronner/Katz, Gemeindeordnung für Baden-Württemberg, § 10, Rdn. 20; Pappermann/-Löhr/Andriske, Recht der öffentlichen Sachen, 130.

Da der Abschluß eines öffentlich-rechtlichen Vertrages im Sinne der §§ 54 VwVfG, 121 SchlH LVwG gemäß §§ 57 VwVfG, 124 SchlH LVwG grundsätzlich der Schriftform bedarf, ist seine Verwendung allerdings mit einem Verwaltungsaufwand verbunden, den die Kommunen regelmäßig nicht betreiben werden.[1285] Gerade zur Abwicklung von Massenbenutzungen wie Volksfest- oder Schwimmbadbesuchen eignet sich das Instrument des öffentlich-rechtlichen Vertrages nicht.[1286] Da eine Lockerung des Schriftformerfordernisses gegenüber diesen alltäglichen Massenbenutzungen nicht in Betracht kommt[1287], dienen vornehmlich die Rechtsnormen der Satzung und der Allgemeinverfügung der öffentlich-rechtlichen Gestaltung der Benutzungsverhältnisse kommunaler öffentlicher Einrichtungen.

Für den Erlaß einer Benutzungsordnung in Satzungsform enthält § 45 SchlH LVwG eine spezielle Rechtsgrundlage. Er ermächtigt Verwaltungsträger, die eine nichtrechtsfähige Anstalt des öffentlichen Rechts verwalten, Gegenstand und Umfang der von der Anstalt zu erbringenden Leistung sowie bei nutzbaren Anstalten die Voraussetzungen der Benutzung und die Pflichten und Rechte der Benutzer gegenüber der Anstalt durch Satzung zu regeln. Gegenüber öffentlichen Einrichtungen, die in einer anderen Rechtsform als der der nichtrechtsfähigen öffentlichen Anstalt organisiert sind, kommt hingegen die Satzungsbefugnis der Gemeinden und Kreise für ihre Angelegenheiten nach §§ 4 Abs. 1 Satz 1 SchlH GO, 4 Abs. 1 Satz 1 SchlH KrO zum Tragen.

Während Satzungen von einem demokratisch legitimierten Gesetzgebungsorgan erlassene Rechtsnormen im materiellen Sinne darstellen, die allgemeinverbindlich gelten[1288], stellt sich die Allgemeinverfügung im Sinne der §§ 35 Satz 2 VwVfG, 106 Abs. 2 SchlH LVwG als Regelung einer wesentlich stärker gesetzesgebundenen Verwaltungsbehörde dar.

Die Wahl der Form der Benutzungsordnung wird daher von der Intensität abhängen, mit der sie den Rechtskreis der Benutzer der kommunalen öffentlichen Ein-

---

1283 Blum, Niedersächsische Gemeindeordnung, § 22, Rdn. 35; Ehlers, Verwaltung in Privatrechtsform, 177f.; Galette, Gemeindeordnung für Schleswig-Holstein, § 18, Rdn. 46.

1284 Erichsen, in: Erichsen, Allgemeines Verwaltungsrecht, § 29, Rdn. 33, der allerdings unzutreffend annimmt, es handele sich um eine Allgemeinverfügung im Sinne der §§ 35 Satz 2, 1. Alt. VwVfG, 106 Abs. 2, 1. Alt. SchlH LVwG; Galette, Gemeindeordnung für Schleswig-Holstein, § 18, Rdn. 47; Pappermann/Löhr/Andriske, Recht der öffentlichen Sachen, 130.

1285 Ehlers, DVBl. 1986, 912 (919); ders., in: Erichsen, Allgemeines Verwaltungsrecht, § 2, Rdn. 60; Galette, Gemeindeordnung für Schleswig-Holstein, § 18, Rdn. 49; Hölzl/Hien, Gemeindeordnung für den Freistaat Bayern, Art. 21, Erl. 3.b); Pappermann, VR 1981, 84 (87).

1286 Blum, Niedersächsische Gemeindeordnung, § 22, Rdn. 34; von Danwitz, JuS 1995, 1 (4); Ehlers, Verwaltung in Privatrechtsform, 183, 518; Hölzl/Hien, Gemeindeordnung für den Freistaat Bayern, Art. 21, Erl. 3.b).

1287 So jedoch Helmut Roth, Die kommunalen öffentlichen Einrichtungen, 213.

1288 Ossenbühl, in: Erichsen, Allgemeines Verwaltungsrecht, § 7, Rdn. 65.

richtung berührt. Da sie unmittelbar für alle Betroffenen unabhängig von deren Willen gilt[1289], ist eine Regelung durch Satzung insbesondere geboten, wenn ein Anschluß- und Benutzungszwang angeordnet wird, durch den die Einwohner unabhängig von ihrem Willen in den Rechtskreis der öffentlichen Einrichtung einbezogen werden, oder nicht bzw. nicht voll geschäftsfähige Personen von der Benutzungsordnung erfaßt werden sollen.[1290] Eine Regelung durch Satzung kommt ferner in Betracht, wenn die Rechtsbeziehungen einer detaillierten Ausgestaltung bedürfen[1291], und unter Berücksichtigung der Regelung des § 2 Abs. 1 Satz 1 SchlH KAG in dem Fall, daß die Erhebung von öffentlich-rechtlichen Gebühren angeordnet wird. Sollen von der Benutzungsordnung Personen erfaßt werden, die aufgrund eigenen Willensentschlusses in Rechtsbeziehungen zu der öffentlichen Einrichtung treten wollen, genügt eine einfache Benutzungsordnung in Form einer Allgemeinverfügung.[1292] Diese Möglichkeit kommt auch in Betracht, wenn es sich um öffentliche Einrichtungen mit rechtlich einfachen Benutzungsverhältnissen handelt.[1293]

Indizien, die die Annahme begründen, das Benutzungsverhältnis einer öffentlichen Einrichtung sei öffentlich-rechtlich gestaltet, sind daher insbesondere die Benutzungsregelung durch Satzung[1294], die Verbindlichkeit der Benutzungsordnung für jeden Benutzer der öffentlichen Einrichtung[1295] und deren Veröffentlichung im Amtsblatt[1296].

Ferner sprechen für die öffentlich-rechtliche Regelung der Benutzung die Bezeichnung der Benutzungsregelungen als Benutzungsordnung[1297] und andere Hinweise auf die Ausgestaltung des Benutzungsverhältnisses als Über- und Unterordnungsverhältnis[1298], die Forderung von Gebühren im Sinne der §§ 4 Abs. 1,

---

1289 Schlempp/Schlempp, Kommentar zur Hessischen Gemeindeordnung, § 19, Erl. VIII..

1290 Schlempp/Schlempp, Kommentar zur Hessischen Gemeindeordnung, § 19, Erl. VIII..

1291 Schlempp/Schlempp, Kommentar zur Hessischen Gemeindeordnung, § 19, Erl. VIII..

1292 Galette, Gemeindeordnung für Schleswig-Holstein, § 18, Rdn. 47; Schlempp/Schlempp, Kommentar zur Hessischen Gemeindeordnung, § 19, Erl. VIII..

1293 Schlempp/Schlempp, Kommentar zur Hessischen Gemeindeordnung, § 19, Erl. VIII..

1294 Bracker/Dehn, Gemeindeordnung für Schleswig-Holstein, § 18, Erl. 3. zu Abs. 1; Brehm, Benutzungsregelungen gemeindlicher öffentlicher Einrichtungen, 19f.; Frotscher, in: HdbkWPr, Band 3, 157; Galette, Gemeindeordnung für Schleswig-Holstein, § 18, Rdn. 46; Schlempp/-Schlempp, Kommentar zur Hessischen Gemeindeordnung, § 19, Erl. VII.4..

1295 VGH Mannheim, DÖV 1978, 569 (570).

1296 VGH Mannheim, DÖV 1978, 569 (570); Erichsen, Jura 1986, 196 (199f.); ders., in: Erichsen, Allgemeines Verwaltungsrecht, § 29, Rdn. 33; Frotscher, in: HdbkWPr, Band 3, 157; Helmut Roth, Die kommunalen öffentlichen Einrichtungen, 214.

1297 VGH Mannheim, DÖV 1978, 569 (570); Bracker/Dehn, Gemeindeordnung für Schleswig-Holstein, § 18, Erl. 3. zu Abs. 1; Frotscher, in: HdbkWPr, Band 3, 157; Pappermann/Löhr/Andriske, Recht der öffentlichen Sachen, 131f..

1298 Erbguth, VR 1982, 14 (17).

6 SchlH KAG als Benutzungsentgelt[1299], Hinweise auf Mittel der Verwaltungsvollstreckung für den Einzug rückständiger Benutzungsentgelte[1300] und, da auf deren Grundlage Verwaltungsakte erlassen werden können, die das subjektive öffentliche Recht nach §§ 18 SchlH GO, 18 SchlH KrO u.a. einschränken, Bestimmungen über den Benutzerkreis und den Ausschluß von Benutzern[1301].

Das einzelne Rechtsverhältnis zwischen den Benutzern und dem Träger der kommunalen öffentlichen Einrichtung wird, wenn es öffentlich-rechtlich gestaltet worden ist, durch Verwaltungsakt oder Abschluß eines öffentlich-rechtlichen Vertrages begründet.[1302]
Eine Begründung des Benutzungsverhältnisses mit der kommunalen öffentlichen Einrichtung durch faktische Gewährung und Inanspruchnahme kommt hingegen nicht in Betracht.[1303] Auch in dem Fall der Benutzung von Kinderspielplätzen und Trimm-Dich-Pfaden, in dem eine Begründung des Benutzungsverhältnisses durch faktische Gewährung und Inanspruchnahme erwogen wird, da über die Frage der Benutzbarkeit nicht gesondert entschieden werde[1304], erfolgt eine Zulassung des Benutzers durch konkludenten Verwaltungsakt.[1305]

3. Privatrechtliches Benutzungsverhältnis

Gestaltet die Kommune die Benutzungsverhältnisse ihrer öffentlichen Einrichtungen privatrechtlich, wählt sie das Instrument des privatrechtlichen Vertrages[1306],

---

[1299] Böttcher, Kommunalrecht, Rdn. 993; Erbguth, VR 1982, 14 (17); Erichsen, Jura 1986, 196 (199f.); ders., in: Erichsen, Allgemeines Verwaltungsrecht, § 29, Rdn. 33; Frotscher, in: HdbkWPr, Band 3, 157; Pappermann/Löhr/Andriske, Recht der öffentlichen Sachen, 131f.; Helmut Roth, Die kommunalen öffentlichen Einrichtungen, 214; Schlempp/Schlempp, Kommentar zur Hessischen Gemeindeordnung, § 19, Erl. VII.4.; Seewald, in: Steiner, Besonderes Verwaltungsrecht, I, Rdn. 153.

[1300] Kunze/Bronner/Katz, Gemeindeordnung für Baden-Württemberg, § 10, Rdn. 20; Helmut Roth, Die kommunalen öffentlichen Einrichtungen, 214; Seewald, in: Steiner, Besonderes Verwaltungsrecht, I, Rdn. 153.

[1301] VGH Mannheim, DÖV 1978, 569 (570).

[1302] Ehlers, DVBl. 1986, 912 (918).

[1303] So jedoch von Danwitz, JuS 1995, 1 (4); Ehlers, Verwaltung in Privatrechtsform, 178; ders., DVBl. 1986, 912 (918f.); Erichsen, Jura 1986, 198 (199).

[1304] Ehlers, DVBl. 1986, 912 (918f.).

[1305] Vgl. Drittes Kapitel, § 2, A.IV.1..

[1306] Blum, Niedersächsische Gemeindeordnung, § 22, Rdn. 35; Ehlers, Verwaltung in Privatrechtsform, 178; Galette, Gemeindeordnung für Schleswig-Holstein, § 17, Rdn. 25; Hölzl/Hien, Gemeindeordnung für den Freistaat Bayern, Art. 21, Erl. 3.c); Schlempp/Schlempp, Kommentar zur Hessischen Gemeindeordnung, § 19, Erl. IX.; Schmidt-Aßmann, in: Schmidt-Aßmann, Besonderes Verwaltungsrecht, Erster Abschnitt, Rdn. 112.

nach dem sich die Rechte und Pflichten des Einrichtungsträgers und der Benutzer in dem jeweiligen Fall der Einrichtungsbenutzung bestimmen[1307]. Besteht zugleich eine Benutzungsordnung, können deren Regelungen den Charakter von Allgemeinen Geschäftsbedingungen im Sinne des AGBG haben.[1308]

Indizien, die für die privatrechtliche Gestaltung des Benutzungsverhältnisses sprechen, sind daher das Vorliegen Allgemeiner Geschäftsbedingungen[1309] und andere Hinweise darauf, daß das Benutzungsverhältnis als Gleichrangigkeitsverhältnis ausgestaltet ist[1310], die Forderung von bloßen Benutzungsentgelten[1311] anstatt öffentlich-rechtlicher Gebühren und Hinweise darauf, daß rückständige Entgelte im Wege eines privatrechtlichen Mahn- und Vollstreckungsverfahrens beigetrieben werden[1312].

Handelt es sich um eine öffentlich-rechtlich organisierte öffentliche Einrichtung, dient das Instrument des privatrechtlichen Vertrages der Kommune allein zur Ausgestaltung der Benutzungsverhältnisse ihrer öffentlichen Einrichtungen, nicht jedoch zur Begründung des einzelnen Benutzungsverhältnisses. Der Benutzer wird trotz der privatrechtlichen Gestaltung des Benutzungsverhältnisses durch einen öffentlich-rechtlichen Akt zur Benutzung der öffentlichen Einrichtung zugelassen[1313], da der Anspruch auf Zulassung zur Benutzung der kommunalen öffentlichen Einrichtungen nach §§ 18 SchlH GO, 18 SchlH KrO u.a. öffentlich-rechtlicher Art ist[1314]. Allein die Benutzung der öffentlichen Einrichtung richtet

---

[1307] Schlempp/Schlempp, Kommentar zur Hessischen Gemeindeordnung, § 19, Erl. IX..

[1308] Erichsen, in: Erichsen, Allgemeines Verwaltungsrecht, § 29, Rdn. 33; Galette, Gemeindeordnung für Schleswig-Holstein, § 18, Rdn. 50f.; Hölzl/Hien, Gemeindeordnung für den Freistaat Bayern, Art. 21, Erl. 3.c).

[1309] Frotscher, in: HdbkWPr, Band 3, 157; Pappermann/Löhr/Andriske, Recht der öffentlichen Sachen, 131f..

[1310] Erbguth, VR 1982, 14 (17).

[1311] Böttcher, Kommunalrecht, Rdn. 993; Erbguth, VR 1982, 14 (17); Erichsen, in: Erichsen, Allgemeines Verwaltungsrecht, § 29, Rdn. 33; Pappermann/Löhr/Andriske, Recht der öffentlichen Sachen, 131f..

[1312] Kunze/Bronner/Katz, Gemeindeordnung für Baden-Württemberg, § 10, Rdn. 20.

[1313] Badura, JuS 1966, 17 (19); Erbguth, VR 1982, 41 (42); Knemeyer, Die öffentlichen Einrichtungen der Gemeinden, 20; Knies, BayVBl. 1968, 230 (231); Kunze/Bronner/Katz, Gemeindeordnung für Baden-Württemberg, § 10, Rdn. 17; Papier, Recht der öffentlichen Sachen, 30; a. A. Erichsen, in: Erichsen, Allgemeines Verwaltungsrecht, § 29, Rdn. 34, nach dem im Fall privatrechtlicher Gestaltung des Benutzungsverhältnisses sowohl die Entscheidung über die Zulassung zur Benutzung als auch die Ausgestaltung des Benutzungsverhältnisses durch den privatrechtlichen Vertrag erfolgen; Jauernig, NJW 1972, 1 (2).

[1314] Blum, Niedersächsische Gemeindeordnung, § 22, Rdn. 40; Ehlers, Verwaltung in Privatrechtsform, 178; Hölzl/Hien, Gemeindeordnung für den Freistaat Bayern, Art. 21, Erl. 3.c) und e); Knemeyer, Die öffentlichen Einrichtungen der Gemeinden, 20; Pappermann, VR 1981, 84 (87);

sich nach dem privatrechtlichen Vertrag.[1315] Dieser kann stillschweigend, förmlich oder durch Entgegennahme eines Zulassungsnachweises abgeschlossen werden.[1316]

Trotz der Möglichkeit der privatrechtlichen Gestaltung der Benutzungsverhältnisse ihrer öffentlichen Einrichtungen können sich die Kommunen nicht frei des Privatrechts bedienen.[1317] Vielmehr bleiben Verwaltungsträger bei jeglichem privatrechtlichen Handeln Zuordnungssubjekte von Normen des öffentlichen Rechts.[1318] Damit gilt auch im Rahmen der Leistungsverwaltung, der der Betrieb kommunaler öffentlicher Einrichtungen zuzurechnen ist[1319], Verwaltungsprivatrecht[1320], das sich als durch Normen des öffentlichen Rechts ergänztes, überlagertes und modifiziertes Privatrecht darstellt[1321].
Die Kommunen bleiben daher beim Betrieb ihrer öffentlichen Einrichtungen insbesondere an die Grundentscheidungen der Art. 20 und 28 GG und gemäß Art. 1 Abs. 3 GG an die Grundrechte gebunden.[1322]

4. Besondere Probleme der Zweistufigkeit des Benutzungsverhältnisses

a. Die Zweistufigkeit des Benutzungsverhältnisses

Ist das Benutzungsverhältnis einer öffentlich-rechtlich organisierten öffentlichen

---

Rehn/Cronauge/von Lennep, Gemeindeordnung für das Land Nordrhein-Westfalen, § 8, Erl. II.1.; Stober, JA 1975, 737 (743); ders., Kommunalrecht, 241.

1315 Erbguth, VR 1982, 41 (42); Schmidt-Aßmann, in: Schmidt-Aßmann, Besonderes Verwaltungsrecht, Erster Abschnitt, Rdn. 112.

1316 Galette, Gemeindeordnung für Schleswig-Holstein, § 17, Rdn. 25.

1317 Frotscher, in: HdbkWPr, Band 3, 157; Püttner, DÖV 1990, 461 (466); Schmidt-Aßmann, in: Schmidt-Aßmann, Besonderes Verwaltungsrecht, Erster Abschnitt, Rdn. 112; Seewald, in: Steiner, Besonderes Verwaltungsrecht, I, Rdn. 153; Stober, Kommunalrecht, 242; für die gesamte Verwaltungstätigkeit Ehlers, in: Erichsen, Allgemeines Verwaltungsrecht, § 2, Rdn. 78f..

1318 Blum, Niedersächsische Gemeindeordnung, § 22, Rdn. 34; Ehlers, in: Erichsen, Allgemeines Verwaltungsrecht, § 2, Rdn. 77ff..

1319 Zweites Kapitel, § 1, II.2.c..

1320 Blum, Niedersächsische Gemeindeordnung, § 22, Rdn. 34; Gern, Deutsches Kommunalrecht, Rdn. 535, 550; Hölzl/Hien, Gemeindeordnung für den Freistaat Bayern, Art. 21, Erl. 3.c); Schmidt-Aßmann, in: Schmidt-Aßmann, Besonderes Verwaltungsrecht, Erster Abschnitt, Rdn. 112; Seewald, in: Steiner, Besonderes Verwaltungsrecht, I, Rdn. 153; Stober, Kommunalrecht, 242; Wolff/Bachof/Stober, Verwaltungsrecht I, § 23, Rdn. 29f..

1321 Ehlers, in: Erichsen, Allgemeines Verwaltungsrecht, § 2, Rdn. 77; Frotscher, in: HdbkWPr, Band 3, 157; Wolff/Bachof/Stober, Verwaltungsrecht I, § 23, Rdn. 32.

1322 Ehlers, in: Erichsen, Allgemeines Verwaltungsrecht, § 2, Rdn. 78.

Einrichtung privatrechtlich ausgestaltet, entsteht das bereits angedeutete Phänomen eines zweistufigen Rechtsverhältnisses.[1323]
Die Benutzung der kommunalen öffentlichen Einrichtung vollzieht sich in diesem Fall in zwei Phasen, der Zulassung zur Benutzung einerseits und der Benutzung andererseits, die besonders anschaulich auch als das „Ob" und das „Wie" der Benutzung bezeichnet werden.[1324]
Der Begriff der Zweistufigkeit erklärt sich daraus, daß die Akte der Zulassung und der Benutzung unterschiedlichen Rechtsmaterien zuzuordnen sind.
Da der durch §§ 18 SchlH GO, 18 SchlH KrO u.a. gewährte Anspruch auf Zulassung zur Benutzung der kommunalen öffentlichen Einrichtungen in jedem Fall öffentlich-rechtlichen Charakter hat[1325], beurteilt sich auch die Zulassung zur Benutzung nach öffentlichem Recht und ist vor dem Verwaltungsgericht zu erstreiten, während sich der Rechtsweg für Streitigkeiten hinsichtlich des Benutzungsverhältnisses nach dessen Rechtsform richtet[1326] und diese vor dem ordentlichen Gericht ausgetragen werden, wenn dem Benutzungsverhältnis ein privatrechtlicher Vertrag zugrundeliegt.[1327]

b. Kritik an der Konzeption des zweistufigen Benutzungsverhältnisses

Die Konzeption des zweistufigen Benutzungsverhältnisses begegnet umfangreicher Kritik. Diese betrifft zum einen die Konzeption des zweistufigen Benutzungsverhältnisses als solche, zum anderen betrifft sie die mit ihrer Durchführung verbundenen Schwierigkeiten.

[1323] Badura, JuS 1966, 17 (19); Ehlers, Verwaltung in Privatrechtsform, 178; ders., in: Erichsen, Allgemeines Verwaltungsrecht, § 2, Rdn. 60; Jauernig, NJW 1972, 1 (1f.), der die Unterscheidung zwischen öffentlich-rechtlicher Zulassung und privatrechtlichem Benutzungsverhältnis als sinnvoll erachtet, sofern sie den rechtsbegründenden Akt von dem dadurch begründeten Rechtsverhältnis abhebt, während er dem privatrechtlichen Benutzungsverhältnis gegenüber der öffentlich-rechtlichen Zulassung jede Relevanz abspricht und den Sinn der Zweistufigkeit bestreitet; Knies, BayVBl. 1968, 230 (231); Kunze/Bronner/Katz, Gemeindeordnung für Baden-Württemberg, § 10, Rdn. 17; Papier, Recht der öffentlichen Sachen, 30; Pappermann, VR 1981, 84 (87); Zundel, JuS 1991, 472 (473).

[1324] OVG Münster, DVBl. 1976, 398 (399); BVerwG, NJW 1990, 134 (135); dass., NVwZ 1991, 59 (59); VGH München, NVwZ 1995, 812 (812); Bethge, JR 1972, 139 (141); Böttcher, Kommunalrecht, Rdn. 989; Frotscher, in: HdbkWPr, Band 3, 149; Hölzl/Hien, Gemeindeordnung für den Freistaat Bayern, Art. 21, Erl. 3.c); Knemeyer, Die öffentlichen Einrichtungen der Gemeinden, 19ff.; Pappermann, VR 1981, 84 (87).

[1325] Drittes Kapitel, § 3, A.I.3..

[1326] Blum, Niedersächsische Gemeindeordnung, § 22, Rdn. 40, 42; Stober, JA 1975, 737 (743); ders., Kommunalrecht, 247; Waechter, Kommunalrecht, Rdn. 569.

[1327] BVerwG, NJW 1990, 134 (134f.); Frotscher, in: HdbkWPr, Band 3, 149; Hölzl/Hien, Gemeindeordnung für den Freistaat Bayern, Art. 21, Erl. 3.c) und e); Pappermann, VR 1981, 84 (87); Seewald, in: Steiner, Besonderes Verwaltungsrecht, I, Rdn. 146; Zundel, JuS 1991, 472 (473).

aa. Die Konzeption als solche

Die Kritik an der Konzeption des zweistufigen Benutzungsverhältnisses als solcher richtet sich zunächst dagegen, daß sie gekünstelt[1328] und gegenüber den alltäglichen Benutzungsverhältnissen überkonstruiert wirke[1329].
Die Vereinbarkeit der zweistufigen Konstruktion mit dem tatsächlichen Geschehensablauf bei der Benutzung kommunaler öffentlicher Einrichtungen mag in der Tat zweifelhaft erscheinen, da die Akte der Zulassung und der Benutzung faktisch oft zusammenfallen dürften. Als Beispiele wären die Benutzung eines gemeindlichen Kinderspielplatzes und der Besuch eines Volksfestes zu nennen. Über die Berechtigung der Konstruktion ist damit jedoch keine Aussage getroffen.[1330] Im Interesse der klaren Strukturierung des durch die Benutzung kommunaler öffentlicher Einrichtungen begründeten Rechtsverhältnisses ist die Unterscheidung der Zulassung und der Benutzung vielmehr geboten.[1331]
Auch der Vorwurf, die Konzeption der Zweistufigkeit zerlege ein einheitliches Rechtsverhältnis in zwei artifizielle Teilbereiche mit der Konsequenz einer Rechtswegzersplitterung[1332], betrifft die Konstruiertheit, die sich aber für die juristische Durchdringung der Benutzung kommunaler öffentlicher Einrichtungen als sinnvoll erweist.

Der Konzeption des zweistufigen Benutzungsverhältnisses wird ferner vorgeworfen, daß sie nur mit Hilfe von Fiktionen aufrechterhalten werden könne, wenn das Benutzungsverhältnis mit einer privatrechtlich organisierten öffentlichen Einrichtung bestehe. Da der private Träger der öffentlichen Einrichtung nicht zur Erteilung eines öffentlich-rechtlichen Zulassungsaktes in der Lage sei, obliege dies der Kommune. Der durch sie erlassene Verwaltungsakt beruhe aber auf Fiktionen, da die Kommune an der Durchführung des Benutzungsverhältnisses nicht unmittelbar beteiligt sei.[1333]
Richtig an dieser Auffassung ist, daß allein die Kommune die Zulassung zur Benutzung der öffentlichen Einrichtung zu erteilen vermag, da sich der Anspruch nach §§ 18 SchlH GO, 18 SchlH KrO u.a. gegen die Gemeinden und Kreise rich-

---

[1328] Erichsen, Jura 1986, 196 (199).

[1329] Schmidt-Aßmann, in: Schmidt-Aßmann, Besonderes Verwaltungsrecht, Erster Abschnitt, Rdn. 112; ähnlich Ehlers, Verwaltung in Privatrechtsform, 178; Martens, JuS 1979, 416 (421).

[1330] Vgl. Drittes Kapitel, § 2, A.IV.1..

[1331] Jauernig, NJW 1972, 1 (1); Knies, BayVBl. 1968, 230 (231).

[1332] Bethge, JR 1972, 139 (142); von Danwitz, JuS 1995, 1 (4); Ossenbühl, DVBl. 1973, 289 (292).

[1333] Frotscher, in: HdbkWPr, Band 3, 149; Ossenbühl, DVBl. 1973, 289 (291f.); ders., in: HdbkWPr, Band 1, 388; ähnlich Ehlers, Verwaltung in Privatrechtsform, 178.

tet[1334]. Gegenüber privatrechtlich organisierten öffentlichen Einrichtungen verwandelt sich dieser Anspruch in einen Einwirkungs- oder Verschaffungsanspruch[1335], es ändert sich aber nichts daran, daß es einer Zulassungsentscheidung der Kommune durch Verwaltungsakt bedarf.
An dessen tatsächlichem Erlaß bestehen jedoch keine Zweifel. Allerdings wird man in diesem Fall eine Zulassung der Benutzer durch konkludenten Verwaltungsakt annehmen müssen, da die Kommune nicht an der Begründung des Benutzungsverhältnisses beteiligt ist, sondern der Benutzungsbewerber lediglich mit dem privaten Einrichtungsträger den Benutzungsvertrag abschließt.
Der konkludente Zulassungsakt kann den Benutzungsbedingungen entnommen werden, die die Kommunen den Trägern ihrer privatrechtlich organisierten öffentlichen Einrichtungen vorgegeben und in deren Rahmen sie auch den Benutzerkreis bestimmt haben.
Kommt es auf der Grundlage dieser Benutzungsbedingungen zwischen dem Benutzungsbewerber und dem privaten Einrichtungsträger zum Vertragsschluß über die Benutzung der kommunalen öffentlichen Einrichtung, ist dieser von dem konkludenten Zulassungsakt der Kommune begleitet, da der private Einrichtungsträger nur die Vorgaben befolgt, die die Kommune hinsichtlich des Benutzerkreises im Rahmen der Benutzungsbedingungen vorab getroffen hat.

Ein weiterer Einwand gegen die Konzeption betrifft die ihr zugrundeliegende Annahme, es bedürfe eines Verwaltungsaktes zur Begründung des Benutzungsverhältnisses mit der kommunalen öffentlichen Einrichtung.
Für einen Verwaltungsakt zur Begründung des Benutzungsverhältnisses bestehe keine Notwendigkeit, da weder eine vorherige Feststellung des kommunalen Zulassungsanspruchs durch Verwaltungsakt geboten noch dieser erforderlich sei, um die Leistungsbeziehungen dem Regime des öffentlichen Rechts zu unterwerfen. Vielmehr blieben die öffentlich-rechtlichen Bindungen bei privatrechtlicher Gestaltung des Benutzungsverhältnisses erhalten.[1336]
Dieser Ansicht kann jedoch nicht gefolgt werden. Aus Rechtsschutzgründen bedarf es einer rechtsbehelfsfähigen Verwaltungsentscheidung zur Begründung des einzelnen Benutzungsverhältnisses mit der kommunalen öffentlichen Einrichtung.
Gegen das Erfordernis eines Verwaltungsaktes, mit dem die Kommune die Entscheidung über die Zulassung des Benutzungsbewerbers trifft, richtet sich weitere Kritik. Der Zweistufentheorie wird vorgeworfen, sie sei unter Rechtsschutzgesichtspunkten nicht haltbar. Effizienter Rechtsschutz könne aufgrund der Geltung des Verwaltungsprivatrechts auch durch die Zivilgerichte gewährt werden.[1337] Der Konstruktion eines Verwaltungsakts zur Verpflichtung des Staates auf seine ver-

[1334] Drittes Kapitel, § 2, A.II..
[1335] Drittes Kapitel, § 2, A.II.2..
[1336] Ossenbühl, DVBl. 1973, 289 (292).
[1337] Bethge, JR 1972, 139 (142f.).

fassungsrechtlichen Bindungen und zur Sicherung des verwaltungsgerichtlichen Rechtsschutzes bedürfe es bei dieser Sachlage nicht.[1338]
An diesem Gedanken ist richtig, daß das Verwaltungsprivatrecht für den Fall eingreift, daß das Benutzungsverhältnis der kommunalen öffentlichen Einrichtung privatrechtlich gestaltet worden ist, und der Kommune keine privatautonome Gestaltung der Benutzungsverhältnisse ihrer öffentlichen Einrichtung gestattet, sondern ihr öffentlich-rechtliche Bindungen auferlegt.[1339]
Ein Verzicht auf den die Benutzung der öffentlichen Einrichtungen einleitenden Zulassungsverwaltungsakt der Kommunen korrespondierte jedoch mit einer Mißachtung der Regelungen der §§ 18 SchlH GO, 18 SchlH KrO u.a., die dem kommunalen Einrichtungswesen engere Vorgaben machen als das Verwaltungsprivatrecht.[1340]

bb. Die Durchführung der Konzeption

Die Kritik an der Zweistufentheorie betrifft ferner die mit der Durchführung der Konzeption verbundenen Schwierigkeiten.
Der Zweistufentheorie wird insbesondere entgegengehalten, daß sich die dem „Ob" und dem „Wie" der Benutzung zugeordneten Rechtshandlungen nicht exakt abgrenzen ließen.[1341] Diese Komplikationen seien auch unzweckmäßig, da sowohl der öffentlich-rechtliche Zulassungsakt als auch der die Benutzung regelnde privatrechtliche Vertrag als selbständige Grundlage des Benutzungsverhältnisses genüge und durch beiderseitige Verknüpfung lediglich miteinander konkurrierten, anstatt eine Synthese zu bilden.[1342]
Der Vorwurf, die Abgrenzung der Akte der Zulassung und der Benutzung gelinge nicht, ist indes nicht haltbar. Gegenstand der Zulassungsentscheidung sind allein die Fragen, ob die Person des Benutzungsbewerbers zum Kreis der nach §§ 18 SchlH GO, 18 SchlH KrO u.a. oder nach der Benutzungsordnung Anspruchsberechtigten gehört und in seinem Fall keine Begrenzungen des Anspruchs eingreifen. Streitigkeiten, die mit dem Benutzungsverhältnis in Zusammenhang stehen, können dabei durchaus die Frage des „Ob" der Benutzung betreffen. Beispielsweise kommt ein Streit über eine unzumutbare Ausgestaltung der Benutzungsordnung, deren Nichteinhaltung zur Versagung der Zulassung des Benutzungsbewerbers führt, in Betracht.

[1338] Bethge, JR 1972, 139 (143).
[1339] Drittes Kapitel, § 3, A.I.3..
[1340] Von Danwitz, JuS 1995, 1 (3); grundsätzlich Ehlers, Verwaltung in Privatrechtsform, 177.
[1341] Bethge, JR 1972, 139 (141); Lukas, BayVBl. 1973, 311 (315); Ossenbühl, DVBl. 1973, 289 (292).
[1342] Bethge, JR 1972, 139 (141).

Einen ähnlichen Aspekt betrifft der Vorwurf, daß unter den Benutzern der kommunalen öffentlichen Einrichtungen Unsicherheit darüber hervorgerufen werde, welche Rechtsbehelfe bei Eingriffen im einzelnen gegeben seien[1343].
Hier gilt, daß mit der Zulassung zur Benutzung der kommunalen öffentlichen Einrichtungen in Zusammenhang stehende Streitigkeiten vor dem Verwaltungsgericht durchzusetzen sind, während Streitigkeiten, die aus dem privatrechtlich gestalteten Benutzungsverhältnis herrühren, vor den ordentlichen Gerichten geltend zu machen sind.
Der Konzeption des zweistufigen Benutzungsverhältnisses werden schließlich mit der Durchführung verbundene Schwierigkeiten entgegengehalten, die angesichts der Fragen entstehen, wie sich der Widerruf und die Rücknahme des Zulassungsverwaltungsaktes oder die Beifügung von Nebenbestimmungen auf den privatrechtlichen Mietvertrag auswirkten und nach welchen Vorschriften sich Schadensersatz und Vollstreckung richteten.[1344]
Diese Fragen lassen sich jedoch klar beantworten. Im Verhältnis zwischen dem öffentlich-rechtlichen Zulassungsakt und dem privatrechtlichen Vertrag ist in jedem Fall der Verwaltungsakt maßgebend, mit dem die Kommune die Entscheidung über die Zulassung des Benutzungsbewerbers trifft.[1345]

cc. Ergebnis

Die Konzeption des zweistufigen Benutzungsverhältnisses kann damit als rechtmäßig und sinnvoll angesehen werden.
Dieses Ergebnis wird auch dadurch bestätigt, daß Kritik an der Zweistufentheorie schon vor dem Hintergrund grundsätzlich nicht haltbar erscheint, daß die Zweistufigkeit zwangsläufige Folge der Wahlfreiheit der Kommunen bei der rechtlichen Gestaltung der Benutzungsverhältnisse ihrer öffentlichen Einrichtungen ist.[1346]
Da die Wahlfreiheit durch das Prinzip der Formenfreiheit der leistenden Verwaltung begründet und gesetzlich anerkannt ist[1347], ist sie folglich nur durch den Gesetzgeber beschränkbar.[1348] Eine entsprechende Regelung existiert jedoch nicht.
Für die Annahme eines zweistufigen Rechtsverhältnisses im Zusammenhang mit der Benutzung kommunaler öffentlicher Einrichtungen spricht ferner, daß zweistufige Rechtsverhältnisse eine grundsätzlich anerkannte Erscheinung darstellen.

[1343] Von Danwitz, JuS 1995, 1 (3); Lukas, BayVBl. 1973, 311 (15).
[1344] Pappermann, JZ 1969, 485 (487f.).
[1345] VGH München, NVwZ 1995, 812 (812f.).
[1346] Stober, Kommunalrecht, 248.
[1347] Drittes Kapitel, § 3, A.I.1..
[1348] Stober, Kommunalrecht, 248.

Sie treten bereits bei dem gemeindlichen Vorkaufsrecht nach dem BauGB, bei der Vergabe öffentlicher Aufträge und im Subventionsrecht auf.[1349]

c. Alternativen zum zweistufigen Benutzungsverhältnis und Kritik

Anstelle eines zweistufig gegliederten Benutzungsverhältnisses wird eine einheitliche, die Zulassung, Begründung und inhaltliche Gestaltung umfassende[1350] Ausgestaltung des Benutzungsverhältnisses erwogen.[1351]
Hinsichtlich der Rechtsform des Benutzungsverhältnisses herrscht jedoch Uneinigkeit. Diskutiert werden sowohl eine einheitliche privatrechtliche Gestaltung des Benutzungsverhältnisses durch den mit dem Benutzer abgeschlossenen privatrechtlichen Vertrag[1352] als auch eine öffentlich-rechtliche Form[1353] und eine wahlweise einheitliche öffentlich-rechtliche oder privatrechtliche Gestaltung des Benutzungsverhältnisses[1354].
Ossenbühl, der letztere Ansicht vertritt, wirbt allerdings für eine öffentlich-rechtliche Konstruktion und Ausdeutung der Leistungsbeziehungen zwischen dem Bürger und dem Einrichtungsträger, wo dies möglich und sachgerecht erscheine.[1355] Als Instrument zur Regelung der Benutzungsverhältnisse der kommunalen öffentlichen Einrichtungen kommt nach seiner Auffassung der öffentlich-rechtliche Vertrag[1356] in Betracht, da der Benutzung ein öffentlich-rechtlicher Anspruch zugrundeliege[1357]. Außerdem bilde der öffentlich-rechtliche Vertrag eine sinnvolle Parallele zu anderen Benutzungsverhältnissen, die nicht auf dem kommunalen Zulassungsanspruch beruhten und durch Abschluß privatrechtlicher Verträge begründet würden.[1358]
Ähnlich argumentiert *Pappermann* im Zusammenhang mit der Vergabe kommunaler Veranstaltungsräume an politische Parteien. Er stellt darauf ab, daß der Vertrag mit dem Anspruch nach §§ 18 SchlH GO, 18 SchlH KrO u.a. einen öf-

---

1349 Stober, JA 1975, 737 (738).

1350 Erichsen, Jura 1986, 196 (199).

1351 Erichsen, in: Erichsen, Allgemeines Verwaltungsrecht, § 29, Rdn. 34; Ossenbühl, DVBl. 1973, 289 (292); Pappermann, JZ 1969, 485 (487).

1352 Erichsen, Jura 1986, 196 (199), der allerdings annimmt, daß der Anspruch nach §§ 18 SchlH GO, 18 SchlH KrO u.a. gemäß § 40 Abs. 1 VwGO vor dem Verwaltungsgericht durchzusetzen und für Klagen aus dem Benutzungsverhältnis der ordentliche Rechtsweg zu beschreiten seien, und damit der geforderten Einheitlichkeit widerspricht.

1353 Pappermann, JZ 1969, 485 (488).

1354 Ossenbühl, DVBl. 1973, 289 (292).

1355 Ossenbühl, DVBl. 1973, 289 (293).

1356 Ossenbühl, DVBl. 1973, 289 (293).

1357 Ossenbühl, DVBl. 1973, 289 (295).

1358 Ossenbühl, DVBl. 1973, 289 (295).

fentlich-rechtlichen Gegenstand habe und die Vergabe öffentlicher Einrichtungen unmittelbar öffentlichen Zwecken diene.[1359] Der Vertrag trage nur die „äußere Hülle" eines privatrechtlichen Mietvertrages.[1360]
Im Ergebnis übereinstimmend bedient sich *Bethge* zur Einkleidung der Leistungsbeziehungen zwischen daseinsvorsorgendem Staat und normativ begünstigtem Bürger der Rechtsform des öffentlich-rechtlichen Vertrages[1361].
Gegen das Konzept eines einheitlichen öffentlich-rechtlichen Benutzungsverhältnisses wird zutreffend eingewandt, es lasse die Möglichkeit außer acht, daß Privatrechtssubjekte öffentliche Einrichtungen zur Verfügung stellen, denen die Befugnis zu öffentlich-rechtlichem Handeln fehle.[1362]
Zudem ist dem öffentlich-rechtlichen Vertrag das Schriftformerfordernis nach §§ 57 VwVfG, 124 SchlH LVwG entgegenzuhalten, das seine Praktikabilität erheblich mindert.[1363]
Ein einheitliches öffentlich-rechtliches Benutzungsverhältnis kommt nur dann in Betracht, wenn es durch einen Verwaltungsakt begründet wird und dieser auch die Modalitäten der Benutzung bestimmt.
Ein einheitliches privatrechtliches Verständnis des Benutzungsverhältnisses ist hingegen ausgeschlossen, wenn ihm der Anspruch nach §§ 18 SchlH GO, 18 SchlH KrO u.a. zugrundeliegt. Denn dieser verlangt nach einer Entscheidung über die Zulassung des Bewerbers zur Benutzung der öffentlichen Einrichtung, die durch Verwaltungsakt getroffen wird.[1364] In Verbindung mit dem privatrechtlich gestalteten Benutzungsverhältnis ergibt sich daher immer ein zweistufiges Rechtsverhältnis.

d. Ergebnis

Da sich die als Alternativen zur Zweistufentheorie entwickelten Konzeptionen einheitlicher Rechtsverhältnisse als nicht haltbar erweisen, ist das bei der privatrechtlichen Benutzung öffentlich-rechtlich organisierter öffentlicher Einrichtungen entstehende Rechtsverhältnis als zweistufiges Rechtsverhältnis zu qualifizieren, das sich in den öffentlich-rechtlichen Akt der Zulassung und den Akt der Benutzung gliedert, der sich nach dem zugrundeliegenden privatrechtlichen Vertrag bestimmt.

[1359] Pappermann, JZ 1969, 485 (488).
[1360] Pappermann, JZ 1969, 485 (488f.).
[1361] Bethge, JR 1972, 139 (144f.).
[1362] Blum, Niedersächsische Gemeindeordnung, § 22, Rdn. 34; Schmidt-Aßmann, in: Schmidt-Aßmann, Besonderes Verwaltungsrecht, Erster Abschnitt, Rdn. 110; a.A. Seewald, in: Steiner, Besonderes Verwaltungsrecht, I, Rdn. 147.
[1363] Vgl. Drittes Kapitel, § 3, A.I.2..
[1364] Drittes Kapitel, § 3, A.I.4.b..

5. Kriterien für die Wahl der Benutzungsform

Nachdem festgestellt wurde, daß den Kommunen aufgrund der Formenfreiheit der leistenden Verwaltung die Wahl zwischen der öffentlich-rechtlichen und der privatrechtlichen Gestaltung der Benutzungsverhältnisse ihrer öffentlichen Einrichtungen offensteht, und die Besonderheiten der jeweiligen Rechtsform beschrieben wurden, sind abschließend die Kriterien für die Entscheidung zugunsten der öffentlich-rechtlichen bzw. der privatrechtlichen Benutzung zu nennen.
Eine umfassende Untersuchung dieser Frage findet sich in der 1986 erschienenen Dissertation „Die Wahl der Benutzungsform kommunaler Einrichtungen - Kriterien für die Wahl zwischen privatrechtlicher und öffentlich-rechtlicher Benutzungsform" von *Fischedick*, der in den Rechtsfolgen der Wahl der öffentlich-rechtlichen bzw. der privatrechtlichen Benutzungsform im Ergebnis nur vereinzelt gravierende Unterschiede feststellt.

Grundsätzlich eröffnet das Privatrecht den Kommunen größere Gestaltungsmöglichkeiten als das öffentliche Recht.[1365]
Es bietet die Möglichkeit, Rechtsverhältnisse individuell und formfrei zu gestalten.[1366] Allerdings fällt dieser Vorzug im vorliegenden Zusammenhang nicht sehr ins Gewicht, da sich die Benutzung kommunaler öffentlicher Einrichtungen als ein weitgehend standardisierter Leistungsverkehr darstellt, der individuelle Vertragsgestaltungen regelmäßig nicht erfordert.[1367]
Auch hinsichtlich der Haftung für Schäden, die Benutzer anläßlich der Benutzung der öffentlichen Einrichtungen erlitten haben, erweist sich eine privatrechtliche Gestaltung der Benutzungsverhältnisse für die Kommune als günstiger.[1368] In diesem Fall richtet sich die deliktische Haftung der Kommunen lediglich nach §§ 89, 31, 823 BGB bzw. § 831 BGB, während sich die Haftung im Rahmen einer öffentlich-rechtlichen Benutzungsbeziehung nach dem Amtshaftungsanspruch aus Art. 34 GG in Verbindung mit § 839 BGB bestimmt und regelmäßig eine Haftungsübernahme durch die Kommunen als Träger der öffentlichen Einrichtung stattfindet.[1369] Im Gegensatz zu den deliktsrechtlichen Ansprüchen nach §§ 823 ff. BGB gewährt der im Rahmen öffentlich-rechtlicher Benutzungsbeziehungen eingreifende Amtshaftungsanspruch außerdem auch den Ersatz von Vermögensschäden.[1370] Schließlich sind die Möglichkeiten eines Haftungsausschlusses im Rahmen privatrechtlicher Benutzungsverhältnisse größer als unter der Geltung öffent-

[1365] Kunze/Bronner/Katz, Gemeindeordnung für Baden-Württemberg, § 10, Rdn. 20.
[1366] Fischedick, Die Wahl der Benutzungsform kommunaler Einrichtungen, 31.
[1367] Fischedick, Die Wahl der Benutzungsform kommunaler Einrichtungen, 31.
[1368] Fischedick, Die Wahl der Benutzungsform kommunaler Einrichtungen, 88.
[1369] Fischedick, Die Wahl der Benutzungsform kommunaler Einrichtungen, 66ff..
[1370] Fischedick, Die Wahl der Benutzungsform kommunaler Einrichtungen, 69.

lich-rechtlicher Benutzungsregelungen, da die Haftung sowohl im deliktischen als auch im vertraglichen Bereich grundsätzlich auf Vorsatz und grobe Fahrlässigkeit beschränkt werden kann, während ein Haftungsausschluß im öffentlichen Recht nur den vertraglichen Bereich erfaßt. Die Amtshaftung kann nur aufgrund einer gesetzlichen Ermächtigung eingeschränkt werden, die nur für den Bereich der kommunalen Versorgungswirtschaft besteht.[1371]

Unter Rechtsschutzaspekten empfiehlt sich hingegen die Wahl der öffentlich-rechtlichen Benutzungsform. Wenn die Kommunen gegen Einrichtungsbenutzer klagten, käme ihnen zugute, daß im Verwaltungsrechtsweg, der für Streitigkeiten eröffnet ist, die in einem öffentlich-rechtlich gestalteten Benutzungsverhältnis begründet sind, gemäß § 86 Abs. 1 VwGO der Untersuchungsgrundsatz gilt, nach dem das Gericht den streiterheblichen Sachverhalt von Amts wegen ermittelt, während im ordentlichen Rechtsweg die Parteien die Verantwortung dafür tragen, daß die entscheidungserheblichen Tatsachen in den Prozeß eingeführt werden.[1372] Demgegenüber erweist sich der ordentliche Rechtsweg für die Kommunen als günstiger, wenn umgekehrt der Bürger Rechtsschutz in einer das Benutzungsverhältnis betreffenden Streitigkeit sucht.[1373] Vorzüge bietet der ordentliche Rechtsweg den Kommunen auch dadurch, daß dort gegen den Bürger Versäumnisurteile ergehen können und die Verwaltungsbehörden nicht in gleichem Umfang zur Vorlage von Urkunden oder Akten und zu Auskünften verpflichtet sind wie im Verwaltungsprozeß gemäß §§ 99f. VwGO.[1374] Allerdings entstehen für die Bürger damit erhebliche Rechtsschutzdefizite, die unter rechtsstaatlichen Aspekten bedenklich erscheinen.[1375]

Öffentlich-rechtliche Benutzungsregelungen haben demgegenüber den Vorzug, daß die Beitreibung öffentlich-rechtlicher Benutzungsentgelte effektiver erfolgt, da sie anders als die Vollstreckung nach der ZPO keinen vollstreckbaren Titel voraussetzt.[1376]
Wählt die Kommune eine öffentlich-rechtliche Benutzungsform, hat sie außerdem die Möglichkeit, die Benutzungs- oder Gebührenordnung jederzeit mit sofortiger

---

[1371] Fischedick, Die Wahl der Benutzungsform kommunaler Einrichtungen, 74ff..

[1372] Erbguth/Stollmann, DÖV 1993, 798 (809); Kunze/Bronner/Katz, Gemeindeordnung für Baden-Württemberg, § 10, Rdn. 20.

[1373] Von Danwitz, JuS 1995, 1 (3).

[1374] Von Danwitz, JuS 1995, 1 (3); Erbguth/Stollmann, DÖV 1993, 798 (809); Fischedick, Die Wahl der Benutzungsform kommunaler Einrichtungen, 106f..

[1375] Erbguth/Stollmann, DÖV 1993, 798 (809).

[1376] Fischedick, Die Wahl der Benutzungsform kommunaler Einrichtungen, 92, 94; ähnlich Kunze/Bronner/Katz, Gemeindeordnung für Baden-Württemberg, § 10, Rdn. 20.

Wirkung zu ändern. Hingegen kann eine privatrechtliche Benutzungs- oder Entgeltregelung erst nach fristgemäßer Kündigung geändert werden.[1377]
Eine öffentlich-rechtliche Benutzungsform ist auch dort geboten, wo in erheblichem Maße mit der Beteiligung Minderjähriger zu rechnen ist. Anders als der Abschluß privatrechtlicher Verträge setzt die Begründung öffentlich-rechtlicher Benutzungsverhältnisse keine Mitwirkungshandlung des Benutzers voraus, die den Anforderungen der §§ 104ff. BGB als allgemeine Rechtsgedanken zu genügen haben[1378].[1379]

II. Die rechtliche Gestaltung des Benutzungsverhältnisses bei privatrechtlicher Organisation der öffentlichen Einrichtung

In dem Fall, daß die öffentliche Einrichtung eine privatrechtliche Organisationsform erhalten hat - in Betracht kommen hier die rechtsfähigen Institute des Vereins, der Stiftung, der Genossenschaft, der Aktiengesellschaft, der Gesellschaft mit beschränkter Haftung und der Kommanditgesellschaft auf Aktien[1380] -, steht den Gemeinden und Kreisen die Wahl zwischen rechtsfähigen und nichtrechtsfähigen Organisationsformen nicht offen. Da die privatrechtlich organisierten öffentlichen Einrichtungen im Gegensatz zu den in Rechtsformen des öffentlichen Rechts organisierten öffentlichen Einrichtungen nicht über öffentlich-rechtliche Befugnisse verfügen[1381], sind ihre Benutzungsverhältnisse privatrechtlich zu gestalten.[1382] Eine Ausnahme kommt nur im Fall der Beleihung des privaten Einrichtungsträgers im Sinne des § 24 SchlH LVwG in Betracht.[1383]
Da sich die Tätigkeit öffentlicher Einrichtungen, die von den Kommunen privatrechtlich organisiert worden sind, als materiell öffentliche Verwaltung darstellt, gilt ebenfalls Verwaltungsprivatrecht.[1384]

1377 Fischedick, Die Wahl der Benutzungsform kommunaler Einrichtungen, 35.
1378 Ehlers, DVBl. 1986, 912 (918).
1379 Fischedick, Die Wahl der Benutzungsform kommunaler Einrichtungen, 36ff..
1380 Zweites Kapitel, § 3, B. III..
1381 Erbguth, VR 1982, 14 (16); Erichsen, Jura 1986, 196 (198); Fischedick, Die Wahl der Benutzungsform kommunaler Einrichtungen, 14.
1382 Böttcher, Kommunalrecht, Rdn. 991; Erbguth, VR 1982, 14 (16); Erbguth/Stollmann, DÖV 1993, 798 (799); Erichsen, Jura 1986, 196 (198); Fischedick, Die Wahl der Benutzungsform kommunaler Einrichtungen, 14; Gern, Deutsches Kommunalrecht, Rdn. 535; Herdegen, DÖV 1986, 906 (906); Hölzl/Hien, Gemeindeordnung für den Freistaat Bayern, Art. 21, Erl. 3.a); Pappermann, VR 1981, 84 (86f.); Schmidt-Aßmann, in: Schmidt-Aßmann, Besonderes Verwaltungsrecht, Erster Abschnitt, Rdn. 113; Seewald, in: Steiner, Besonderes Verwaltungsrecht, I, Rdn. 146; Waechter, Kommunalrecht, Rdn. 569.
1383 Fischedick, Die Wahl der Benutzungsform kommunaler Einrichtungen, 14.
1384 BVerwG, NVwZ 1991, 59 (59); Erbguth, VR 1982, 41 (42).

C. Anschluß- und Benutzungszwang

Die Benutzung der kommunalen öffentlichen Einrichtungen beruht nicht immer auf freier Willensentschließung des nach §§ 18 SchlH GO, 18 SchlH KrO u.a. Berechtigten. Sie kann auch gesetzlich erzwungen sein.
Die Kommunalgesetze der Länder enthalten ausnahmslos Ermächtigungsgrundlagen für die Kommunen zur Anordnung eines Anschluß- und Benutzungszwanges gegenüber bestimmten von ihnen zur Verfügung gestellten öffentlichen Einrichtungen, die auf die Regelung des § 18 DGO zurückgehen.[1385]
So ermächtigt § 17 Abs. 2 Satz 1 SchlH GO die Gemeinden, bei dringendem öffentlichen Bedürfnis durch Satzung für die Grundstücke ihres Gebiets den Anschluß an die Wasserversorgung, die Abwasserbeseitigung, die Abfallentsorgung, die Versorgung mit Fernwärme, die Straßenreinigung und ähnliche der Gesundheit und dem Schutz der natürlichen Grundlagen des Lebens dienende öffentliche Einrichtungen (Anschlußzwang) und die Benutzung dieser Einrichtungen und der Schlachthöfe (Benutzungszwang) vorzuschreiben. Nach § 17 Abs. 2 Satz 1 SchlH GO kann die Satzung Ausnahmen vom Anschluß- und Benutzungszwang zulassen, nach § 17 Abs. 2 Satz 3 SchlH GO kann sie den Zwang auch auf bestimmte Teile des Gemeindegebiets und auf bestimmte Gruppen von Grundstücken oder Personen beschränken.

Seine innere Rechtfertigung erhält der Anschluß- und Benutzungszwang aus der Überlegung, daß sich einerseits der Zweck, den die Kommunen mit dem Betrieb der jeweiligen öffentlichen Einrichtung verfolgen - beispielsweise der Schutz der Gesundheit -, erst verwirklichen läßt, wenn sie von der gesamten Einwohnerschaft benutzt wird. Andererseits setzt die Rentabilität bestimmter öffentlicher Einrichtungen voraus, daß diese über einen weitreichenden Benutzerkreis verfügen.[1386] Vor dem Hintergrund, daß die Benutzungsentgelte dann auf eine größere Anzahl von Personen umgelegt werden können und sich der vom einzelnen Benutzer zu zahlende Tarif minimiert, ist das Bild von der Solidargemeinschaft der dem Anschluß- und Benutzungszwang Unterworfenen entstanden.[1387]

[1385] In Baden-Württemberg § 11 GemO, in Bayern Art. 24 Abs. 1 Nr. 2 und 3 GO, 18 Abs. 1 Nr. 2 LKrO, in Brandenburg §§ 15 GO, 14 LKrO, in Hessen § 19 Abs. 2 GO, in Mecklenburg-Vorpommern §§ 15, 100 KV, in Niedersachsen §§ 8 Nr. 2 GO, 9 Nr. 2 KrO, in Nordrhein-Westfalen §§ 9 GO, 7 KrO, in Rheinland-Pfalz §§ 26 GemO, 19 LKO, im Saarland §§ 22, 154 KSVG, in Sachsen §§ 14 GO, 12 KrO, in Sachsen-Anhalt §§ 8 Nr. 2 GO, 6 Abs. 2 LKO, in Schleswig-Holstein §§ 17 Abs. 2 und 3 GO, 17 Abs. 2 KrO, in Thüringen §§ 20 Abs. 2 Nr. 2, 99 Abs. 2 Nr. 2 KO.

[1386] Galette, Gemeindeordnung für Schleswig-Holstein, § 17, Rdn. 33; Knemeyer, Die öffentlichen Einrichtungen der Gemeinden, 24; Rehn/Cronauge/von Lennep, Gemeindeordnung für das Land Nordrhein-Westfalen, § 9, Erl. I.2..

[1387] Hange, NJW 1989, 1978; Rehn/Cronauge/von Lennep, Gemeindeordnung für das Land Nordrhein-Westfalen, § 9, Erl. I.2..

Die Kommunen sind nicht nur zur Anordnung des Anschluß- und Benutzungszwanges gegenüber den von ihnen selbst getragenen öffentlichen Einrichtungen befugt. Gegenstand des Anschluß- und Benutzungszwanges können auch öffentliche Einrichtungen sein, die sich in der Trägerschaft einer anderen juristischen Person des öffentlichen Rechts oder des Zivilrechts befinden.[1388] Diese Möglichkeit ist die Konsequenz daraus, daß die Kommunen hinsichtlich der Organisation ihrer öffentlichen Einrichtungen aufgrund der Formenfreiheit der leistenden Verwaltung Wahlfreiheit genießen und diese sowohl in öffentlich-rechtlichen als auch in zivilrechtlichen Formen verselbständigen können.[1389]
Die von *Böttcher*[1390] vorgebrachte Kritik, die Einrichtungsbenutzer würden einseitig benachteiligt, da durch die Anordnung eines Anschluß- und Benutzungszwanges einem Privatunternehmer faktisch eine Monopolstellung verschafft und dem Einrichtungsbenutzer jede Mitwirkungsmöglichkeit genommen werde, verfängt daher nicht.
Allerdings gilt auch im Zusammenhang mit dem Anschluß- und Benutzungszwang, daß die Kommune einen beherrschenden Einfluß auf den Rechtsträger ausüben muß, um sicherstellen zu können, daß die Einrichtung wie eine öffentliche Einrichtung zur Benutzung gemäß §§ 18 SchlH GO, 18 SchlH KrO u.a. zur Verfügung steht.[1391]

I. Inhalt des Anschluß- und Benutzungszwanges

Die Regelung des Anschlußzwanges verpflichtet den Grundstückseigentümer oder dinglich Berechtigten, auf dem Grundstück die notwendigen baulichen und technischen Vorkehrungen zu treffen, um einen Anschluß an die öffentliche Einrichtung und so deren Benutzung zu ermöglichen, während die Regelung des Benutzungszwanges den Betroffenen verpflichtet, von der durch den Anschluß geschaf-

[1388] OVG Lüneburg, OVGE 25, 345 (352f.); OVG Schleswig, NVwZ-RR 1997, 47 (48); Erichsen, Jura 1986, 196 (202f.); Galette, Gemeindeordnung für Schleswig-Holstein, § 17, Rdn. 38; Kauther, Private als Träger von öffentlichen Einrichtungen, 72ff.; Rehn/Cronauge/von Lennep, Gemeindeordnung für das Land Nordrhein-Westfalen, § 9, Erl. II.3.; Helmut Roth, Die kommunalen öffentlichen Einrichtungen, 184f..

[1389] Zweites Kapitel, § 3, B.I..

[1390] Böttcher, Kommunalrecht, Rdn. 1021.

[1391] OVG Lüneburg, OVGE 25, 345 (353f.); OVG Schleswig, NVwZ-RR 1997, 47 (48); Erichsen, Jura 1986, 196 (203); Galette, Gemeindeordnung für Schleswig-Holstein, § 17, Rdn. 38; Kunze/Bronner/Katz, Gemeindeordnung für Baden-Württemberg, § 11, Rdn. 2; Rehn/Cronauge/von Lennep, Gemeindeordnung für das Land Nordrhein-Westfalen, § 9, Erl. II.3.; Helmut Roth, Die kommunalen öffentlichen Einrichtungen, 184f..

fenen Möglichkeit tatsächlich Gebrauch zu machen und die Benutzung anderer Einrichtungen zu unterlassen.[1392]
Regelmäßig erfüllt der Adressat der §§ 17 Abs. 2 und 3 SchlH GO, 17 Abs. 2 SchlH KrO u.a. seine Verpflichtung, indem er Anschlußmaßnahmen der Kommunen duldet und ihre Kosten durch Zahlung von Beiträgen im Sinne des § 8 SchlH KAG trägt. Diese Duldungspflicht des Grundstückseigentümers haben Art. 24 Abs. 2 Satz 3 Bay GO, § 20 Abs. 2 Nr. 2 Thür KO ausdrücklich normiert.
Der Anschluß an eine kommunale öffentliche Einrichtung besteht nicht notwendigerweise in einer technischen Vorrichtung wie einer Leitung, sondern kann jede andere Verbindung sein, die die Benutzung der Einrichtung ermöglicht.[1393]
Aus § 3 Abs. 1 AbfG, der in Verbindung mit den Landesgesetzen eine spezialgesetzliche Ermächtigungsgrundlage für einen Anschluß- und Benutzungszwang gegenüber Abfallbeseitigungseinrichtungen darstellt, folgt beispielsweise, daß das Bereitstellen von Behältern als Maßnahme des Anschlusses genügt.
Die gegenteilige, unzutreffende, Auffassung vertritt offenbar das Land Sachsen, denn § 14 Abs. 1 Sächs GO unterstellt die Abfallbeseitigungseinrichtungen lediglich dem Benutzungszwang. Da zu den Anlagen der Abfallbeseitigung eine Verbindung im technischen Sinne nicht hergestellt werden kann, gibt die Regelung zu erkennen, daß sie nur diese als Anschluß genügen läßt.

II. Die dem Anschluß- und Benutzungszwang unterstellten öffentlichen Einrichtungen

Zu den gemeindlichen öffentlichen Einrichtungen, die § 17 Abs. 2 und 3 SchlH GO u.a. dem Anschluß- und Benutzungszwang unterstellen, gehören im wesentlichen Anlagen der Wasserversorgung, der Abwasserbeseitigung, der Straßenreinigung und der Fernwärmeversorgung, die den jüngsten dem Anschluß- und Benutzungszwang unterstellten Sachverhalt bildet.

Fernwärmeversorgung ist die Zuleitung von durch Dampf oder Warmwasser erzeugter Wärmeenergie für Heizzwecke oder den Warmwasserbedarf.[1394]

[1392] VGH München, BayVBl. 1961, 220 (221); Böttcher, Kommunalrecht, Rdn. 1017; Galette, Gemeindeordnung für Schleswig-Holstein, § 17, Rdn. 33f.; Hölzl/Hien, Gemeindeordnung für den Freistaat Bayern, Art. 24, Erl. 3.; Kunze/Bronner/Katz, Gemeindeordnung für Baden-Württemberg, § 11, Rdn. 1; von Mutius/Rentsch, Kommunalverfassungsrecht Schleswig-Holstein, § 17, Rdn. 6; Pappermann/Löhr/Andriske, Recht der öffentlichen Sachen, 146f.; Rehn/Cronauge/von Lennep, Gemeindeordnung für das Land Nordrhein-Westfalen, § 9, Erl. II.4.; Helmut Roth, Die kommunalen öffentlichen Einrichtungen, 183; Schlempp/Schlempp, Kommentar zur Hessischen Gemeindeordnung, § 19, Erl. XIII.4.; Schmidt-Jortzig, Kommunalrecht, Rdn. 655.

[1393] Galette, Gemeindeordnung für Schleswig-Holstein, § 17, Rdn. 33; von Mutius/Rentsch, Kommunalverfassungsrecht Schleswig-Holstein, § 17, Rdn. 6; Schlempp/Schlempp, Kommentar zur Hessischen Gemeindeordnung, § 19, Erl. XIII.8..

Der Zweck des Anschluß- und Benutzungszwanges gegenüber der Fernwärmeversorgung besteht nach Art. 24 Abs. 1 Nr. 3 Bay GO in der Vermeidung von Gefahren, erheblichen Belästigungen oder sonstigen erheblichen Nachteilen durch Luftverunreinigung, die durch den massenhaften Betrieb ölbeheizter Anlagen in den einzelnen Haushalten hervorgerufen wird.[1395]
Zur Anordnung des Anschluß- und Benutzungszwanges gegenüber der Fernwärmeversorgung bedarf es einer spürbaren Belastung der Luftverhältnisse in der jeweiligen Kommune. Es muß allerdings nicht mit der Gefährdung der menschlichen Gesundheit zu rechnen sein.[1396] Allein energiepolitische Gründe rechtfertigen den Anschluß- und Benutzungszwang zugunsten der Fernwärmeversorgung nicht[1397], sie müssen zumindest dem Schutz der Gesundheit als dem Hauptzweck der Anordnung dienen[1398]. Dem stehen §§ 17 Abs. 2 Satz 1 SchlH GO, 17 Abs. 2 Satz 1 SchlH KrO u.a. entgegen, in denen das öffentliche Bedürfnis für den Anschluß- und Benutzungszwang regelmäßig durch den Schutz der Gesundheit definiert wird. Um mit der Anordnung des Anschluß- und Benutzungszwanges zugunsten der Fernwärmeversorgung auch aus volkswirtschaftlichen Gründen auf die Ölverknappung und -verteuerung reagieren zu können, wird daher vorgeschlagen, den Begriff der Gesundheit durch den des „Wohls der Allgemeinheit" zu ersetzen.[1399]
Um den mit der Umstellung auf die Fernwärmeversorgung für die Betroffenen verbundenen sozialen und wirtschaftlichen Härten zu begegnen, sehen §§ 9 Satz 4 NrW GO, 7 Satz 4 NrW KrO und § 17 Abs. 3 Satz 2 SchlH GO die Schaffung angemessener Übergangsregelungen vor.

Während § 26 Abs. 1 RhPf GemO außerdem Heizungsanlagen zum Anschluß an bestimmte Energieversorgungseinrichtungen und zu deren Benutzung verpflichtet, erstrecken Art. 24 Abs. 1 Nr. 2 Bay GO, §§ 8 Nr. 2 Nds GO, 14 Abs. 1 Sächs GO und 17 Abs. 2 Satz 1 SchlH GO den Anschluß- und Benutzungszwang auf Anlagen der Abfallentsorgung. Angesichts des § 3 Abs. 1 AbfG kann diese Regelung allerdings nur deklaratorische Bedeutung haben.[1400]

1394 Galette, Gemeindeordnung für Schleswig-Holstein, § 17, Rdn. 58; Kunze/Bronner/Katz, Gemeindeordnung für Baden-Württemberg, § 11, Rdn. 20; Rehn/Cronauge/von Lennep, Gemeindeordnung für das Land Nordrhein-Westfalen, § 9, Erl. III.3.; Helmut Roth, Die kommunalen öffentlichen Einrichtungen, 188; Wagener, Anschluß- und Benutzungszwang für Fernwärme, 32.

1395 Galette, Gemeindeordnung für Schleswig-Holstein, § 17, Rdn. 57.

1396 Galette, Gemeindeordnung für Schleswig-Holstein, § 17, Rdn. 114.

1397 Kunze/Bronner/Katz, Gemeindeordnung für Baden-Württemberg, § 11, Rdn. 20; Helmut Roth, Die kommunalen öffentlichen Einrichtungen, 188.

1398 Wagener, Anschluß- und Benutzungszwang für Fernwärme, 44.

1399 Wichardt, DVBl. 1980, 31 (32ff.).

1400 Waechter, Kommunalrecht, Rdn. 581.

Lediglich dem Benutzungszwang sind Schlachthöfe und gemäß § 11 Abs. 1 Satz 2 BadWürtt GemO, Art. 24 Abs. 1 Nr. 2 Bay GO, §§ 8 Nr. 2 Nds GO, 14 Abs. 1 Sächs GO, 8 Nr. 2 SachsAnh GO Bestattungseinrichtungen unterstellt. Neben den Bestattungseinrichtungen werden in §§ 8 Nr. 2 Nds GO, 8 Nr. 2 SachsAnh GO auch öffentliche Begräbnisplätze genannt.
Die Beschränkung der Zwangsanordnung auf die Benutzung beruht darauf, daß diese Einrichtungen nicht grundstücksgebunden sind und zu ihnen daher kein Anschluß hergestellt werden kann.

Die von den Kreisen getragenen öffentlichen Einrichtungen, die dem Anschluß- und Benutzungszwang unterstellt werden können, werden in den Kommunalgesetzen regelmäßig nicht ausdrücklich aufgeführt, sondern als Einrichtungen der Kreise[1401] oder als überörtliche Einrichtungen[1402] bezeichnet.

Durch eine Art beschränkter Generalklausel[1403] gestatten §§ 17 Abs. 2 und 3 SchlH GO, 17 Abs. 2 SchlH KrO u.a. den Gemeinden und Kreisen schließlich, den Anschluß- und Benutzungszwang für ähnliche der Gesundheit bzw. dem öffentlichen Wohl dienende Einrichtungen einzuführen.
Diese offen formulierte Befugnis ermöglicht es den Gemeinden und Kreisen, sich in der Vergangenheit unberücksichtigten, nunmehr dringlich gewordenen Bedürfnissen zu widmen und sie unter Anordnung eines Anschluß- und Benutzungszwanges zu erfüllen. Das Instrument des Anschluß- und Benutzungszwanges ist daher dynamisch.[1404]
Die Formulierungen sind indes nicht einheitlich, sie reichen von „der Volksgesundheit dienende Einrichtungen“[1405], „der Gesundheit der Bevölkerung dienende Einrichtungen“[1406], „der Gesundheit dienende Einrichtungen“[1407] zu „der Gesundheit und dem Schutz der natürlichen Grundlagen des Lebens dienende öffentliche

[1401] In Art. 18 Abs. 1 Nr. 2 Bay LKrO, §§ 9 Nr. 2 Nds KrO, 154 Satz 1 Saarl KSVG, 6 Abs. 2 SachsAnh LKO, 99 Abs. 2 Nr. 2 Thür KO.

[1402] In §§ 14 Abs. 1 Satz 1 Bran LKrO, 7 Satz 1 NrW KrO, 19 Abs. 1 Satz 1 RhPf LKO.

[1403] Knemeyer, Die öffentlichen Einrichtungen der Gemeinden, 25; Kunze/Bronner/Katz, Gemeindeordnung für Baden-Württemberg, § 11, Rdn. 3; Rehn/Cronauge/von Lennep, Gemeindeordnung für das Land Nordrhein-Westfalen, § 9, Erl. I.2.; Helmut Roth, Die kommunalen öffentlichen Einrichtungen, 185f.; Stober, Kommunalrecht, 243.

[1404] Galette, Gemeindeordnung für Schleswig-Holstein, § 17, Rdn. 36; Knemeyer, Die öffentlichen Einrichtungen der Gemeinden, 25; Kunze/Bronner/Katz, Gemeindeordnung für Baden-Württemberg, § 11, Rdn. 3; Rehn/Cronauge/von Lennep, Gemeindeordnung für das Land Nordrhein-Westfalen, § 9, Erl. I.2.; Helmut Roth, Die kommunalen öffentlichen Einrichtungen, 185f.; Stober, Kommunalrecht, 243.

[1405] §§ 11 Abs. 1 Satz 1 BadWürtt GemO, 19 Abs. 2 Satz 1 Hess GO, 8 Nr. 2 Nds GO, 19 Satz 1 NrW GO, 22 Abs. 1 Saarl KSVG.

[1406] § 8 Nr. 2 SachsAnh GO.

[1407] Art. 24 Abs. 1 Nr. 2 Bay GO, § 15 Abs. 1 Satz 1 Bran GO.

Einrichtungen"[1408] einerseits und „dem öffentlichen Wohl dienende Einrichtungen"[1409] und „dem Gemeinwohl dienende Einrichtungen"[1410] andererseits.

In neueren Kommunalgesetzen finden sich auch Ermächtigungen der Kommunen zur Anordnung des Anschluß- und Benutzungszwanges gegenüber Einrichtungen, die dem Umweltschutz dienen. Während § 15 Abs. 1 Satz 2 Bran GO die Gemeinden verpflichtet, den Anschluß- und Benutzungszwang durchzusetzen, wenn es zur Einhaltung geltender Umweltschutzbestimmungen erforderlich ist, erwähnt § 14 Abs. 1 Sächs GO die dem Umweltschutz dienenden öffentlichen Einrichtungen als besonderen Fall im Rahmen der Generalklausel. § 17 Abs. 2 Satz 1 SchlH GO integriert den Umweltschutzaspekt ebenfalls in seine Generalklausel und ermächtigt die Gemeinden zur Anordnung des Anschluß- und Benutzungszwanges für ähnliche der Gesundheit und dem Schutz der natürlichen Grundlagen des Lebens dienende öffentliche Einrichtungen.
Die schleswig-holsteinische Regelung lehnt sich damit begrifflich an Art. 20a GG an, der vom Schutz der natürlichen Lebensgrundlagen spricht. Als alleinige Ermächtigungsgrundlage für einen umweltschutzrechtlich motivierten Anschluß- und Benutzungszwang kommt § 17 Abs. 2 Satz 1 SchlH GO jedoch nicht in Betracht, da er insofern nicht hinreichend bestimmt ist.[1411]
Im übrigen ist zu berücksichtigen, daß diese Regelungen die Kommunen nur im Rahmen ihrer gesetzlichen Zuständigkeiten auf dem Gebiet des Umweltrechts ermächtigen und keine neuen Kompetenzen schaffen.[1412]
Generell gilt, daß der Anschluß- und Benutzungszwang nicht mit umweltschutzrechtlichen Aspekten begründet werden kann, wenn es an einer ausdrücklichen Ermächtigung in den Regelungen des Anschluß- und Benutzungszwanges fehlt.[1413]

Die Kompetenz der Kommunen zur Anordnung des Anschluß- und Benutzungszwanges beschränkt sich auf die in §§ 17 Abs. 2 und 3 SchlH GO, 17 Abs. 2 SchlH KrO u.a. ausdrücklich erwähnten oder von der Generalklausel erfaßten öffentlichen Einrichtungen.[1414]

[1408] § 17 Abs. 2 Satz 1 SchlH GO.

[1409] §§ 15 Abs. 1 Satz 1 MV KV, 14 Abs. 1 Sächs GO.

[1410] §§ 26 Abs. 1 Satz 1 RhPf GemO, 20 Abs. 2 Nr. 2 Thür KO.

[1411] Galette, Gemeindeordnung für Schleswig-Holstein, § 17, Rdn. 69.

[1412] Helmut Roth, Die kommunalen öffentlichen Einrichtungen, 188f.; Waechter, Kommunalrecht, Rdn. 574.

[1413] Helmut Roth, Die kommunalen öffentlichen Einrichtungen, 189.

[1414] Galette, Gemeindeordnung für Schleswig-Holstein, § 17, Rdn. 72; Kunze/Bronner/Katz, Gemeindeordnung für Baden-Württemberg, § 11, Rdn. 6; Rehn/Cronauge/von Lennep, Gemeindeordnung für das Land Nordrhein-Westfalen, § 9, Erl. II.1..

III. Adressaten des Anschluß- und Benutzungszwanges

Gegenstand des Anschlußzwanges sind gemäß §§ 17 Abs. 2 und 3 SchlH GO, 17 Abs. 2 SchlH KrO u.a. Grundstücke. Entsprechend verpflichtet er zu den auf dem Grundstück notwendigen baulichen und technischen Vorkehrungen, um einen Anschluß an die öffentliche Einrichtung und so deren Benutzung zu ermöglichen.[1415] Unter Umständen erfordert der Anschluß damit Einwirkungen auf das Grundstück, beispielsweise das Verlegen einer Wasserleitung. Als Adressaten des Anschlußzwanges kommen daher nur die hinsichtlich des Grundstücks verfügungsberechtigten Personen in Betracht[1416], die Eigentümer und dinglich Berechtigten.[1417] Öffentliche Verwaltungsträger, die über dingliche Grundstücksrechte verfügen, sind von den Verpflichtungen des Anschluß- und Benutzungszwanges nicht ausgenommen.[1418]

Der Benutzungszwang stellt sich demgegenüber als personenbezogen dar[1419] und richtet sich an die Personen, die die öffentliche Einrichtung tatsächlich in Anspruch nehmen sollen[1420]. Sie entstammen dem in §§ 18 SchlH GO, 18 SchlH KrO u.a. beschriebenen Personenkreis.

IV. Voraussetzungen der Anordnung des Anschluß- und Benutzungszwanges

1. Die rechtliche und tatsächliche Möglichkeit des Anschluß- und Benutzungszwanges

Ungeschriebene Voraussetzung der Anordnung des Anschluß- und Benutzungszwanges ist dessen rechtliche und tatsächliche Möglichkeit.

Aus dem Kontext der §§ 17 und 18 SchlH GO, 17 und 18 SchlH KrO u.a. folgt, daß der Betroffene, damit er zum Anschluß an eine öffentliche Einrichtung der

---

1415 Drittes Kapitel, § 3, B.I..

1416 Galette, Gemeindeordnung für Schleswig-Holstein, § 17, Rdn. 79; Rehn/Cronauge/von Lennep, Gemeindeordnung für das Land Nordrhein-Westfalen, § 9, Erl. II.4.; Waechter, Kommunalrecht, Rdn. 573.

1417 Galette, Gemeindeordnung für Schleswig-Holstein, § 17, Rdn. 79; Rehn/Cronauge/von Lennep, Gemeindeordnung für das Land Nordrhein-Westfalen, § 9, Erl. II.4.; a.A. Schlempp/-Schlempp, Kommentar zur Hessischen Gemeindeordnung, § 19, Erl. XIII.8., der auch schuldrechtlich Berechtigte zu den durch den Anschlußzwang Verpflichteten rechnet.

1418 Galette, Gemeindeordnung für Schleswig-Holstein, § 17, Rdn. 79; Kunze/Bronner/Katz, Gemeindeordnung für Baden-Württemberg, § 11, Rdn. 14; Rehn/Cronauge/von Lennep, Gemeindeordnung für das Land Nordrhein-Westfalen, § 9, Erl. II.4.; Helmut Roth, Die kommunalen öffentlichen Einrichtungen, 198; Schlempp/Schlempp, Kommentar zur Hessischen Gemeindeordnung, § 19, Erl. XIII.7.; Stober, Kommunalrecht, 242; Waechter, Kommunalrecht, Rdn. 573.

1419 Rehn/Cronauge/von Lennep, Gemeindeordnung für das Land Nordrhein-Westfalen, § 9, Erl. II.4..

1420 Helmut Roth, Die kommunalen öffentlichen Einrichtungen, 197.

Gemeinde oder des Kreises und zu deren Benutzung verpflichtet werden kann, zu dem durch §§ 18 SchlH GO, 18 SchlH KrO u.a. berechtigten Personenkreis gehören und einen Anspruch auf Zulassung zur Benutzung dieser öffentlichen Einrichtung haben muß. Andererseits muß die Kapazität der öffentlichen Einrichtung so beschaffen sein, daß alle zum Anschluß und zur Benutzung Verpflichteten versorgt werden können.[1421]

2. Regelung durch Satzung

Der Anschluß- und Benutzungszwang stellt sich als in hohem Maße grundrechtsrelevant dar, er berührt die Grundrechte der betroffenen Grundstückseigentümer und der konkurrierenden privaten Anbieter aus Art. 14 Abs. 1 GG, Art. 12 Abs. 1 GG und Art. 2 Abs. 1 GG.

Der Anschluß- und Benutzungszwang greift in das Grundrecht der Verpflichteten aus Art. 14 Abs. 1 GG ein, da diese ihre eigenen Versorgungsanlagen nicht mehr benutzen und über ihr Grundstückseigentum nicht mehr frei verfügen dürfen, sondern Anschlußmaßnahmen zu dulden haben.[1422] Ferner werden die Verpflichteten in ihrer durch Art. 2 Abs. 1 GG geschützten allgemeinen Handlungsfreiheit beschränkt, da ihnen die Möglichkeit genommen wird, ihren Bedarf anderweitig zu decken.[1423] Konkurrierende private Anbieter sind durch den Anschluß- und Benutzungszwang in ihrem Grundrecht aus Art. 12 Abs. 1 GG betroffen, da sie ihr gewerbliches Betätigungsfeld an die Kommunen verlieren.[1424] Schutz durch Art. 14 Abs. 1 GG unter dem Aspekt des eingerichteten und ausgeübten Gewerbebetriebes erfährt der konkurrierende private Anbieter hingegen nicht, da nach herrschender Ansicht eine Tätigkeit im Bereich öffentlicher Aufgabenwahrnehmung mit dem Vorbehalt belastet ist, daß sie nur solange ausgeübt werden darf, wie die Kommune diese Aufgabe nicht als öffentliche Aufgabe an sich gezogen hat.[1425]

Die Einführung des Anschluß- und Benutzungszwanges bewirkt aber nach übereinstimmender Ansicht keine Verletzung der Grundrechte der betroffenen Grundstückseigentümer und Konkurrenten, da der mit ihm verfolgte Zweck, die Vorsor-

---

[1421] Kunze/Bronner/Katz, Gemeindeordnung für Baden-Württemberg, § 11, Rdn. 2; Helmut Roth, Die kommunalen öffentlichen Einrichtungen, 184.

[1422] Schmidt-Aßmann, in: Schmidt-Aßmann, Besonderes Verwaltungsrecht, Erster Abschnitt, Rdn. 116.

[1423] Helmut Roth, Die kommunalen öffentlichen Einrichtungen, 194; Schmidt-Aßmann, in: Schmidt-Aßmann, Besonderes Verwaltungsrecht, Erster Abschnitt, Rdn. 116; H. Weber, NVwZ 1987, 641 (643).

[1424] Helmut Roth, Die kommunalen öffentlichen Einrichtungen, 193; Schmidt-Aßmann, in: Schmidt-Aßmann, Besonderes Verwaltungsrecht, Erster Abschnitt, Rdn. 117.

[1425] BGHZ 40, 355 (365f.); BVerwG, DÖV 1981, 917 (918f.).

ge vor Gefahren für die Gesundheit und das öffentliche Wohl, die Eingriffe rechtfertigt.[1426]

Angesichts der Grundrechtsrelevanz bedarf der Anschluß- und Benutzungszwang nach der Wesentlichkeitstheorie des BVerfG der Grundlage in einem parlamentarischen Gesetz.[1427]
Diese ist in den Kommunalgesetzen der Länder enthalten, nach denen die Gemeinden und Kreise zur Anordnung des Anschluß- und Benutzungszwanges zugunsten bestimmter öffentlicher Einrichtungen berechtigt sind.
Diese Regelungen bestimmen ferner, daß der Anschluß- und Benutzungszwang im konkreten Fall nur durch Satzung angeordnet werden kann.[1428]

a. Inhalt der Satzung

Gegenstand der Satzung sind die Regelungen des „Ob" und des „Wie" des Anschluß- und Benutzungszwanges gegenüber der jeweiligen öffentlichen Einrichtung.[1429] Daher erstrecken sich die Regelungen auf die Anordnung des Anschluß- und Benutzungszwanges einerseits und die Modalitäten wie die Art des Anschlusses und der Benutzung, das vom Anschluß- und Benutzungszwang betroffene Gebiet, den verpflichteten Personenkreis und mögliche Ausnahmetatbestände andererseits.[1430]
Hingegen können die finanziellen Folgen wie die Benutzungsentgelte selbständig geregelt werden.[1431]

b. Wahlfreiheit

Fraglich ist, ob die Kommunen auch bei der Wahl der Benutzungsform ihrer dem Anschluß- und Benutzungszwang unterstellten öffentlichen Einrichtungen die ihnen bei der Gestaltung der Benutzungsverhältnisse öffentlich-rechtlich organisierter öffentlicher Einrichtungen grundsätzlich zustehende Wahlfreiheit[1432] genießen.

[1426] BVerwG, DÖV 1981, 917 (198f.); dass., NVwZ 1998, 1080 (1081); Helmut Roth, Die kommunalen öffentlichen Einrichtungen, 191ff..
[1427] Erichsen, Jura 1986, 196 (201); Schmidt-Aßmann, in: Schmidt-Aßmann, Besonderes Verwaltungsrecht, Erster Abschnitt, Rdn. 114ff.; Stober, Kommunalrecht, 244f..
[1428] Vgl. stellvertretend §§ 17 Abs. 2 Satz 1 SchlH GO, 17 Abs. 2 Satz 1 SchlH KrO.
[1429] Galette, Gemeindeordnung für Schleswig-Holstein, § 17, Rdn. 81.
[1430] Galette, Gemeindeordnung für Schleswig-Holstein, § 17, Rdn. 80.
[1431] Galette, Gemeindeordnung für Schleswig-Holstein, § 17, Rdn. 81.
[1432] Drittes Kapitel, § 3, A.I.1..

Entscheidend ist insofern, ob das Prinzip der Formenfreiheit der leistenden Verwaltung als Grundlage der Wahlfreiheit auch im Fall der kommunalen öffentlichen Einrichtungen mit Anschluß- und Benutzungszwang in Betracht kommt.
Das ist der Fall, wenn das Zwangselement den Charakter des zwischen dem Benutzer und der kommunalen öffentlichen Einrichtung bestehenden Rechtsverhältnisses nicht verändert und sich dieses nicht als Eingriffs-, sondern weiterhin als Leistungsverhältnis darstellt.[1433]
Obwohl die öffentlichen Einrichtungen auch im Falle des Anschluß- und Benutzungszwanges gegenüber dem Benutzer Leistungen erbringen, könnte dagegen sprechen, daß die Anordnung des Anschluß- und Benutzungszwanges als solche einen Eingriff in die Rechtssphäre der Benutzer bedeutet.
Frotscher[1434] und *Krieger*[1435] bewerten diesen Sachverhalt in der Weise, daß die Verwaltung im Fall der erzwungenen Benutzung kommunaler öffentlicher Einrichtungen zugleich vorteilsgewährend und belastend agiere. Das anläßlich der Benutzung begründete Rechtsverhältnis sei sowohl der Eingriffs- als auch der Leistungsverwaltung zuzurechnen.
Frotscher gelangt daher zu der Annahme, daß die im Bereich der freiwillig benutzten öffentlichen Einrichtungen geltende Begründung der Wahlfreiheit nicht den Fall der dem Anschluß- und Benutzungszwang unterstellten öffentlichen Einrichtungen trägt. Zwar bauten auch letztere auf dem für den Privatrechtsverkehr typischen Austauschverhältnis von Sach- und Dienstleistungen gegen Entrichtung eines Entgelts auf.[1436] Es falle auch nicht ins Gewicht, daß die Benutzungsbedingungen der dem Anschluß- und Benutzungszwang unterstellten öffentlichen Einrichtungen nicht frei ausgehandelt werden könnten, denn auch die freiwillige Benutzung öffentlicher Einrichtungen richte sich regelmäßig nach Allgemeinen Geschäftsbedingungen.[1437] Da aber auch Eintritt und Dauer des Benutzungsverhältnisses der Disposition des Benutzers entzogen seien, unterscheide sich die Benutzung der dem Anschluß- und Benutzungszwang unterstellten öffentlichen Einrichtungen in so wesentlicher Weise von der freiwilligen Benutzung, daß eine Übertragung des Grundsatzes der Wahlfreiheit nicht gerechtfertigt sei.[1438]
Da der Grundsatz der Wahlfreiheit auch eine Ausnahmebestimmung für den Bereich der Leistungsverwaltung darstelle, folgert *Frotscher*, daß er für derartige Mischverhältnisse nicht gelte.[1439]

1433 Frotscher, Die Ausgestaltung kommunaler Nutzungsverhältnisse, 12; Krieger, Schranken der Zulässigkeit der Privatisierung öffentlicher Einrichtungen, 16.
1434 Frotscher, Die Ausgestaltung kommunaler Nutzungsverhältnisse, 14.
1435 Krieger, Schranken der Zulässigkeit der Privatisierung öffentlicher Einrichtungen, 18ff..
1436 Frotscher, Die Ausgestaltung kommunaler Nutzungsverhältnisse, 15.
1437 Frotscher, Die Ausgestaltung kommunaler Nutzungsverhältnisse, 15.
1438 Frotscher, Die Ausgestaltung kommunaler Nutzungsverhältnisse, 15f..
1439 Frotscher, Die Ausgestaltung kommunaler Nutzungsverhältnisse, 16.

Die Zurechnung der Benutzungsverhältnisse der dem Anschluß- und Benutzungszwang unterstellten öffentlichen Einrichtungen sowohl zur Eingriffs- als auch zur Leistungsverwaltung zwingt jedoch nicht zu dem Schluß, daß der Verwaltung die freie Wahl der Rechtsform der Benutzungsverhältnisse verwehrt sei.
Entscheidend ist vielmehr, ob das Benutzungsverhältnis zusammen mit der Anordnung des Anschluß- und Benutzungszwanges einen einheitlichen Lebenssachverhalt bildet, mithin der Zwangscharakter auf das Benutzungsverhältnis übergreift[1440], oder ob sich die Anordnung des Anschluß- und Benutzungszwanges als eigenständige Regelung darstellt, die die Rechtsform des Benutzungsverhältnisses nicht präjudiziert[1441].
Zu untersuchen ist daher, ob sich das „Ob“ und das „Wie“ der Benutzung im Sinne der Zweistufentheorie im Fall der dem Anschluß- und Benutzungszwang unterstellten öffentlichen Einrichtungen ähnlich klar trennen lassen wie im Fall der freiwillig benutzten öffentlichen Einrichtungen.[1442]

Während der Anschlußzwang den Grundstückseigentümer oder dinglich Berechtigten verpflichtet, auf dem Grundstück die notwendigen baulichen und technischen Vorkehrungen zu treffen, um einen Anschluß an die öffentliche Einrichtung und damit deren Benutzung zu ermöglichen, verpflichtet ihn der Benutzungszwang, von der so geschaffenen Möglichkeit tatsächlich Gebrauch zu machen und die Benutzung anderer Einrichtungen zu unterlassen.[1443]
Damit konzentriert sich die Regelung des Anschluß- und Benutzungszwanges darauf, den Benutzer an die kommunale öffentliche Einrichtung als Anbieter einer bestimmten Leistung zu binden. Sie verpflichtet ihn aber auch zur Benutzung zu den von der kommunalen öffentlichen Einrichtung vorgegebenen Konditionen.
Mithin stellt die Regelung des Anschluß- und Benutzungszwanges dem Betroffenen weder den Entschluß, die öffentliche Einrichtung zu benutzen, noch die inhaltliche Gestaltung des Benutzungsverhältnisses frei.[1444] Der Zwang erstreckt sich daher über die Zulassung zur Benutzung der öffentlichen Einrichtung hinaus auf das Benutzungsverhältnis.
Krieger stellt aber zutreffend fest, daß der Zwang regelmäßig nur zur Begründung des Benutzungsverhältnisses und für den Fall angewandt wird, daß sich die Betroffenen der Anordnung des Anschluß- und Benutzungszwanges widersetzen.[1445]

[1440] So von Danwitz, JuS 1995, 1 (5); Frotscher, Die Ausgestaltung kommunaler Nutzungsverhältnisse, 17; Nassauer, Verwaltung und Privatrechtsform, 125f..
[1441] So Schmidt-Jortzig, Kommunalrecht, Rdn. 656.
[1442] Krieger, Schranken der Zulässigkeit der Privatisierung öffentlicher Einrichtungen, 38.
[1443] Drittes Kapitel, § 3, B..
[1444] Krieger, Schranken der Zulässigkeit der Privatisierung öffentlicher Einrichtungen, 36.
[1445] Krieger, Schranken der Zulässigkeit der Privatisierung öffentlicher Einrichtungen, 39.

Eine Unterscheidung der öffentlichen Einrichtungen mit und ohne Anschluß- und Benutzungszwang hinsichtlich der Anwendbarkeit der Zweistufentheorie erscheint daher nicht gerechtfertigt.[1446]
Mithin greift das Argument nicht, der Anschluß- und Benutzungszwang begleite das gesamte Benutzungsverhältnis und färbe auf die Modalitäten der Benutzung ab, da dem Bürger beispielsweise die Möglichkeit versagt sei, durch Nichtabschluß des Vertrages der Zahlung des von ihm verlangten Entgelts zu entgehen[1447]. Das Argument betrifft lediglich den Fall, das sich der dem Anschluß- und Benutzungszwang Unterworfene der Anordnung widersetzt.
Ferner wird die Zwangswirkung des Anschluß- und Benutzungszwanges dadurch relativiert, daß der betroffene Grundstückseigentümer zwar an einen bestimmten Anbieter gebunden ist, beispielsweise an ein Wasserversorgungsunternehmen, aber auch gegenüber einem privaten Anbieter faktisch zum Wasserbezug gezwungen wäre, da es sich bei der Wasserversorgung um ein Grundbedürfnis der menschlichen Existenz handelt.
Der Zwangswirkung des Anschluß- und Benutzungszwanges ist schließlich die Entscheidung über die Höhe des Benutzungsentgelts insofern entzogen, als der Betroffene selbständig bestimmt, in welchem Umfang er die Leistungen der kommunalen öffentlichen Einrichtung beansprucht, beispielsweise welche Menge Wassers er bezieht.
Der Anschluß- und Benutzungszwang begründet daher das Benutzungsverhältnis und begleitet es. Regelmäßig unterscheidet sich dieses aber nicht von freiwillig begründeten Benutzungsverhältnissen. Damit erscheint die Annahme gerechtfertigt, daß das Benutzungsverhältnis im Sinne der Zweistufentheorie klar von der Anordnung des Anschluß- und Benutzungszwanges getrennt und seinerseits der Leistungsverwaltung zugerechnet werden kann.

Ein anderer Ansatz liegt der Untersuchung zugrunde, ob sich die Regelung des Anschluß- und Benutzungszwanges auf die Modalitäten der Benutzung der öffentlichen Einrichtung erstreckt oder selbständige Benutzungsbedingungen erlassen werden können, zu denen beispielsweise die Benutzungsentgelte gehören.
Wie bereits erwähnt, konzentriert sich die Regelung des Anschluß- und Benutzungszwanges darauf, den Betroffenen an eine bestimmte kommunale öffentliche Einrichtung zu binden und deren Konditionen zu unterwerfen.
Die dem Betroffenen durch die Benutzungsbedingungen einer dem Anschluß- und Benutzungszwang unterstellten öffentlichen Einrichtung auferlegten Bindungen sind jedoch nicht stärker als die im Rahmen freiwilliger Benutzungsverhältnisse

[1446] Krieger, Schranken der Zulässigkeit der Privatisierung öffentlicher Einrichtungen, 39.
[1447] Ehlers, Verwaltung in Privatrechtsform, 176f.; Nassauer, Verwaltung und Privatrechtsform, 126.

durch öffentlich-rechtliche Benutzungsordnungen oder privatrechtliche Allgemeine Geschäftsbedingungen hervorgerufenen.[1448]

Auch unter diesem Aspekt kann daher nicht davon gesprochen werden, daß sich die Regelung des Anschluß- und Benutzungszwanges auf die Benutzungsbedingungen erstreckt.

Sie bilden keine untrennbaren Bestandteile der Regelung des Anschluß- und Benutzungszwanges, sondern können selbständig geregelt werden[1449], und die separate Regelung der Benutzungsbedingungen hat auch ihren Sinn[1450].

Das anläßlich der Benutzung öffentlicher Einrichtungen, die dem Anschluß- und Benutzungszwang unterstellt sind, entstehende Rechtsverhältnis läßt sich daher in zwei Phasen gliedern, das „Ob“ und das „Wie“ der Benutzung.[1451]

Die Benutzung stellt sich in diesem Fall nicht als einheitlicher Lebenssachverhalt dar[1452], sondern kann von der Anordnung des Anschluß- und Benutzungszwanges klar getrennt werden.

Gegen den Gedanken eines untrennbaren Rechtsverhältnisses spricht ferner, daß die die Begründung des Benutzungsverhältnisses und dessen Durchführung betreffenden Regelungen unterschiedliche Zwecke verfolgen. Während die Anordnung des Anschluß- und Benutzungszwanges gefahrenabwehrende Funktion hat, ist Gegenstand der Benutzungsregelungen der Austausch von Leistungen, wobei die Regelungen der Benutzungsentgelte fiskalischen Zwecken dienen.[1453]

Damit stellt sich lediglich die Begründung des Benutzungsverhältnisses als Eingriff dar, während der Akt des Benutzens der dem Anschluß- und Benutzungszwang unterstellten öffentlichen Einrichtungen der Leistungsverwaltung zuzuordnen ist.[1454]

In diesem Bereich gilt daher der Grundsatz der Formenfreiheit der leistenden Verwaltung.

1448 Ähnlich Fischedick, Die Wahl der Benutzungsform kommunaler Einrichtungen, 21.

1449 SächsOVG, DVBl. 1997, 507 (507); bezüglich der Regelung der Benutzungsentgelte OVG Lüneburg, NJW 1977, 450 (450).

1450 Dagegen Ehlers, Verwaltung in Privatrechtsform, 177.

1451 Im Ergebnis übereinstimmend BGH, BayVBl. 1985, 27 (28); Schliesky, JA 1999, 515 (523), nach dem für die Geltung der Wahlfreiheit gegenüber öffentlichen Einrichtungen, die dem Anschluß- und Benutzungszwang unterstellt sind, maßgebend ist, daß die Kommunen zur Verlagerung ihrer Verantwortung auf Privatrechtssubjekte befugt sind, und der daher zwischen der Aufgabenverantwortung und der Durchführung/Erfüllung differenziert.

1452 SächsOVG, DVBl. 1997, 507 (507); Waechter, Kommunalrecht, Rdn. 571.

1453 SächsOVG, DVBl. 1997, 507 (507).

1454 Fischedick, Die Wahl der Benutzungsform kommunaler Einrichtungen, 21; ähnlich BGH, BayVBl. 1985, 27 (28), der den Gegenstand des Benutzungsverhältnisses als Austausch von Leistungen betrachtet.

Mithin genießen die Kommunen hinsichtlich der Benutzungsform ihrer dem Anschluß- und Benutzungszwang unterstellten öffentlich-rechtlich organisierten öffentlichen Einrichtungen Wahlfreiheit.[1455]
Der Einwand, daß die Kommunen, wenn sie sich mit der Anordnung des Anschluß- und Benutzungszwanges einerseits der vom öffentlichen Recht gewährten Möglichkeiten bedienten, andererseits dessen Nachteile, beispielsweise die Geltung der gebührenrechtlichen Grundsätze für die Bemessung der Benutzungsentgelte, akzeptieren müßten und diese nicht durch eine privatrechtliche Gestaltung des Benutzungsverhältnisses ausschalten könnten[1456], greift nicht. Da auch gegenüber den dem Anschluß- und Benutzungszwang unterstellten öffentlichen Einrichtungen der Grundsatz der Formenfreiheit der leistenden Verwaltung gilt, sind diese in gleicher Weise wie die freiwillig zu benutzenden öffentlichen Einrichtungen bei öffentlich-rechtlicher Organisationsform zur freien Wahl der Rechtsform ihrer Benutzungsverhältnisse befugt.

Für die Geltung der Wahlfreiheit spricht ferner, daß den Kommunen die satzungsmäßige Anordnung des Anschluß- und Benutzungszwanges auch gegenüber privatrechtlich organisierten öffentlichen Einrichtungen gestattet ist, denen lediglich die Wahl einer privatrechtlichen Benutzungsform offensteht[1457]. Der Träger einer öffentlich-rechtlich organisierten öffentlichen Einrichtung muß daher trotz Anschluß- und Benutzungszwanges zur privatrechtlichen Gestaltung der Benutzungsverhältnisse befugt sein.[1458]

Da die dem Anschluß- und Benutzungszwang unterstellten öffentlichen Einrichtungen einen hohen Anteil der kommunalen öffentlichen Einrichtungen ausmachen, ist außerdem zu vermuten, daß der Gesetzgeber, hätte er die Erhebung privatrechtlicher Entgelte für die Benutzung der dem Anschluß- und Benutzungszwang unterstellten öffentlichen Einrichtungen verbieten wollen, dies im Rahmen des § 6 Abs. 1 Satz 1 SchlH KAG, der die Erhebung sowohl öffentlich-rechtlicher Gebühren als auch privatrechtlicher Entgelte gestattet, zum Ausdruck gebracht hätte.[1459]

[1455] BGH, NVwZ 1983, 58 (60); ders., BayVBl. 1985, 27 (28); VGH Kassel, DVBl. 1975, 913 (914); OVG Lüneburg, NJW 1977, 450 (451); OVG Münster, NVwZ 1987, 727 (728); SächsOVG, DVBl. 1997, 507 (507); Fischedick, Die Wahl der Benutzungsform kommunaler Einrichtungen, 21; Gern, Deutsches Kommunalrecht, Rdn. 535; Schmidt-Jortzig, Kommunalrecht, Rdn. 656; Waechter, Kommunalrecht, Rdn. 571.
[1456] Ehlers, Verwaltung in Privatrechtsform, 177.
[1457] Drittes Kapitel, § 3, A.II..
[1458] OVG Lüneburg, NJW 1977, 450 (451).
[1459] OVG Lüneburg, NJW 1977, 450 (451).

c. Notwendigkeit eines Einzelaktes

Hinsichtlich der den Anschluß- und Benutzungszwang anordnenden Satzung ist umstritten, ob diese bereits Pflichten für die Grundstückseigentümer des betroffenen Gebietes begründet[1460] oder der Umsetzung im konkreten Fall durch einen Verwaltungsakt im Sinne der §§ 35 Satz 1 VwVfG, 106 Abs. 1 SchlH LVwG bedarf[1461].

Grundsätzlich haben Satzungen abstrakt-generellen Charakter[1462], was den Gedanken nahelegt, daß sie den einzelnen Fall nicht in der Weise regeln, daß jeder Adressat des Anschluß- und Benutzungszwanges seine konkreten Verpflichtungen erkennen kann.

Nach den bisherigen Untersuchungen[1463] läßt sich der Satzung entnehmen, welches Gebiet und welche Personengruppe dem Anschluß- und Benutzungszwang unterstellt sind, welche Art des Anschlusses und der Benutzung vorgesehen sind und welche Voraussetzungen an eine durch §§ 17 Abs. 2 Satz 2 SchlH GO, 17 Abs. 2 Satz 2 SchlH KrO u.a. ausdrücklich zugelassene Ausnahme vom Anschluß- und Benutzungszwang bestehen.[1464] Damit enthält die Satzung eine fast vollständige Regelung des konkreten Falles. Sie bestimmt jedoch nicht, welche einzelnen Grundstückseigentümer Ausnahmen vom Anschluß- und Benutzungszwang für sich in Anspruch nehmen können.[1465]

Da die Satzungsregelung insofern keine unmittelbaren Rechtsfolgen setzt, bedarf es ihrer Umsetzung im konkreten Fall durch einen Verwaltungsakt im Sinne der §§ 35 Satz 1 VwVfG, 106 Abs. 1 SchlH LVwG.

1460 Pappermann/Löhr/Andriske, Recht der öffentlichen Sachen, 146.

1461 Böttcher, Kommunalrecht, Rdn. 1035; Hange, NJW 1078 (1078); Helmut Roth, Die kommunalen öffentlichen Einrichtungen, 198; Salzwedel, in: Erichsen, Allgemeines Verwaltungsrecht, 10. Auflage, § 41, Rdn. 10; Waechter, Kommunalrecht, Rdn. 577.

1462 Ossenbühl, in: Erichsen, Allgemeines Verwaltungsrecht, § 6, Rdn. 65.

1463 Drittes Kapitel, § 3, B.IV.2.a..

1464 Beispielsweise bestimmt die Satzung über die Entwässerung der Grundstücke und den Anschluß an die Abwasseranlage der Landeshauptstadt Kiel (Entwässerungssatzung) vom 30. April 1992 in § 3 Abs. 1 als Berechtigte und Verpflichtete Grundstückseigentümer, Erbbauberechtigte, sonstige zur Nutzung des Grundstücks dinglich Berechtigte und Inhaber eines auf dem Grundstück befindlichen Gewerbebetriebes und in § 8 Abs. 1 als materielle Voraussetzungen für eine Ausnahme vom Anschluß- und Benutzungszwang, daß „den Anforderungen des Landeswassergesetzes und der Gesundheitspflege genügt wird“ (a) oder daß „ein Gebäude innerhalb der nächsten zwei Jahre mit größter Wahrscheinlichkeit abgebrochen oder so umgestaltet wird, daß ein wesentlicher Umbau der Grundstücksentwässerungsanlagen erforderlich wird“ (b).

1465 Daher hat nach § 8 Abs. 1 der Entwässerungssatzung der Landeshauptstadt Kiel der einzelne interessierte Anschlußverpflichtete einen Antrag auf Befreiung vom Anschluß- und Benutzungszwang zu stellen. § 8 Abs. 2 der Entwässerungssatzung der Landeshauptstadt Kiel bestimmt zusätzlich: „Der schriftliche, zu begründende Antrag ist binnen eines Monats nach Vorliegen der Voraussetzungen für den Anschlußzwang oder nach Aufforderung durch die Stadt auf Vornahme des Anschlusses zu stellen. Dem Antrag sind Pläne beizufügen, aus denen ersichtlich ist, wie das Abwasser abgeleitet werden soll.“

3. Öffentliches Bedürfnis

In materieller Hinsicht verlangen die Kommunalgesetze für die Anordnung des Anschluß- und Benutzungszwanges ein entsprechendes „öffentliches Bedürfnis“[1466], ein „dringendes öffentliches Bedürfnis“[1467] oder „Gründe des öffentlichen Wohls“[1468].

a. Rechtsnatur

Über die Rechtsnatur dieser Begriffe besteht keine Einigkeit. Es wird vertreten, daß es sich um unbestimmte Rechtsbegriffe handelt[1469], dabei ist aber umstritten, ob diese der vollen gerichtlichen Überprüfung unterliegen[1470] oder ob den Kommunen bei der Feststellung des öffentlichen Bedürfnisses ein von den Gerichten nur eingeschränkt zu überprüfender Beurteilungsspielraum zukommt[1471], der sich auf die Fälle offensichtlicher Fehlbeurteilungen beschränkt[1472]. Nach anderer Ansicht wird den Kommunen durch den Begriff des öffentlichen Bedürfnisses gesetzgeberisches Ermessen eingeräumt, bei dessen Ausübung sie sich lediglich an den örtlichen Verhältnissen zu orientieren haben.[1473] Es soll ebenfalls eingeschränkter gerichtlicher Kontrolle unterliegen, die lediglich untersucht, ob die

---

1466 §§ 11 Abs. 1 Satz 1 BadWürtt GemO, 19 Abs. 2 Satz 1 Hess GO, 9 Satz 1 NrW GO, 7 Satz 1 NrW KrO, 26 Abs. 1 Satz 1 RhPf GemO, 19 Abs. 1 Satz 1 RhPf LKO, 22 Abs. 1 und 154 Satz 1 Saarl KSVG, 14 Abs. 1 Sächs GO, 12 Abs. 1 Sächs KrO.

1467 §§ 15 Abs. 1 Satz 1 und 100 Satz 1 MV KV, 8 Nr. 2 Nds GO, 9 Nr. 2 Nds KrO, 8 Nr. 2 SachsAnh GO, 6 Abs. 2 SachsAnh LKO, 17 Abs. 2 Satz 1 SchlH GO, 17 Abs. 2 Satz 1 SchlH KrO.

1468 Art. 24 Abs. 1 Nr. 2 Bay GO, 18 Abs. 1 Nr. 2 Bay LKrO, §§ 15 Abs. 1 Satz 1 Bran GO, 14 Abs. 1 Satz 1 Bran LKrO, 20 Abs. 2 Nr. 2 und 99 Abs. 2 Nr. 2 Thür KO.

1469 VGH Mannheim, ESVGH 8, 164 (168); VGH Kassel, DVBl. 1975, 913 (914); Frotscher, in: HdbkWPr, Band 3, 153f.; Galette, Gemeindeordnung für Schleswig-Holstein, § 17, Rdn. 77; Kunze/Bronner/Katz, Gemeindeordnung für Baden-Württemberg, § 11, Rdn. 10; von Mutius, Kommunalrecht, Rdn. 340; Schmidt-Jortzig, Kommunalrecht, Rdn. 654.

1470 So VGH München, DVBl. 1954, 748 (749); VGH Mannheim, ESVGH 11, 122 (124); VGH Kassel, DVBl. 1975, 913 (914); Galette, Gemeindeordnung für Schleswig-Holstein, § 17, Rdn. 77; von Mutius, Kommunalrecht, Rdn. 340; Pappermann/Löhr/Andriske, Recht der öffentlichen Sachen, 148.

1471 So OVG Lüneburg, DÖV 1991, 610 (610f.); Kunze/Bronner/Katz, Gemeindeordnung für Baden-Württemberg, § 11, Rdn. 10; von Mutius/Rentsch, Kommunalverfassungsrecht Schleswig-Holstein, § 17, Rdn. 6; Schmidt-Jortzig, Kommunalrecht, Rdn. 654; Waechter, Kommunalrecht, Rdn. 574; Wagener, Anschluß- und Benutzungszwang für Fernwärme, 161ff.; andeutungsweise auch Wortmann, NWVBl. 1989, 342 (345).

1472 OVG Lüneburg, DÖV 1991, 610 (611).

1473 OVG Münster, OVGE 14, 170 (172f.); dass., OVGE 18, 71 (72ff.); dass., NVwZ 1987, 727 (727).

Kommunen den Rahmen ihres gesetzgeberischen Ermessens dadurch überschritten haben, daß sie Sinn und Zweck der Ermächtigung verkannt haben oder die Anordnung des Anschluß- und Benutzungszwanges unverhältnismäßig erscheint.[1474] Daß der Begriff des öffentlichen Bedürfnisses gesetzgeberisches Ermessen eröffnet, wird damit begründet, daß die Kommunalgesetze eine Generalklausel anstelle einer präziseren Regelung gewählt hätten, die das Ermessen des Ortsgesetzgebers lediglich in eine bestimmte Richtung lenken, aber nicht eng begrenzen solle.[1475]

Das Verhältnis der unbestimmten Rechtsbegriffe zum gesetzgeberischen Ermessen ist dadurch gekennzeichnet, daß die im Gesetzestatbestand befindlichen unbestimmten Rechtsbegriffe lediglich der Auslegung und Anwendung auf den konkreten Fall durch den Verwaltungsträger unterliegen[1476], während die durch gesetzgeberisches Ermessen vermittelten Kompetenzen wesentlich weiter reichen[1477].
Da die Kommunen der Exekutive angehören und stärker als Organe der Legislative gesetzesgebunden sind[1478], können sie hinsichtlich des Anschluß- und Benutzungszwanges über weitreichende gesetzgeberische Kompetenzen nicht verfügen.[1479] Dem steht nicht entgegen, daß die Satzung ein materielles Gesetz darstellt und das Verfahren der Satzungsgebung durch ein demokratisch legitimiertes Organ dem formellen Gesetzgebungsverfahren entspricht.[1480]
Damit eröffnen die Begriffe „öffentliches Bedürfnis", „dringendes öffentliches Bedürfnis" und „Gründe des öffentlichen Wohls" den Kommunen nicht gesetzgeberisches Ermessen, sondern es handelt sich um unbestimmte Rechtsbegriffe.

Ob die Feststellung des öffentlichen Bedürfnisses der vollen gerichtlichen Überprüfung unterliegt oder ob den Kommunen ein gerichtlich nur eingeschränkt zu überprüfender Beurteilungsspielraum zukommt, könnte durch den Gesetzeswortlaut vorgegeben sein.[1481] Nach der niedersächsischen Regelung der §§ 8 Nr. 2 GO, 9 Nr. 2 KrO und der sachsen-anhaltinischen Regelung des § 8 Nr. 2 GO sind

---

[1474] OVG Münster, OVGE 18, 71 (72ff.); dass., NVwZ 1987, 727 (727); Rehn/Cronauge/von Lennep, Gemeindeordnung für das Land Nordrhein-Westfalen, § 9, Erl. IV.2..
[1475] OVG Münster, OVGE 18, 71 (73f.).
[1476] Ossenbühl, in: Erichsen, Allgemeines Verwaltungsrecht, § 10, Rdn. 24.
[1477] OVG Münster, OVGE 18, 71 (72f.).
[1478] Galette, Gemeindeordnung für Schleswig-Holstein, § 17, Rdn. 77.
[1479] Pappermann/Löhr/Andriske, Recht der öffentlichen Sachen, 148; ähnlich Wagener, Anschluß- und Benutzungszwang für Fernwärme, 162f., der aber die kommunale Vertretungskörperschaft als besonders prädestinierten Entscheidungsträger betrachtet, dessen Sachkompetenz eine Reduktion der gerichtlichen Kontrolldichte legitimiere.
[1480] Pappermann/Löhr/Andriske, Recht der öffentlichen Sachen, 148.
[1481] Hill, Gutachten D für den 58. DJT, 92.

die Gemeinden und Kreise zur Einführung des Anschluß- und Benutzungszwanges für die Grundstücke ihres Gebietes berechtigt, „wenn sie ein dringendes öffentliches Bedürfnis dafür feststellen“. Durch den expliziten Hinweis, daß den Kommunen die Feststellung des öffentlichen Bedürfnisses obliegt, wird ihre Kompetenz betont und es könnte der Schluß gerechtfertigt sein, daß das Bestehen des öffentlichen Bedürfnisses von den Gerichten nur eingeschränkt zu überprüfen ist.[1482]
Andererseits ist diese Kompetenz lediglich die Folge der Kompetenz der Kommunen zur Anordnung des Anschluß- und Benutzungszwanges. Die gerichtliche Kontrolldichte hinsichtlich des öffentlichen Bedürfnisses ist dadurch nicht vorgegeben.

Stattdessen könnte sich die Kompetenz zur Letztentscheidung danach richten, ob das Erkenntnispotential der Kommunen bei der Feststellung des öffentlichen Bedürfnisses höher als das der Verwaltungsgerichte zu bewerten ist und ihre Entscheidung über die Anordnung des Anschluß- und Benutzungszwanges sachnäher und damit qualitativ besser wäre.[1483]
Zwar sind die kommunalen Entscheidungsträger mit den örtlichen Verhältnissen besser vertraut, aber die entscheidenden Kriterien für die Annahme eines öffentlichen Bedürfnisses - die potentielle Nachfrage, die Kapazität der öffentlichen Einrichtung und ihre Wirtschaftlichkeit[1484] -, werden Gegenstand einer Untersuchung durch Sachverständige und schriftlich dokumentiert werden, so daß auch die Verwaltungsgerichte Einblick in die Entscheidungsgrundlagen erhalten. Damit kann ein gegenüber den Verwaltungsgerichten höheres Erkenntnispotential der Kommunen bei der Feststellung des öffentlichen Bedürfnisses für einen Anschluß- und Benutzungszwang nicht angenommen werden.

Der Fall, daß die Kommunen das öffentliche Bedürfnis für den Anschluß- und Benutzungszwang feststellen, ähnelt aber möglicherweise einer der Verwaltungsentscheidungen, die anerkanntermaßen nur der eingeschränkten gerichtlichen Kontrolle unterliegen.[1485]

[1482] OVG Lüneburg, DÖV 1991, 610 (610).

[1483] Vgl. Ossenbühl, in: Erichsen, Allgemeines Verwaltungsrecht, § 10, Rdn. 28.

[1484] Erichsen, Jura 1986, 196 (200).

[1485] Einen ähnlichen Ansatz wählt offenbar Wagener, Anschluß- und Benutzungszwang für Fernwärme, 160, der untersucht, ob deshalb eine vom Normalfall voller gerichtlicher Überprüfung abweichende Entscheidungssituation vorliegt, weil die Entscheidung einem besonders prädestinierten Entscheidungsträger mit einer spezifischen Sachkompetenz zugewiesen ist.

Als parallel gelagerter Sachverhalt kommen die Prognoseentscheidungen im Bereich der Gefahrenabwehr in Betracht.[1486] Prognosen bestehen in dem Schluß von vorhandenen und bekannten Tatsachen mittels anerkannter Erfahrungssätze auf den wahrscheinlichen Eintritt eines künftigen Sachverhalts. Sie bauen auf einem Wahrscheinlichkeitsurteil auf.[1487] Da Prognoseentscheidungen notwendigerweise nur begrenzt rational nachvollzogen werden können, muß sich ihre gerichtliche Kontrolle beschränken.[1488] Der vollen gerichtlichen Überprüfung unterliegen lediglich der Wahrscheinlichkeitsgrad sowie die Richtigkeit und Vollständigkeit der Prognosebasis, während der prognostische Schluß auf einwandfreie Methodik, Plausibilität und Stimmigkeit kontrolliert wird.[1489] Die Feststellung des öffentlichen Bedürfnisses im Sinne der §§ 17 Abs. 2 Satz 1 SchlH GO, 17 Abs. 2 Satz 1 SchlH KrO u.a. baut auf einem Urteil über die derzeitige und zukünftige Notwendigkeit der Einführung des Anschluß- und Benutzungszwanges gegenüber der fraglichen kommunalen öffentlichen Einrichtung unter Berücksichtigung der Nachfrage, der Kapazität und der Wirtschaftlichkeit auf.[1490] Die Entscheidung könnte daher prognostische Elemente enthalten.[1491] Da sie aber auf den Ergebnissen einer schriftlich fixierten Sachverständigenuntersuchung basiert und keine rationalen Defizite verbleiben, ist die Entscheidung über die Einführung eines Anschluß- und Benutzungszwanges gerichtlich vollständig zu überprüfen.

Daher erscheint es geboten, die Begriffe „öffentliches Bedürfnis", „dringendes öffentliches Bedürfnis" und „Gründe des öffentlichen Wohls" als unbestimmte Rechtsbegriffe zu betrachten, die der unbeschränkten gerichtlichen Kontrolle unterliegen.

b. Inhalt

Eine Annäherung an die Bedeutung des öffentlichen Bedürfnisses ermöglicht der Kontext der §§ 17 Abs. 2 und 3 SchlH GO, 17 Abs. 2 SchlH KrO u.a.. Danach stehen die Begriffe „öffentliches Bedürfnis", „dringendes öffentliches Bedürfnis" und „Gründe des öffentlichen Wohls" mit den Begriffen „Volksgesundheit", „Gesundheit der Bevölkerung", „Gesundheit", „Gesundheit und Schutz der natür-

---

[1486] Ähnlich Schmidt-Jortzig, NJW 1983, 967 (970), nach dem den Kommunen mit dem Begriff des öffentlichen Bedürfnisses eine prognostische Entscheidung wertenden Charakters zugewiesen ist.
[1487] Ossenbühl, in: Erichsen, Allgemeines Verwaltungsrecht, § 10, Rdn. 38.
[1488] Ossenbühl, in: Erichsen, Allgemeines Verwaltungsrecht, § 10, Rdn. 38.
[1489] Ossenbühl, in: Erichsen, Allgemeines Verwaltungsrecht, § 10, Rdn. 40.
[1490] Erichsen, Jura 1986, 196 (200).
[1491] Ähnlich Erichsen, Jura 1986, 196 (200), der von einem prognostischen Entscheidungsprozeß spricht.

lichen Grundlagen des Lebens", „öffentliches Wohl" und „Gemeinwohl" in Zusammenhang. Der Begriff des öffentlichen Bedürfnisses wird folglich durch die Generalklausel konkretisiert[1492], nach der schleswig-holsteinischen Regelung beispielsweise durch den Komplex der Gesundheit und des Schutzes der natürlichen Grundlagen des Lebens.

Das Bestehen eines öffentlichen Bedürfnisses für die Einführung des Anschluß- und Benutzungszwanges gegenüber einer kommunalen öffentlichen Einrichtung erfordert, daß nur durch ihn Gefahren für die in der Generalklausel benannten Güter abgewehrt werden können oder daß zumindest Gründe des öffentlichen Wohls ihn verlangen.[1493] Der Anschluß- und Benutzungszwang dient daher der Abwehr abstrakt drohender Gefahren.[1494] Er muß andererseits geeignet sein, das durch die Generalklausel konkretisierte öffentliche Wohl der Einwohner nach objektiven Maßstäben zu fördern.[1495]

Um ein „dringendes" öffentliches Bedürfnis im Sinne der §§ 17 Abs. 2 Satz 1 SchlH GO, 17 Abs. 2 Satz 1 SchlH KrO u.a. handelt es sich, wenn das dem Anschluß- und Benutzungszwang zugrundeliegende Bedürfnis alsbald zu befriedigen ist.[1496]
Dieses in den Kommunalgesetzen überwiegend fehlende Adverb hat jedoch keine praktische Relevanz, da ein öffentliches Bedürfnis regelmäßig ein alsbald zu befriedigendes öffentliches Bedürfnis darstellt.[1497] Die Anforderungen, die die Kommunalgesetze an die Anordnung des Anschluß- und Benutzungszwanges stellen, sind daher trotz unterschiedlicher Formulierungen bundeseinheitlich von derselben Qualität.[1498]

[1492] Hölzl/Hien, Gemeindeordnung für den Freistaat Bayern, Art. 24, Erl. 3.; H. Weber, NVwZ 1987, 641 (642).

[1493] Böttcher, Kommunalrecht, Rdn. 1023; Galette, Gemeindeordnung für Schleswig-Holstein, § 17, Rdn. 74.

[1494] Galette, Gemeindeordnung für Schleswig-Holstein, § 17, Rdn. 74; Schmidt-Aßmann, in: Schmidt-Aßmann, Besonderes Verwaltungsrecht, Erster Abschnitt, Rdn. 115; Waechter, Kommunalrecht, Rdn. 572ff.; H. Weber, NVwZ 1987, 641 (642).

[1495] Hölzl/Hien, Gemeindeordnung für den Freistaat Bayern, Art. 24, Erl. 3.; Rehn/Cronauge/von Lennep, Gemeindeordnung für das Land Nordrhein-Westfalen, § 9, Erl. IV.1.; Helmut Roth, Die kommunalen öffentlichen Einrichtungen, 189; Schlempp/Schlempp, Kommentar zur Hessischen Gemeindeordnung, § 19, Erl. XIII.3..

[1496] VGH Mannheim, ESVGH 8, 164 (168); Böttcher, Kommunalrecht, Rdn. 1028; Galette, Gemeindeordnung für Schleswig-Holstein, § 17, Rdn. 74; von Mutius, Kommunalrecht, Rdn. 340.

[1497] VGH Mannheim, ESVGH 8, 164 (168); Böttcher, Kommunalrecht, Rdn. 1028; Wagener, Anschluß- und Benutzungszwang für Fernwärme, 42.

[1498] Wagener, Anschluß- und Benutzungszwang für Fernwärme, 42f..

Rentabilitätserwägungen sind allein nicht in der Lage, den Anschluß- und Benutzungszwang gegenüber einer kommunalen öffentlichen Einrichtung zu rechtfertigen, da es in der Hand der Kommunen liegt, die öffentliche Einrichtung entsprechend dem tatsächlichen Bedarf zu dimensionieren[1499], als Nebenzweck können fiskalische Aspekte jedoch Berücksichtigung finden.[1500]
Das öffentliche Bedürfnis, das die Anordnung des Anschluß- und Benutzungszwanges rechtfertigt, muß von den Kommunen für die öffentliche Einrichtung generell festgestellt werden. Es muß nicht für jedes einzelne Grundstück vorliegen.[1501]

V. Ausnahmen vom Anschluß- und Benutzungszwang

Wie bereits festgestellt wurde, bewirkt die Anordnung des Anschluß- und Benutzungszwanges regelmäßig keine Verletzung der Grundrechte der Betroffenen aus Art. 14 Abs. 1 GG und Art. 2 Abs. 1 GG.[1502] Es ist jedoch möglich, daß die Verpflichtung zum Anschluß des Grundstücks an eine kommunale öffentliche Einrichtung und deren Benutzung einzelne Betroffene unzumutbar belastet. Nur durch eine Befreiung vom Anschluß- und Benutzungszwang kann eine Grundrechtsverletzung dann vermieden werden.
Allerdings stellt der durch Satzung angeordnete Anschluß- und Benutzungszwang für die Kommunen zwingendes Recht dar. Ausnahmetatbestände müssen daher in derselben Satzung festgelegt werden.[1503]
Dafür enthalten die Kommunalgesetze der Länder mit Ausnahme des bayerischen Ermächtigungsgrundlagen.[1504]

1499 Von Mutius, Kommunalrecht, Rdn. 340.

1500 VGH Mannheim, ESVGH 11, 122 (127); VGH München, NVwZ-RR 1995, 345 (345); Frotscher, in: HdbkWPr, Band 3, 154; Galette, Gemeindeordnung für Schleswig-Holstein, § 17, Rdn. 75; Rehn/Cronauge/von Lennep, Gemeindeordnung für das Land Nordrhein-Westfalen, § 9, Erl. IV.1.; Helmut Roth, Die kommunalen öffentlichen Einrichtungen, 189; Schmidt-Aßmann, in: Schmidt-Aßmann, Besonderes Verwaltungsrecht, Erster Abschnitt, Rdn. 115; Stober, Kommunalrecht, 243.

1501 VGH München, BayVBl. 1961, 220 (221); ders., NVwZ-RR 1995, 345 (345); OVG Lüneburg, OVGE 24, 470 (473); dass., OVGE 25, 345 (350); OVG Schleswig, NVwZ-RR 1997, 47 (49); Böttcher, Kommunalrecht, Rdn. 1026; Galette, Gemeindeordnung für Schleswig-Holstein, § 17, Rdn. 75; Hölzl/Hien, Gemeindeordnung für den Freistaat Bayern, Art. 24, Erl. 3.; Kunze/-Bronner/Katz, Gemeindeordnung für Baden-Württemberg, § 11, Rdn. 7; von Mutius/Rentsch, Kommunalverfasssungsrecht Schleswig-Holstein, § 17, Rdn. 6; Pappermann/Löhr/Andriske, Recht der öffentlichen Sachen, 149; Rehn/Cronauge/von Lennep, Gemeindeordnung für das Land Nordrhein-Westfalen, § 9, Erl. IV.1.; Helmut Roth, Die kommunalen öffentlichen Einrichtungen, 189.

1502 Drittes Kapitel, § 3, B.IV.2..

1503 Galette, Gemeindeordnung für Schleswig-Holstein, § 17, Rdn. 84; Rehn/Cronauge/von Lennep, Gemeindeordnung für das Land Nordrhein-Westfalen, § 9, Erl. VI.1..

Um rechtsstaatlichen Anforderungen zu genügen, müssen die Ausnahmetatbestände hinreichend bestimmt sein. Das bedeutet, daß die Tatbestandsvoraussetzungen in der Satzung konkretisiert sein müssen.[1505] In materieller Hinsicht sind die Kommunen an das Übermaßverbot und den Gleichheitsgrundsatz, insbesondere das Gebot der gleichmäßigen Belastung der Bevölkerung, gebunden.[1506]
§§ 15 Abs. 2 Satz 2 Bran GO, 14 Abs. 2 Satz 2 Bran LKrO gestatten Ausnahmen vom Anschluß- und Benutzungszwang in dem Fall, daß auf Grundstücken Anlagen betrieben werden, die einen höheren Umweltstandard aufweisen als die von der Kommune für den Anschluß- und Benutzungszwang vorgesehene öffentliche Einrichtung. Nach Art. 24 Abs. 1 Nr. 3 Bay GO, § 17 Abs. 3 Satz 1 SchlH GO kommt eine Ausnahme vom Anschluß- und Benutzungszwang gegenüber Einrichtungen der Fernwärmeversorgung in Betracht, wenn das Grundstück über Heizungsanlagen verfügt, die einen immissionsfreien Betrieb gewährleisten.

Daneben kommen Ausnahmen vom Anschluß- und Benutzungszwang in Betracht, wenn der fragliche Sachverhalt zuungunsten des Verpflichteten wesentlich vom Regeltatbestand abweicht.[1507] Einen Ausnahmetatbestand begründet insbesondere die Unzumutbarkeit des Anschluß- und Benutzungszwanges für den Verpflichteten.[1508]
Der Grund der Unzumutbarkeit des Anschluß- und Benutzungszwanges kann in der örtlichen Lage oder der sachlichen Beschaffenheit des Grundstücks, der Art

---

1504 In Baden- Württemberg gemäß § 11 Abs. 3 Satz 1 GemO, in Brandenburg gemäß §§ 15 Abs. 2 Satz 1 und 2 GO, 14 Abs. 2 Satz 1 und 2 LKrO, in Hessen gemäß § 19 Abs. 2 Satz 2 GO, in Mecklenburg-Vorpommern gemäß §§ 15 Abs. 2 Satz 1, 100 Satz 2 KV, in Niedersachsen gemäß §§ 8 Nr. 2 GO, 9 Nr. 2 KrO, in Nordrhein-Westfalen gemäß §§ 9 Satz 2 GO, 7 Satz 2 KrO, in Rheinland-Pfalz gemäß §§ 26 Abs. 2, 1. Halbsatz GemO, 19 Abs. 2, 1. Halbsatz LKO, im Saarland gemäß §§ 22 Abs. 2 Satz 1, 154 Satz 2 KSVG, in Sachsen gemäß §§ 14 Abs. 2 Satz 1 GO, 12 Abs. 2 Satz 1 KrO, in Sachsen-Anhalt gemäß §§ 8 Nr. 2 GO, 6 Abs. 3 LKO, in Schleswig-Holstein gemäß §§ 17 Abs. 2 Satz 2 GO, 17 Abs. 2 Satz 2 KrO, in Thüringen gemäß §§ 20 Abs. 2 Nr. 2, 99 Abs. 2 Nr. 2 KO.

1505 Kunze/Bronner/Katz, Gemeindeordnung für Baden-Württemberg, § 11, Rdn. 22; Rehn/-Cronauge/von Lennep, Gemeindeordnung für das Land Nordrhein-Westfalen, § 9, Erl. VI.1.; Helmut Roth, Die kommunalen öffentlichen Einrichtungen, 183ff..

1506 Galette, Gemeindeordnung für Schleswig-Holstein, § 17, Rdn. 84; Kunze/Bronner/Katz, Gemeindeordnung für Baden-Württemberg, § 11, Rdn. 210; Rehn/Cronauge/von Lennep, Gemeindeordnung für das Land Nordrhein-Westfalen, § 9, Erl. VI.1..

1507 Galette, Gemeindeordnung für Schleswig-Holstein, § 17, Rdn. 84; ähnlich OVG Lüneburg, OVGE 25, 345 (357).

1508 Rehn/Cronauge/von Lennep, Gemeindeordnung für das Land Nordrhein-Westfalen, § 9, Erl. VI.1..

der Nutzung des Grundstücks oder im Beruf der die kommunale öffentliche Einrichtung benutzenden Personen liegen.[1509]
Eine Ausnahme wegen der örtlichen Lage des anschlußpflichtigen Grundstücks kommt in Betracht, wenn von Gasleitungen wegen ihrer Lage eine Gefährdung ausgeht, die nur mit unzumutbaren Kosten vermieden werden kann.[1510]
Unter dem Aspekt des Berufes des Benutzers wird Brauereien eine Befreiung vom Anschluß- und Benutzungszwang gegenüber Einrichtungen der Wasserversorgung gewährt, wenn sie ihr eigenes Quellwasser benutzen wollen, da der Geschmack dieses Wassers ein entscheidendes Kriterium für die Qualität des Bieres ist.[1511]
Qualitätsunterschiede zwischen dem selbstgeförderten Wasser und dem von der öffentlichen Einrichtung gelieferten als solche rechtfertigen jedoch keine Ausnahme vom Anschluß- und Benutzungszwang.[1512] Auch das Vorhandensein eines eigenen Brunnens wird nicht generell als Rechtfertigungsgrund für eine Ausnahme vom Anschluß- und Benutzungszwang gegenüber der kommunalen Wasserversorgung akzeptiert.[1513]
Ausnahmen zugunsten einer Selbstversorgung mit Brauchwasser, wie sie beispielsweise von Industriebetrieben mit eigenen Brunnen zu Kühlungszwecken begehrt werden, begegnen ebenfalls Bedenken.[1514] Zwar könnte die Rechtfertigung des Anschluß- und Benutzungszwanges gegenüber Einrichtungen, die der Versorgung mit Brauchwasser dienen, durch Gründe der Gesundheit und des öffentlichen Wohls fraglich sein. Dennoch verbietet sich eine unterschiedliche Behandlung des von Wasserversorgungsanlagen zur Verfügung gestellten Brauchwassers und des Trinkwassers in der Frage der Zulässigkeit des Anschluß- und Benutzungszwanges. Für eine Erstreckung auf das gesamte Wasserangebot spricht einerseits, daß der Betrieb einer der Wasserversorgung dienenden öffentlichen Einrichtung wirtschaftlich unzumutbar wäre, wenn keine vollständige Wasserabnahme stattfände. Andererseits sprechen auch Gründe der Gesundheit und des öffentlichen Wohls für einen auf das Brauchwasser erstreckten Anschluß- und Benutzungszwang, da sich die Benutzung des eigenen Wassers ausschließlich als Brauchwasser nicht überwachen und gesundheitliche Gefährdungen nicht ausschließen lassen.[1515]

[1509] Galette, Gemeindeordnung für Schleswig-Holstein, § 17, Rdn. 85; Knemeyer, Die öffentlichen Einrichtungen der Gemeinden, 23ff.; Kunze/Bronner/Katz, Gemeindeordnung für Baden-Württemberg, § 11, Rdn. 21; Helmut Roth, Die kommunalen öffentlichen Einrichtungen, 183ff..

[1510] Galette, Gemeindeordnung für Schleswig-Holstein, § 17, Rdn. 86.

[1511] VGH München, BayVBl. 1966, 248 (248); OVG Münster, OVGE 24, 219 (226f.); OVG Lüneburg, OVGE 25, 345 (357).

[1512] VGH München, NVwZ-RR 1994, 412 (412); OVG Schleswig, NVwZ-RR 1997, 47 (49).

[1513] OVG Lüneburg, OVGE 25, 345 (357); VGH München, NVwZ-RR 1994, 412 (412); Galette, Gemeindeordnung für Schleswig-Holstein, § 17, Rdn. 86.

[1514] OVG Lüneburg, OVGE 24, 470 (472ff.); a. A. OVG Münster, OVGE 24, 219 (222f.), da andernfalls Art. 14 Abs. 1 GG und der Grundsatz der Verhältnismäßigkeit verletzt wären.

[1515] Pappermann/Löhr/Andriske, Recht der öffentlichen Sachen, 149.

Ebenfalls ist inzwischen anerkannt, daß Selbstkompostierer von häuslichen Bioabfällen aufgrund der Regelung des § 13 Abs. 1 Satz 1 KrWAbfG dem Anschluß- und Benutzungszwang für eine Biotonne nicht unterworfen sind.[1516]
Da die Erteilung von Befreiungen von der Anschluß- und Benutzungspflicht Ausnahmecharakter hat, muß sie von den Kommunen restriktiv gehandhabt werden.[1517] Die Kommunen haben ferner zu berücksichtigen, daß sowohl die tatbestandliche Ausweitung der Ausnahmen[1518] als auch eine hohe Anzahl erteilter Befreiungen[1519] den legitimierenden Zweck des Anschluß- und Benutzungszwanges gefährden. Maßgebend ist auch, daß die aufgrund von Ausnahmen entgangenen Benutzungsentgelte auf die verbliebenen Anschluß- und Benutzungsverpflichteten umgelegt werden, was aber dem Gedanken der Solidargemeinschaft nur begrenzt gerecht würde. Daher ist den Kommunen eine jeder Situation gerecht werdende und an individuellen Ansprüchen orientierte Betrachtungsweise verboten.[1520]
In die Entscheidung über die Befreiung von der Anschluß- und Benutzungspflicht ist schließlich die durch Art. 3 Abs. 1 GG bewirkte Vorbildwirkung für mögliche Folgeanträge einzubeziehen.[1521] Auch unter diesem Aspekt wird relevant, daß eine hohe Anzahl von Befreiungen die Wirkung des Anschluß- und Benutzungszwanges in unverträglicher Weise herabsetzen kann.

Stellt der Adressat des Anschluß- und Benutzungszwanges einen Antrag auf Befreiung, hat er jedenfalls einen Anspruch auf ermessensfehlerfreie Entscheidung.[1522]

Ein Ausnahmetatbestand kommt nicht allein in Betracht, wenn der Anschluß- und Benutzungszwang für den Verpflichteten unzumutbar ist, sondern auch, wenn für den Einrichtungsträger mit der Durchführung des Anschluß- und Benutzungszwanges in einem besonderen Maße unwirtschaftliche Aufwendungen verbunden sind.[1523]

1516 OVG Münster, NVwZ 1999, 91 (91).

1517 Galette, Gemeindeordnung für Schleswig-Holstein, § 17, Rdn. 87; Rehn/Cronauge/von Lennep, Gemeindeordnung für das Land Nordrhein-Westfalen, § 9, Erl. VI.1..

1518 Galette, Gemeindeordnung für Schleswig-Holstein, § 17, Rdn. 90; von Mutius/Rentsch, Kommunalverfassungsrecht Schleswig-Holstein, § 17, Rdn. 6.

1519 Rehn/Cronauge/von Lennep, Gemeindeordnung für das Land Nordrhein-Westfalen, § 9, Erl. VI.1..

1520 Rehn/Cronauge/von Lennep, Gemeindeordnung für das Land Nordrhein-Westfalen, § 9, Erl. VI.1..

1521 Helmut Roth, Die kommunalen öffentlichen Einrichtungen, 183ff.; Waechter, Kommunalrecht, Rdn. 572ff..

1522 Galette, Gemeindeordnung für Schleswig-Holstein, § 17, Rdn. 87.

1523 Galette, Gemeindeordnung für Schleswig-Holstein, § 17, Rdn. 90.

So ist eine Ausnahme vom Anschluß- und Benutzungszwang gerechtfertigt, wenn die Versorgung einzelner Grundstücke, die außerhalb geschlossener Ortschaften gelegen sind, die Leistungsfähigkeit der öffentlichen Einrichtung übersteigt.[1524]

VI. Räumliche und personelle Beschränkung des Anschluß- und Benutzungszwanges

Die Gemeinden und Kreise können den Anschluß- und Benutzungszwang ferner auf bestimmte Teile ihres Gebietes und auf bestimmte Gruppen von Grundstücken oder Personen beschränken.[1525]
Gemäß § 11 Abs. 3 Satz 2 BadWürtt GemO und §§ 14 Abs. 2 Satz 2 Sächs GO, 12 Abs. 2 Satz 2 Sächs KrO kommen außerdem Beschränkungen des Anschluß- und Benutzungszwanges auf Gruppen von Gewerbebetrieben in Betracht.
Die Regelung von Beschränkungen des Anschluß- und Benutzungszwanges im Sinne der §§ 17 Abs. 2 Satz 3 SchlH GO, 17 Abs. 2 Satz 3 SchlH KrO u.a. erfolgt in derselben Satzung wie die Anordnung des Anschluß- und Benutzungszwanges und erfordert die Kennzeichnung der Sachverhalte durch objektive Merkmale.[1526]
Gruppen von Grundstücken, für die eine Beschränkung in Betracht kommt, sind beispielsweise Wohngrundstücke, Gruppen von Gewerbebetrieben beispielsweise Gärtnereien. Gruppen von Personen können durch den gleichen Beruf gekennzeichnet sein.
Beschränkungen des Anschluß- und Benutzungszwanges für Gruppen von Grundstücken sind beispielsweise durch die Entfernung eines Ortsteils vom Siedlungsschwerpunkt, seine topographische Lage oder seine wirtschaftliche Struktur gerechtfertigt.[1527]

[1524] VGH München, BayVBl. 1967, 433 (434).

[1525] In Baden-Württemberg gemäß § 11 Abs. 3 Satz 2 GemO, in Brandenburg gemäß §§ 15 Abs. 2 Satz 3 GO, 14 Abs. 2 Satz 3 LKrO, in Hessen gemäß § 19 Abs. 2 Satz 3 GO, in Mecklenburg-Vorpommern gemäß §§ 15 Abs. 2 Satz 2, 100 Satz 2 KV, in Niedersachsen gemäß §§ 8 Nr. 2 GO, 9 Nr. 2 KrO, in Nordrhein-Westfalen gemäß §§ 9 Satz 3 GO, 7 Satz 3 KrO, in Rheinland-Pfalz gemäß §§ 26 Abs. 2, 2. Halbsatz GemO, 19 Abs. 2, 2. Halbsatz LKO, im Saarland gemäß §§ 22 Abs. 2 Satz 2, 154 Satz 2 KSVG, in Sachsen gemäß §§ 14 Abs. 2 Satz 2 GO, 12 Abs. 2 Satz 2 KrO, in Sachsen-Anhalt gemäß §§ 8 Nr. 2 GO, 6 Abs. 3 LKO, in Schleswig-Holstein gemäß §§ 17 Abs. 2 Satz 3 GO, 17 Abs. 2 Satz 3 KrO, in Thüringen gemäß §§ 20 Abs. 2 Nr. 2, 99 Abs. 2 Nr. 2 KO.

[1526] Galette, Gemeindeordnung für Schleswig-Holstein, § 17, Rdn. 85; Kunze/Bronner/Katz, Gemeindeordnung für Baden-Württemberg, § 11, Rdn. 23; Schlempp/Schlempp, Kommentar zur Hessischen Gemeindeordnung, § 19, Erl. XIII.5..

[1527] Kunze/Bronner/Katz, Gemeindeordnung für Baden-Württemberg, § 11, Rdn. 23.

D. Die Erhebung von Entgelten für die Benutzung öffentlicher Einrichtungen

Mit dem Recht zur Benutzung der kommunalen öffentlichen Einrichtungen korrespondiert regelmäßig die Verpflichtung zur Entrichtung einer Gegenleistung. Da die Gemeinden und Kreise grundsätzlich Entscheidungsfreiheit genießen, in welchem Umfang sie öffentliche Einrichtungen zur Verfügung stellen, muß es ihnen auch gestattet sein, für die Benutzung ihrer öffentlichen Einrichtungen Benutzungsentgelte zu erheben.[1528] Als Gegenleistung für die Leistungen der kommunalen öffentlichen Einrichtungen kommen, der jeweiligen rechtlichen Gestaltung des Benutzungsverhältnisses entsprechend, entweder kommunale Abgaben im Sinne des § 1 Abs. 1 SchlH KAG oder privatrechtliche Entgelte in Betracht.[1529]

I. Öffentlich-rechtliche Entgelte

1. Arten öffentlich-rechtlicher Entgelte für die Benutzung kommunaler öffentlicher Einrichtungen

Als öffentlich-rechtliche Entgelte für die Benutzung öffentlicher Einrichtungen der Gemeinden und Kreise kommen Beiträge im Sinne der §§ 1 Abs. 1, 8 SchlH KAG und Gebühren im Sinne der §§ 1 Abs. 1, 4 Abs. 1 und 6 SchlH KAG in Betracht.
Beide Abgabenarten dienen dem kostenmäßigen Vorteilsausgleich und werden von Personen erhoben, denen durch die Existenz öffentlicher Einrichtungen besondere Vorteile erwachsen.[1530]
Gemeinsam ist beiden Abgabenarten auch, daß sie unter einem Satzungsvorbehalt[1531] stehen. Nach § 2 Abs. 1 Satz 1 SchlH KAG dürfen kommunale Abgaben, zu denen gemäß § 1 Abs. 1 SchlH KAG Gebühren und Beiträge zählen, nur aufgrund einer Satzung erhoben werden. Die Satzung muß den Gegenstand der Abgabe, die Abgabenschuldner, die Höhe und die Bemessungsgrundlage der Abgabe sowie den Zeitpunkt ihrer Entstehung und ihrer Fälligkeit angeben (§ 2 Abs. 1 Satz 2 SchlH KAG).

1528 Helmut Roth, Die kommunalen öffentlichen Einrichtungen, 202.

1529 Kunze/Bronner/Katz, Gemeindeordnung für Baden-Württemberg, § 10, Rdn. 22; Helmut Roth, Die kommunalen öffentlichen Einrichtungen, 202.

1530 Helmut Roth, Die kommunalen öffentlichen Einrichtungen, 203.

1531 Helmut Roth, Die kommunalen öffentlichen Einrichtungen, 204.

a. Beiträge im Sinne der §§ 1 Abs. 1, 8 SchlH KAG

Beiträge dienen nach § 8 Abs. 1 Satz 1 SchlH KAG der Deckung des Aufwandes für die Herstellung und den Ausbau und Umbau der notwendigen öffentlichen Einrichtungen und werden von den Grundstückseigentümern, den zur Nutzung des Grundstücks dinglich Berechtigten und den Gewerbetreibenden erhoben, denen dadurch Vorteile erwachsen.
Beiträge setzen daher an dem abstrakten Vorteil der Möglichkeit der Inanspruchnahme einer öffentlichen Einrichtung an.[1532]

b. Gebühren im Sinne der §§ 1 Abs. 1, 4 Abs. 1 und 6 SchlH KAG

Um Benutzungsgebühren handelt es sich nach §§ 4 Abs. 1, 6 Abs. 1 Satz 1 SchlH KAG bei Geldleistungen, die als Gegenleistung für die Inanspruchnahme öffentlicher Einrichtungen von demjenigen erhoben werden, für den die Benutzung einen Vorteil bedeutet.
Im Gegensatz zu den Beiträgen setzen die Gebühren also am konkreten Vorteil der tatsächlichen Inanspruchnahme der öffentlichen Einrichtung an.[1533]
Für die Frage der rechtlichen Ordnung der Benutzung öffentlicher Einrichtungen im engeren Sinne sind daher allein die Benutzungsgebühren relevant.
Den Rückgriff auf den Gedanken, daß es den Gemeinden und Kreisen gestattet sein muß, für die Benutzung ihrer öffentlichen Einrichtungen Benutzungsentgelte zu erheben, da sie schon hinsichtlich der Frage Entscheidungsfreiheit genießen, in welchem Umfang sie öffentliche Einrichtungen zur Verfügung stellen, macht § 6 Abs. 1 Satz 1 SchlH KAG entbehrlich, da er zur Erhebung von Benutzungsgebühren verpflichtet, wenn die Benutzung einer öffentlichen Einrichtung dem Vorteil einzelner oder Gruppen von Personen dient.
§ 6 Abs. 1 Satz 1 SchlH KAG gestattet den Gemeinden und Kreisen außerdem, den Vorteil der Benutzung einer öffentlichen Einrichtung auf andere Weise als durch die Erhebung von Benutzungsgebühren auszugleichen. Damit ist ihnen auch die Möglichkeit der Erhebung privatrechtlicher Entgelte ausdrücklich eröffnet.[1534]
Zur Erhebung von Benutzungsgebühren im Sinne der §§ 1 Abs. 1, 4 Abs. 1 und 6 SchlH KAG sind die Gemeinden und Kreise allerdings nur berechtigt, wenn die Inanspruchnahme der öffentlichen Einrichtung dem Widmungszweck ent-

---

[1532] Erichsen, Jura 1995, 47 (47); Schmidt-Jortzig, Kommunalrecht, Rdn. 796.
[1533] Erichsen, Jura 1995, 47 (47); Pappermann/Löhr, JuS 1981, 269 (270f.); Pappermann/Löhr/-Andriske, Recht der öffentlichen Sachen, 156; Schmidt-Jortzig, Kommunalrecht, Rdn. 796.
[1534] Bitterberg/Gosch, Kommunalabgabengesetz des Landes Schleswig-Holstein, § 6, Erl. 2.2.1.

spricht.[1535] Die Erhebung von Benutzungsgebühren erfordert ferner, daß die Benutzung der öffentlichen Einrichtung willentlich erfolgt.[1536]
Bei der Bemessung der Benutzungsgebühren ist grundsätzlich der Wirklichkeitsmaßstab zugrundezulegen, bei dem das Maß der tatsächlichen Inanspruchnahme der öffentlichen Einrichtung das Kriterium für die Höhe der Benutzungsgebühr bildet.[1537] Bei öffentlichen Einrichtungen der Wasserversorgung wird beispielsweise die Menge des entnommenen Wassers der Gebührenberechnung zugrundegelegt.
Erweist sich die Bemessung der tatsächlichen Inanspruchnahme einer öffentlichen Einrichtung als schwierig oder unwirtschaftlich, muß die Verwaltung Ersatzmaßstäbe heranziehen, die als Wahrscheinlichkeitsmaßstäbe bezeichnet werden.[1538] Beispiele bilden der Frontmetermaßstab und die Größe der Abfallbehälter als Kriterien für die Berechnung der Straßenreinigungs- bzw. der Abfallgebühren. Bei der Verwendung eines Wahrscheinlichkeitsmaßstabes ist zu berücksichtigen, daß Leistung und Gegenleistung umso angemessener bestimmt werden können, je mehr ein Maßstab dem wirklichen Umfang der Inanspruchnahme entspricht, und daß sich der Maßstab im Einzelfall umso leistungsfremder und ungerechter darstellt, je einfacher und pauschaler er ist.[1539]

2. Maßstäbe für die Bemessung der Benutzungsgebühren

Maßstäbe für die Bemessung der Benutzungsgebühren der öffentlichen Einrichtungen der Gemeinden und Kreise enthalten der Verhältnismäßigkeitsgrundsatz in seinen speziellen abgabenrechtlichen Ausprägungen, die er in den Kommunalabgabengesetzen der Länder erfahren hat, und der allgemeine Gleichheitssatz des Art. 3 Abs. 1 GG in seiner abgabenrechtlichen Ausprägung.[1540]
Der Regelung des § 1 Abs. 1, 2. Halbsatz SchlH KAG ist zu entnehmen, daß die Maßstäbe des Kommunalabgabengesetzes jedoch nur subsidiär gelten.

1535 Bitterberg/Gosch, Kommunalabgabengesetz des Landes Schleswig-Holstein, § 6, Erl. 3.; Seewald, in: Steiner, Besonderes Verwaltungsrecht, I, Rdn. 155.
1536 Bitterberg/Gosch, Kommunalabgabengesetz des Landes Schleswig-Holstein, § 6, Erl. 3.; Kunze/Bronner/Katz, Gemeindeordnung für Baden-Württemberg, § 10, Rdn. 22.
1537 Erichsen, Jura 1995, 47 (49); Bitterberg/Gosch, Kommunalabgabengesetz des Landes Schleswig-Holstein, § 6, Erl. 9.2.
1538 Erichsen, Jura 1995, 47 (49); Bitterberg/Gosch, Kommunalabgabengesetz des Landes Schleswig-Holstein, § 6, Erl. 9.2.
1539 Bitterberg/Gosch, Kommunalabgabengesetz des Landes Schleswig-Holstein, § 6, Erl. 9.2.
1540 Erichsen, in: Erichsen, Allgemeines Verwaltungsrecht, § 29, Rdn. 36.

a. Maßstäbe nach den Kommunalabgabengesetzen der Länder

Um die Erforderlichkeit und die Verhältnismäßigkeit im engeren Sinne sicherzustellen, verpflichten die Kommunalabgabengesetze der Länder die Gemeinden und Kreise, die Benutzungsgebühren ihrer öffentlichen Einrichtungen nach dem Kostendeckungs- und nach dem Äquivalenzgrundsatz zu bemessen.[1541]

Nach dem in § 6 Abs. 2 Satz 1 SchlH KAG festgelegten Kostendeckungsgrundsatz[1542] sollen Benutzungsgebühren so bemessen werden, daß sie die Kosten der laufenden Verwaltung und Unterhaltung der öffentlichen Einrichtung decken. Zu diesen Kosten rechnen der Aufwand für Roh-, Hilfs- und Betriebsstoffe, Gehälter, Löhne und Lohnnebenkosten.[1543]
Der Kostendeckungsgrundsatz wirkt generalisierend, nicht individualisierend. Für die Gebührenbemessung ist nicht der dem einzelnen Abgabenpflichtigen gewährte Vorteil maßgebend, sondern der gesamte von der öffentlichen Einrichtung betriebene Aufwand.[1544] Der einzelne Gebührenschuldner ist durch den Kostendeckungsgrundsatz daher nicht davor geschützt, mehr an Gebühren zahlen zu müssen als Kosten auf ihn persönlich entfallen.[1545]
§ 6 Abs. 2 Satz 1 SchlH KAG fordert sowohl, daß das Gebührenaufkommen zur Kostendeckung ausreicht, als auch, daß es die Kosten nicht überschreitet. Er begründet daher zugleich ein Kostendeckungsgebot und ein Kostenüberschreitungsverbot[1546], das das Verbot der Erzielung von Gewinnen beinhaltet[1547].
Der Formulierung „sollen .. bemessen werden" ist zu entnehmen, daß der Kostendeckungsgrundsatz der Verwaltung lediglich ein Ziel vorgibt, gewissermaßen eine Veranschlagungsmaxime darstellt, daß er jedoch nicht verletzt ist, wenn er im konkreten Fall nicht verwirklicht wird, beispielsweise dadurch, daß Überschüsse erzielt werden.[1548]

1541 Erichsen, Jura 1995, 47 (48f.).

1542 Helmut Roth, Die kommunalen öffentlichen Einrichtungen, 204; Schmidt-Jortzig, Kommunalrecht, Rdn. 798; Stober, JA 1975, 737 (741).

1543 Erichsen, Jura 1995, 47 (49).

1544 VGH Kassel, NJW 1977, 452 (453); VGH Mannheim, NVwZ 1994, 194 (196); Hill, Gutachten D für den 58. Deutschen Juristentag, 82.

1545 VGH Kassel, NJW 1977, 452 (453).

1546 VGH Kassel, NVwZ 1995, 406 (408); Aengenvoort, NWVBl. 1997, 409 (411); Bitterberg/-Gosch, Kommunalabgabengesetz des Landes Schleswig-Holstein, § 6, Erl. 5.1; Thiem/Böttcher, Kommunalabgabengesetz Schleswig-Holstein, § 6, Erl. 106, 108.

1547 Aengenvoort, NWVBl. 1997, 409 (412); Helmut Roth, Die kommunalen öffentlichen Einrichtungen, 204; Stober, JA 1975, 737 (741).

1548 VGH Kassel, NJW 1977, 452 (453); VGH Mannheim, NVwZ 1994, 194 (196); Aengenvoort, NWVBl. 1997, 409 (412); Bitterberg/Gosch, Kommunalabgabengesetz des Landes Schleswig-Holstein, § 6, Erl. 5.; Kloepfer, AöR 97 (1972), 232 (251).

Der in § 6 Abs. 4 Satz 2 SchlH KAG verankerte Äquivalenzgrundsatz[1549], der auch als Grundsatz der speziellen Entgeltlichkeit bezeichnet wird[1550], verpflichtet die Kommunen, die Benutzungsgebühren grundsätzlich nach dem Umfang und der Art der Inanspruchnahme der öffentlichen Einrichtung zu bemessen. Er verbietet, daß zwischen der jeweiligen Leistung und der Gebühr ein Mißverhältnis besteht.[1551]
Eine Gebührenbemessungsgrundlage verstößt jedoch erst gegen den Äquivalenzgrundsatz, wenn deren Anwendung zu einer gröblichen Störung des Ausgleichsverhältnisses zwischen der Benutzungsgebühr und dem Wert der von der öffentlichen Einrichtung erbrachten Leistung für den Benutzer führt.[1552] Ein solcher Fall wird angenommen, wenn die Benutzungsgebühren erheblich über dem Entgelt eines vergleichbaren privaten Dienstleistungsunternehmens liegen, das zur Sicherung seiner Existenz neben der Kostendeckung auf eine maßvolle Gewinnerzielung angewiesen ist.[1553]
Umfang und Art der Inanspruchnahme einer öffentlichen Einrichtung sind in bestimmten Werten oder Einheiten auszudrücken, die den Bemessungsmaßstab bilden und mit einer bestimmten Gebühr belegt werden.[1554] Bei öffentlichen Einrichtungen der Abwasserbeseitigung richten sich beispielsweise der Umfang der Benutzung nach den Kubikmetern eingeleiteten Abwassers und die Art der Benutzung nach der Beschaffenheit des eingeleiteten Abwassers, das vorgeklärt oder stark verschmutzt sein kann.

b. Abgabenrechtliche Ausprägung des Gleichheitssatzes

Der allgemeine Gleichheitssatz des Art. 3 Abs. 1 GG verbietet die ungleiche Behandlung wesentlich gleicher Sachverhalte, sofern nicht ein sachlicher Grund für eine Differenzierung besteht, und die gleiche Behandlung wesentlich ungleicher Sachverhalte.[1555]
Für den Bereich des Abgabenrechts wurde daraus das Prinzip der Gebührengerechtigkeit entwickelt, das die ungleiche Behandlung wesentlich gleicher Abga-

---

1549 Helmut Roth, Die kommunalen öffentlichen Einrichtungen, 205; Schmidt-Jortzig, Kommunalrecht, Rdn. 798.

1550 VGH Kassel, NVwZ 1995, 406 (407); Aengenvoort, NWVBl. 1997, 409 (409); Pappermann/Löhr, JuS 1981, 269 (271); Pappermann/Löhr/Andriske, Recht der öffentlichen Sachen, 157.

1551 VGH Mannheim, NVwZ 1994, 194 (196); Aengenvoort, NWVBl. 1997, 409 (410); Helmut Roth, Die kommunalen öffentlichen Einrichtungen, 205.

1552 VGH Mannheim, NVwZ 1994, 194 (196); Aengenvoort, NWVBl. 1997, 409 (410).

1553 VGH Mannheim, NVwZ 1994, 194 (197).

1554 Bitterberg/Gosch, Kommunalabgabengesetz des Landes Schleswig-Holstein, § 6, Erl. 9..

1555 BVerfG, DVBl. 1998, 699 (700); Aengenvoort, NWVBl. 1997, 409 (410).

bentatbestände verbietet.[1556] Er verlangt, daß für gleiche Leistungen der Verwaltung gleich hohe Gebühren erhoben werden und eine Ungleichbehandlung einzelner Gebührenpflichtiger nicht willkürlich erfolgt, sondern durch sachliche Gründe gerechtfertigt ist.[1557]
Das Gebot der Gebührengerechtigkeit betrifft daher die Angemessenheit der Gebühren im Verhältnis der Gebührenschuldner zueinander, während der Kostendeckungs- und der Äquivalenzgrundsatz vorgeben, wie die Gebühren im Verhältnis der Gebührenschuldner zu der Kommune zu bemessen sind.[1558]
Welche Kriterien für die rechtliche Behandlung der Abgabentatbestände maßgebend sind, unterliegt grundsätzlich der Entscheidungsfreiheit des Gesetzgebers. Diese endet erst dort, wo kein vernünftiger, sich aus der Natur der Sache ergebender oder sonst sachlich einleuchtender Grund für eine gesetzliche Differenzierung besteht. Der Gesetzgeber ist nicht verpflichtet, die jeweils zweckmäßigste, vernünftigste und gerechteste Regelung zu treffen.[1559]
Im Interesse der Praktikabilität von Abgabengesetzen sind dem Gesetzgeber daher auch Typisierungen gestattet.[1560]

3. Die Berücksichtigung sozialstaatlicher Aspekte

Nicht einheitlich wird die Frage beurteilt, ob auch eine Berücksichtigung sozialer Aspekte bei der Gebührenbemessung aufgrund des Sozialstaatsgebots der Art. 20 Abs. 1, 28 Abs. 1 Satz 1 GG gerechtfertigt ist. Gegenstand dieser Diskussion ist insbesondere die Rechtmäßigkeit der Staffelung von Kindergartengebühren nach dem Einkommen der Eltern.

Sofern das Landesrecht wie der an § 7 Satz 2 PrKAG vom 14. Juli 1893[1561] in Verbindung mit dem Deklarierungsgesetz vom 24. Juli 1906[1562] anknüpfende § 4

[1556] Bitterberg/Gosch, Kommunalabgabengesetz des Landes Schleswig-Holstein, § 6, Erl. 9.1.; Pappermann/Löhr, JuS 1981, 269 (271); Helmut Roth, Die kommunalen öffentlichen Einrichtungen, 205.

[1557] BVerwG, DÖV 1997, 954 (955); VGH Kassel, NVwZ 1995, 406 (407); Bitterberg/Gosch, Kommunalabgabengesetz des Landes Schleswig-Holstein, § 6, Erl. 9.1.1; Gern, NVwZ 1995, 1145 (1154); Helmut Roth, Die kommunalen öffentlichen Einrichtungen, 207; Thiem/Böttcher, Kommunalabgabengesetz Schleswig-Holstein, § 6, Erl. 115.

[1558] Bitterberg/Gosch, Kommunalabgabengesetz des Landes Schleswig-Holstein, § 6, Erl. 9.1.

[1559] VGH Kassel, NJW 1977, 452 (454); Bitterberg/Gosch, Kommunalabgabengesetz des Landes Schleswig-Holstein, § 6, Erl. 9.1.1.

[1560] OVG Lüneburg, NVwZ-RR 1995, 468 (469); Aengenvoort, NWVBl. 1997, 409 (410f.); Bitterberg/Gosch, Kommunalabgabengesetz des Landes Schleswig-Holstein, § 6, Erl. 9.1.2; Erichsen, Jura 1995, 47 (49); Hill, Gutachten D für den 58. Deutschen Juristentag, 83.

[1561] Gesetz-Samlung für die Königlichen Preußischen Staaten 1893, 152 (154).

[1562] Gesetz-Samlung für die Königlichen Preußischen Staaten 1906, 376.

Abs. 2 Satz 2 SchlH KAG, der Ermäßigungen aus sozialen Gründen gestattet, oder spezielle Gesetze die Kommunen zur Staffelung der Benutzungsgebühren ihrer öffentlichen Einrichtungen ermächtigen, bestehen gegenüber der Rechtmäßigkeit keine Bedenken. Das Landesrecht ist in dieser Hinsicht jedoch nicht einheitlich.

Da das Kommunalabgabengesetz des Landes Hessen keine § 4 Abs. 2 Satz 2 SchlH KAG entsprechende Regelung enthält und § 10 Hess KindergartenG seinerzeit noch nicht in Kraft war, der eine Differenzierung der Gebühren nach dem Einkommen gestattet, verneinte der *VGH Kassel* in seiner grundlegenden Entscheidung die Rechtmäßigkeit der Staffelung der Kindergartengebühren nach dem Einkommen der Eltern wegen Verstoßes gegen die Grundsätze der speziellen Entgeltlichkeit und der Gebührengerechtigkeit.[1563] Der Grundsatz der speziellen Entgeltlichkeit, der zur Bemessung der Benutzungsgebühren nach Art und Umfang der Inanspruchnahme der öffentlichen Einrichtung verpflichte, sei verletzt, da die Benutzung der Kindergärten hinsichtlich aller Kinder gleich sei.[1564] Das Einkommen der Eltern, das nichts über Art oder Umfang der Inanspruchnahme aussage, sei kein Anknüpfungspunkt für die Bemessung der Gebühr.[1565] Gegen die Rechtmäßigkeit genereller Gebührenstaffelungen wendet der *VGH Kassel* ferner ein, daß der Landesgesetzgeber als Ausnahme vom Grundsatz der speziellen Entgeltlichkeit nur die Möglichkeit der Gebührenermäßigung oder des Gebührenverzichts im Einzelfall normiert habe.[1566] Da das Gebührenrecht Staffelungen nach dem Einkommen nicht vorsehe, progressive Abgabensätze vielmehr eine Besonderheit des Steuerrechts darstellten, betrachtet der *VGH Kassel* sie als sachlich nicht gerechtfertigte Differenzierungen und nimmt auch einen Verstoß gegen den Grundsatz der Gebührengerechtigkeit an.[1567]
Nach Ansicht des *VGH Kassel* kann auch das Sozialstaatsgebot die Grundsätze der speziellen Entgeltlichkeit und der Gebührengerechtigkeit nicht verdrängen, da das Gebührenrecht, anders als das Steuerrecht, keine Ermächtigungsgrundlage für die Verfolgung von Nebenzwecken neben der Einnahmenerzielung zum Zwecke der Kostendeckung enthalte. Eine sozialstaatlich motivierte, auf gestaffelten Kindergartengebühren beruhende Abgabenpolitik sei den Kommunen daher nicht gestattet.[1568]

Der Entscheidung des *VGH Kassel* gebührt insofern Zustimmung, als sie einen Verstoß gegen den Grundsatz der speziellen Entgeltlichkeit annimmt, da die Be-

[1563] VGH Kassel, NJW 1977, 452 (453f.).
[1564] VGH Kassel, NJW 1977, 452 (453).
[1565] VGH Kassel, NJW 1977, 452 (453).
[1566] VGH Kassel, NJW 1977, 452 (453).
[1567] VGH Kassel, NJW 1977, 452 (454).
[1568] VGH Kassel, NJW 1977, 452 (454).

nutzung der Kindergärten durch alle Kinder gleicher Art und gleichen Umfangs ist.[1569]

Kritik begegnet jedoch die Annahme, daß neben den ausdrücklich normierten Ausnahmen vom Grundsatz der speziellen Entgeltlichkeit, der Gebührenermäßigung und dem Gebührenverzicht, eine weitere Ausnahme in Gestalt genereller Gebührenstaffelungen nicht in Betracht komme. Der Wortlaut der Regelungen des Kommunalabgabengesetzes wäre allein dann maßgebend, wenn das höherrangige Recht keine abweichenden Vorschriften enthielte. Gegenüber den Prinzipien des Gebührenrechts ist aber insbesondere das Sozialstaatsgebot des Grundgesetzes von höherem Rang und daher in der Lage, dessen Aussagen zu modifizieren.[1570]

Aufgrund des Sozialstaatsgrundsatzes wären die Kommunen berechtigt, zu den Gebühren verstärkt finanziell leistungsfähigere Personen heranzuziehen.[1571] Damit wäre ihnen eine Staffelung der Kindergartengebühren gestattet, die nicht nur den Kindern wohlhabender Eltern, sondern auch den Kindern weniger vermögender Eltern den Besuch des Kindergartens ermöglichte.[1572] In diesem Zusammenhang vertritt das *BVerfG* die Ansicht, daß eine Gebührenstaffelung jedenfalls in Betracht komme, wenn sie eine Leistung betreffe, mit der der Staat sowohl dem Sozialstaatsgrundsatz als auch gewichtigen grundrechtlichen Schutzgeboten Rechnung trage und die aus verfassungsrechtlichen Gründen jedem zugänglich sein müsse, der auf die Leistung angewiesen sei.[1573]

Das Gebührenrecht steht daher der Verfolgung weiterer, insbesondere sozialstaatlicher Zwecke neben dem der Kostendeckung nicht entgegen.[1574] Mithin sind die Kommunen berechtigt, bei der Bemessung der Benutzungsgebühren ihrer öffentlichen Einrichtungen die finanzielle Lage der Gebührenschuldner zu berücksichtigen.[1575]

Inzwischen hat auch der *VGH Kassel* von seiner Auffassung Abstand genommen, daß sozial gestaffelte Benutzungsgebühren einen Verstoß gegen Art. 3 Abs. 1 GG darstellten. Er betont nunmehr, daß der Gleichheitssatz weniger streng sei als der Grundsatz der speziellen Entgeltlichkeit und eine Verfolgung von Nebenzwecken

---

1569 Pappermann/Löhr, JuS 1981, 269 (271); Pappermann/Löhr/Andriske, Recht der öffentlichen Sachen, 157.

1570 BVerfG, DVBl. 1998, 699 (701); OVG Münster, NVwZ 1995, 191 (192); Frotscher, in: HdbkWPr, Band 3, 161; Menger, VerwArch 68 (1977), 389 (396); Rogosch, KStZ 1987, 121 (121f.); Voigt, DÖV 1977, 673 (674).

1571 Kloepfer, AöR 97 (1972), 232 (257).

1572 Pappermann/Löhr, JuS 1981, 269 (271); Pappermann/Löhr/Andriske, Recht der öffentlichen Sachen, 157f..

1573 BVerfG, DVBl. 1998, 699 (701).

1574 BVerfG, 1998, 699 (701); VGH Mannheim, NVwZ 1994, 194 (196f.); Gern, NVwZ 1995, 1145 (1154); Menger, VerwArch 68 (1977), 389 (396); Pappermann/Löhr, JuS 1981, 269 (271); Pappermann/Löhr/Andriske, Recht der öffentlichen Sachen, 157f..

1575 Chen, Öffentlich-rechtliche Anstalten und ihre Nutzung, 85; Erichsen, Jura 1995, 47 (49); Kloepfer, AöR 97 (1972), 232 (257f.).

nicht unterbinde, da das Grundgesetz keinen eigenen Gebührenbegriff kenne, aus dem sich Maßstäbe für die Gebührenbemessung ergeben könnten.[1576]

Nach allgemeiner Ansicht vermag das Sozialstaatsgebot die tragenden Prinzipien des Gebührenrechts jedoch nur begrenzt zu modifizieren. Die Kommunen haben bei der Erhebung gestaffelter Benutzungsgebühren zu berücksichtigen, daß der höchste Gebührensatz noch dem Äquivalenzgrundsatz genügt und zu Art und Inanspruchnahme der öffentlichen Einrichtung in einem angemessenen Verhältnis steht.[1577] Kompensierten die Kommunen die Vergünstigungen für die einkommensschwächeren Benutzer dadurch, daß sie von den übrigen Benutzern deren tatsächliche Inanspruchnahme der öffentlichen Einrichtung übersteigende Gebühren erhöben, belasteten sie diese mit einer Gebühr, der keine Gegenleistung gegenüberstände.[1578] Durch eine dem Äquivalenzgrundsatz genügende Staffelung der Benutzungsgebühren wird hingegen sichergestellt, daß die Subventionierung der einkommensschwächeren Benutzer allein von der öffentlichen Hand getragen wird.[1579]

Entgegen der Ansicht des *VGH Kassel* verstoßen Kommunen, die die Benutzungsgebühren ihrer öffentlichen Einrichtungen sozial staffeln, auch deshalb nicht gegen den aus Art. 3 Abs. 1 GG entwickelten Grundsatz der Gebührengerechtigkeit, da sozialstaatliche Aspekte einen sachlichen Grund darstellen, der Differenzierungen bei der Gebührenerhebung rechtfertigt.[1580]
Da die Benutzungsgebühren in keinem Fall kostendeckend bemessen sind, findet immer eine Subventionierung der Benutzung statt[1581], so daß auch der Grundsatz der horizontalen Abgabengerechtigkeit durch die Staffelung der Benutzungsgebühren nach sozialen Aspekten nicht verletzt wird.[1582]

[1576] VGH Kassel, NVwZ 1995, 406 (408).

[1577] BVerfG, 1998, 699 (701); VGH Mannheim, NVwZ 1994, 194 (197); Pappermann/Löhr, JuS 1981, 269 (271); Pappermann/Löhr/Andriske, Recht der öffentlichen Sachen, 158.

[1578] BVerfG, DVBl. 1998, 699 (701); Gern, NVwZ 1995, 1145 (1154); Helmut Roth, Die kommunalen öffentlichen Einrichtungen, 207.

[1579] Pappermann/Löhr, JuS 1981, 269 (271); Pappermann/Löhr/Andriske, Recht der öffentlichen Sachen, 158.

[1580] Erichsen, Jura 1995, 47 (49); Gern, NVwZ 1995, 1145 (1154); Kloepfer, AöR 97 (1972), 232 (257); Rogosch, KStZ 1987, 121 (121f.); Helmut Roth, Die kommunalen öffentlichen Einrichtungen, 207.

[1581] Pappermann/Löhr, JuS 1981, 269 (272); Pappermann/Löhr/Andriske, Recht der öffentlichen Sachen, 159.

[1582] Pappermann/Löhr, JuS 1981, 269 (272); Pappermann/Löhr/Andriske, Recht der öffentlichen Sachen, 159; a.A. Vogel, NJW 1977, 454 (454f.), der in den Kindergartengebühren eine einer besonderen Bevölkerungsgruppe nach dem Maßstab ihres Einkommens auferlegte Belastung sieht.

4. Die Zulässigkeit von Auswärtigenzuschlägen

Neben der sozialen Staffelung der Benutzungsgebühren ihrer öffentlichen Einrichtungen besteht in den Gemeinden und Kreisen die Praxis, von auswärtigen Benutzern, denen ein Anspruch nach §§ 18 SchlH GO, 18 SchlH KrO u.a. nicht zusteht, höhere Benutzungsgebühren als von den Einwohnern und gleichgestellten Personen zu verlangen. Die Gebührenbemessung stellt sich in diesem Fall allerdings regelmäßig nicht als Auswärtigenzuschlag, sondern als Einheimischenabschlag dar, da die Kommunen von den auswärtigen Benutzern maximal kostendeckende Gebühren verlangen, während den Einwohnern eine Subventionierung zuteil wird.[1583]

Ähnlich wie gegen die Berücksichtigung sozialer Aspekte spricht gegen die unterschiedliche Behandlung auswärtiger Benutzer, daß sich ihre Inanspruchnahme der öffentlichen Einrichtungen nach Art und Umfang von der Inanspruchnahme durch die nach §§ 18 SchlH GO, 18 SchlH KrO u.a. Berechtigten nicht unterscheidet. In seiner abgabenrechtlichen Ausprägung als Prinzip der Gebührengerechtigkeit gebietet Art. 3 Abs. 1 GG daher die Erhebung gleicher Gebühren für beide Benutzergruppen.[1584]

Aus sachlichem Grund gestattet Art. 3 Abs. 1 GG jedoch eine Differenzierung zwischen beiden Benutzergruppen.[1585] Um einen zulässigen Differenzierungsgrund könnte es sich bei der durch §§ 18 Abs. 1 Satz 2, Abs. 2 Satz 2, Abs. 3 SchlH GO, 18 Abs. 1 Satz 2, Abs. 2 Satz 2, Abs. 3 SchlH KrO u.a. begründeten Verpflichtung der Einwohner und gleichgestellten Personen zur Tragung finanzieller Lasten handeln.[1586] Daraus erwächst die Konsequenz, daß Auswärtige zu den aus Haushaltsmitteln erbrachten Zuschüssen zu den Benutzungsgebühren für Einheimische nicht beitragen und die Kommunen ihnen gegenüber eine höhere Leistung erbringen, die auch durch eine erhöhte Gebühr gedeckt werden kann.[1587]

Wenn Gemeinden aufgrund ihrer zentralörtlichen Funktion öffentliche Einrichtungen für einen über ihr Gebiet hinausreichenden Einzugsbereich schaffen, die durch besondere Finanzmittel gefördert werden, ist die stärkere Gebührenbelastung Auswärtiger allerdings unzulässig.[1588]

Die Befugnis der Kommunen zur Erhebung von Benutzungsgebühren im Bereich ihrer öffentlichen Einrichtungen nach §§ 1 Abs. 1, 4 Abs. 1, 6 Abs. 1 SchlH KAG muß darüber hinaus im Lichte der Selbstverwaltungsgarantie der Kommunen nach

---

1583 Vgl. BVerwG, DÖV 1997, 954ff..

1584 BVerwG, DÖV 1997, 954 (955); Pappermann/Löhr, JuS 1981, 269 (272); Pappermann/Löhr/-Andriske, Recht der öffentlichen Sachen, 159.

1585 BVerwG, DÖV 1997, 954 (955); von Mutius/Rentsch, Kommunalverfassungsrecht Schleswig-Holstein, § 18, Rdn. 1.

1586 BVerwG, DÖV 1997, 954 (956).

1587 Rehn/Cronauge/von Lennep, Gemeindeordnung für das Land Nordrhein-Westfalen, Erl. II.3..

1588 Galette, Gemeindeordnung für Schleswig-Holstein, § 18, Rdn. 77.

Art. 28 Abs. 2 GG, insbesondere ihrer Finanzhoheit gesehen werden, die den Kommunen eine gewisse Freiheit bei der Gebührenfestlegung vermittelt.[1589] Damit ist ihnen gemäß Art. 28 Abs. 2 GG in Verbindung mit Art. 3 Abs. 1 GG gestattet, einheimische gegenüber ortsfremden Benutzern ihrer öffentlichen Einrichtungen in geringerem Umfang zu den Benutzungsgebühren heranzuziehen bzw. den Subventionsvorteil auf diese Benutzergruppe zu beschränken.[1590]
Da das Selbstverwaltungsrecht den Kommunen nach Art. 28 Abs. 2 GG nur im Rahmen der Gesetze gewährt wird, gelten gleichwohl die abgabenrechtlichen Grundsätze der Äquivalenz und der Kostendeckung, so daß sichergestellt ist, daß die Einheimischen nicht indirekt durch die ortsfremden Benutzer subventioniert werden.[1591] Danach darf ein Auswärtigenzuschlag nicht so hoch sein, daß die dann anfallende Gebühr die fiktiv zu ermittelnde Kostendeckungsgebühr überschreitet.[1592]
Eine stärkere Gebührenbelastung auswärtiger Benutzer kommt ferner nach dem Gedanken a maiore ad minus als milderes Mittel in Betracht, da die Kommunen gemäß §§ 18 SchlH GO, 18 SchlH KrO u.a. auch berechtigt sind, Ortsfremden die Zulassung zu ihren öffentlichen Einrichtungen zu versagen.[1593]

II. Privatrechtliche Entgelte

In dem Fall, daß die Kommunen die Benutzungsverhältnisse ihrer öffentlichen Einrichtungen privatrechtlich gestalten, steht ihnen nur die Möglichkeit der Erhebung privatrechtlicher Benutzungsentgelte offen. Deren Höhe richtet sich jedoch nach ähnlichen Maßstäben, wie sie für die Bemessung der öffentlich-rechtlichen Benutzungsgebühren im Sinne der §§ 1 Abs. 1, 4 Abs. 1 und 6 SchlH KAG gelten.

[1589] Galette, Gemeindeordnung für Schleswig-Holstein, § 18, Rdn. 77f.; Rehn/Cronauge/von Lennep, Gemeindeordnung für das Land Nordrhein-Westfalen, Erl. II.3.; Rüttgers, KStZ 1979, 125 (128); a.A. Evertz, Die Bedeutung der Grundrechte, 108f., nach dem eine ungleiche Behandlung der Einrichtungsbenutzer nicht durch Art. 28 Abs. 2 GG gerechtfertigt wird; dieser werde vielmehr durch die Bestimmungen des KAG begrenzt.

[1590] BVerwG, DÖV 1997, 954 (956); Püttner/Lingemann, JA 1984, Seite 121 (125); a.A. Evertz, Die Bedeutung der Grundrechte, 108f..

[1591] BVerwG, DÖV 1997, 954 (956); Püttner/Lingemann, JA 1984, Seite 121 (125).

[1592] Galette, Gemeindeordnung für Schleswig-Holstein, § 18, Rdn. 78; Püttner/Lingemann, JA 1984, Seite 121 (125); Rehn/Cronauge/von Lennep, Gemeindeordnung für das Land Nordrhein-Westfalen, Erl. II.3.; Rüttgers, KStZ 1979, 125 (128).

[1593] BVerwG, DÖV 1997, 954 (956); Galette, Gemeindeordnung für Schleswig-Holstein, § 18, Rdn. 78; Helmut Roth, Die kommunalen öffentlichen Einrichtungen, 208; a. A. Evertz, Die Bedeutung der Grundrechte, 108; Püttner/Lingemann, JA 1984, Seite 121 (125).

Diese Annäherung wird durch das im Rahmen privatrechtlicher Benutzungsverhältnisse geltende Verwaltungsprivatrecht[1594] bewirkt, das sich auch auf die Regelungen der Benutzungsentgelte erstreckt.[1595] Damit gelten insbesondere Art. 3 Abs. 1 GG[1596] und der Grundsatz der Verhältnismäßigkeit[1597] in ihrer allgemeinen Aussage.
Außerdem ist der spezielle Kostendeckungsgrundsatz übertragbar, der eine planmäßige Gewinnerzielung durch die privatrechtlichen Benutzungsentgelte verbietet[1598], denn diese stellen ebenso wie die öffentlich-rechtlichen Benutzungsgebühren Gegenleistungen für besondere Leistungen der Verwaltung dar und dienen daher der Deckung der Kosten.

E. Die Regelung der ordnungsgemäßen Benutzung öffentlicher Einrichtungen

Der Träger und die potentiellen Benutzer einer öffentlichen Einrichtung haben ein Interesse daran, daß die Funktionsfähigkeit der öffentlichen Einrichtung dauerhaft gewährleistet ist. Voraussetzung ist, daß die Benutzung der öffentlichen Einrichtung ordnungsgemäß verläuft. Der Einrichtungsträger muß daher grundsätzlich befugt sein, die Benutzer und Besucher der öffentlichen Einrichtung zur Einhaltung entsprechender Verhaltensvorschriften zu verpflichten und diese gegebenenfalls zwangsweise durchzusetzen.[1599]
Als Regelungsinstrument dienen Benutzungsordnungen, als deren Aufgabe bereits die Regelung der Benutzungsmodalitäten zum Zweck der Gewährleistung der Funktionsfähigkeit der öffentlichen Einrichtungen bezeichnet wurde[1600].

[1594] Drittes Kapitel, § 3, A.I.3..

[1595] Bitterberg/Gosch, Kommunalabgabengesetz des Landes Schleswig-Holstein, § 6, Erl. 2.2.1; Pappermann/Löhr, JuS 1981, 269 (272); Pappermann/Löhr/Andriske, Recht der öffentlichen Sachen, 159.

[1596] Bitterberg/Gosch, Kommunalabgabengesetz des Landes Schleswig-Holstein, § 6, Erl. 2.2.1; Pappermann/Löhr, JuS 1981, 269 (272); Pappermann/Löhr/Andriske, Recht der öffentlichen Sachen, 159.

[1597] Bitterberg/Gosch, Kommunalabgabengesetz des Landes Schleswig-Holstein, § 6, Erl. 2.2.1.

[1598] Bitterberg/Gosch, Kommunalabgabengesetz des Landes Schleswig-Holstein, § 6, Erl. 2.2.1.

[1599] Ehlers, DVBl. 1986, 912 (921).

[1600] Drittes Kapitel, § 3, A..

I. Anforderungen an das ordnungsgemäße Verhalten der Benutzer öffentlicher Einrichtungen

Ebenso wurde bereits festgestellt, daß neben der Entscheidung über den Betrieb einer öffentlichen Einrichtung die inhaltliche Gestaltung der Benutzungsverhältnisse im Ermessen der Kommunen liegt.[1601] Damit steht den Kommunen grundsätzlich auch bei der Regelung der Verhaltensanforderungen an die Benutzer der öffentlichen Einrichtungen Ermessen zu.[1602]

Ermessensbeschränkend wirken in diesem Regelungsbereich jedoch rechtsstaatliche Anforderungen wie der in Art. 20 Abs. 3 GG festgelegte Grundsatz der Gesetzmäßigkeit der Verwaltung. Er umfaßt den Grundsatz des Vorrangs des Gesetzes, der die Verwaltung an das geltende Recht bindet, und den Grundsatz des Vorbehalts des Gesetzes, nach dem das Handeln der Verwaltung in besonderen Fällen einer gesetzlichen Grundlage bedarf.[1603] Element des Rechtsstaatsprinzips des Grundgesetzes ist ferner der Grundsatz der Verhältnismäßigkeit zwischen den rechtlich relevanten Auswirkungen staatlicher Maßnahmen und deren Zielsetzung.[1604]

Um Benutzungsregelungen, die Verhaltensanforderungen an die Benutzer der öffentlichen Einrichtungen zum Gegenstand haben, handelt es sich beispielsweise bei der Bestimmung von Öffnungszeiten einer öffentlichen Einrichtung, bei der Verpflichtung zum Tragen einer Badekappe beim Besuch einer Badeanstalt, bei der Verpflichtung der Bibliotheksbenutzer zum sorgfältigen Umgang mit den entliehenen Medien und zu einem Verhalten, das den ungestörten Aufenthalt und das ruhige Arbeiten aller sicherstellt, dem in Bibliotheksräumen geltenden Verbot des Rauchens, des Verzehrs von Speisen und Getränken und der Ablage von Garderobe auf Tischen und Stühlen[1605] und bei der Verpflichtung zur Entrichtung eines Entgelts für die Benutzung einer öffentlichen Einrichtung.

1. Der Grundsatz des Vorrangs des Gesetzes

Für die Regelung der Verhaltensanforderungen an die Benutzer der öffentlichen Einrichtungen, die die Kommunen vornehmlich in Satzungen und öffentlich-rechtlichen oder privatrechtlichen Verträgen treffen[1606], gilt in jedem Fall der Grundsatz des Vorrangs des Gesetzes, da sich dieser auf jegliches Verwaltungs-

---

1601 Drittes Kapitel, § 3, A..

1602 Frotscher, in: HdbkWPr, Band 3, 160; Gern, Deutsches Kommunalrecht, Rdn. 550.

1603 Degenhart, Staatsrecht I, Rdn. 276, 278; Ossenbühl, in: Erichsen, Allgemeines Verwaltungsrecht, § 9, Rdn. 7.

1604 BVerfGE 23, 127 (133); Degenhart, Staatsrecht I, Rdn. 325.

1605 Vgl. Drittes Kapitel, § 3, A..

1606 Drittes Kapitel, § 3, A.I.2. und 3..

handeln erstreckt[1607].[1608] Die Kommunen sind daher an das geltende Recht gebunden.

2. Der Grundsatz der Verhältnismäßigkeit

Außerdem haben die Kommunen den Verhältnismäßigkeitsgrundsatz zu beachten[1609], der die Geeignetheit, Erforderlichkeit und Verhältnismäßigkeit der Benutzungsregelungen im engeren Sinne verlangt[1610]. Diese Kriterien sind am Zweck der öffentlichen Einrichtung zu messen[1611]; Begrenzungen des Benutzungsrechts müssen daher vom Zweck der öffentlichen Einrichtung getragen sein[1612]. Eine Benutzungsregelung erweist sich als geeignet, wenn sie den mit ihr verknüpften Zweck erreichen kann. Sie ist erforderlich, wenn sie unter mehreren anderen in Betracht kommenden, zur Erreichung des Zwecks gleichermaßen geeigneten Benutzungsregelungen die den Benutzer am geringsten belastende Maßnahme darstellt. Die Verhältnismäßigkeit im engeren Sinne ist schließlich gegeben, wenn die mit der Benutzungsregelung verbundene Belastung nicht außer Verhältnis zu ihrem Zweck steht.[1613]

Die Verpflichtung der Benutzer einer Badeanstalt zum Tragen einer Badekappe dient der Sicherstellung eines hygienischen Zustandes des Wassers im Schwimmbecken und eines funktionsfähigen Abflußsystems. Durch das Tragen einer Badekappe wird vermieden, daß Haare und Schmutzpartikel in das Wasser gelangen und bei Erreichen einer gewissen Konzentration Leitungen verstopfen. Die Benutzungsregelung ist daher geeignet, ihren Zweck zu erreichen. Als ähnlich geeignete Maßnahme käme die Verpflichtung der Badegäste zur Haarwäsche vor dem Eintreten in den Schwimmbereich in Betracht. Da diese nur durchgesetzt werden könnte, wenn die Haarwäsche kontrolliert würde, wäre der Badegast einer intensiveren Kontrolle ausgesetzt als bei der Feststellung, ob er eine Badekappe trägt, und damit stärker belastet. Demgegenüber dürften die finanziellen Aufwendungen für den einmaligen Erwerb einer Badekappe und den regelmäßig anfallenden Kauf von Haarshampoo im Ergebnis gleich sein. Die Benutzungsregelung ist daher auch erforderlich, um ihren Zweck zu erreichen. Da die Verpflichtung zum Tra-

---

1607 Degenhart, Staatsrecht I, Rdn. 276.

1608 Erichsen, in: Erichsen, Allgemeines Verwaltungsrecht, § 29, Rdn. 35.

1609 Ehlers, DVBl. 1986, 912 (921); Frotscher, in: HdbkWPr, Band 3, 160; Gern, Deutsches Kommunalrecht, Rdn. 550.

1610 Degenhart, Staatsrecht I, Rdn. 326.

1611 Frotscher, in: HdbkWPr, Band 3, 160.

1612 VGH Mannheim, DÖV 1978, 569 (571); VGH München, BayVBl. 1985, 366 (367); Galette, Gemeindeordnung für Schleswig-Holstein, § 18, Rdn. 52; Gern, Deutsches Kommunalrecht, Rdn. 550; Hölzl/Hien, Gemeindeordnung für den Freistaat Bayern, Art. 21, Erl. 3.d).

1613 Degenhart, Staatsrecht I, Rdn. 326.

gen einer Badekappe weder das äußere Erscheinungsbild des Badegastes beeinträchtigt noch ihn beim Schwimmen behindert, erweist sich die Benutzungsregelung schließlich als verhältnismäßig im engeren Sinne.

3. Der Grundsatz des Vorbehalts des Gesetzes

Zusätzlich gilt für die Benutzungsregelungen der Grundsatz des Vorbehalts des Gesetzes, wenn diese zu einem Eingriff in die Grundrechte der Einrichtungsbenutzer führen. In diesem Fall bedarf es einer Grundlage für die Benutzungsregelungen in einem formellen Gesetz.[1614]

Benutzungsregelungen öffentlicher Einrichtungen berühren die Schutzbereiche der Grundrechte der Art. 2 Abs. 1 GG unter dem Aspekt der allgemeinen Handlungsfreiheit und Art. 5 Abs. 1 Satz 1 GG, der die ungehinderte Unterrichtung aus allgemein zugänglichen Quellen schützt, im Fall der Reglementierung der Bibliotheksbenutzung durch Androhung des zeitweisen oder dauerhaften Ausschlusses im Fall des Verstoßes gegen die Benutzungsordnung[1615]. Unter den Begriff der Quelle im Sinne des Art. 5 Abs. 1 Satz 1 GG fallen auch die von Bibliotheken bereitgestellten Medien. Diese sind auch allgemein zugänglich, da sie technisch geeignet und bestimmt sind, der Allgemeinheit, das heißt einem individuell nicht bestimmbaren Personenkreis, Informationen zu verschaffen[1616].

Die Geltung des Gesetzesvorbehalts muß jedoch für jede Benutzungsregelung einzeln festgestellt werden, da die einzelnen Anforderungen an das ordnungsgemäße Verhalten der Einrichtungsbenutzer in unterschiedlichem Maß deren Rechtssphäre berühren und nicht immer zu einem Eingriff in den Schutzbereich der Grundrechte führen.
Dies verdeutlichen die beispielhaft erwähnten Benutzungsregelungen. Die Festlegung von Öffnungszeiten der öffentlichen Einrichtungen und die Verpflichtung zum Tragen einer Badekappe beim Besuch einer Badeanstalt betreffen untergeordnete Benutzungsmodalitäten, durch die die grundrechtliche Freiheit der Benutzer öffentlicher Einrichtungen lediglich nicht voll zur Entfaltung gelangt. Zu einem Eingriff in Art. 2 Abs. 1 GG führen sie nicht. Neben dem Grundsatz des Vor-

[1614] Degenhart, Staatsrecht I, Rdn. 278; Ehlers, DVBl. 1986, 912 (921); Erichsen, in: Erichsen, Allgemeines Verwaltungsrecht, § 29, Rdn. 35; Gern, Deutsches Kommunalrecht, Rdn. 550.
[1615] Gemäß § 10 der Benutzungs- und Gebührensatzung der Stadtbücherei der Landeshauptstadt Kiel.
[1616] BVerfGE 27, 71 (83ff.).

rangs des Gesetzes gelten daher keine weiteren rechtsstaatlichen Anforderungen.[1617]
Diese Überlegung rechtfertigt sich auch daraus, daß es sich bei dem Betrieb kommunaler öffentlicher Einrichtungen um eine grundsätzlich freie Selbstverwaltungsaufgabe handelt. Da die Gemeinden und Kreise bereits den Umfang der Leistungen ihrer öffentlichen Einrichtungen festlegen können, sind ihnen auch marginale Beschränkungen des Anspruchs auf Zulassung zur Benutzung gestattet.[1618]

Demgegenüber bewirken die Anforderungen an die ordnungsgemäße Bibliotheksbenutzung[1619] einen Eingriff in Art. 5 Abs. 1 Satz 1 GG, da sie den Zugang zu den Medien zumindest zeitlich verzögern[1620], und die Verpflichtung zur Entrichtung von Benutzungsentgelten einen Eingriff in die allgemeine Handlungsfreiheit nach Art. 2 Abs. 1 GG.
Daher muß für diese Benutzungsregelungen eine Grundlage in einem formellen Gesetz bestehen, die der Schrankenregelung des Art. 5 Abs. 1 Satz 1 GG bzw. des Art. 2 Abs. 1 GG entspricht.
Das Grundrecht der Informationsfreiheit besteht gemäß Art. 5 Abs. 2 GG nur im Rahmen der Vorschriften der allgemeinen Gesetze, der gesetzlichen Bestimmungen zum Schutze der Jugend und des Rechts der persönlichen Ehre. Als Grundlage für die Benutzungsregelungen von Bibliotheken kommt nach umstrittener Ansicht[1621] § 4 Abs. 1 Satz 1 SchlH GO in Betracht[1622], der die Gemeinden im Rahmen der Gesetze zur Regelung ihrer eigenen Angelegenheiten durch Satzung ermächtigt. Dabei handelt es sich um ein allgemeines Gesetz im Sinne des Art. 5 Abs. 2 GG, da es sich nicht gegen die Äußerung einer Meinung als solche richtet, sondern dem Schutz eines schlechthin, ohne Rücksicht auf eine bestimmte Meinung, zu schützenden Rechtsgutes dient.[1623] Ferner ist es in der Lage, den Eingriff in Art. 5 Abs. 1 Satz 1 GG zu rechtfertigen, da seine Verfassungsmäßigkeit nicht zu bezweifeln ist. Die Regelung, daß Personen von der Bibliotheksbenutzung zeitweise oder dauerhaft ausgeschlossen werden können, wenn sie gegen die Benutzungsordnung verstoßen, stellt sich schließlich als verhältnismäßig dar.

[1617] Pappermann/Löhr/Andriske, Recht der öffentlichen Sachen, 133; Helmut Roth, Die kommunalen öffentlichen Einrichtungen, 210.

[1618] Helmut Roth, Die kommunalen öffentlichen Einrichtungen, 210f..

[1619] S.o..

[1620] Vgl. BVerfGE 27, 88 (98f.).

[1621] Dafür Erichsen, in: Erichsen, Allgemeines Verwaltungsrecht, § 29, Rdn. 35; dagegen Ehlers, DVBl. 1986, 912 (921, Fn. 131), und Hill, Gutachten D für den 58. Deutschen Juristentag, 90, die der Satzungsermächtigung mangelnde Bestimmtheit vorwerfen.

[1622] Vgl. die Benutzungs- und Gebührensatzung der Stadtbücherei der Landeshauptstadt Kiel, die von der Ratsversammlung auf § 4 SchlH GO und §§ 1, 2, 4 und 6 SchlH KAG gestützt wurde.

[1623] BVerfGE 7, 198 (209ff.); 62, 230 (243f.); 74, 297 (343); 91, 125 (135).

Das Grundrecht der allgemeinen Handlungsfreiheit besteht nur im Rahmen der Rechte anderer, der verfassungsmäßigen Ordnung und des Sittengesetzes. Gegenstand der verfassungsmäßigen Ordnung ist die Gesamtheit der Normen, die formell und materiell mit der Verfassung in Einklang stehen.[1624] Darunter fallen auch die Bestimmungen der Kommunalabgabengesetze, die den Kommunen die Befugnis erteilen, für die Benutzung ihrer öffentlichen Einrichtungen Entgelte zu erheben, wie beispielsweise § 6 Abs. 1 Satz 1 SchlH KAG, der zur Erhebung von Benutzungsgebühren verpflichtet. Der Eingriff in das Grundrecht der Einrichtungsbenutzer aus Art. 2 Abs. 1 GG ist daher ebenfalls gerechtfertigt.

II. Ordnungsmaßnahmen bei Störung des Einrichtungsbetriebes

Die Benutzer sind verpflichtet, die zur Sicherstellung der Funktionsfähigkeit der öffentlichen Einrichtungen erlassenen Benutzungsregelungen zu beachten und Handlungen zu unterlassen, die den Betrieb oder Bestand der öffentlichen Einrichtungen bedrohen.[1625] Es besteht Einigkeit, daß die Benutzungsregelungen als Rechtspflichten ausgestaltet sind und die Kommunen befugt sind, diese mit Hilfe von Ordnungsmaßnahmen durchzusetzen.[1626] Zu diesem Zweck erteilen die Kommunen regelmäßig Hausverbote, die die Tatbestandsmerkmale eines belastenden Verwaltungsaktes im Sinne der §§ 35 Satz 1 VwVfG, 106 Abs. 1 SchlH LVwG aufweisen und im Wege der Verwaltungsvollstreckung durchzusetzen sind.[1627]

Rechtsgrundlage und Rechtsnatur der Ordnungsmaßnahmen zur Durchsetzung der Benutzungsregelungen öffentlicher Einrichtungen werden jedoch unterschiedlich beurteilt.

Fragen des Hausrechts werden vornehmlich für den Bereich der Verwaltungsgebäude erörtert. Es handelt sich um ein Recht der Verwaltungsbehörden an Sachen im Verwaltungsgebrauch, das auf der Herrschaftsgewalt über den räumlichen Bereich der Verwaltungsgebäude beruht und nur innerhalb dieses Bereiches ausgeübt werden kann.[1628] Es dient dem Schutz der widmungsgemäßen öffentlichrechtlichen Aufgabenerfüllung im räumlichen Bereich der Verwaltungsgebäu-

---

[1624] BVerfGE 6, 32 (37ff.); 80, 137 (153).

[1625] Erichsen, in: Erichsen, Allgemeines Verwaltungsrecht, § 29, Rdn. 37.

[1626] Ehlers, DVBl. 1986, 912 (921); Erichsen, in: Erichsen, Allgemeines Verwaltungsrecht, § 29, Rdn. 38.

[1627] VG Minden, NVwZ-RR 1999, 334 (335); a.A. Knemeyer, DÖV 1970, 596 (599), der das Hausverbot nicht als Verwaltungsakt im herkömmlichen Sinne betrachtet, sondern als einen Verwaltungstätigkeit erst ermöglichenden Akt, und daher auch die Vollstreckungsbefugnis der Kommunen verneint.

[1628] Ehlers, DÖV 1977, 737 (738); Zeiler, DVBl. 1981, 1000 (1000).

de[1629] und gibt den Verwaltungsbehörden die Befugnis, zur Abwehr von Störungen über Zutritt und Verweilen von Besuchern zu bestimmen[1630]. Damit richtet sich das Hausrecht der Verwaltungsbehörden gegen von außen kommende Störungen durch Personen, die nicht berechtigt sind, in den räumlichen Bereich der Verwaltungsgebäude einzudringen oder sich darin aufzuhalten.[1631]
Da das öffentlich-rechtliche Hausrecht der Verwaltungsbehörden zum Erlaß belastender Verwaltungsakte berechtigt, bedarf es einer formell-gesetzlichen Grundlage.[1632]
Nach übereinstimmender Ansicht verbietet sich der Schluß von der Aufgabe der öffentlichen Verwaltung, für einen geordneten, störungsfreien Dienstbetrieb zu sorgen, auf die Befugnis zur Ausübung des Hausrechts mittels Erlasses von Verwaltungsakten.[1633] Allerdings trifft dieser Gedanke das Problem des Hausrechts nicht, da das Verbot des Schlusses von der Aufgabe auf die Befugnis nur für die Sachkompetenz der Verwaltungsbehörden gelten kann. Die Ausübung des Hausrechts kann hingegen nicht als selbständige Sachkompetenz gewertet werden, sondern lediglich als Hilfsmittel, das erst der Erfüllung zugewiesener Aufgaben dient.[1634]
Daher kommt als Rechtsgrundlage des öffentlich-rechtlichen Hausrechts der Verwaltungsbehörden eine Annexkompetenz zu ihrer Sachkompetenz in Betracht, da die Verpflichtung zur ordnungsgemäßen Erfüllung der Verwaltungsaufgaben untrennbar mit den Erfordernissen des Schutzes des räumlichen Bereiches der Verwaltungsgebäude und der Befugnis der Verwaltungsbehörden zur Bestimmung über das Zutrittsrecht verbunden ist.[1635] Das Hausrecht ermöglicht erst die Kompetenzwahrnehmung der Verwaltungsbehörden.[1636]

1629 Berg, JuS 1982, 260 (260); Knemeyer, DÖV 1970, 596 (597); Zeiler, DVBl. 1981, 1000 (1000f.).

1630 Ehlers, DÖV 1977, 737 (738f.); Knemeyer, DÖV 1970, 596 (597); Zeiler, DVBl. 1981, 100 (1001).

1631 Berg, JuS 1982, 260 (260); Knemeyer, DÖV 1970, 596 (597).

1632 Berg, JuS 1982, 260 (262); Ehlers, DÖV 1977, 737 (740, 742); Zeiler, DVBl. 1981, 1000 (1002f.).

1633 Berg, JuS 1982, 260 (262); Ehlers, DÖV 1977, 737 (741); Zeiler, DVBl. 1981, 1000 (1002).

1634 Ronellenfitsch, VerwArch 73 (1982), 465 (477).

1635 Berg, JuS 1982, 260 (260); Knemeyer, DÖV 1970, 596 (598); Zeiler, DVBl. 1981, 1000 (1003f.); ähnlich Ronellenfitsch, VerwArch 73 (1982), 465 (474), der mit der gleichen Begründung eine Kompetenz kraft Natur der Sache annimmt; a. A. allgemein Ehlers, DÖV 1977, 737 (741), der dieses Prinzip als zu unscharf empfindet, um den Anforderungen des Gesetzesvorbehalts zu genügen.

1636 Knemeyer, DÖV 1970, 596 (599); Ronellenfitsch, VerwArch 73 (1982), 465 (474); Zeiler, DVBl. 1981, 1000 (1004), der von einer vollzugssichernden Kompetenz spricht.

Neben dem öffentlich-rechtlichen Hausrecht kommt als Ordnungsmaßnahme grundsätzlich auch ein auf §§ 1004, 903, 859ff. BGB gestütztes privatrechtliches Hausrecht in Betracht.[1637]
Welchen Charakter die im konkreten Fall vorgenommene Verweisung aus dem Verwaltungsgebäude hat, soll sich nach Ansicht der Rechtsprechung nach dem Zweck der Inanspruchnahme richten.[1638] Nach der Ansicht von *Ipsen/Koch* erstreckt sich das öffentlich-rechtliche Hausrecht hingegen auf die Personen, die das Verwaltungsgebäude mit einem seiner Widmung entsprechenden Anliegen betreten haben, zu denen sie zutreffend auch privatrechtliche Rechtsgeschäfte zählen.[1639] Dagegen stellt die überwiegende Literatur auf den Zweck des Hausverbotes ab und qualifiziert es als öffentlich-rechtlich, wenn es dem Schutz der öffentlich-rechtlichen Aufgabenerfüllung im räumlichen Bereich des Verwaltungsgebäudes dient.[1640] Gegenüber der Ansicht von *Ipsen/Koch* erscheint dieser Gedanke vorzugswürdig, da auch eine außerhalb des Widmungszwecks liegende Inanspruchnahme geeignet sein kann, die widmungsgemäße öffentlich-rechtliche Aufgabenerfüllung zu beeinträchtigen.

Während Verwaltungsgebäude regelmäßig von Besuchern betreten werden, weisen die öffentlichen Einrichtungen der Gemeinden und Kreise die Besonderheit auf, daß sie aufgrund des Anspruchs nach §§ 18 SchlH GO, 18 SchlH KrO u.a. Benutzer haben, deren Rechtsstellung den Verwaltungsbehörden jedoch keine engeren Bindungen auferlegt.
Daher lassen sich die zum Hausrecht der Verwaltungsbehörden entwickelten Gedanken auf Ordnungsmaßnahmen im Bereich der öffentlichen Einrichtungen übertragen.

Die Untersuchung der Rechtsgrundlage und Rechtsnatur der Ordnungsmaßnahmen muß die Störungen unberücksichtigt lassen, die von außerhalb auf die öffentliche Einrichtung einwirken. Ihnen gegenüber sind allein die Ordnungsbehörden nach dem allgemeinen Polizeirecht zum Eingreifen befugt.[1641]
Eine Differenzierung danach, zu welchem Zweck der von der Ordnungsmaßnahme Betroffene die öffentliche Einrichtung betreten hat, ob es sich bei ihm um einen Benutzer im Sinne der §§ 18 SchlH GO, 18 SchlH KrO u.a. handelt, der die kommunale öffentliche Einrichtung im Rahmen ihres Widmungszwecks in Anspruch nimmt, beispielsweise aus einer Bibliothek Bücher entleiht, oder um einen

---

1637 Maurer, Allgemeines Verwaltungsrecht, § 3, Rdn. 24.
1638 BVerwGE 35, 103 (106f.).
1639 Ipsen/Koch, JuS 1992, 809 (814f.).
1640 Ehlers, DÖV 1977, 737 (739f.); ders., in: Erichsen, Allgemeines Verwaltungsrecht, § 2, Rdn. 59; Knemeyer, DÖV 1970, 596 (599); Maurer, Allgemeines Verwaltungsrecht, § 3, Rdn. 24; Ronellenfitsch, VerwArch 73 (1982), 465 (473); Zeiler, DVBl. 1981, 1000 (1001).
1641 Erbguth, VR 1982, 41 (42).

Besucher, der die Einrichtung aus außerhalb ihres Widmungszwecks liegenden Gründen betritt, sich beispielsweise in den Räumen der Bibliothek aufwärmen will, kommt ebenfalls nicht in Betracht. Für die Frage der rechtlichen Ordnung der Benutzung öffentlicher Einrichtungen sind allein Störungen durch die Benutzer und die Sanktionsmaßnahmen des Einrichtungsträgers relevant.
Nach dem zum Hausrecht der Verwaltungsbehörden Gesagten kann der Träger der öffentlichen Einrichtung gegen Besucher regelmäßig im Rahmen des privatrechtlichen Hausrechts aufgrund der Befugnisse aus §§ 1004, 903, 859ff. BGB vorgehen[1642], es sei denn, dieser stört die widmungsgemäße Aufgabenerfüllung.

1. Die Rechtsgrundlage der Zwangsmaßnahmen

Erfolgen die Verstöße der Benutzer gegen die Benutzungsregelungen einer öffentlichen Einrichtung mit privatrechtlicher Organisationsform, besteht Einigkeit, daß deren Verweisung nur aufgrund des privatrechtlichen Hausrechts erfolgen kann, da dem Träger der Einrichtung in diesem Fall öffentlich-rechtliche Befugnisse verwehrt sind.[1643]

Umstritten ist die Rechtsgrundlage der Zwangsmaßnahmen, wenn es sich um eine öffentlich-rechtlich organisierte Einrichtung handelt.
Dem zum Hausrecht der Verwaltungsbehörden Gesagten entsprechend bedarf die Verweisung von Benutzern aus dem räumlichen Bereich der öffentlichen Einrichtungen als belastender Verwaltungsakt im Sinne der §§ 35 Satz 1 VwVfG, 106 Abs. 1 SchlH LVwG aufgrund des Grundsatzes des Vorbehalts des Gesetzes einer formell-gesetzlichen Grundlage.
Es wird die Ansicht vertreten, daß die Verweisung von Benutzern einer öffentlich-rechtlich organisierten öffentlichen Einrichtung auf die von *Otto Mayer* entwikkelte[1644], nunmehr gewohnheitsrechtlich anerkannte Anstaltsgewalt[1645] gestützt werden kann, die die Kommunen im Rahmen des Anstaltszwecks zum Erlaß von Benutzungsregelungen und zum Ergreifen von Zwangsmaßnahmen zu ihrer Durchsetzung ermächtigt.[1646]

[1642] Erbguth, VR 1982, 41 (42f.).

[1643] Erbguth, VR 1982, 41 (42).

[1644] Mayer, Deutsches Verwaltungsrecht, Zweiter Band, 1. Auflage, 329; ders., Deutsches Verwaltungsrecht, Zweiter Band, 2. Auflage, 496; ders., Deutsches Verwaltungsrecht, Zweiter Band, 3. Auflage, 278, 285f..

[1645] Grundlegend Nafpliotis, Die Anstaltsgewalt und ihre Grenzen, 49ff..

[1646] Battis, Allgemeines Verwaltungsrecht, 68; Erbguth, VR 1982, 41 (43); Wolff/Bachof/Stober, Verwaltungsrecht II, § 99, Rdn. 3, nach deren Auffassung die Anstaltsgewalt als solche jedoch keine Eingriffe ohne spezielle oder generelle Ermächtigungsgrundlage rechtfertigt.

Das Instrument der nicht formell-gesetzlich begründeten Anstaltsgewalt wird jedoch ähnlich wie die Figur des besonderen Gewaltverhältnisses[1647] den Anforderungen des Gesetzesvorbehalts nicht gerecht.
Zusätzlich richten sich gegen den im Zusammenhang mit dem Recht der öffentlichen Einrichtungen verwendeten Begriff der Anstaltsgewalt ähnliche Bedenken wie gegen die Verwendung des Anstaltsbegriffes als solchen. Der Anstaltsbegriff als Bezeichnung für eine Organisationsform des öffentlichen Rechts ist nicht geeignet, sämtliche Erscheinungsformen öffentlicher Einrichtungen zu erfassen, er stellt eine lediglich partiell zutreffende Bezeichnung dar. Daher war für den Bereich des kommunalen Einrichtungswesens die Ersetzung des Anstaltsbegriffs durch den Begriff der öffentlichen Einrichtung angeregt worden.[1648] Aus demselben Grund kann auch an dem Begriff der Anstaltsgewalt nicht festgehalten werden.[1649]

In Übereinstimmung mit dem zum Hausrecht der Verwaltungsbehörden Gesagten beruht das Hausrecht der Einrichtungsträger auf der Annexkompetenz zu der Sachkompetenz der Kommunen auf dem Sektor des öffentlichen Einrichtungswesens, die sie berechtigt, Maßnahmen zu ergreifen, die den ordnungsgemäßen Betrieb und den Widmungszweck der öffentlichen Einrichtungen sicherstellen.[1650]
Der Gedanke der Annexkompetenz kann aus den den Betrieb der öffentlichen Einrichtungen voraussetzenden Bestimmungen der §§ 18 SchlH GO, 18 SchlH KrO u.a. abgeleitet werden[1651], da erst die Befugnis zu Ordnungsmaßnahmen den störungsfreien Einrichtungsbetrieb ermöglicht.[1652]
Wenn dagegen eingewandt wird, die Ableitung einer Annexkompetenz zum Erlaß von Verwaltungsakten, die zur Sicherstellung eines ordnungsgemäßen Betriebes notwendig sind, unmittelbar aus §§ 18 SchlH GO, 18 SchlH KrO u.a. verstoße gegen den Grundsatz des Vorbehalts des Gesetzes[1653], verkennt diese Ansicht, daß es sich bei der Annexkompetenz um eine den Anforderungen des Gesetzesvorbehalts genügende Rechtsgrundlage handelt.[1654]

1647 Frotscher, HdbkWPr, Band 3, 158; Pieroth, VerwArch 68 (1977), 217 (218); Helmut Roth, Die kommunalen öffentlichen Einrichtungen, 209.

1648 Zweites Kapitel, § 3, C.I..

1649 Pappermann/Löhr/Andriske, Recht der öffentlichen Sachen, 133.

1650 OVG Münster, NVwZ-RR 1989, 316 (317); dass., NVwZ 1995, 814 (814); VG Frankfurt a.M., NJW 1998, 1424 (1424); VG Minden, NVwZ-RR 1999, 334 (335); Helmut Roth, Die kommunalen öffentlichen Einrichtungen, 216.

1651 OVG Münster, NVwZ 1995, 814 (814); VG Minden, NVwZ-RR 1999, 334 (335).

1652 VG Frankfurt a.M., NJW 1998, 1424 (1424).

1653 Erichsen, in: Erichsen, Allgemeines Verwaltungsrecht, § 29, Rdn. 38; allgemein Ehlers, DÖV 1977, 737 (741).

1654 Badura, Staatsrecht, D, Rdn. 79.

Aufgrund der Annahme der Annexkompetenz der Kommunen zur Verweisung störender Benutzer aus dem räumlichen Bereich ihrer öffentlichen Einrichtungen bedarf es auch keines Rückgriffs auf die zur Abwehr polizeilicher Gefahren berechtigenden Normen als Rechtsgrundlage[1655].

Da die Befugnis der Kommunen zum Ergreifen von Ordnungsmaßnahmen mit der Sachkompetenz nach §§ 17, 18 SchlH GO und §§ 17, 18 SchlH KrO u.a. korrespondiert, wird diese durch den Zweck der jeweiligen öffentlichen Einrichtung begrenzt.[1656] Zulässig sind daher nur Ordnungsmaßnahmen, die geeignet und erforderlich sind, den Widmungszweck der öffentlichen Einrichtung sicherzustellen.[1657]

2. Die Rechtsnatur des Hausverbots

Die Rechtsnatur des Hausverbots, das den gegen die Benutzungsregelungen verstoßenden Benutzern erteilt wird, soll sich nach Ansicht der Rechtsprechung ebenfalls nach dem Zweck richten, zu dem die öffentliche Einrichtung benutzt wurde.[1658] Da es sich bei Benutzern um Personen handelt, die die öffentlichen Einrichtungen der Gemeinden und Kreise aufgrund ihres öffentlich-rechtlichen Anspruches aus §§ 18 SchlH GO, 18 SchlH KrO u.a. aufsuchen, hätte ein ihnen erteiltes Hausverbot nach Ansicht der Rechtsprechung öffentlich-rechtlichen Charakter.
Diese Betrachtungsweise berücksichtigt jedoch nicht in ausreichendem Maß die starke öffentlich-rechtliche Verstrickung der öffentlichen Einrichtungen, die auf dem Anspruch aus §§ 18 SchlH GO, 18 SchlH KrO u.a. beruht. Für die Bestimmung der Rechtsnatur des Hausverbotes kann daher nicht die Intention des Adressaten entscheidend sein, sondern der Zweck, dem das Hausverbot dienen soll.[1659] Besteht der Zweck in der Aufrechterhaltung des ordnungsgemäßen Einrichtungsbetriebes zur Erfüllung ihrer widmungsgemäßen Aufgaben, hat das Hausverbot öffentlich-rechtlichen Charakter.[1660]
In eine ähnliche Richtung weist die Auffassung, es sei darauf abzustellen, welche Rechtsnormen die Rechtsbeziehungen der Beteiligten und damit das Hausverbot

---

1655 Pappermann/Löhr/Andriske, Recht der öffentlichen Sachen, 133.

1656 Erbguth, VR 1982, 41 (43); Galette, Gemeindeordnung für Schleswig-Holstein, § 18, Rdn. 53; Pappermann/Löhr/Andriske, Recht der öffentlichen Sachen, 133; Zuleeg, JuS 1973, 34 (37).

1657 VG Minden, NVwZ-RR 1999, 334 (335f.).

1658 VGH München, BayVBl. 1986, 271 (272).

1659 OVG Münster, NVwZ-RR 1989, 316 (316).

1660 VGH München, BayVBl. 1986, 271 (271f.); OVG Münster, NVwZ-RR 1989, 316 (316); Maurer, Allgemeines Verwaltungsrecht, Rdn. 24.

prägten.[1661] Habe der Betroffene die Einrichtung zum Zweck einer widmungsgemäßen Betätigung betreten, habe es öffentlich-rechtlichen Charakter.[1662] Danach hat das Hausverbot gegenüber Benutzern einer kommunalen öffentlichen Einrichtung öffentlich-rechtlichen Charakter, da in diesem Fall das Recht nach §§ 18 SchlH GO, 18 SchlH KrO u.a. betroffen ist und nur von einem Träger öffentlicher Gewalt erteilt werden kann.[1663]
Da das maßgebende Kriterium der Sachzusammenhang mit dem Anspruch auf Zulassung zur Benutzung der kommunalen öffentlichen Einrichtungen ist, kann schließlich auch die rechtliche Gestaltung des Benutzungsverhältnisses für den Charakter der Ordnungsmaßnahme nicht bestimmend sein.[1664]

F. Die Haftung der öffentlichen Einrichtung für Schädigungen der Benutzer anläßlich der Benutzung

Ein weiterer Gesichtspunkt der rechtlichen Ordnung der Benutzung öffentlicher Einrichtungen der Gemeinden und Kreise ist die Frage der Haftung der Einrichtungsträger für Schäden der Benutzer, die diese anläßlich ihrer Benutzung aufgrund des Verhaltens der Bediensteten der öffentlichen Einrichtungen erleiden. Zu denken ist beispielsweise an Wasserschäden am eigenen Haus, die auf eine fehlerhaft dimensionierte gemeindliche Regenwasserkanalisation zurückzuführen sind, oder an einen Sturz in den Räumlichkeiten der öffentlichen Einrichtung, da der Boden nicht ordnungsgemäß von Bananenschalen oder ähnlichem Abfall gesäubert ist.
Die Haftung der Kommunen für Schädigungen der Benutzer ihrer öffentlichen Einrichtungen bestimmt sich nach der rechtlichen Gestaltung der Benutzungsverhältnisse.
Handelt es sich um eine öffentliche Einrichtung mit einem zivilrechtlich gestalteten Benutzungsverhältnis, haftet die Kommune nach den allgemeinen vertraglichen und deliktischen Regelungen des BGB.[1665]
Da sich das Benutzungsverhältnis generell als durch einen besonderen, engen Kontakt des Bürgers zum Verwaltungsträger gekennzeichnet darstellt[1666], wird auch das öffentlich-rechtlich gestaltete Benutzungsverhältnis als - verwaltungs-

[1661] OVG Münster, NJW 1998, 1425 (1425).
[1662] OVG Münster, NJW 1998, 1425 (1425).
[1663] Ipsen/Koch, JuS 1992, 809 (813).
[1664] So jedoch Helmut Roth, Die kommunalen öffentlichen Einrichtungen, 216f..
[1665] Böttcher, Kommunalrecht, Rdn. 1008; Gern, Kommunalrecht, Rdn. 545; Mittermeier, Haftung und Haftungsbeschränkungen der Gemeinden, 48ff.; Seewald, in: Steiner, Besonderes Verwaltungsrecht, I, Rdn. 157.
[1666] Tiemann, VerwArch 65 (1974), 381 (388).

rechtliches - Schuldverhältnis aufgefaßt[1667], aus dem eine vertragliche Haftung der Kommunen resultiert. Für diese gelten die Regelungen des Zivilrechts über Schuldverhältnisse wie insbesondere §§ 276, 278, 280, 282, 323ff. BGB und die Grundsätze über culpa in contrahendo und die positive Forderungsverletzung als Ausdruck allgemeiner Rechtsgedanken aufgrund der Gleichheit der Interessenlage analog.[1668] Mit der vertraglichen Haftung konkurriert die gesetzliche Haftung der Kommunen, die sich im Rahmen öffentlich-rechtlich gestalteter Benutzungsverhältnisse nach Art. 34 GG in Verbindung mit § 839 BGB richtet.[1669] Schadensersatzansprüche können sich insbesondere aus der Verletzung von Verkehrssicherungspflichten ergeben.[1670] Den die Kommunen beim Betrieb öffentlicher Einrichtungen treffenden Verkehrssicherungspflichten wird man öffentlich-rechtlichen Charakter unterstellen müssen, da sie sich nicht von der nach öffentlichem Recht zu beurteilenden Verpflichtung der Gemeinden und Kreise nach §§ 17 Abs. 1 SchlH GO, 17 Abs. 1 SchlH KrO u.a. trennen lassen, die für die wirtschaftliche, soziale und kulturelle Betreuung der Einwohner erforderlichen öffentlichen Einrichtungen zu schaffen.[1671]

Daneben enthalten § 2 HaftpflichtG vom 4. Januar 1978[1672], der die Haftung des Inhabers einer Energieversorgungsanlage für Personen- und Sachschäden zum Gegenstand hat, und § 22 WHG in der Fassung der Bekanntmachung vom 23. September 1986[1673], der denjenigen, der die physikalische, chemische oder biologische Beschaffenheit des Wassers verändert, zum Ersatz des daraus einem anderen entstehenden Schadens verpflichtet und für öffentliche Einrichtungen der

---

[1667] BVerwG, NJW 1995, 2303 (2304); Frotscher, in: HdbkWPr, Band 3, 158; Pappermann/Löhr/-Andriske, Recht der öffentlichen Sachen, 152; Seewald, in: Steiner, Besonderes Verwaltungsrecht, I, Rdn. 159.

[1668] BGH, NJW 1990, 1167 (1167); BVerwG, NJW 1995, 2303 (2304); OVG Münster, NVwZ 1987, 1105 (1106); VGH Mannheim, NVwZ-RR 1991, 325 (325); Erbguth, VR 1982, 41 (42); Erichsen, Jura 1986, 196 (204); ders., in: Erichsen, Allgemeines Verwaltungsrecht, § 29, Rdn. 39; Frotscher, in: HdbkWPr, Band 3, 158f.; Galette, Gemeindeordnung für Schleswig-Holstein, § 18, Rdn. 55, 59; Mittermeier, Haftung und Haftungsbeschränkungen der Gemeinden, 112f., der jedoch zwischen schlicht-hoheitlichen Sonderverbindungen und obrigkeitlichen Sonderverbindungen unterscheidet und die Regelungen des BGB einerseits analog und andererseits als allgemeine Rechtsgedanken anwendet; Pappermann/Löhr/Andriske, Recht der öffentlichen Sachen, 152f.; Helmut Roth, Die kommunalen öffentlichen Einrichtungen, 227.

[1669] BGH, NJW 1990, 1167 (1167); Böttcher, Kommunalrecht, Rdn. 1009; Erbguth, VR 1982, 41 (42); Erichsen, Jura 1986, 196 (204); ders., in: Erichsen, Allgemeines Verwaltungsrecht, § 29, Rdn. 40; Frotscher, in: HdbkWPr, Band, 3, 159; Galette, Gemeindeordnung für Schleswig-Holstein, § 18, Rdn. 62f.; Mittermeier, Haftung und Haftungsbeschränkungen der Gemeinden, 113ff.; Pappermann/Löhr/Andriske, Recht der öffentlichen Sachen, 155; Helmut Roth, Die kommunalen öffentlichen Einrichtungen, 227f.; Seewald, in: Steiner, Besonderes Verwaltungsrecht, I, Rdn. 156; Tiemann, VerwArch 65 (1974), 381 (385f.).

[1670] Galette, Gemeindeordnung für Schleswig-Holstein, § 18, Rdn. 60.

[1671] Ehlers, DVBl. 1986, 912 (922); a.A. Tiemann, VerwArch 65 (1974), 381 (386f.).

[1672] BGBl. I 1978, 145 (146).

[1673] BGBl. I 1986, 1529 (1539).

Kommunen im Bereich der Wasserversorgung in Betracht kommt, spezielle Haftungsregelungen.

Aufgrund sinngemäßer Anwendung der zivilrechtlichen Regelungen sind den Kommunen auch im Rahmen öffentlich-rechtlich gestalteter Benutzungsverhältnisse gegenüber den Benutzern nach allgemeiner Ansicht sogenannte Haftungsfreizeichnungen gestattet.
Die vertragliche Haftung kann in entsprechender Anwendung des § 276 Satz 2 BGB grundsätzlich auf Vorsatz und grobe Fahrlässigkeit beschränkt werden.[1674] Grenzen der Haftungsbeschränkung ergeben sich aber aus §§ 138, 242 BGB[1675] und aus dem Grundsatz der Verhältnismäßigkeit[1676]. Dem Benutzer dürfen danach keine unbilligen Opfer abverlangt werden.[1677]
Zu berücksichtigen ist daher, daß die Kommunen umso stärker an die gesetzlichen Haftungsregelungen gebunden sind, je stärker der Benutzer auf die Dienstleistungen der öffentlichen Einrichtung angewiesen oder er zu ihrer Benutzung verpflichtet ist.[1678] Außerdem erscheinen Haftungsbeschränkungen eher verhältnismäßig, wenn eine öffentliche Einrichtung betroffen ist, deren Benutzung regelmäßig Schädigungen der Benutzer hervorruft.[1679]
Für Haftungsbeschränkungen gilt der Grundsatz der Formenkonkordanz. Sie genügen der Form, wenn sie sich an der für die Ausgestaltung des Benutzungsverhältnisses gewählten Form orientieren. Haftungsbeschränkungen können daher sowohl in der Form der Satzung als auch als Verwaltungsakt ergehen oder Gegenstand eines öffentlich-rechtlichen Vertrages im Sinne der §§ 54 VwVfG, 121 SchlH LVwG sein.[1680]
Im bestimmten Bereichen richtet sich die Möglichkeit der Haftungsbeschränkung nach speziellen Regelungen. Die aufgrund des § 7 Abs. 2 EnWG erlassenen Verordnungen über Allgemeine Bedingungen für die Gasversorgung von Tarifkunden

---

1674 Erichsen, in: Erichsen, Allgemeines Verwaltungsrecht, § 29, Rdn. 40; Galette, Gemeindeordnung für Schleswig-Holstein, § 18, Rdn. 68; Gern, Kommunalrecht, Rdn. 548.

1675 Galette, Gemeindeordnung für Schleswig-Holstein, § 18, Rdn. 65; Helmut Roth, Die kommunalen öffentlichen Einrichtungen, 231.

1676 Erichsen, in: Erichsen, Allgemeines Verwaltungsrecht, § 29, Rdn. 40; Galette, Gemeindeordnung für Schleswig-Holstein, § 18, Rdn. 68; Gern, Kommunalrecht, Rdn. 548; Pappermann/Löhr/-Andriske, Recht der öffentlichen Sachen, 154; Helmut Roth, Die kommunalen öffentlichen Einrichtungen, 231.

1677 Galette, Gemeindeordnung für Schleswig-Holstein, § 18, Rdn. 68; Gern, Kommunalrecht, Rdn. 548.

1678 Hurst, SKV 1964, 281 (282); Mittermeier, Haftung und Haftungsbeschränkungen der Gemeinden, 233ff., der hinsichtlich der Anforderungen nach der Art der Benutzungsverhältnisse differenziert und innerhalb der schlicht-hoheitlichen Sonderverbindungen personale Integrationsverhältnisse und personale Kontaktverhältnisse unterscheidet.

1679 Hurst, SKV 1964, 281 (282).

1680 Galette, Gemeindeordnung für Schleswig-Holstein, § 18, Rdn. 66; Tiemann, VerwArch 65 (1974), 381 (402).

(AVBGasV) vom 21. Juni 1979[1681] und über Allgemeine Bedingungen für die Elektrizitätsversorgung von Tarifkunden (AVBEltV) vom 21. Juni 1979[1682] und die aufgrund des § 27 AGBG erlassenen Verordnungen über Allgemeine Bedingungen über die Versorgung mit Fernwärme (AVBFernwärmeV) vom 20. Juli 1980[1683] und über Allgemeine Bedingungen für die Versorgung mit Wasser (AVBWasserV) vom 20. Juni 1980[1684] sehen in § 6 Abs. 1 Satz 1 vor, daß die durch Unterbrechung der Versorgung oder durch Unregelmäßigkeiten in der Belieferung erlittenen Sach- oder Vermögensschäden zu ersetzen sind, außer wenn sie nicht durch Vorsatz oder grobe Fahrlässigkeit verursacht worden sind. Im Falle der Tötung oder Verletzung des Körpers oder der Gesundheit besteht die Haftung für Vorsatz und jede Form der Fahrlässigkeit.

Neben der Beschränkung des Haftungsmaßstabes kommt nach dem Grundsatz a maiore ad minus auch eine Haftungsbeschränkung hinsichtlich des Haftungsumfanges, beispielsweise durch Festlegung von Haftungshöchstbeträgen, in Betracht.[1685]

G. Kommunalrechtliche, anstaltsrechtliche (einrichtungsspezifische) und sachenrechtliche Aspekte der Benutzung öffentlicher Einrichtungen

Bezüglich der Ordnung der Einrichtungsbenutzung im engeren Sinne gelten in dem Teilbereich der Erhebung von Benutzungsentgelten die Regelungen der Kommunalabgabengesetze der Länder, die den Gemeinden und Kreisen die Wahl des Benutzungsentgelts freistellen, sie im Rahmen öffentlich-rechtlicher Benutzungsverhältnisse aber zur Erhebung von Benutzungsgebühren verpflichten und für diesen Fall Bemessungsgrundsätze vorgeben. Die Möglichkeit der Anordnung eines Anschluß- und Benutzungszwanges bestimmt sich ebenfalls nach dem Kommunalrecht. Insofern regeln §§ 17 Abs. 2 und 3 SchlH GO, 17 Abs. 2 SchlH KrO u.a. die Voraussetzungen.
Für die Befugnis der Gemeinden und Kreise zum Ergreifen von Ordnungsmaßnahmen zur Erhaltung eines ordnungsgemäßen Einrichtungsbetriebes, die das wesentliche Element der Ordnung der Einrichtungsbenutzung im engeren Sinne darstellt, gelten Grundsätze, die nach herkömmlichem Sprachgebrauch als Anstaltsrecht, nach hier vertretener Ansicht jedoch als einrichtungsspezifisch zu bezeichnen sind, da sich die Befugnis als Annex zu der Kompetenz der Kommunen im Bereich des Einrichtungswesens nach §§ 17, 18 SchlH GO und §§ 17 18

[1681] BGBl. I 1979, 676 (677).
[1682] BGBl. I 1979, 684 (685).
[1683] BGBl. I 1980, 742 (743).
[1684] BGBl. I 1980, 750 (751).
[1685] Tiemann, VerwArch 65 (1974), 381 (418).

SchlH KrO u.a. darstellt und nur im Rahmen des Zwecks der öffentlichen Einrichtung ausgeübt werden kann.
Sachenrechtliche Aspekte werden insofern relevant, als sich der Zweck der öffentlichen Einrichtung und der Rahmen für die rechtliche Ordnung der Benutzung nach ihrer Widmung bestimmen.

§ 4 Zusammenfassung

Die Benutzung der öffentlichen Einrichtungen der Gemeinden und Kreise richtet sich in ihren wesentlichen Bereichen - der Schaffung der öffentlichen Einrichtungen, der Zulassung zur Benutzung und der rechtlichen Ordnung der Benutzung im engeren Sinne - vornehmlich nach kommunal-, sachen- und anstaltsrechtlichen Bestimmungen bzw. Grundsätzen.
Der dem herkömmlichen Verständnis entstammende Begriff des Anstaltsrechts muß allerdings durch den des einrichtungsspezifischen Rechts ersetzt werden, da der Begriff der öffentlichen Anstalt die Erscheinungsformen öffentlicher Einrichtungen nicht vollständig erfaßt und sich daher nicht als Oberbegriff im Zusammenhang mit den kommunalen öffentlichen Einrichtungen eignet.

Die wesentlichen Regelungen für den Sachbereich des kommunalen Einrichtungswesens enthalten §§ 17, 18 SchlH GO und §§ 17, 18 SchlH KrO u.a.. Nach ihnen bestimmen sich sowohl die Verpflichtung der Gemeinden und Kreise zur Schaffung öffentlicher Einrichtungen als auch die Zulassung der Bewerber zur Benutzung der öffentlichen Einrichtungen einschließlich der Fragen der benutzungsberechtigten Personen, der Person des Anspruchsverpflichteten, der Rechtsnatur des Anspruchs und des Anspruchsinhalts als auch die Voraussetzungen der Anordnung eines Anschluß- und Benutzungszwanges gegenüber einzelnen öffentlichen Einrichtungen.

Das aus dem öffentlichen Sachenrecht entnommene Instrument der Widmung hat seine zentrale Funktion bei der Schaffung der öffentlichen Einrichtungen. Die Widmung, die mit einem kommunalrechtlich-organisatorischen Akt einhergeht, unterstellt eine Einrichtung öffentlichen Zwecken, indem sie sie der allgemeinen Benutzung öffnet, und bestimmt zugleich die zur Benutzung berechtigte Personengruppe, die zugelassenen Benutzungsarten und den Umfang der Benutzung. Damit verwandelt sie ein sachliches und personelles Substrat in eine öffentliche Einrichtung im Sinne der §§ 18 SchlH GO, 18 SchlH KrO u.a. und begründet den Anspruch auf Zulassung zur Benutzung der öffentlichen Einrichtungen der Gemeinden und Kreise. Da die Widmung den Zweck der öffentlichen Einrichtung festlegt, bestimmt sie außerdem die Grenzen des Anspruchs nach §§ 18 SchlH GO, 18 SchlH KrO u.a. und den Rahmen für Ordnungsmaßnahmen des Einrich-

tungsträgers. Dieser ist nur befugt, den störungsfreien widmungsgemäßen Einrichtungsbetrieb sicherzustellen.
Aufgrund ihres Zusammenwirkens stehen das Kommunalrecht in Gestalt der §§ 17 Abs. 1 SchlH GO, 17 Abs. 1 SchlH KrO u.a. und das Sachenrecht nach strafrechtlichem Sprachgebrauch in einem Verhältnis der Idealkonkurrenz.

Die Befugnisse der Einrichtungsträger im Bereich der inneren Ordnung der öffentlichen Einrichtungen bestimmen sich nach Grundsätzen, die herkömmlich als Anstaltsrecht, nach hier vertretener Ansicht jedoch als einrichtungsspezifisches Recht bezeichnet werden. Sie stellen sich als Annex zu der Kompetenz der Kommunen im Bereich des Einrichtungswesens nach §§ 17, 18 SchlH GO und §§ 17, 18 SchlH KrO u.a. dar.
Hinsichtlich der übrigen Aspekte der rechtlichen Ordnung der Benutzung öffentlicher Einrichtungen bilden die kommunalrechtlichen Regelungen das gegenüber dem Anstalts- bzw. dem einrichtungsspezifischen Recht speziellere Recht, da dieses nur die als Anstalten des öffentlichen Rechts organisierten öffentlichen Einrichtungen betrifft. Das Kommunalrecht konkurriert in diesem Bereich jedoch wiederum mit dem Sachenrecht, das das Regelungsinstrument der Widmung zur Verfügung stellt.

Viertes Kapitel

Ausblick

Angesichts der angespannten Haushaltslage der Kommunen wird zunehmend der Vorbehalt der finanziellen Leistungsfähigkeit der Gemeinden und Kreise, unter dem der Betrieb der öffentlichen Einrichtungen steht, relevant. Die Gemeinden und Kreise werden daher in Zukunft mit der Aufgabe konfrontiert sein, die Notwendigkeit der Existenz der einzelnen öffentlichen Einrichtungen zu überprüfen und Möglichkeiten einer wirtschaftlicheren Einrichtungsführung zu entwickeln, beispielsweise indem sie die entstehenden Kosten reduzieren oder neue Einnahmequellen erschließen.
Der Sozialstaatsgrundsatz nach Art. 20 Abs. 1, 28 Abs. 1 Satz 1 GG, der die Gemeinden und Kreise unter dem Vorbehalt des haushaltsrechtlich Möglichen zur Daseinsvorsorge verpflichtet, setzt der Beschränkung der Einrichtungsleistungen jedoch Grenzen. Die existentiellen Voraussetzungen für ein menschenwürdiges Dasein zur gleichzeitigen Entfaltung der persönlichen Freiheit müssen weiterhin sichergestellt sein.
Da die sozialstaatlich notwendigen öffentlichen Einrichtungen wie beispielsweise die öffentlichen Schulen Gegenstand pflichtiger Selbstverwaltungsaufgaben sind, sind die Kommunen auch spezialgesetzlich gehindert, in diesem Bereich ihre Einrichtungsleistungen zu reduzieren. Im Bereich der freiwilligen Selbstverwaltungsaufgaben genießen sie hingegen größere Entscheidungsfreiheit.

Möglichkeiten zur wirtschaftlicheren Gestaltung des Einrichtungsbetriebes bestehen für jeden Aspekt der Benutzung der öffentlichen Einrichtungen der Gemeinden und Kreise.
Unter dem Aspekt der Schaffung öffentlicher Einrichtungen haben die Kommunen sowohl die Möglichkeit, von der Errichtung neuer öffentlicher Einrichtungen abzusehen, als auch, vorhandene, regelmäßig nicht kostendeckend zu betreibende Einrichtungen zu entwidmen und zu schließen. Denkbar ist ferner eine Widmungsänderung, die die öffentliche Einrichtung einem neuen, für das Publikum attraktiveren Zweck zuführt. Ein Beispiel bildet die Erweiterung von Schwimmbädern in sog. Freizeit- und Spaßbäder.
Im Rahmen der Zulassung zur Benutzung der öffentlichen Einrichtungen kommt eine Erweiterung des begünstigten Personenkreises über §§ 18 SchlH GO, 18 SchlH KrO u.a. hinaus in Betracht, so daß auch auf diese Weise eine stärkere Frequentierung der öffentlichen Einrichtung und höhere Einnahmen erzielt werden.
Möglichkeiten, den Betrieb der öffentlichen Einrichtung wirtschaftlicher zu gestalten, bieten sich in besonderem Maße unter dem Aspekt der rechtlichen Ordnung der Benutzung im engeren Sinne. In Betracht kommen sowohl eine Erhöhung der Benutzungsentgelte als auch eine Mitarbeit der Benutzer im Rahmen des Einrichtungsbetriebes.

Beispiele bilden eine Elterninitiative in der Stadt Essen, die den Austausch der Sandkästen auf den örtlichen Spielplätzen in eigener Regie besorgte, da die personellen Kapazitäten des Grünflächenamtes erschöpft waren[1686], und die Verpflichtung der Benutzer der kommunalen Wasser- und Energieversorgungsanlagen zum selbständigen Ablesen der Zählerstände, die in der Stadt Kiel praktiziert wird.
Zur Entlastung der Stadtverwaltung wird in Kiel außerdem die Selbstwerbung von Holz betrieben. Es handelt sich um den Einschlag bzw. das Aufarbeiten von Holz durch Privatpersonen zur Deckung ihres eigenen Bedarfs an Kamin- oder Bauholz auf eigene Gefahr. Die Mitwirkung der städtischen Forstverwaltung beschränkt sich darauf, die einzuschlagenden Bäume zu kennzeichnen, die Selbstwerber über die wichtigsten Bestimmungen zur Unfallverhütung zu belehren, sie in den zu bearbeitenden Bereich einzuweisen, das Holz nach dem Einschlag ordnungsgemäß aufzusetzen, damit es vermessen werden kann, und es den Selbstwerbern in Rechnung zu stellen. Durch die Mitwirkung eines Selbstwerbers entfallen die Holzeinschlagskosten, und es entsteht ein Erlös von 30.- DM, den die Stadtverwaltung ohne eigenen Aufwand erwirtschaftet. Ohne die Mitwirkung von Selbstwerbern hätte die Stadtverwaltung für einen Raummeter Brennholz Holzeinschlagskosten von rund 90.- DM zu tragen und könnte lediglich den Marktpreis von rund 50.- DM erlösen. Für jeden Raummeter Brennholz entstünde folglich ein Verlust in Höhe von 40.- DM. Weitere Entlastung erfährt die Stadtverwaltung auch dadurch, daß sie Unterstützung bei der Pflege des Baumbestandes erhält, der unabhängig vom privaten Bedarf den Einschlag von Holz erfordert, und sie ihre Waldarbeiter währenddessen zu anderen Zwecken einsetzen kann.
Schließlich kommt ehrenamtliche Mitarbeit in der Einrichtungsverwaltung in Betracht, wie sie beispielsweise in den kommunalen Filmtheatern praktiziert wird.

[1686] Vgl. Krüger, Frankfurter Allgemeine Zeitung vom 31. August 1998, Verlagsbeilage Nr. 201, B 3.

Literaturverzeichnis

Achterberg, Norbert: Allgemeines Verwaltungsrecht, 2. Auflage, Heidelberg 1986

Achterberg, Norbert/*Püttner*, Günter (Hrsg.): Besonderes Verwaltungsrecht, Ein Lehrbuch, Band I, Wirtschafts-, Bau-, Kultus-, Dienstrecht, Heidelberg 1990

Aengenvoort, Peter-Paul: Allgemeine Grundsätze des Gebührenrechts, in: NWVBl. 1997, Seite 409-413

Althaus, Ernst: Das Recht der Gemeinden und Gemeindeverbände in den vormals preußischen Ländern, in: Leitfaden für den öffentlichen Dienst, herausgegeben von Hugo Buß, Kurt Suplie und Walter Schmidt, Herford/Köln 1957

von Arnim, Hans-Herbert: Möglichkeiten unmittelbarer Demokratie auf Gemeindeebene, in: DÖV 1990, Seite 85-97

Axer, Peter: Die Widmung als Grundlage der Nutzung kommunaler öffentlicher Einrichtungen, in: NVwZ 1996, Seite 114-117

ders.: Die Widmung als Schlüsselbegriff des Rechts der öffentlichen Sachen, in: Schriften zum Öffentlichen Recht, Band 651, Berlin 1994

Badura, Peter: Wirtschaftliche Betätigung der Gemeinde zur Erledigung von Angelegenheiten der örtlichen Gemeinschaft im Rahmen der Gesetze, in: DÖV 1998, Seite 818-823

ders.: Die Daseinsvorsorge als Verwaltungszweck der Leistungsverwaltung und der soziale Rechtsstaat, in: DÖV 1966, Seite 624-633

ders.: Der Sozialstaat, in: DÖV 1989, Seite 491-499

ders.: Staatsrecht, Systematische Erläuterung des Grundgesetzes für die Bundesrepublik Deutschland, 2. Auflage, München 1996

ders.: Zulassung zu öffentlichen Einrichtungen der Gemeinden und Verwaltungsprivatrecht - OVG Lüneburg, DVBl. 1964, 365, in: JuS 1966, Seite 17-21

Battis, Ulrich: Allgemeines Verwaltungsrecht, 2. Auflage, Heidelberg 1997

Benda, Ernst/*Maihofer*, Werner/*Vogel*, Hans-Jochen: Handbuch des Verfassungsrechts der Bundesrepublik Deutschland (HdbVerfR), 2. Auflage, Berlin/New York 1994

Berg, Wilfried: Die öffentlich-rechtliche Anstalt, in: NJW 1985, Seite 2294-2301

ders.: Das Hausrecht des Landgerichtspräsidenten - VGH München, BayVBl. 1980, 723, in: JuS 1982, Seite 260-264

Bethge, Herbert: Abschied von der Zweistufentheorie, in: JR 1972, Seite 139-146

ders.: Parlamentsvorbehalt und Rechtssatzvorbehalt für die Kommunalverwaltung, in: NVwZ 1983, Seite 577-580

ders.: Das Selbstverwaltungsrecht im Spannungsfeld zwischen institutioneller Garantie und grundrechtlicher Freiheit, in: Selbstverwaltung im Staat der Industriegesellschaft, Festgabe zum 70. Geburtstag von Georg-Christoph von Unruh, herausgegeben von Albert von Mutius, Heidelberg 1983, Seite 149-170

Bitterberg, Siegfried/*Gosch*, Erwin: Kommunalabgabengesetz des Landes Schleswig-Holstein, Kommentar, 2. Auflage, Wiesbaden, Stand April 1991

Blum, Peter/*Beckhof*, Heiner/*Behrens*, Ingo/*Göke*, Wolfgang/*Häusler*, Bernd/*Menzel*, Andreas/*Smollich*, Thomas/*Wefelmeier*, Christian/*Winkelmann*, Udo: Niedersächsische Gemeindeordnung (NGO), in: Kommunalverfassungsrecht Niedersachsen, Kommentare, Wiesbaden, Stand Juli 1999

Börner, Bodo: Irrwisch Daseinsvorsorge, in: BayVBl. 1959, Seite 406-408

Böttcher, Günter: Kommunalrecht, 1. Auflage, Baden-Baden 1999

Borchert, Hartmut/*Buschmann*, Wolfgang/*Galette*, Alfons/*Lütje*, Gerd/*von Scheliha*, Kurt-Friedrich/*Schliesky*, Utz: Gemeindeordnung für Schleswig-Holstein (GO), in: Kommunalverfassungsrecht Schleswig-Holstein, Kommentare, Band I, Wiesbaden, Stand Juni 1999

Bracker, Reimer/*Dehn*, Klaus-Dieter: Gemeindeordnung für Schleswig-Holstein, Neufassung 1998, Kommentar, in: Kommunalschriften Schleswig-Holstein, herausgegeben von Hartmut Borchert, Dietrich Loeber und Göttrik Wewer, Band 4, Wiesbaden 1997

Brehm, Robert: Benutzungsregelungen gemeindlicher öffentlicher Einrichtungen (Rechtsstellung der Benutzer und ihre öffentlich-rechtliche Regelung), in: Frankfurter öffentlich-rechtliche Studien, herausgegeben von Erhard Denninger und Walter Schmidt, Band 3, Frankfurt/M. 1975

Breuer, Rüdiger: Die öffentlichrechtliche Anstalt, in: Veröffentlichungen der Vereinigung der Deutschen Staatsrechtslehrer (VVDStRL), Heft 44, 1986, Seite 211-247

Büermann, Wulf: Die Rechtsstellung der gemeindlichen Veranstaltungsräume, Diss. Jur., Mainz 1979

Bull, Hans-Peter: Die Staatsaufgaben nach dem Grundgesetz, 2. Auflage, Kronberg/Taunus 1977

ders.: Allgemeines Verwaltungsrecht, 5. Auflage, Heidelberg 1997

Burkhard, Werner: Die rechtliche Ordnung des Bürgerentscheids, Bürger- und Ratsbegehrens nach dem baden-württembergischen Kommunalrecht, Diss. jur., Freiburg i. Br. 1987

Chen, Ai-er: Öffentlich-rechtliche Anstalten und ihre Nutzung, in: Nomos Universitätsschriften, Recht, Band 136, Baden-Baden 1994

Clemens, Thomas: Kommunale Selbstverwaltung und institutionelle Garantie, Neue verfassungsrechtliche Vorgaben durch das BVerfG, in: NVwZ 1990, Seite 834-843

Cronauge, Ulrich: Kommunale Unternehmen, Eigenbetriebe - Kapitalgesellschaften - Zweckverbände, 3. Auflage, in: Finanzwesen der Gemeinden, Band 3, Berlin 1997

von Danwitz, Thomas: Die Benutzung kommunaler öffentlicher Einrichtungen - Rechtsformenwahl und gerichtliche Kontrolle, in: JuS 1995, Seite 1-7

Degenhart, Christoph: Staatsrecht I, Staatszielbestimmungen, Staatsorgane, Staatsfunktionen, 14. Auflage, Heidelberg 1998
Dolzer, Rudolf (Gesamtherausgeber): Bonner Kommentar zum Grundgesetz, Band 4, Art. 20-37, Heidelberg, Stand April 1999
Drosdowski, Günther/*Müller*, Wolfgang/*Scholze-Stubenrecht*, Werner/*Wermke*, Matthias (Hrsg.): Duden, Fremdwörterbuch, 6. Auflage, Mannheim/Wien/Zürich 1997

Ebersbach, Harry: Zur Rechtsnatur kommunaler Stiftungen, in: DVBl. 1960, Seite 81-84
Ehlers, Dirk: Die Entscheidung der Kommunen für eine öffentlich-rechtliche oder privatrechtliche Organisation ihrer Einrichtungen und Unternehmen, in: DÖV 1986, Seite 897-905
ders.: Gesetzesvorbehalt und Hausrecht der Verwaltungsbehörden, in: DÖV 1977, Seite 737-743
ders.: Die Rechtsprechung zum nordrhein-westfälischen Kommunalrecht der Jahre 1984-1989, Teil II, in: NWVBl. 1990, Seite 80-86
ders.: Rechtsverhältnisse in der Leistungsverwaltung, in: DVBl. 1986, Seite 912-922
ders.: Verwaltung in Privatrechtsform, in: Schriften zum Öffentlichen Recht, Band 464, Berlin 1984
Erbguth, Wilfried: Ausgewählte Probleme des öffentlichen Sachenrechts, in: VR 1981, Seite 110-113
ders.: Ausgewählte Probleme des öffentlichen Sachenrechts, in: VR 1981, Seite 152-157
ders.: Ausgewählte Probleme des öffentlichen Sachenrechts, in: VR 1982, Seite 14-19
ders.: Ausgewählte Probleme des öffentlichen Sachenrechts, in: VR 1982, Seite 41-44
ders.: Verstärkung der Elemente unmittelbarer Bürgerbeteiligung auf kommunaler Ebene - Praktische Erfahrungen mit der bisherigen Handhabung -, in: DÖV 1995, Seite 793-802
ders.: Verstärkung der Elemente unmittelbarer Bürgerbeteiligung auf kommunaler Ebene - praktische Erfahrungen mit der bisherigen Handhabung, in: Aktuelle Entwicklungen der inneren Kommunalverfassung, Zur künftigen Austarierung des Verhältnisses von effizienter Verwaltung, steuernder Vertretungskörperschaft und verstärkter Bürgerbeteiligung, Professorengespräch 1995 des Deutschen Landkreistages am 23. und 24. März 1995 im Landkreis Konstanz, herausgegeben von Hans-Günter Henneke, Stuttgart/München/Hannover/Berlin/Weimar/Dresden 1996, Seite 115-136
Erbguth, Wilfried/*Becker*, Joachim: Allgemeines Verwaltungsrecht, Teil 2, Köln 1981

Erbguth, Wilfried/*Stollmann*, Frank: Erfüllung öffentlicher Aufgaben durch private Rechtssubjekte? - Zu den Kriterien bei der Wahl der Rechtsform -, in: DÖV 1993, Seite 798-809

Erichsen, Hans-Uwe: Öffentliche Abgaben, Steuern, Gebühren, Beiträge, Sonderabgaben, in: Jura 1995, Seite 47-50

ders.: Art. 3 Abs. 1 GG als Grundlage von Ansprüchen des Bürgers gegen die Verwaltung, in: VerwArch 71, 1980, Seite 289-298

ders.: Die kommunalen öffentlichen Einrichtungen, in: Jura 1986, Seite 148-153

ders.: Die kommunalen öffentlichen Einrichtungen (Teil II), in: Jura 1986, Seite 196-205

ders.: Freiheit - Gleichheit - Teilhabe - Prolegomena zu einem Verwaltungsrecht des Leistungsstaates -, in: DVBl. 1983, Seite 289-297

ders.: Gemeinde und Private im wirtschaftlichen Wettbewerb, in: Juristische Studiengesellschaft Karlsruhe, Schriftenreihe, Heft 176, Heidelberg 1987

ders.: Grundrechte und Anstaltsnutzung, in: VerwArch 64, 1973, Seite 299-304

Erichsen, Hans-Uwe (Hrsg.): Allgemeines Verwaltungsrecht, 10. Auflage, Berlin/New York 1995

ders.: Allgemeines Verwaltungsrecht, 11. Auflage, Berlin/New York 1998

Erlenkämper, Friedel: Entwicklungen im Kommunalrecht, in: NVwZ 1997, Seite 546-561

Evertz, Volker: Die Bedeutung der Grundrechte im Zusammenhang mit der Benutzung gemeindlicher öffentlicher Einrichtungen, in: Europäische Hochschulschriften, Reihe II, Rechtswissenschaft, Band 618, Frankfurt am Main/-Bern/New York/Paris 1987

Fastenrath, Ulrich: Die Zulassung Ortsfremder (einschließlich EG-ausländischer) Schausteller und Anbieter zu Volksfesten und Märkten, in: NWVBl. 1992, Seite 51-57

Fischedick, Hans-Jürgen: Die Wahl der Benutzungsform kommunaler Einrichtungen, Kriterien für die Entscheidung zwischen privatrechtlicher und öffentlich-rechtlicher Benutzungsform, in: Schriftenreihe des Freiherr-vom-Stein-Institutes, Wissenschaftliche Forschungsstelle des Landkreistages Nordrhein-Westfalen an der Universität Münster, Band 6, Köln 1986

Fischerhof, Hans: „Daseinsvorsorge“ und wirtschaftliche Betätigung der Gemeinden, in: DÖV 1960, Seite 41-46

ders.: Öffentliche Versorgung mit Wasser, Gas, Elektrizität und öffentliche Verwaltung, in: DÖV 1957, Seite 305-316

Foerster, German: Öffentliche Einrichtungen und wirtschaftliche Unternehmen der Gemeinden, in: VR 1978, Seite 16-21

Forsthoff, Ernst: Begriff und Wesen des sozialen Rechtsstaates, in: Veröffentlichungen der Vereinigung der Deutschen Staatsrechtslehrer (VVDStRL), Heft 12, 1954, Seite 8-36

ders.: Die Daseinsvorsorge und die Kommunen, Köln-Marienburg 1958 *ders.*: Lehrbuch des Verwaltungsrechts, Erster Band, Allgemeiner Teil, 10. Auflage, München 1973

ders.: Rechtsfragen der leistenden Verwaltung, Stuttgart 1959

ders.: Verfassungsprobleme des Sozialstaats, Münster 1954

ders.: Die Verwaltung als Leistungsträger, Stuttgart/Berlin 1938

Friauf, Karl Heinrich (Hrsg.)/*Fuhr*, Eberhard (Begr.): Kommentar zur Gewerbeordnung - GewO, Gewerberechtlicher Teil, Neuwied, Stand Juli 1999

Fröhler, Ludwig: Werbefernsehen und Pressefreiheit, in: Beiträge zum Rundfunkrecht, herausgegeben im Auftrage der Arbeitsgemeinschaft der öffentlich-rechtlichen Rundfunkanstalten der Bundesrepublik Deutschland vom Hessischen Rundfunk, Frankfurt am Main, Heft 4, Frankfurt am Main/Berlin 1965

Frotscher, Werner: Die Ausgestaltung kommunaler Nutzungsverhältnisse bei Anschluß- und Benutzungszwang, in: Schriften zum deutschen Kommunalrecht, herausgegeben von Christian-Friedrich Menger und Albert von Mutius in Verbindung mit dem kommunalwissenschaftlichen Institut der Universität Münster, Band 4, Siegburg 1974

ders.: Die öffentlichen Einrichtungen der Kommunen, A. Begriff, Rechtsformen und Status öffentlicher Einrichtungen, in: Handbuch der kommunalen Wissenschaft und Praxis (HdbkWPr), Band 3, Kommunale Aufgaben und Aufgabenerfüllung, herausgegeben von Günter Püttner in Verbindung mit den kommunalen Spitzenverbänden, Berlin/Heidelberg/New York 1983, § 52

ders.: Probleme des öffentlichen Sachenrechts, in: VerwArch 62, 1971, Seite 153-168

Gassner, Ulrich M.: Grenzen des Zulassungsanspruchs politischer Parteien zu kommunalen öffentlichen Einrichtungen, in: VerwArch 85, 1994, Seite 533-566

Gerke, Jürgen: Die wirtschaftliche Betätigung der Gemeinden, in: Jura 1985, Seite 349-358

Gern, Alfons: Deutsches Kommunalrecht, 2. Auflage, Baden-Baden 1997

ders.: Aktuelle Probleme des Kommunalabgabenrechts, Analogie im Abgabenrecht - Begründungspflicht von Abgabensatzungen - Die Zulässigkeit von Sozialtarifen, in: NVwZ 1995, Seite 1145-1155

Gönnenwein, Otto: Gemeinderecht, Tübingen 1963

Grawert, Rolf: Kommunale Finanzhoheit und Steuerhoheit, in: Selbstverwaltung im Staat der Industriegesellschaft, Festgabe zum 70. Geburtstag von Georg-Christoph von Unruh, herausgegeben von Albert von Mutius, Heidelberg 1983, Seite 587-606

Gröttrup, Hendrik: Die kommunale Leistungsverwaltung - Grundlagen der gemeindlichen Daseinsvorsorge -, in: Schriftenreihe des Vereins für Kommunalwissenschaften e.V. Berlin, Band 37, Stuttgart/Berlin/Köln/Mainz 1973

Habermas, Jürgen: Strukturwandel der Öffentlichkeit, Untersuchungen zu einer Kategorie der bürgerlichen Gesellschaft, 5. Auflage, Neuwied/Berlin 1971

Häuselmann, Holger: Die wirtschaftlichen Unternehmen der Gemeinden, in: JuS 1984, Seite 940-944

Hager, Gerd: Rechtspraktische und rechtspolitische Notizen zu Bürgerbegehren und Bürgerentscheid, in: VerwArch 84, 1993, Seite 97-122

Hange, Stefan: Anschluß- und Benutzungszwang aufgrund Ortssatzung, in: NJW 1989, Seite 1078

Hauser, Werner: Die Wahl der Organisationsform kommunaler Einrichtungen, Kriterien für die Wahl privatrechtlicher und öffentlich-rechtlicher Organisationsformen, in: Schriftenreihe des Freiherr-vom-Stein-Institutes, Wissenschaftliche Forschungsstelle des Landkreistages Nordrhein-Westfalen an der Universität Münster, Band 8, Köln/Stuttgart/Berlin/Hannover/Kiel/Mainz/-München 1987

Hendler, Reinhard: Vorzüge und Nachteile verstärkter Bürgerbeteiligung auf kommunaler Ebene, in: Aktuelle Entwicklungen der inneren Kommunalverfassung, Zur künftigen Austarierung des Verhältnisses von effizienter Verwaltung, steuernder Vertretungskörperschaft und verstärkter Bürgerbeteiligung, Professorengespräch 1995 des Deutschen Landkreistages am 23. und 24. März 1995 im Landkreis Konstanz, herausgegeben von Hans-Günter Henneke, Stuttgart/München/Hannover/Berlin/Weimar/Dresden 1996, Seite 101-113

Herbig, Gottfried: Die öffentlichen Einrichtungen im sozialen Rechtsstaat der Gegenwart, in: Schriftenreihe der Hochschule Speyer, Band 44, Berlin 1970

Herdegen, Matthias: Die Zulassung zu kommunalen Einrichtungen in privatrechtlich ausgestalteter Regie, in: DÖV 1986, Seite 906-909

Hermann, Günther: Rundfunkrecht, Fernsehen und Hörfunk mit Neuen Medien, München 1994

Hesse, Konrad: Grundzüge des Verfassungsrechts der Bundesrepublik Deutschland, 20. Auflage, Heidelberg 1995

Hill, Hermann: Soll das kommunale Satzungsrecht gegenüber staatlicher und gerichtlicher Kontrolle gestärkt werden?, Gutachten D für den 58. Deutschen Juristentag, in: Verhandlungen des Achtundfünfzigsten Deutschen Juristentages München 1990, herausgegeben von der Ständigen Deputation des Deutschen Juristentages, Band I, München 1990

Hölzl, Josef/*Hien*, Eckart: Gemeindeordnung mit Verwaltungsgemeinschaftsordnung, Landkreisordnung und Bezirksordnung für den Freistaat Bayern, Kommentar, München, Stand Januar 1999

Hösch, Ulrich: Rechtsschutz gegen die Nichtzulassung zu festgesetzten Märkten, in: GewArch 1996, Seite 402-407

Hoffmann-Becking, Michael: Der Anspruch auf fehlerfreie Ermessensentscheidung - BVerwGE 39, 235, in: JuS 1973, Seite 615-619

ders.: Zum Stand der Lehre vom Recht auf fehlerfreie Ermessensentscheidung, in: DVBl. 1970, Seite 850-857
Horn, Wolfgang: Sind Verkehrslandeplätze als öffentliche Einrichtungen des Kommunalrechts zu qualifizieren? (zu VGH Baden-Württemberg, DVBl. 1980, 220ff.=VBlBW 1981, 157ff.), in: VBlBW 1992, Seite 5-9
Hurst, Karl: Anmerkung zum BVerwG, Urteil vom 21. Juli 1964 - I C 60.61 -, DVBl. 1965, 522, in: DVBl. 1965, Seite 523-525
ders.: Die Haftung der Gemeinden in ihren öffentlichen Einrichtungen, in: SKV 1964, Seite 281-284

Ipsen, Jörn: Staatsrecht I (Staatsorganisationsrecht), 10. Auflage, Neuwied und Kriftel 1998
ders.: Staatsrecht II (Grundrechte), 2. Auflage, Neuwied und Kriftel 1998
Ipsen, Jörn/*Koch*, Thorsten: Öffentliches und privates Recht - Abgrenzungsprobleme bei der Benutzung öffentlicher Einrichtungen -, in: JuS 1992, Seite 809-816
Isensee, Josef: Der Sozialstaat in der Wirtschaftskrise, Der Kampf um die sozialen Besitzstände und die Normen der Verfassung, in: Demokratie in Anfechtung und Bewährung, Festschrift für Johannes Broermann, herausgegeben von Joseph Listl und Herbert Schambeck, Berlin 1982, Seite 365-390

Jarass, Hans D./*Pieroth*, Bodo: Grundgesetz für die Bundesrepublik Deutschland, 4. Auflage, München 1997
Jauernig, Othmar: Anstaltsnutzung und Minderjährigenrecht, in: NJW 1972, Seite 1-5
ders.: Zivilprozeßrecht, 25. Auflage, München 1998

Kauther, Helmut: Private als Träger von öffentlichen Einrichtungen mit Anschluß- und Benutzungszwang, Diss. jur., Bochum 1975
Kenntner, Markus: Zehn Jahre nach „Rastede" - Zur dogmatischen Konzeption der kommunalen Selbstverwaltung im Grundgesetz -, in: DÖV 1998, Seite 701-712
Kloepfer, Michael: Die lenkende Gebühr, in: AöR 97, 1972, Seite 232-275
Klüber, Hans: Die Einrichtungen der Gemeinden, in: Der Städtetag 1963, Seite 491-496
Knemeyer, Franz-Ludwig: Aufgabenkategorien im kommunalen Bereich - Mittelbare Staatsverwaltung? - Fremdverwaltung? - Zur Bedeutung der Organleihe -, in: DÖV 1988, Seite 397-404
ders.: Die öffentlichen Einrichtungen der Gemeinden anhand ausgewählter Entscheidungen exemplarisch dargestellt für den Anschluß- und Benutzungszwang und dessen verfassungsrechtliche Zulässigkeit, in: Materialien zum öffentlichen Recht 5, herausgegeben von Peter Badura, Stuttgart/München/Hannover 1973

ders.: Die verfassungsrechtliche Gewährleistung des Selbstverwaltungsrechts der Gemeinden und Landkreise, in: Selbstverwaltung im Staat der Industriegesellschaft, Festgabe zum 70. Geburtstag von Georg-Christoph von Unruh, herausgegeben von Albert von Mutius, Heidelberg 1983, Seite 209-226

ders.: Öffentlich-rechtliches Hausrecht und Ordnungsgewalt, in: DÖV 1970, Seite 596-601

Knies, Wolfgang: Die Überlassung gemeindlicher Räume an politische Parteien, in: BayVBl. 1968, Seite 230-232

Köttgen, Arnold: Gemeindliche Daseinsvorsorge und gewerbliche Unternehmerinitiative im Bereiche der Wasserversorgung und Abwässerbeseitigung, in: Göttinger Rechtswissenschaftliche Studien, herausgegeben von der Rechts- und Staatswissenschaftlichen Fakultät der Universität Göttingen, Band 34, Göttingen 1961

Kopp, Ferdinand O.: Verwaltungsverfahrensgesetz, 6. Auflage, München 1996

Krabbe, Wolfgang R.: Kommunalpolitik und Industrialisierung, Die Entfaltung der städtischen Leistungsverwaltung im 19. und frühen 20. Jahrhundert, Fallstudien zu Dortmund und Münster, in: Schriften des Deutschen Institus für Urbanistik, Band 74, Stuttgart/Berlin/Köln/Mainz 1985

Krebs, Walter: Die öffentlich-rechtliche Anstalt, in: NVwZ 1985, Seite 609-616

Krieger, Heinz-Jürgen: Schranken der Zulässigkeit der Privatisierung öffentlicher Einrichtungen der Daseinsvorsorge mit Anschluß- und Benutzungszwang, in: Schriften zum deutschen Kommunalrecht, herausgegeben von Christian-Friedrich Menger und Albert von Mutius in Verbindung mit dem kommunalwissenschaftlichen Institut der Universität Münster, Band 22, Speyer 1980

Kromer, Michael: Bürgerbeteiligung in der Gemeinde - Ein systematischer Überblick, in: DVBl. 1985, Seite 143-156

ders.: Sachenrecht des öffentlichen Rechts, Probleme und Grundlagen eines allgemeinen Teils des öffentlichen Sachenrechts, in: Schriften zum Öffentlichen Recht, Band 493, Berlin 1985

Krüger, Eva-Maria: Dem Bürger die Stadt zurückgeben, Eltern engagieren sich mit Erfolg beim Spielplatzbau, in: Kommunale Dienstleistungen, Verlagsbeilage zur Frankfurter Allgemeinen Zeitung, Nr. 201, 31. August 1998, B 3

Kunst, Hermann/*Grundmann*, Siegfried (Begr.)/*Herzog*, Roman/*Kunst*, Hermann/-*Schlaich*, Klaus/*Schneemelcher*, Wilhelm (Hrsg.): Evangelisches Staatslexikon, Band I, 3. Auflage, Stuttgart 1987

Kunze, Richard/*Schmidt*, Carl (Begr.)/*Bronner*, Otto/*Katz*, Alfred/*Steger*, Christian O./*Sixt*, Werner/*Bock*, Irmtraud (Berarb.): Gemeindeordnung für Baden-Württemberg, Kommentar, 4. Auflage, Stuttgart/Berlin/Köln, Stand Dezember 1995

Lässig, Curt Lutz: Die Vergabe von Standplätzen auf kommunalen Volksfesten, in: NVwZ 1983, Seite 18-20 *von Landmann*, Robert/*Rohmer*, Gustav (Begr.): Gewerbeordnung und ergänzende Vorschriften, Band I, Gewerbeordnung, Kommentar, München, Stand Januar 1999

Lange, Klaus: Die öffentliche Anstalt, in: Veröffentlichungen der Vereinigung der Deutschen Staatsrechtslehrer (VVDStRL), Heft 44, 1986, Seite 169-210

ders.: Die Entwicklung des öffentlichen Rechts, Die Tagung der Vereinigung der Deutschen Staatsrechtslehrer in Freiburg i.Ü./Schweiz 1985, Zum zweiten Beratungsgegenstand: „Die öffentlich-rechtliche Anstalt", Leitsätze, in: DVBl. 1985, Seite 1223-1224

Larenz, Karl: Methodenlehre der Rechtswissenschaft, in: Enzyklopädie der Rechts- und Staatswissenschaft, begründet von F. von Liszt und W. Kaskel, herausgegeben von H. Albach, E. Helmstädter, H. Honsell, P. Lerche und D. Dörr, 6. Auflage, Berlin/Heidelberg/NewYork/London/Paris/Tokyo/Hongkong/Barcelona/Budapest 1991

Leibholz, Gerhard/*Rinck*, Hans-Justus/*Hesselberger*, Dieter: Grundgesetz für die Bundesrepublik Deutschland, Kommentar an Hand der Rechtsprechung des Bundesverfassungsgerichts, Band I, 7. Auflage, Köln, Stand Oktober 1998

Link, Christoph: Staatszwecke im Verfassungsstaat - nach 40 Jahren Grundgesetz, in: Veröffentlichungen der Vereinigung der Deutschen Staatsrechtslehrer (VVDStRL), Heft 48, 1990, Seite 7-55

Löwer, Wolfgang: Die öffentliche Anstalt, in: DVBl. 1985, Seite 928-939

ders.: Energieversorgung zwischen Staat, Gemeinde und Wirtschaft, DVBl. 1991, Seite 132-142

Lukas, Rosemarie: Grundrechtsschutz und „Gemengelage" bei der Benützung öffentlicher Gemeindeeinrichtungen, in: BayVBl. 1973, Seite 311-316

von Mangold, Hermann/*Klein*, Friedrich: Das Bonner Grundgesetz, Band I, 2. Auflage, Berlin/Frankfurt a. M. 1966

Martens, Joachim: Einführung in die Praxis des Verwaltungsverfahrens, in: JuS 1979, Seite 416-422

Maunz, Theodor: Grundfragen des Energiewirtschaftsrechts, in: Verwaltungsarchiv 50, 1959, Seite 315-339

Maunz, Theodor/*Dürig*, Günter/*Herzog*, Roman/*Scholz*, Rupert: Grundgesetz, Kommentar, Band III, Art. 20-69, München, Stand Juni 1998

Maunz, Theodor/*Zippelius*, Reinhold: Deutsches Staatsrecht, 30. Auflage, München 1998

Maurer, Hartmut: Allgemeines Verwaltungsrecht, 12. Auflage, München 1999

Mayer, Otto: Theorie des französischen Verwaltungsrechts, Straßburg 1886

ders.: Deutsches Verwaltungsrecht, Erster Band, 1. Auflage, Leipzig 1895

ders.: Deutsches Verwaltungsrecht, Zweiter Band, 1. Auflage, München/Leipzig 1896

ders.: Deutsches Verwaltungsrecht, Zweiter Band, 2. Auflage, München/Leipzig 1917 *ders.*: Deutsches Verwaltungsrecht, Zweiter Band, 3. Auflage, München/Leipzig 1924

Meißner, Friedrich: Probleme von Bürgerbegehren und Bürgerentscheid im deutschen Gemeinderecht, in: Züge unmittelbarer Demokratie in der Gemeindeverfassung, Bürgerentscheid, Bürgerbegehren, Bürgerversammlung u. a. von Jörg-Detlef Kühne und Friedrich Meißner, in: Schriftenreihe des deutschen Städte- und Gemeindebundes, Heft 28, Seite 161-193, Göttingen 1977

Menger, Christian-Friedrich: Zur Zulässigkeit der Staffelung von Gebühren für die Benutzung kommunaler Kindergärten nach dem Elterneinkommen, in: VerwArch 68, 1977, Seite 389-397

Merli, Franz: Von öffentlichen Sachen zu öffentlichen Nutzungsrechten, Mängel und Verbesserungsmöglichkeiten im österreichischen und deutschen Recht der öffentlichen Sachen, in: Die Verwaltung 22, 1989, Seite 445-472

Meyer, Hubert: Kommunales Parteien- und Fraktionenrecht, Verfassungsrechtliche Determinanten und ausgewählte Probleme unter besonderer Berücksichtigung der Chancengleichheit sowie Fragen der Finanzierung, in: Kommunalrecht - Kommunalverwaltung, herausgegeben von Albert von Mutius und Franz-Ludwig Knemeyer, Band 6, Baden-Baden 1990

Mittermeier, Ernst: Haftung und Haftungsbeschränkungen der Gemeinden für ihre öffentlichen Einrichtungen, in: Konstanzer Dissertationen, Band 39, Konstanz 1984

Mohl, Meike: Die kommunalen öffentlichen Einrichtungen - Begriff und Zulassungsanspruch -, Diss. jur., Gießen 1988

Mombaur, Peter Michael: Daseinsvorsorge in Gemeinden und Kreisen, in: Selbstverwaltung im Staat der Industriegesellschaft, Festgabe zum 70. Geburtstag von Georg-Christoph von Unruh, herausgegeben von Albert von Mutius, Heidelberg 1983

Muckel, Stefan: Bürgerbegehren und Bürgerentscheid - Wirksame Instrumente unmittelbarer Demokratie in den Gemeinden?, in: NVwZ 1997, Seite 223-228

von Münch, Ingo (Begr.)/*Kunig*, Philip (Hrsg.): Grundgesetz-Kommentar, Band 1 (Präambel-Art. 20), 4. Auflage, München 1992

ders.: Grundgesetz-Kommentar, Band 2 (Art. 21-Art. 69), 3. Auflage, München 1995

von Mutius, Albert: Örtliche Aufgabenerfüllung, Traditionelles, funktionales oder neues Selbstverwaltungsverständnis?, in: Selbstverwaltung im Staat der Industriegesellschaft, Festgabe zum 70. Geburtstag von Georg-Christoph von Unruh, herausgegeben von Albert von Mutius, Heidelberg 1983, Seite 227-263

ders.: Kommunalrecht, München 1996

ders.: Sind weitere rechtliche Maßnahmen zu empfehlen, um den notwendigen Handlungs- und Entfaltungsspielraum der kommunalen Selbstverwaltung zu gewährleisten?, Gutachten E für den 53. Deutschen Juristentag, in: Verhandlungen des Dreiundfünfzigsten Deutschen Juristentages, Berlin 1980, herausgegeben von der Ständigen Deputation des Deutschen Juristentages, Band I, München 1980
ders.: Das Selbstverwaltungsrecht der Gemeinden und Gemeindeverbände, in: Jura 1982, Seite 28-40
ders.: Ein Sieg für die gemeindliche Selbstverwaltung?, Bemerkungen zur Rastede-Entscheidung des Bundesverfassungsgerichts, in: Die Gemeinde 1989, Seite 193-197
von Mutius, Albert/*Rentsch*, Harald: Kommunalverfassungsrecht Schleswig-Holstein, Kommentar, 5. Auflage, in: Kommunale Schriften für Schleswig-Holstein, herausgegeben vom Schleswig-Holsteinischen Gemeindetag, Kiel 1998

Nafpliotis, Georg: Die Anstaltsgewalt und ihre Grenzen, Diss. jur., Marburg 1967
Nassauer, Wilhelm: Verwaltung und Privatrechtsform, Diss. jur., Marburg 1980

Ossenbühl, Fritz: Daseinsvorsorge und Verwaltungsprivatrecht, in: DÖV 1971, Seite 513-524
ders.: Rechtliche Probleme der Zulassung zu öffentlichen Stadthallen - Zur Dogmatik der Gewährung öffentlicher Leistungen -, in: DVBl. 1973, Seite 289-300
ders.: Die Rechtsstellung von Bürgern und Einwohnern, in: Handbuch der kommunalen Wissenschaft und Praxis (HdbkWPr), Band 1, Grundlagen, herausgegeben von Günter Püttner in Verbindung mit den kommunalen Spitzenverbänden, 2. Auflage, Berlin/Heidelberg/New York 1981, § 23
ders.: Vorrang und Vorbehalt des Gesetzes, in: Handbuch des Staatsrechts der Bundesrepublik Deutschland (HdbStR), Band III, Das Handeln des Staates, herausgegeben von Josef Isensee und Paul Kirchhof, Heidelberg 1988, § 62

Pagenkopf, Hans: Kommunalrecht, Band 1, Verfassungsrecht, 2. Auflage, Köln/-Berlin/Bonn/München 1975
ders.: Kommunalrecht, Band 2, Wirtschaftsrecht, 2. Auflage, Köln/Berlin/Bonn/-München 1976
Palandt, Otto (Begr.): Bürgerliches Gesetzbuch, 58. Auflage, München 1999
Papier, Hans-Jürgen: Recht der öffentlichen Sachen, 3. Auflage, Berlin/New York 1998
ders.: Öffentliche Sachen, in: Jura 1979, Seite 93-101
Pappermann, Ernst: Öffentliche Einrichtungen nach nordrhein-westfälischem Gemeinderecht, in: VR 1981, Seite 84-88

ders.: Prozessuale Fragen im Rechtsstreit politischer Parteien auf Überlassung gemeindlicher Räume, in: JZ 1969, Seite 485-491

ders.: Grundfälle zum öffentlichen Sachenrecht, in: JuS 1979, Seite 794-799

Pappermann, Ernst/*Löhr*, Rolf-Peter: Grundfälle zum öffentlichen Sachenrecht, in: JuS 1981, Seite 117-121

dies.: Grundfälle zum öffentlichen Sachenrecht, in: JuS 1981, Seite 269-274

Pappermann, Ernst/*Löhr*, Rolf-Peter/*Andriske*, Wolfgang: Recht der öffentlichen Sachen, München 1987

Pestalozza, Christian: Kollisionsrechtliche Aspekte der Unterscheidung von öffentlichem Recht und Privatrecht, Öffentliches Recht als zwingendes Sonderrecht für den Staat, in: DÖV 1974, Seite 188-193

ders.: „Formenmißbrauch" des Staates, Zu Figur und Folgen des „Rechtsmißbrauchs und ihrer Anwendung auf staatliches Verhalten, in: Münchener Universitätsschriften, Reihe der Juristischen Fakultät, herausgegeben im Auftrag der Juristischen Fakultät von Werner Lorenz, Reinhart Maurach und Hans Spanner, Band 28, München 1973

Pieroth, Bodo: Rechtsverweigerung zur Erhaltung der Funktionsfähigkeit staatlicher Einrichtungen, Kritik einer Argumentationsfigur in der Rechtsprechung, in: VerwArch 68, 1977, Seite 217- 245

Pieroth, Bodo/*Schlink*, Bernhard: Grundrechte, Staatsrecht II, 14. Auflage, Heidelberg 1998

Pitschas, Rainer: Die Zulassung von Schaustellern zu Volksfesten nach Gewerbe- und bayerischem Gemeinderecht, in: BayVBl. 1982, Seite 641-647

Püttner, Günter: Die Einwirkungspflicht - Zur Problematik öffentlicher Einrichtungen in Privatrechtsform -, in: DVBl. 1975, Seite 353-357

ders.: Gemeinden und Kreise in der Energieversorgung, in: DÖV 1990, Seite 461-467

ders.: Aktuelle Probleme des Verwaltungsprivatrechts im Organisationsbereich, Insbesondere: Privatrechtliche Gesellschaften der Gemeinden, in: JA 1980, Seite 218-221

ders.: Kommunale Selbstverwaltung, in: Handbuch des Staatsrechts der Bundesrepublik Deutschland (HdbStR), Band IV, Finanzverfassung - Bundesstaatliche Ordnung, herausgegeben von Josef Isensee und Paul Kirchhof, Heidelberg 1990, § 107

ders.: Die öffentlichen Unternehmen, Ein Handbuch zu Verfassungs- und Rechtsfragen der öffentlichen Wirtschaft, 2. Auflage, Stuttgart/München/Hannover 1985

Püttner, Günter/*Lingemann*, Stefan: Aktuelle Probleme der Zulassung zu öffentlichen Einrichtungen (Teil 1), in: JA 1984, Seite 121-129

dies.: Aktuelle Probleme der Zulassung zu öffentlichen Einrichtungen (Teil 2), in: JA 1984, Seite 274-277

Randelzhofer, Albrecht: Kritische Würdigung der Lehre vom Anspruch auf fehlerfreie Ermessensentscheidung, in: BayVBl. 1975, Seite 607-612

Rebmann, Kurt/*Säcker*, Franz-Jürgen: Münchener Kommentar zum Bürgerlichen Gesetzbuch, Band 1, Allgemeiner Teil (§§ 1-240), AGB-Gesetz, 3. Auflage, München 1993

Rehn, Erich/*Cronauge*, Ulrich/*von Lennep*, Hans Gerd: Gemeindeordnung für das Land Nordrhein-Westfalen, Kommentar, 2. Auflage, Siegburg, Stand Januar 1999

Reichel, Gerhard Hans: Die kommunalen Einrichtungen in der Rechtsprechung des Bayerischen Verwaltungsgerichtshofes, in: BayVBl. 1988, Seite 97-102

Rogosch, Josef Konrad: Sozialstaatsprinzip und Staffelung von Benutzungsgebühren und verwaltungsprivatrechtlichen Entgelten, in: KStZ 1987, Seite 121-122

Ronellenfitsch, Michael: Das Hausrecht der Behörden, in: VerwArch 73, 1982, Seite 465-478

Roth, Hans-Achim: Rechtliche Probleme der Zulassung von Schaustellern zu Volksfesten, Spezialmärkten und Jahrmärkten, in: WiVerw 1985, Seite 46-61

Roth, Helmut: Die kommunalen öffentlichen Einrichtungen, in: Europäische Hochschulschriften, Reihe II, Rechtswissenschaft, Band 2385, Frankfurt am Main/Berlin/Bern/New York/Paris/Wien 1998

Rüfner, Wolfgang: Daseinsvorsorge und soziale Sicherheit, in: Handbuch des Staatsrechts der Bundesrepublik Deutschland (HdbStR), Band III, Das Handeln des Staates, herausgegeben von Josef Isensee und Paul Kirchhof, Heidelberg 1988, § 80

ders.: Formen öffentlicher Verwaltung im Bereich der Wirtschaft, Untersuchungen zum Problem der leistenden Verwaltung, in: Schriften zum Öffentlichen Recht, Band 44, Berlin 1967

ders.: Zur Lehre von der öffentlichen Anstalt, in: DÖV 1985, Seite 605-610

ders.: Die Nutzung öffentlicher Anstalten, Zur Anstaltslehre Otto Mayers, in: Die Verwaltung 1984, Seite 19-34

Rüttgers, Jürgen: Sind Auswärtigenzuschläge bei allen kommunalen Gebühren unzulässig?, in: KStZ 1979, Seite 125-128

Schink, Alexander: Kommunale Selbstverwaltung im kreisangehörigen Raum - Verfassungsrechtliche Deteminanten für die Zuständigkeitsdisposition zwischen Kreisen und kreisangehörigen Gemeinden -, in: VerwArch 81, 1990, Seite 385-414

Schlempp, Hans/*Schlempp*, Dieter: Kommentar zur Hessischen Gemeindeordnung (HGO), Wiesbaden 1996, Stand August 1996

Schliesky, Utz: Ausgewählte Grundfragen des Kommunalrechts, JA 1999, Seite 515-523

ders.: Öffentliches Wettbewerbsrecht, Verhaltensrechtliche Determinanten von wirtschaftsbezogenem Staatshandeln, in: Schriften zum Öffentlichen Recht, Band 732, Berlin 1997

Schmidt, Hans-Joachim: Die Benutzung der öffentlichen Einrichtungen einer Gemeinde durch Nichteinwohner, in: DÖV 1963, Seite 217-219

Schmidt, Karsten: Gesellschaftsrecht, 3. Auflage, Köln/Berlin/Bonn/München 1997

Schmidt, Reiner (Hrsg.): Öffentliches Wirtschaftsrecht, Allgemeiner Teil, in: Enzyklopädie der Rechts- und Staatswissenschaft, begründet von F. von Liszt und W. Kaskel, herausgegeben von H. Albach, E. Helmstädter, H. Honsell, P. Lerche und D. Dörr, Abteilung Rechtswissenschaft, Berlin/Heidelberg/New York/London/Paris/Tokyo/Hongkong 1990

ders.: Öffentliches Wirtschaftsrecht, Besonderer Teil 1, in: Enzyklopädie der Rechts- und Staatswissenschaft, begründet von F. von Liszt und W. Kaskel, herausgegeben von H. Albach, E. Helmstädter, H. Honsell, P. Lerche und D. Dörr, Abteilung Rechtswissenschaft, Berlin/Heidelberg/New York/Barcelona/Budapest/Hongkong/London/Mailand/Paris/Tokyo 1995

Schmidt-Aßmann, Eberhard: Mittel zur Aufgabenerfüllung, B. Die kommunale Rechtssetzungsbefugnis, in: Handbuch der kommunalen Wissenschaft und Praxis (HdbkWPr), Band 3, Kommunale Aufgaben und Aufgabenerfüllung, herausgegeben von Günter Püttner in Verbindung mit den kommunalen Spitzenverbänden, Berlin/Heidelberg/New York 1983, § 53

ders.: Kommunale Selbstverwaltung „nach Rastede“, Funktion und Dogmatik des Art. 28 Abs. 2 GG in der neueren Rechtsprechung, in: Bürger, Richter, Staat, Festschrift für Horst Sendler, Präsident des Bundesverwaltungsgerichts, zum Abschied aus seinem Amt, herausgegeben von Everhardt Franßen, Konrad Redeker, Otto Schlichter, Dieter Wilke, München 1991, Seite 121-138

Schmidt-Aßmann, Eberhard (Hrsg.): Besonderes Verwaltungsrecht, 11. Auflage, Berlin/New York 1999

Schmidt-Bleibtreu, Bruno/*Klein*, Franz: Kommentar zum Grundgesetz, 9. Auflage, Neuwied/Kriftel/Berlin 1999

Schmidt-Jortzig, Edzard: Vom öffentlichen Eigentum zur öffentlichen Sache, in: NVwZ 1987, Seite 1025-1031

ders.: Gemeinde- und Kreisaufgaben - Funktionsordnung des Kommunalbereichs nach „Rastede“ -, in: DÖV 1993, Seite 973-984

ders.: Kommunalrecht, Stuttgart/Berlin/Köln/Mainz 1982

ders.: Kommunalverwaltung und Verwaltungsgerichtsbarkeit, in: NJW 1983, Seite 967-973

ders.: Verfassungsmäßige und soziologische Legitimation gemeindlicher Selbstverwaltung im modernen Industriestaat, in: DVBl. 1980, Seite 1-10 *ders.*: Kommunale Organisationshoheit - Staatliche Organisationsgewalt und körperschaftliche Selbstverwaltung, in: Göttinger Rechtswissenschaftliche Studien, herausgegeben von der Juristischen Fakultät der Georg-August-Universität Göttingen, Band 102, Göttingen 1979

ders.: Gemeindliche Selbstverwaltung und Entwicklungszusammenarbeit, in: DÖV 1989, Seite 142-150

ders.: Die Zulässigkeit kommunaler Wirtschaftsbetätigung, B. Die Zulässigkeit kommunaler wirtschaftlicher Unternehmen im einzelnen, in: Handbuch der kommunalen Wissenschaft und Praxis (HdbkWPr), Band 5, Kommunale Wirtschaft, herausgegeben von Günter Püttner in Verbindung mit den kommunalen Spitzenverbänden, 2. Auflage, Berlin/Heidelberg/New York/Tokyo 1984, § 93

Schoch, Friedrich: Zur Situation der kommunalen Selbstverwaltung nach der Rastede-Entscheidung des Bundesverfassungsgerichts, in: VerwArch 81, 1990, Seite 18-54

Scholz, Rupert: Sozialstaat zwischen Wachstums- und Rezessionsgesellschaft, Heidelberg/Karlsruhe 1981

ders.: Das Wesen und die Entwicklung der gemeindlichen öffentlichen Einrichtungen, in: Schriften zum Öffentlichen Recht, Band 52, Berlin 1967

Scholz, Rupert/*Pitschas*, Rainer: Die Rechtsformen kommunaler Unternehmen, B. Kriterien für die Wahl der Rechtsform, in: Handbuch der kommunalen Wissenschaft und Praxis (HdbkWPr), Band 5, Kommunale Wirtschaft, herausgegeben von Günter Püttner in Verbindung mit den kommunalen Spitzenverbänden, 2. Auflage, Berlin/Heidelberg/New York/Tokyo 1984, § 95

Schützenmeister, Hans-Oskar: Rechtsformen und Rechtsstellung von kommunalen Unternehmen in der Gemeindeordnung, in: LKV 1991, Seite 213-220

Schraffer, Heinrich: Der kommunale Eigenbetrieb, Untersuchungen zur Reform der Organisationsstruktur, in: Kommunalrecht - Kommunalverwaltung, herausgegeben von Albert von Mutius, Jörn Ipsen und Franz-Ludwig Knemeyer, Band 7, Baden-Baden 1993

Schulz, Herbert: Die polizeilichen Gemeindeanstalten im deutschen Verwaltungsrecht, Berlin 1933

Seeger, Richard: Bürgerbegehren und Bürgerentscheid in Baden-Württemberg, in: ZParl. 1988, Seite 516-535

ders.: Bürgerentscheid, Bürgerbegehren und -anregung („Bürgerantrag“) in Baden-Württemberg (E-H), in: Züge unmittelbarer Demokratie in der Gemeindeverfassung, Bürgerentscheid, Bürgerbegehren, Bürgerversammlung u. a. von Jörg-Detlef Kühne und Friedrich Meißner, in: Schriftenreihe des deutschen Städte- und Gemeindebundes, Heft 28, Seite 103-119, Göttingen 1977

Siedentopf, Heinrich: Grenzen und Bindungen der Kommunalwirtschaft - Die wirtschaftliche Betätigung der Gemeinden im System des Privatrechts und Verwaltungsrechts, in: Verwaltung und Wirtschaft, Schriftenreihe der Verwaltungs- und Wirtschaftsakademie Bochum, Dortmund und Hagen, der Verwaltungsakademie Ostwestfalen-Lippe in Detmold, der Verwaltungsakademie für Westfalen in Hagen-Bathey und der Westfälischen Verwaltungsakademie in Münster, herausgegeben von Franz Günnicher, Friedrich Klein, Peter Heinz Seraphim und Hans J. Wolff, Stuttgart 1963

Spannowsky, Willy: Vergabe von Standplätzen auf Volksfesten, Messen und Märkten an EU-ausländische Anbieter, in: GewArch 1995, Seite 265-274

von Staudinger, J.: Kommentar zum Bürgerlichen Gesetzbuch mit Einführungsgesetz und Nebengesetzen, I. Band, Allgemeiner Teil, §§ 1-240, 11. Auflage, Berlin 1957

Steiner, Udo (Hrsg.): Besonderes Verwaltungsrecht, 5. Auflage, Heidelberg 1995

Stelkens, Paul/*Bonk*, Hans Joachim/*Sachs*, Michael/*Kallerhof*, Dieter/*Schmitz*, Heribert/*Stelkens*, Ulrich: Verwaltungsverfahrensgesetz, Kommentar, 5. Auflage, München 1998

Stern, Klaus: Gemeindeordnung und kommunale Wirtschaftsbetätigung, BayVBl. 1962, Seite 129-133

ders.: Das Staatsrecht der Bundesrepublik Deutschland, Band 1, Grundbegriffe und Grundlagen des Staatsrechts, Strukturprinzipien der Verfassung, 2. Auflage, München 1984

ders.: Der rechtliche Standort der Gemeindewirtschaft, AfK 1964, Seite 81-102

ders.: Die Verfassungsgarantie der kommunalen Selbstverwaltung, in: Handbuch der kommunalen Wissenschaft und Praxis (HdbkWPr), Band 1, Grundlagen, herausgegeben von Günter Püttner in Verbindung mit den kommunalen Spitzenverbänden, 2. Auflage, Berlin/Heidelberg/New York 1981, § 13

Stern, Klaus/*Ossenbühl*, Fritz: Daseinsvorsorge und gleichwertige Lebensverhältnisse, in: Eildienst Landkreistag Nordrhein-Westfalen 1977, Seite 177-182

Stober, Rolf: Die Benutzung kommunaler öffentlicher Einrichtungen, JA 1975, Seite 737-744

ders.: Kommunalrecht in der Bundesrepublik Deutschland, 3. Auflage, Stuttgart/Berlin/Köln 1996

ders.: Die privatrechtlich organisierte öffentliche Verwaltung, Zur Problematik privatrechtlicher Gesellschaften und Beteiligungen der öffentlichen Hand, in: NJW 1984, Seite 449-457

ders.: Besonderes Wirtschaftsverwaltungsrecht, Gewerberecht und andere Wirtschaftszweige. Subventionsrecht, 11. Auflage, Stuttgart/Berlin/Köln 1998

Suhr, Dieter: Rechtsstaatlichkeit und Sozialstaatlichkeit, in: Der Staat 9, 1970, Seite 67-93

Thiem, Hans/*Böttcher*, Günter: Kommunalabgabengesetz Schleswig-Holstein, Kommentar, Kiel, Stand Februar 1999

Thieme, Werner: Niedersächsische Gemeindeordnung, Kommentar, 3. Auflage, Köln/Berlin/Bonn/München 1997

Thiele, Robert: Niedersächsische Gemeindeordnung, Kommentar, 4. Auflage, Hannover 1997

Tiemann, Burkhard: Grundfragen der Staats- und Benutzerhaftung in öffentlichrechtlichen Benutzungsverhältnissen, in: VerwArch 65, 1974, Seite 381-422

Uhle, Arnd: Das Staatsziel „Umweltschutz" und das Sozialstaatsprinzip im verfassungsrechtlichen Vergleich, in: JuS 1996, Seite 96-103

Ulmer, Peter/*Brandner*, Hans Erich/*Hensen*, Horst-Diether/*Schmidt*, Harry: AGB-Gesetz, Kommentar zum Gesetz zur Regelung des Rechts der Allgemeinen Geschäftsbedingungen, 8. Auflage, Köln 1997

von Unruh, Georg-Christoph: Die verfassungsrechtliche Stellung der kommunalen Selbstverwaltung nach dem Grundgesetz, in: JA 1992, Seite 110-116

Vogel, Klaus: Anmerkung zum VGH Kassel, Beschluß vom 28. September 1976 - V N 3/75, NJW 1977, 452, in: NJW 1977, Seite 454-455

Voigt, Rüdiger: Anmerkung zum VGH Kassel, Beschluß vom 28. September 1976 - V N 3/75, DÖV 1977, 671, in: DÖV 1977, Seite 673-674

Vollmer, Silke: Inhalt und Umfang des Zulassungsanspruchs politischer Parteien zu den kommunalen öffentlichen Einrichtungen, in: DVBl. 1989, Seite 1087-1093

Waechter, Kay: Kommunalrecht, 3. Auflage, Köln/Berlin/Bonn/München 1997

Wagener, Martin: Anschluß- und Benutzungszwang für Fernwärme, in: Bochumer Beiträge zum Berg- und Energierecht, Band 6, Stuttgart/München/Hannover 1989

Wallerath, Maximilian: Allgemeines Verwaltungsrecht, 2. Auflage, Siegburg 1983

Weber, Hermann: Benutzungszwang für Trauerhallen (Friedhofskapellen) und friedhofseigene Leichenkammern auf kommunalen Friedhöfen, in: NVwZ 1987, Seite 641-647

Weber, Max: Grundriß der Sozialökonomik, III. Abteilung, Wirtschaft und Gesellschaft, 2. Halbband, 3. Auflage, Tübingen 1947

Weber, Werner: Die verfassungsrechtlichen Grenzen sozialstaatlicher Forderungen, in: Der Staat 4, 1965, Seite 409-439

Wehling, Hans-Georg: Politische Partizipation in der Kommunalpolitik, Bürgerbegehren und Bürgerentscheid, Gemeinderats- und Bürgermeisterwahl in Baden-Württemberg, in: AfK 1989, Seite 110-119

Wichard, Hans-Jürgen: Anschluß- und Benutzungszwang für Fernwärme allein aus Gründen des „Volksgesundheit"?, in: DVBl. 1980, Seite 31-35

Widera, Bernd: Zur Bewerberauswahl der Gemeinden bei der Veranstaltung von Märkten und Volksfesten, in: VR 1986, Seite 17-21

Wolf, Manfred/*Horn*, Norbert/*Lindacher*, Walter F.: AGB-Gesetz, Gesetz zur Regelung des Rechts der Allgemeinen Geschäftsbedingungen, Kommentar, 3. Auflage, München 1994

Wolff, Hans J.: Rechtsformen gemeindlicher Einrichtungen, in: AfK 1962, Seite 149-174

Wolff, Hans J./*Bachof*, Otto: Verwaltungsrecht I, 9. Auflage, München 1974

Wolff, Hans J./*Bachof*, Otto/*Stober*, Rolf: Verwaltungsrecht I, 10. Auflage, München 1994

dies.: Verwaltungsrecht II, Besonderes Organisations- und Dienstrecht, 5. Auflage, München 1987

Wortmann, Bernd: Das Spiel mit den Spielräumen, in: NWVBl. 1989, Seite 342-347

Zacher, Hans F.: Das soziale Staatsziel, in: Handbuch des Staatsrechts der Bundesrepublik Deutschland (HdbStR), Band I, Grundlagen von Staat und Verfassung, herausgegeben von Josef Isensee und Paul Kirchhof, Heidelberg 1987, § 25

Zeiler, Horst: Das Hausrecht an Verwaltungsgebäuden, in: DVBl. 1981, Seite 1000-1004

Ziegler, Wolfgang: Die Ausfertigung von Rechtsvorschriften, insbesondere von gemeindlichen Satzungen, in: DVBl. 1987, Seite 280-287

ders.: Die Verkündung von Satzungen und Rechtsverordnungen der Gemeinden, in: Schriften zum Öffentlichen Recht, Band 312, Berlin 1979

Zuleeg, Manfred: Die Badeordnung, in: JuS 1973, Seite 34-39

ders.: Die Anwendungsbereiche des öffentlichen Rechts und des Privatrechts, in: VerwArch 73, 1982, Seite 384-404

Zundel, Frank: Die Zulassung politischer Parteien zu kommunalen öffentlichen Einrichtungen, in: JuS 1991, Seite 472-476

www.ingramcontent.com/pod-product-compliance
Ingram Content Group UK Ltd.
Pitfield, Milton Keynes, MK11 3LW, UK
UKHW021915290926
8980IPUK00015B/1269

9 783631 370285